高等院校物流专业"互联网+"创新规划教材

物流配送中心规划与设计（第 3 版）

主　编　孔继利
参　编　贾　智　石　欣　徐　妍
　　　　马立坤　曹文颖　班　岚

内 容 简 介

物流配送中心是物流运作的重要载体。本书全面、系统地介绍了物流配送中心规划与设计的有关内容。本书讲解的内容包括物流配送中心和物流配送中心规划与设计的概念和特征，物流配送中心选址规划，物流配送中心作业流程、组织管理体系和区域布局规划与设计，物流配送中心作业区域和设施规划与设计，物流配送中心配送运输系统规划与设计，物流配送中心的设备选用，物流配送中心管理信息系统和运营管理系统规划与设计，物流配送中心系统规划方案评价。本书的理论教学主要突出"分析–规划–设计"的特色，实践教学强调与理论教学衔接的同时，注重技术工具的使用，以培养学生的动手能力。本书提供了丰富的阅读案例和知识拓展资料，以及形式多样的习题和操作训练内容。

本书既可以作为高校物流工程、工业工程、邮政工程、物流管理、邮政管理及其他相关专业的教材，也可以作为物流企业、快递企业、物流配送中心的技术人员和管理人员的自学参考用书。

图书在版编目(CIP)数据

物流配送中心规划与设计/孔继利主编. —3版. —北京：北京大学出版社，2023.7
高等院校物流专业"互联网+"创新规划教材
ISBN 978-7-301-34125-4

Ⅰ. ①物… Ⅱ. ①孔… Ⅲ. ①物流配送中心—经济规划—高等学校—教材②物流配送中心—建筑设计—高等学校—教材 Ⅳ. ①F252②TU249

中国国家版本馆 CIP 数据核字（2023）第 107290 号

书　　　名	物流配送中心规划与设计（第3版） WULIU PEISONG ZHONGXIN GUIHUA YU SHEJI (DI-SAN BAN)
著作责任者	孔继利　主编
策划编辑	郑　双
责任编辑	杜　鹃
数字编辑	金常伟
标准书号	ISBN 978-7-301-34125-4
出版发行	北京大学出版社
地　　　址	北京市海淀区成府路 205 号　100871
网　　　址	http://www.pup.cn　新浪微博：@北京大学出版社
电子信箱	pup_6@163.com
电　　　话	邮购部 010-62752015　发行部 010-62750672　编辑部 010-62750667
印　刷　者	河北涿县鑫华书刊印刷厂
经　销　者	新华书店
	787 毫米×1092 毫米　16 开本　23.5 印张　617 千字 2014 年 2 月第 1 版　2019 年 2 月第 2 版 2023 年 7 月第 3 版　2025 年 8 月第 3 次印刷
定　　　价	65.00 元

未经许可，不得以任何方式复制或抄袭本书之部分或全部内容。
版权所有，侵权必究
举报电话：010-62752024　电子信箱：fd@pup.pku.edu.cn
图书如有印装质量问题，请与出版部联系，电话 010-62756370

第 3 版前言

二十大报告强调，要"优化基础设施布局、结构、功能和系统集成，构建现代化基础设施体系"。作为现代化物流体系重要组成部分的物流配送中心正是核心的现代化基础设施之一，适度超前的物流配送中心布局，可以为国民经济提供强大动力。因此，物流配送中心规划与设计的能力成为物流类创新型人才必备的核心能力之一。"物流配送中心规划与设计"也就被确定为高等学校物流类相关专业的核心课程。编者根据 14 年的教学实践，总结和编写了体系结构完善、实践应用性强、具有趣味性、紧跟时代发展趋势的教材，以激发"教师教""学生学"的激情。

近期，部分《物流配送中心规划与设计（第 2 版）》读者对教材提出了建设性的意见，督促编者进行教材的改版和修订，有些高校的教师还主动督促编者，让编者加快教材的修订进度。正是读者的肯定与期待，促使编者下定决心，以饱满的工作热情投入教材的修订工作中。

本次修订主要根据行业的新规范和标准，学术研究、企业实践的新需求，尤其是大数据、云计算、互联网应用的物流新业态最新成果，提供编者认为对读者有启发的、能够体现新时代特征的案例，注重知识的系统性和实际的应用性，并力求叙述的深入浅出，希望对我国物流业的健康发展、物流网络节点的有序建设和高效管理，以及物流人才的培养与提高，起到一定的积极促进作用。本次修订保持了对各章的教学要点和技能要点进行详细总结，便于初学者把握学习的精髓，更新了部分图表和二维码内容。

本书以市场需求为导向，立足于物流配送中心规划与设计的最新理论和企业实践成果，并力求对知识体系进行精简和优化，达到知识点"少而精"的效果，从"概念—理论—方法—工具"等方面系统地设计教材的内容体系。

本书主要具有以下特色。

（1）确保内容的准确性和结构的系统性。本书讲解的概念性知识符合行业的标准和规范；系统介绍了配送中心规划和设计的有关内容。

（2）强化实践性与应用性。每章的导入案例都源于社会上优秀企业的实践活动，文中的阅读案例和知识拓展供读者参考和研读；典型的例题供读者理解和巩固重点内容；每章后附有不同类型的习题及实际操作训练，以便读者进行实训或实验操作。最后，本书各章以案例分析结束，便于读者对相应章节知识进行综合应用。

（3）增加内容的趣味性。为了方便读者对知识的掌握与应用，本书不仅在每章设置了教学重点、关键术语，而且通过资料卡、小知识、二维码（与带底纹的文字相对应）等形式引入了大量的背景资料、拓展知识，以扩大学生的知识范围。

北京邮电大学孔继利担任本书主编，提出编写大纲并负责统稿与完善。具体编写分工如下：孔继利编写了第 1、2、3、5、9 章，孔继利和贝壳找房（北京）科技有限公司贾智编写了第 4 章，孔继利和重庆大学石欣编写了第 6 章，孔继利和北京科技大学天津学院徐妍编写了第 7 章，孔继利和北京科技大学天津学院马立坤、北京航空航天大学曹文颖编写了第 8 章，孔继利和北京科技大学天津学院班岚编写了第 10 章。

本书在编写过程中参阅了大量专家、学者的有关著作、教材和文献，引用了其中的相关理念、方法、模型以及国内外不同类型物流设施规划与设计的实例；同时，通过互联网学习，借鉴了一些相关报道资料，这些参考内容已尽可能在参考文献中列出。在此，编者对这些作者表示衷心的感谢！

　　由于受编者学识水平和实践能力的限制，书中难免会有疏漏和不足之处，恳请广大读者批评指正，具体联系邮箱：kongjili1026@163.com。

孔继利

2023 年 3 月

目　　录

第1章　物流配送中心概述 1
　1.1　物流配送中心的概念 2
　　1.1.1　配送中心的概念 2
　　1.1.2　物流中心的概念 3
　　1.1.3　配送中心与物流中心的
　　　　　 对比分析 4
　　1.1.4　物流配送中心的概念 5
　1.2　物流配送中心的功能 5
　　1.2.1　基本功能 5
　　1.2.2　增值服务功能 7
　1.3　物流配送中心的分类 9
　　1.3.1　按经营主体分类 9
　　1.3.2　按服务区域分类 11
　　1.3.3　按物的流向分类 12
　　1.3.4　按服务的适应性分类 12
　　1.3.5　按服务对象分类 12
　　1.3.6　按主要功能分类 13
　　1.3.7　按其他标准分类 14
　1.4　物流配送中心的地位与作用 14
　　1.4.1　物流配送中心的地位 14
　　1.4.2　物流配送中心的作用 15
　1.5　物流配送中心的建设与发展 16
　　1.5.1　我国物流配送中心的建设与
　　　　　 发展 16
　　1.5.2　发达国家物流配送中心的
　　　　　 建设与发展 19
　　1.5.3　物流配送中心的发展趋势 22
　本章小结 24
　习题 25

第2章　物流配送中心规划与设计概述 28
　2.1　物流配送中心规划与设计的
　　　 含义与目标 29
　　2.1.1　物流配送中心规划与
　　　　　 设计的含义 29
　　2.1.2　物流配送中心规划与设计的
　　　　　 目标 29
　2.2　物流配送中心规划与设计的原则 30
　2.3　不同类型物流配送中心规划与设计的
　　　 区别与步骤 31
　　2.3.1　新建与改造物流配送中心规划与
　　　　　 设计的区别 32
　　2.3.2　新建与改造物流配送中心规划与
　　　　　 设计的步骤 33
　2.4　物流配送中心规划与设计的
　　　 基础资料收集 37
　2.5　物流配送中心规划与设计的
　　　 基础资料分析方法 38
　　2.5.1　基础资料的定量分析方法 38
　　2.5.2　基础资料的定性分析方法 49
　本章小结 52
　习题 53

第3章　物流配送中心选址规划 56
　3.1　物流配送中心选址规划的含义 57
　3.2　物流配送中心选址的目标、原则和
　　　 影响因素 58
　　3.2.1　物流配送中心选址的目标 58
　　3.2.2　物流配送中心选址的原则 59
　　3.2.3　物流配送中心选址的
　　　　　 影响因素 59
　3.3　物流配送中心选址规划的程序与
　　　 内容 61
　3.4　物流配送中心选址规划的方法 64
　　3.4.1　物流配送中心选址规划的
　　　　　 基本方法 64
　　3.4.2　典型的选址规划方法、模型及
　　　　　 算法 66
　本章小结 84
　习题 84

第4章 物流配送中心作业流程、组织管理体系和区域布局规划与设计 89

4.1 物流配送中心作业流程规划与设计 90
4.1.1 物流配送中心作业流程规划与设计的指导思想和原则 90
4.1.2 物流配送中心的作业流程分析 91

4.2 物流配送中心组织管理体系设计 93
4.2.1 物流配送中心组织管理体系的建设原则 93
4.2.2 物流配送中心组织管理体系设置 95

4.3 物流配送中心区域布局规划与设计 96
4.3.1 物流配送中心区域布局规划与设计的目标 96
4.3.2 物流配送中心区域布局规划与设计的原则 96
4.3.3 物流配送中心的作业区域规划 97
4.3.4 物流配送中心作业区域的能力规划 99
4.3.5 物流配送中心区域布局规划与设计的方法 103

4.4 物流配送中心区域布局规划与设计的SLP法 105
4.4.1 SLP法的基本程序 105
4.4.2 相关性分析 107
4.4.3 作业区域面积计算 110
4.4.4 总体平面布置规划 110
4.4.5 布置方案的调整与修正 114
4.4.6 布置方案的评价与选择 114

本章小结 121
习题 122

第5章 物流配送中心作业区域和设施规划与设计 126

5.1 物流配送中心作业区域和设施规划与设计概述 127

5.2 作业区域的规划与设计 129
5.2.1 进出货作业区域的规划与设计 129
5.2.2 仓储作业区域的规划与设计 134
5.2.3 拣选作业区域的规划与设计 144
5.2.4 集货作业区域的规划与设计 164
5.2.5 其他作业区域的规划与设计 165
5.2.6 通道的规划与设计 168

5.3 物流配送中心建筑设施的规划与设计 172
5.3.1 建筑物的柱间距 173
5.3.2 建筑物的梁下高度 176
5.3.3 地面载荷 179

5.4 行政区域与厂区的规划与设计 180
5.4.1 行政区域的规划与设计 180
5.4.2 厂区的规划与设计 181

5.5 公用配套设施的规划与设计 186
5.5.1 电力设施 187
5.5.2 给水与排水设施 187
5.5.3 供热与燃气设施 188

本章小结 189
习题 190

第6章 物流配送中心配送运输系统规划与设计 195

6.1 物流配送中心配送运输系统概述 196
6.1.1 配送运输的概念、产生的原因及特点 196
6.1.2 配送运输的影响因素 199
6.1.3 物流配送中心配送运输系统作业流程 199

6.2 配送运输方式 201
6.2.1 基本配送运输方式 201
6.2.2 特殊配送运输方式 203
6.2.3 特殊货物的配送运输 204

6.3 配送计划与车辆调度 205
6.3.1 配送计划的组织与实施 205
6.3.2 车辆调度 207

6.4 配送积载技术 208
6.4.1 配送积载原则 208
6.4.2 配送积载方法 209

6.5	配送路线优化	210
	6.5.1 配送路线优化的意义	210
	6.5.2 配送路线优化的决策目标与约束条件	211
	6.5.3 配送路线优化的方法	211
本章小结		221
习题		222

第7章 物流配送中心的设备选用 ... 226

- 7.1 物流设备的选用原则 ... 227
- 7.2 储存设备的选用 ... 228
  - 7.2.1 托盘 ... 228
  - 7.2.2 货架 ... 232
- 7.3 装卸搬运设备的选用 ... 242
  - 7.3.1 手推车 ... 242
  - 7.3.2 叉车 ... 243
  - 7.3.3 巷道堆垛机 ... 247
  - 7.3.4 自动导引车 ... 248
- 7.4 输送设备的选用 ... 250
  - 7.4.1 带式输送机 ... 250
  - 7.4.2 辊子输送机 ... 250
  - 7.4.3 链式输送机 ... 251
  - 7.4.4 斗式提升机 ... 251
  - 7.4.5 螺旋输送机 ... 252
- 7.5 分拣设备的选用 ... 252
  - 7.5.1 滑块式分拣机 ... 253
  - 7.5.2 交叉带式分拣机 ... 254
  - 7.5.3 斜导轮式分拣机 ... 254
  - 7.5.4 摆臂式分拣机 ... 254
  - 7.5.5 翻盘式分拣机 ... 255
  - 7.5.6 基于智能分拣机器人的自动分拣系统 ... 255
- 7.6 其他类型设备的选用 ... 256
  - 7.6.1 流通加工设备 ... 256
  - 7.6.2 DWS 系统 ... 257
  - 7.6.3 集装单元器具 ... 257
  - 7.6.4 站台登车桥 ... 258
  - 7.6.5 无人机 ... 260
- 本章小结 ... 261
- 习题 ... 262

第8章 物流配送中心管理信息系统规划与设计 ... 265

- 8.1 物流配送中心管理信息系统概述 ... 267
- 8.2 物流配送中心管理信息系统设计与开发 ... 268
  - 8.2.1 物流配送中心管理信息系统的设计目的和层次结构 ... 268
  - 8.2.2 物流配送中心管理信息系统的设计原则 ... 269
  - 8.2.3 物流配送中心管理信息系统设计的影响因素 ... 270
  - 8.2.4 系统体系结构 ... 271
  - 8.2.5 系统开发步骤 ... 274
- 8.3 物流配送中心管理信息系统的模块设计及其描述 ... 277
  - 8.3.1 物流配送中心管理信息系统的功能结构和联系 ... 277
  - 8.3.2 各子系统的功能描述 ... 279
- 8.4 物流配送中心管理信息系统的基础技术 ... 287
  - 8.4.1 电子自动订货系统 ... 287
  - 8.4.2 条形码技术 ... 289
  - 8.4.3 无线射频识别技术 ... 292
  - 8.4.4 电子数据交换技术 ... 295
  - 8.4.5 物流信息追踪技术 ... 296
  - 8.4.6 大数据技术 ... 297
  - 8.4.7 云计算技术 ... 299
  - 8.4.8 人工智能技术 ... 301
  - 8.4.9 区块链技术 ... 303
  - 8.4.10 物联网技术 ... 306
- 本章小结 ... 307
- 习题 ... 308

第9章 物流配送中心运营管理系统规划与设计 ... 312

- 9.1 物流配送中心客户服务管理 ... 313
  - 9.1.1 客户服务的概念和特点 ... 313
  - 9.1.2 客户服务内容 ... 314
  - 9.1.3 客户服务策略 ... 316

9.2 物流配送中心配送合同管理 320
    9.2.1 配送合同的订立 320
    9.2.2 配送合同的主要内容 320
    9.2.3 配送合同当事人的权利和
          义务 321
9.3 物流配送中心成本管理与控制 322
    9.3.1 物流配送中心成本的含义 322
    9.3.2 物流配送中心成本的分类 323
    9.3.3 物流配送中心成本的特征 324
    9.3.4 物流配送中心成本的
          影响因素 324
    9.3.5 物流配送中心成本管理的
          意义 325
    9.3.6 物流配送中心成本管理的
          方法 326
    9.3.7 物流配送中心成本控制 327
本章小结 328
习题 329

第 10 章 物流配送中心系统规划
方案评价 332

10.1 物流配送中心系统规划方案评价
     概述 333
    10.1.1 系统规划方案评价的目的 333
    10.1.2 系统规划方案评价的原则 334
    10.1.3 系统规划方案评价的标准 334
    10.1.4 系统规划方案综合评价的
           工作流程 335
10.2 物流配送中心系统规划方案评价
     指标 336
    10.2.1 进出货作业指标 336
    10.2.2 储存作业指标 337
    10.2.3 盘点作业指标 338
    10.2.4 订单处理作业指标 339
    10.2.5 拣货作业指标 340
    10.2.6 配送作业指标 342
    10.2.7 采购作业指标 344
    10.2.8 非作业面指标 344
10.3 物流配送中心系统规划方案
     评价方法 345
    10.3.1 优缺点列举法 346
    10.3.2 成本比较法 346
    10.3.3 层次分析法 346
    10.3.4 关联矩阵法 352
    10.3.5 模糊综合评价法 356
    10.3.6 优劣解距离法 358
本章小结 361
习题 362

参考文献 365

第1章　物流配送中心概述

【本章教学要点】

知识要点	掌握程度	相关知识
物流配送中心的概念	掌握	配送中心的概念，物流中心的概念，配送中心与物流中心的对比分析、物流配送中心的概念
物流配送中心的功能	掌握	基本功能，增值服务功能
物流配送中心的分类	掌握	按经营主体分类，按服务区域分类，按物的流向分类，按服务的适应性分类，按服务对象分类，按主要功能分类，按配送物品种类分类，按物流配送中心的自动化程度分类
物流配送中心的地位与作用	了解	物流配送中心的地位，物流配送中心的作用
物流配送中心的建设与发展	了解	我国物流配送中心的建设与发展，发达国家物流配送中心的建设与发展，物流配送中心的发展趋势

【本章技能要点】

技能要点	掌握程度	应用方向
配送中心与物流中心的对比分析	掌握	能够有效地对配送中心和物流中心的区别与联系进行界定，明确各自的内涵和外延
物流配送中心的功能	掌握	以物流配送中心的功能为依据，可以深入分析需要规划设计的物流配送中心的功能模块构成，进一步为区域布局奠定基础
物流配送中心的分类	掌握	利用物流配送中心的分类结果，可以对不同类型的物流配送中心进行有针对性的规划设计，使规划设计结果更科学

> **导入案例**
>
> **菜鸟物流将在亚洲和欧洲开设智能物流中心**
>
> 中国电子商务集团阿里巴巴的物流部门菜鸟物流将在亚洲和欧洲开设更多的物流中心，以改善对购物者的服务，并与货运站合作处理大型货物。过去一年，这样的物流设施已经在马来西亚吉隆坡、比利时列日和越南胡志明市相继开业并投入使用，加上我国香港、泰国曼谷和印度尼西亚雅加达的物流设施，菜鸟已在全球形成了六个智能物流中心。
>
> 菜鸟物流已经开发了全球智能物流基础设施，为大约200个国家和地区的企业提供服务，包括物流中心、分拣中心和智能清关系统。在所有的运输模式中，菜鸟物流将与货运站合作，处理超规格和超大型货物。除了使用数字技术对货物进行分类和优先排序，菜鸟物流还将对定制的装配解决方案以及集装箱和飞机机舱的分配提供建议。
>
> 资料改编自：http://news.sohu.com/a/573947594_823158[2023-3-24]
>
> 思考题：
> （1）配送中心与物流中心的概念是什么？
> （2）配送中心与物流中心的区别与联系是什么？
> （3）物流配送中心的概念是什么？物流配送中心有哪几种类型？

随着人们对物流重要性认可程度的不断加强，"第三利润源泉"的理念已经被越来越多的人所接受。如何降低物流成本、提高物流服务水平和物流效率，是备受企业关注的核心问题。国内外的物流实践证明：发展专业化、社会化的物流配送中心是实现这一目标的有效途径之一，也是传统物流业向现代物流业转型的一个重要途径。

1.1 物流配送中心的概念

1.1.1 配送中心的概念

根据《物流术语》（GB/T 18354—2021）的规定，配送中心（Distribution Center；DC）是指具有完善的配送基础设施和信息网络，可便捷地连接对外交通运输网络，并向末端客户提供短距离、小批量、多批次配送服务的专业化配送场所。

对配送中心可以从以下几个角度来进一步理解。

（1）配送中心是"配送基础设施"，"配送"工作是其主要的、独特的工作。

（2）配送中心是"配送"的组织者，其可以按合理的配送辐射范围完全自行承担送货任务，也可以利用第三方物流企业完成送货任务。

（3）配送中心为了实现"配送"功能，必须储备适量的货物。

（4）配送中心利用完善的信息网络实现其配送活动，其将配送活动与销售或供应等经营活动有机结合，实现各子系统的高效集成。

（5）配送中心以现代物流技术装备和信息技术为基础，从供应者手中接收多种类型、中小批量的货物，进行理货、存储、分拣、流通加工和信息处理等作业，然后按照末端客户的订货要求备齐货物，为其提供短距离、小批量、多批次配送服务。

（6）配送中心是社会分工、专业分工进一步细化的产物，不但要承担起物流节点的储存功能，还要起到衔接不同运输方式和不同运输规模的运输职能。

配送中心具有健全的配送功能，但应该强调的是，一个配送中心应该有其核心功能，并且它的核心功能应该根据企业的实际需要向上、向下进行延伸。

许多新型企业，特别是高科技制造企业、全球分销企业以及全球第三方物流企业根据自身的业务需求，建立了适合企业发展定位的配送中心，不少跨国企业在全球的产品分销仅靠一个或少数几个巨型配送中心。

因此，配送中心是决定物流企业成败的战略性基础设施。

1.1.2 物流中心的概念

根据《物流术语》（GB/T 18354—2021）的规定，物流中心（Logistics Center）是指具有完善的物流设施及信息网络，可便捷地连接外部交通运输网络，物流功能健全，集聚辐射范围大，存储、吞吐能力强，为客户提供专业化公共物流服务的场所。

对物流中心的理解可以归纳为以下几种表述。

（1）物流中心是从国民经济系统要求出发，以区域为依托，具备物品存储、运输、包装、装卸等健全功能的专业化公共物流服务场所。

（2）物流中心从供应者手中接收多种类型、大批量的货物，进行分类、包装、保管、流通加工与信息处理等作业，并按客户要求提供专业化物流服务。

（3）物流中心是组织、衔接、调节、管理物流活动的大型物流节点。为了与传统静态管理的仓库相区别，将涉及物流动态管理的新型物流节点称为物流中心。这种含义下的物流中心数目较多、分布也较广。

物流节点（Logistics Node）是指具有与所承担物流功能相配套的基础设施和所要求的物流运营能力相适应的运营体系的物流场所和组织。除运输之外，物流功能中的其他所有要素（储存保管、装卸搬运、包装、分货、集货、流通加工等）都是在物流节点内完成的。

现代物流网络中的物流节点对整个物流网络的优化起着重要作用。在现代物流供应链中，这些节点不仅执行一般的物流职能，而且越来越多地执行指挥调度、信息处理、设计咨询、作业优化、教育培训等神经中枢的职能，是整个物流网络的灵魂所在。

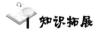

广义物流节点和狭义物流节点

物流节点有广义和狭义之分，具体包括以下内容。

（1）广义物流节点。广义物流节点是指所有进行物资中转、集散和储运的节点，包括港口、空港、铁路货运站、公路枢纽、大型公共仓库、物流园区、配送中心和物流中心等。

（2）狭义物流节点。狭义物流节点是指排除了港口、空港、铁路货运站、公路枢纽等物流基础设施部分，还指商品流通集散中心与生产企业拥有的原材料、在制品与产成品流通基础设施，即仅指现代物流意义上的配送中心、物流中心等。

(4) 物流中心是以货运枢纽为依托建立起来的，提供专业化公共物流服务的场所。由于货运枢纽是构成社会物流网络的节点，当它们具有实现健全物流服务功能的基础设施、物流设备、通信系统、控制系统，以及相应的组织管理体系和运营模式时，就具备了成为物流中心的条件。这类物流中心是构筑区域物流系统或全球物流系统的重要组成部分。

(5) 国际物流中心是指以国际货运枢纽（如国际港口）为依托，经营开放型的物品储存、包装、装卸、运输等物流作业活动的大型集散场所。国际物流中心必须做到"四流"（物流、资金流、信息流、商流）的有机统一。现代信息技术的迅速发展，能够对国际物流中心的"四流"有机统一提供重要的技术支持，这样可以大大降低文件数量及文件处理成本，提高"四流"效率。

1.1.3 配送中心与物流中心的对比分析

1. 相同点

配送中心（Distribution Center）与物流中心（Logistics Center）都是英译而来的，亚洲地区使用 Logistics Center 多一些，而欧美地区经常使用 Distribution Center。

两者没有本质的区别。因为它们都是现代物流网络中的物流节点。在两者内部储存的物品种类都比较多，存储周期都比较短；且两者都可以实现规模化运作，具备多种功能。

2. 不同点

从定义角度理解，配送中心和物流中心还是有一定的区别的。

（1）配送中心是以组织配送性销售或供应，执行实物配送为主要职能的流通型节点。配送中心的位置一般处于供应链的下游，通常服务的是特定客户或末端客户，如百货公司、超级市场、专卖店等。由于客户需求的多样化，配送中心通常采用高频率、小批量、多批次配送服务方式。

（2）物流中心是集商流、物流、信息流和资金流为一体，具有综合性、地域性等特征的大批量物资的集散地，是产销企业之间的中介。物流中心的位置一般处于供应链的中游，是制造企业仓库与配送中心的中间环节，一般距离制造企业与配送中心较远。为实现运输的经济性，物流中心通常采用大容量汽车或铁路运输方式，以及少批次、大批量的出入库方式。

配送中心与物流中心的区别见表1-1。

表1-1 配送中心与物流中心的区别

比较项目	配送中心	物流中心
功能	具有较强的"配"与"送"的功能，以配送为主，储存为辅	具有较强的储存能力、吞吐能力和调节功能
辐射范围	辐射范围小	辐射范围大
所处位置	通常在供应链的下游	通常在供应链的中游
物流特点	高频率、多品种、小批量、多供应商	少品种、大批量、少供应商
服务对象	一般为公司内部或末端客户服务，其专业性很强	通常提供第三方物流服务，在某个领域的综合性、专业性较强

从上述对比分析可以看出：配送中心和物流中心既有相似之处，又有一定的区别。因此产生了"物流配送中心"的说法。

小思考

阅读本章并查阅相关资料，阐述对图1-1中关于"物流中心与配送中心关系的几种理解"的思考。

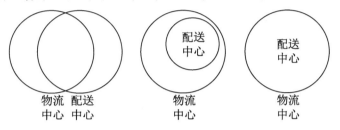

图1-1　物流中心与配送中心关系的几种理解

1.1.4　物流配送中心的概念

本书主要侧重于物流中心和配送中心的共同特性，研究其规划与设计问题。因此，严格区分两者的意义并不大。本书在其后内容将不再对物流中心和配送中心进行详细区分，依照惯例，统称为物流配送中心。

物流配送中心可以理解为企业（生产企业、商业企业、物流企业等）中从事大规模、多功能物流活动的业务实体，它的主要功能是大规模集结、吞吐货物，因此往往具备集货发货、储存与库存控制、流通加工、拣选、包装、运输、配送、装卸搬运、信息处理等基本功能，甚至具有商品展示与贸易、结算、需求预测、物流系统设计咨询、物流教育与培训、接待参观等一系列增值服务功能。

1.2　物流配送中心的功能

一般而言，作为功能健全的物流配送中心，其功能大体上可以分为两大类，即基本功能和增值服务功能。

1.2.1　基本功能

1. 集货发货功能

集货发货功能就是将分散的、小批量的货物集中起来，以便于集中处理。生产型物流配送中心从各地采购的原材料、零部件在进入生产组装线之前，总要集货，以便于按生产的节拍投入物料。同时，其产成品和零配件也要集中保管、分拣与发运。商业型物流配送中心需要采购几万种商品进行集中保管，按店铺销售情况进行补货、分拣、包装与配送，以满足消费需求。第三方物流配送中心则实现货物的转运、换载、配载与配送等功能。

集货发货功能要求物流配送中心一般具备实现长途、短途两种运输方式货物交换的平台和工具，如码头、站台、库房、吊车、传送设施、分拣设备等。

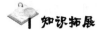

采购集货时需要考虑的问题

采购集货时需要考虑以下问题。

（1）广泛收集供应商信息，如哪些供应商能提供货源，供应商各自的供货价格，选择何种运输方式等。

（2）从众多供应商中选择诚实可靠、信誉良好者，与其保持长期、稳定的合作关系。一方面杜绝假冒伪劣物料的混入；另一方面确保物料能够稳定、良好的供应。

（3）对市场进行调查，了解物料供需状况，据此安排采购工作，避免采购不当造成库存积压，尽量降低采购集货的风险。

（4）确定合理的采购时间，防止因供应不及时造成脱销或停止生产，以及因供应过早而导致库存积压。

2. 储存与库存控制功能

为了及时满足市场需求和应对不确定性，物流配送中心需要具备储存功能。储存功能主要包括对进入物流配送中心的物品进行堆放、保管、保养、维护等一系列活动。

在物品储存期间，为了降低总库存成本，同时更好地满足客户需求，提高自身的服务水平，物流配送中心需要采用现代化的库存控制方法，确定合适的订货时间和批量，向上游供应商订货以补充库存，做好库存物品的控制工作。

3. 流通加工功能

为了满足客户需求，提高自身物流服务水平，方便生产或销售，物流配送中心通常根据进出物品的物流特性，与固定的制造商或分销商进行长期合作，对库存的物品进行一定的流通加工作业。物流配送中心应具备的基本流通加工功能，包括制作并粘贴条形码、剪切、弯折、称重、组装、再包装等。

4. 拣选功能

物流配送中心在分货时，需要按照客户的订单要求从储位将物品挑选出来集中到指定位置，此作业称为"拣选"。通常，拣选作业的效率直接影响着物流配送中心的作业效率和经营效益，是物流配送中心服务水平高低的重要标志。

5. 包装功能

物流配送中心包装作业的目的不是要改变商品的销售包装，而是通过对销售包装进行组合、拼配、加固，形成适于物流和配送的组合包装单元。

包装功能主要体现在以下 3 个方面。

（1）保护商品的功能。即保护商品不受损伤，防止水、汽、热、腐蚀物和冲击等对商品的影响。

（2）便于储运的功能。在流通的各个环节，商品经过合理的包装，会大大提高物流的效率和效益，能够便于流通，满足储存、运输和装卸的要求。

（3）促进销售。包装是商品最好的宣传品，精美的包装能够唤起人们的购买欲望，促进销售。

6. 运输配送及组织功能

到达物流配送中心的物品，有的需要在卸货区直接装车，运送到各需求地；有的需要暂时存放在物流配送中心的仓储区，然后根据客户需求组织运送；有的需要先运到流通加工区进行简单加工再进行运送作业。为了完成上述运送任务，物流配送中心必须有强大的运输功能，需要自己拥有或租赁一定规模的运输工具，形成覆盖一定区域的运输网络，选择满足客户需要的运输路线，然后组织运输作业，在规定的时间内将物品运抵目的地，并达到安全、迅速、低廉的要求。

配送是"配装"和"运送"的结合，包括车辆的选择、物品的配装、路线的确定等问题。为了充分利用配送车辆的容积和载重能力，提高配送效率，必须选择合适的车型，然后将不同客户的物品组合配装在同一车辆上。混装时，有一些基本要求，如按送货地点到达的先后顺序装车，先到的货物装载在上面或外面，后到的货物装载在下面或里面，以及"重不压轻"等。配送物品时为了使距离最短、时间最少、费用最低，往往涉及路线的选择问题。如任务为单任务，只送货或只取货，相对简单，只涉及最短和次短路线的选择；如任务为双重任务，既送又取，则不仅有路线的选择，还涉及先取、送谁，后取、送谁的问题。

7. 装卸搬运功能

物流配送中心为加快物品的流通速度，需具备装卸搬运功能，配备专业化的装载、卸载、提升、码垛等装卸搬运机械，以提高装卸搬运作业效率。由于装卸搬运本身不产生价值，且不良的装卸搬运还会损伤或损坏物品，所以，应尽量减少装卸搬运的次数和距离。

8. 物流信息处理功能

物流配送中心的整个业务活动涉及众多信息的处理，包括对下游客户的订货信息、上游供应商的供货信息及自身库存信息的处理，据此制订采购和配送计划，进行采购和配送作业。物流配送中心的效率和效益都与物流信息处理功能息息相关。

1.2.2 增值服务功能

1. 商品展示与贸易功能

现代化的物流配送中心还提供了商品展示与贸易功能。例如，东京平和岛物流配送中心就专门建造了商品展示和贸易大楼。这也是物流配送中心向高级阶段发展的必然趋势。

2. 结算功能

结算功能是物流配送中心对物流功能的一种延伸。物流配送中心的结算不仅仅是物流费用的结算，在从事代理、配送的情况下，物流配送中心还替货主向收货人结算货款。

3. 需求预测功能

根据物流配送中心物品进货、出货信息，物流配送中心可预测未来一段时间内物品入库量、出库量，进而达到预测市场对物品需求的目的。

4. 物流系统设计咨询功能

物流配送中心要充当货主的物流专家，因而必须为货主设计物流系统，代替货主选择和评价运输商、仓储商及其他物流服务提供商。这是一项增加价值和竞争力的服务。

5. 物流教育与培训功能

物流配送中心的运作需要货主的支持与理解，通过向货主提供物流培训服务，可以培养货主对物流配送中心经营管理者的认同感，提高货主的物流管理水平；同时，可以将物流配送中心的要求传达给货主，也便于制定物流作业标准。

6. 接待参观功能

一些物流配送中心为了进一步提升其自身的知名度和美誉度，还提供接待参观功能。这些物流配送中心会设置专门机构和人员处理来自学校、企业或个人的参观请求，安排具体的参观日程；参观当天会有专人负责全面介绍物流配送中心的服务对象、经营物品类别、各不同功能区域以及运作流程。

增值服务功能是物流配送中心基本功能的合理延伸，其作用主要是加快物流过程、降低物流成本、提高物流作业效率、增加物流的透明度等。提供增值服务是现代物流配送中心赢得竞争优势的必要条件。

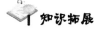
知识拓展

物流配送中心功能的分期规划

考虑到开发期的实际需求和未来的发展需要，物流配送中心的功能可以按照近期、中期、远期需要进行开发、设置。物流配送中心的功能建设进程可参考表1-2进行规划。

表1-2 物流配送中心的功能建设进程

序号	功能	近期	中期	远期	序号	功能	近期	中期	远期
1	集货发货	●			12	运输经纪人服务			★
2	储存与存货控制	●			13	海关服务			★
3	流通加工		▲		14	物品追踪		▲	
4	拣选	●			15	电子商务		▲	
5	包装		▲		16	商品展示与贸易			★
6	运输配送及组织	●			17	结算			★
7	装卸搬运	●			18	需求预测		▲	
8	物流信息服务		▲		19	物流系统设计咨询			★
9	订单处理	●			20	物流教育与培训			★
10	联运服务			★	21	接待参观		▲	
11	金融服务			★	22	保险服务	●		

续表

序号	功能	近期	中期	远期	序号	功能	近期	中期	远期
23	商务支持			★	25	工商、税务服务	●		
24	物流设备租赁			★	26	停车、加油	●		

（1）近期。由于该时期的物流市场还不成熟，物流服务需求还以传统的运输、仓储、装卸搬运为主，配以相关的辅助业务，如停车、加油、保险服务等。因此，在物流配送中心建设的近期应立足于仓储、运输等基本的服务形式，逐步发展增值物流服务业务。其中，仓储业务主要为仓库租赁与代替货主储存、保管物品；运输业务主要完成辐射区域物品集散、干线配货及中转运输等。

（2）中期。随着业务的成熟和拓展、网络的形成及信息系统的建立，应根据需要逐步完善各项基本物流服务。为了提高利润空间，开展包装、流通加工、物品追踪等功能作为仓储功能的必要补充，也为生产、商贸企业提供更为完备的第三方物流服务。物流信息系统的建立与完善，既方便了对各个作业环节中的物流信息进行实时采集、分析、处理和传递，又为利用信息平台开展需求预测和电子商务等提供了条件。

（3）远期。该阶段物流基本功能已经完善，在保证物流服务水平的基础上，借助于物流配送中心在行业中的优势，开展增值服务，如物流费用结算、物流系统设计咨询、物流教育与培训、物流设备租赁、金融服务等。如果空间条件允许，也可为企业提供商品展示、商务洽谈等服务。

1.3 物流配送中心的分类

为了更加细致和深入地了解物流配送中心，为后续物流配送中心的规划与设计奠定基础，要对物流配送中心的类型做出适当的划分。在总结、归纳国内外物流配送中心建设和运营情况的基础上，根据不同的分类标准，可以把物流配送中心分为不同的类型。

1.3.1 按经营主体分类

1. 生产企业物流配送中心

生产企业物流配送中心一般由规模较大的公司出资兴建，其目的是为本公司的产品生产或销售提供物流服务。生产企业物流配送中心有以下两种。

（1）服务于企业生产活动的物流配送中心。这类物流配送中心的客户主要是工厂，处理的对象主要是生产产品所需要的原材料及零部件。原材料与零部件存在一定的数量关系，其品项会随着产品种类的增加而增加。因此，该类物流配送中心的功能应注重原材料的配套储存、拣选、配送等。

（2）服务于生产企业产品分销网络的物流配送中心。这类物流配送中心是企业分销网络的中枢，其具有分销能力强、市场信息收集和传递及时、运输和配送物品快速、需求预测与订单处理功能完善等优点。

辽宁上药好护士药业（集团）有限公司是上海医药集团股份有限公司子公司，是集研发、生产、销售为一体的中药制药企业。2021年7月3日，该公司的智能化物流配送中心正式验收，并移交使用。该智能化物流配送中心占地约7 500平方米，包含4 968个托盘货位、2 840个隔板货位、3台双伸位堆垛机、4台穿梭车、3套托盘输送机、1套箱输送系统、1套机械手码垛系统、3套箱提升机系统、1套WCS系统、1套WMS系统及相应的附属设备。该智能化物流配送中心的建成为客户有效节省了仓库占地面积，实现了仓库空间的充分利用，提高了仓库的管理水平和收发货效率。

资料改编自：北起院物流，2021. 搬动世界，传递真情：辽宁好护士物流配送中心项目竣工验收[J].起重运输机械，（S01）:15.

2. 商业企业物流配送中心

许多大型商业企业因业务需要而设立物流配送中心。商业企业物流配送中心细分为批发商型物流配送中心和零售商型物流配送中心。这类物流配送中心有的从事原材料、燃料、辅助材料的流转，有的从事大型超市、连锁店的产品配送，如沃尔玛、家乐福等大型零售企业自建的物流配送中心或亚马逊等大型电商企业自建的物流配送中心，主要目的是降低物流成本。

资料卡

京东物流建立了包含仓储网络、综合运输网络、"最后一公里"配送网络、大件网络、冷链物流网络和跨境物流网络在内的高度协同的六大网络，具有数字化、广泛和灵活的特点，服务范围覆盖了中国大部分地区和人口，不仅建立了中国电商与客户之间的信赖关系，还通过211限时达等时效产品和上门服务，重新定义了物流服务标准。在2021年，京东物流助力约90%的京东线上零售订单实现当日和次日达，客户体验持续领先行业。截至2022年3月31日，京东物流运营约1 400个仓库，含云仓生态平台的管理面积在内，京东物流仓储总面积超过2 500万平方米。

二十大报告指出，要"强化企业科技创新主体地位，发挥科技型骨干企业引领支撑作用"。京东物流始终重视科技创新在企业发展中的引领支撑作用。基于5G、人工智能、大数据、云计算及物联网等底层技术，京东物流正在持续提升自身在自动化、数字化及智能决策方面的能力，不仅通过自动搬运机器人、分拣机器人、智能快递车、无人机等，在仓储、运输、分拣及配送等环节大大提升效率，还自主研发了仓储、运输及订单管理系统等，支持客户供应链的全面数字化，通过专有算法，在销售预测、商品配送规划及供应链网络优化等领域实现决策。凭借这些专有技术，京东物流已经构建了一套全面的智能物流系统，实现服务自动化、运营数字化及决策智能化。截至2021年12月31日，京东物流在全国共运营43座"亚洲一号"大型智能仓库。到2021年，京东物流已经拥有及正在申请的技术专利和计算机软件版权超过5 500项，其中与自动化和无人技术相关的超过3 000项。

资料来源：https://www.jdl.com/profile[2023-3-24]

3. 第三方物流配送中心

第三方物流配送中心是由生产企业、商业企业以外的物流企业提供物流服务的业务模式。第三方物流配送中心一般拥有大型的自动化立体仓库、先进的拣选系统、强大的运输能力及快速及时的信息处理能力。第三方物流配送中心可以是具有某些功能（如仓储、运输、配送等）的专业组织，也可以是集物流、商流和资金流于一体的物流组织。

仓储企业可以转变为第三方物流配送中心，因为它拥有土地、库房、站点和装卸设备，为了适应连锁商业的快速发展，经过企业重组和功能拓展，也可逐渐转变为第三方物流企业。

运输企业也可以过渡到第三方物流配送中心，它需要物流节点以整理、配载、换装货物，同时还需要物流配送中心的信息服务作为平台支撑。

依此类推，轮船公司、邮政部门、快递企业、铁路运营公司、机场及航空运输企业都可拥有自己的物流配送中心。

 资料卡

截至2021年8月，顺丰控股的快递网络拥有10个枢纽级中转场，37个航空、铁路站点（不含与中转场共用场地的站点），151个片区中转场，其中129个中转场已投入使用全自动分拣设备，较2020年年末增加8个。快运网络（含顺丰快运及顺心捷达）拥有41个枢纽级中转场，79个片区中转场，其中13个中转场投入使用自动化设备。

资料来源：顺丰控股股份有限公司半年度报告，2021.

1.3.2 按服务区域分类

1. 区域物流配送中心

区域物流配送中心是以强大的辐射能力和较高的库存水平，向省际、全国乃至国际范围的客户进行配送的物流配送中心。区域物流配送中心有三个基本特征。第一，经营规模大，设施和设备齐全，活动能力强。第二，配送的货物批量大但批次少。例如，有的区域物流配送中心每周只为客户配送三次货物，但每次配送的货物很多。第三，区域物流配送中心虽然也从事零星的配送活动，但这不是其主要业务。许多区域物流配送中心常常向城市物流配送中心和大型工商企业配送货物，因而其是配送网络或配送体系的支柱。

 资料卡

2022年，由京东物流与山东省平邑县共同打造的"京东（平邑）数智物流产业园"进入二期建设阶段，双方持续拓展冷链物流产业园方面的建设。这是继济南、青岛之后，京东物流在山东的第三个区域性物流枢纽中心，也是全国第一个智能化、自动化县级京东云仓。

京东（平邑）数智物流产业园总建筑面积超过4.2万平方米，以发展数字经济为核心，结合当地的电商规模和整体物流需求，采用自动化立体仓库、箱式多层穿梭车立体库、货到人搬运机器人、分拣AGV机器人等，成为集仓储、分拣、办公为一体的区域智能物流枢纽中心，实现鲁南地区县域智能物流体系的升级。

在进入京东（平邑）数智物流产业园后，一座高约16米的自动化立体仓库采用双伸位堆垛机和多层料箱的密集储存，不仅提升了储位数量，有效解决了原仓库储存空间不足的难题；而且，自动化立体仓库也将传统人到货的拣选方式改为货到人的拣选方式，实时自动抓取仓库设备运行数据，并上传下达作业任务，员工不需要长时间在仓库内奔走，大幅提升拣选效率与发货准确率的同时，也能降低人员的作业强度。

此外，借力京东物流打造的智能场站、数字车队等产品，实现了京东（平邑）数智物流产业园内仓库数字化月台、月台智能调度等智能化管理，大大提升了园区内仓库与司机之间的协同调度效率，节省了园区计划调度的人力成本和物流纸质单据的资源消耗和管理成本。

资料改编自：https://baijiahao.baidu.com/s?id=1722993329618631475&wfr=spider&for=pc[2023-3-24]

1-4 拓展视频

2. 城市物流配送中心

城市物流配送中心是以城市区域为配送范围的物流配送中心。城市物流配送中心可直接配送到最终用户，且常常采用汽车进行配送。这种物流配送中心往往和零售经营相结合。由于运距短、反应快，因此从事多品种、少批量、多用户的配送较有优势。

1.3.3 按物的流向分类

1. 供应型物流配送中心

供应型物流配送中心是专门为某个或某些客户组织供应的物流配送中心。例如，为大型连锁超市组织供应的物流配送中心；代替零部件加工厂送货的物流配送中心。

资料卡

上海地区6家造船厂共同组建的钢板物流配送中心、英国Honda斯温登物流配送中心、美国Suzuki Motor洛杉矶物流配送中心及德国Mazda Motor物流配送中心等都属于供应型物流配送中心。

服务于汽车制造业的英国Honda斯温登物流配送中心占地面积为150 000平方米，总建筑面积为7 000平方米，经营的汽车配件达6万种。该物流配送中心储存大型配件可达1 560间格，小型配件为5万箱左右。美国Suzuki Motor洛杉矶物流配送中心占地面积为40 000平方米，总建筑面积为8 200平方米，经营的汽车配件达1万种。

2. 销售型物流配送中心

销售型物流配送中心是以销售经营为目的、以配送为手段的物流配送中心。销售型物流配送中心大体有3种类型：生产企业为将本身产品直接销售给消费者而设立的物流配送中心；流通企业为扩大销售而建立的物流配送中心；流通企业和生产企业联合的协作型物流配送中心。国外和我国的发展趋势都是以销售型物流配送中心为主。

1.3.4 按服务的适应性分类

1. 专业物流配送中心

专业物流配送中心大体上有两种含义：一是配送对象、配送技术属于某专业领域，如医药物流配送中心；二是以配送为专业化职能，基本不从事经营的服务型物流配送中心。

2. 柔性物流配送中心

柔性物流配送中心不向固定化、专业化的方向发展，而是向能随时变化、对客户要求有很强适应性、不固定供需关系、不断发展新的客户的方向发展。

1.3.5 按服务对象分类

1. 面向最终客户的物流配送中心

在商物分离的交易模式下，客户在店铺看样品挑选购买后，商品由物流配送中心直接送达客户手中。家具、大型电器等商品适合这种配送方式。

2. 面向制造企业的物流配送中心

根据制造企业的生产需要，将生产所需的原材料或零部件，按照生产计划调度的安排，送达企业的仓库或直接送到生产现场。这种类型的物流配送中心承担了生产企业大部分原材料或零部件的供应工作，为企业实现"零库存"经营提供了物流条件。

3. 面向零售商的物流配送中心

物流配送中心按照零售商的订货要求,将各种商品备齐后送达零售店铺。它包括为连锁店服务的物流配送中心和为百货店服务的物流配送中心等。

1.3.6 按主要功能分类

1. 集货中心

集货中心是以将零星货物集中成批量货物为主要功能的物流配送中心。该类型的物流配送中心通常分布在小企业群、农业区、果业区、牧业区等地域。集货中心一般拥有计量、称重和质检等仪器,储存和装卸设施,分拣、加工、包装设备,以及运载工具。

2. 分货中心

分货中心是指主要从事分拣工作的物流配送中心。分货中心一般设置在交通枢纽处或城市物流基地。分货中心应有自备或共用的专运线和站台等收发货设施,以及装卸、分拣、分装/包装设备和运载工具。

 资料卡

2022 年 8 月 5 日消息,近日,菜鸟正式启用位于以色列的分拨中心及海外仓。以色列分拨中心是菜鸟中东地区首个分拨中心,也是菜鸟全球布局并启用的第十个分拨中心,结合全球物流基础设施的持续建设,菜鸟将进一步优化"端到端"的物流解决方案。

菜鸟以色列分拨中心配置了多台一分多式智能分拣设备,并采用了自主研发的海外分拨系统。结合分拨中心及地址解析等数智物流技术,菜鸟对配送链路做了进一步优化,例如当海外客户选择自提服务时,包裹仅需经过 1 次分拨就能直接进入末端配送环节,从而提高了分拨配送效率,预计该线路末端配送时效优化约 25%,全链路近 10%。目前,跨境包裹最快 12 天送达客户手中,送达时效将进一步提升。

资料来源:http://www.myzaker.com/article/62ecc09cb15ec058db3fa771[2023-3-24]

3. 转运中心

转运中心是实现不同运输方式或同种运输方式联合(接力)运输的物流配送中心,通常称为多式联运站、集装箱中转站、货运中转站等。转运中心多分布在综合运网的节点处、枢纽站等地域。转运中心除了应具有装卸货的设施设备,还应具有进行分拣、拆零、码垛、包装和储运等作业的设施设备。

1-5 拓展视频

4. 配送中心

配送中心具有储存保管、装卸搬运、流通加工、包装、配货、送货、信息服务等功能,是在一定区域内专门从事配送业务的物流配送中心,也是最高形式、最典型的物流配送中心。配送中心多分布于城市边缘且交通方便的地域。

5. 流通加工中心

流通加工中心是主要从事流通加工业务的物流配送中心。这类物流配送中心多分布在原材料、产品产地或消费地。经过流通加工后的货物再使用专用车辆、专用设备(装置)以及相应的专用设施进行作业,如冷藏车、冷藏仓库、煤浆输送管道、水泥散装车等,可以提高物流质量、效率并降低物流成本。

6. 配载中心

配载中心是为解决长途运输车辆的返程空驶和中小批量货物的中长途运输而设立的货物集散地。配载中心需要配备货物临时存放场所，并为运输车辆提供停泊场地。配载中心以提供货物配载信息为核心，搭建可供公共查阅的待运货物和车辆信息平台。

7. 保税物流中心

保税物流中心是封闭的海关监管区域，具备口岸功能，其分为 A 型保税物流中心（bonded logistics center A）和 B 型保税物流中心（bonded logistics center B）两种。

A 型保税物流中心是指经海关批准，由中国境内企业法人经营、专门从事保税仓储物流业务的海关监管场所。

B 型保税物流中心是指经海关批准，由中国境内一家企业法人经营，多家企业进入并从事保税仓储物流业务的海关集中监管场所。

1.3.7 按其他标准分类

1. 按配送物品种类分类

按物流配送中心处理的物品种类不同，可将物流配送中心分为食品物流配送中心、日用品物流配送中心、医药品物流配送中心、化妆品物流配送中心、家电产品物流配送中心、电子产品物流配送中心、图书物流配送中心、服饰物流配送中心、汽车零部件物流配送中心、农产品物流配送中心、钢材物流配送中心、生鲜产品物流配送中心等。

2. 按物流配送中心的自动化程度分类

按物流配送中心的自动化程度不同，可将物流配送中心分为人工物流配送中心、人工+机械物流配送中心、机械化物流配送中心、自动化物流配送中心、智能化物流配送中心。

1.4 物流配送中心的地位与作用

1.4.1 物流配送中心的地位

1. 物流配送中心的衔接地位

在经济活动中，生产企业和零售企业在分工和功能上存在诸多差异。

（1）产品品种、数量差异。生产企业在生产中，无论产品品种多少，其某一品种的单位批量较大；而各类零售企业在经营中则需要品种丰富、单位批量较小、批次较多的产品。

（2）产销空间差异。由于生产企业的选址需要考虑交通、电力等相关因素的需求，因此产品的生产地大多较为集中；而零售企业为了满足广大消费者的需要，则需遍布销售网点。

（3）产销时间差异。生产和消费通常不是同时进行的，很多产品属于常年生产、季节性消费，如空调、羽绒服等；有的产品属于季节性生产、常年消费，如农产品等。

针对上述供需矛盾，物流配送中心利用其专用设施，集物流、商流、信息流于一体的完善功能，开展货物配送业务，把各种工业产品和农产品直接送达客户手中，客观上起到了生产和消费的媒介作用。物流配送中心还可以集合供需双方多家客户的业务，进行大批量采购与配送、合理储存与运输，使供需企业的成本得以大幅度降低。另外，通过集货和储存，物流配送中心又起到了平衡供需的作用，有效地解决了季节性货物的供需衔接问题。

2．物流配送中心的指导地位

在物流系统中，物流配送中心不仅承担直接为客户提供服务的功能，还根据客户的要求，起着指导物流全过程的作用。物流配送中心，特别是综合性的物流配送中心，可利用其规模和物质上的优势及衔接供需的特殊地位，为上游企业提供相关的市场信息，帮助它们及时掌握市场需求的最新动态，指导其及时调整市场定位、按需供应、按需生产、按需经营。

1.4.2　物流配送中心的作用

1．从供应企业和制造企业的角度

物流配送中心具有以下作用。

（1）物流配送中心有助于企业降低销售环节的物流成本。物流配送中心可以将"多品种、小批量、多频次"的待运货物进行集中，对相同方向的货物进行统一运输，运输货物数量的增加可以使制造企业用整车运输代替零担运输，从而降低单位货物的运输成本。同时，物流配送中心还可以简化货物的供应链，减少供应链上的配送的作业次数，使企业可以更有效地利用现有资源和人力，节约配送的管理费用。当然，物流配送中心布局的合理性是降低物流成本的前提条件。

（2）物流配送中心有助于企业电子商务业务的开展。随着网络技术的发展，电子商务作为一种新的交易方式，正逐步被客户和商家所接受，也将成为制造企业未来销售模式的发展方向。因此，企业可以通过合理地建设物流配送中心来改善企业的配送体系，为电子商务的实施提供良好的支持。

（3）物流配送中心可以提高企业的服务质量，扩大产品的市场占有率。制造企业建设物流配送中心，可以缩短产品的交货时间，提高供货的频率，提供适时、适量的配送服务，降低缺货率。企业配送服务水平的提高，可以增强产品的市场竞争力，从而扩大产品的市场占有率。

（4）物流配送中心可以提高物资利用率和库存周转率。采用物流配送中心集中库存，可以利用有限的库存在更大范围为更多客户服务。由于需求更大，市场面更广，物资利用率和库存周转率必然大大提高。

2．从需求方的角度

物流配送中心具有以下作用。

（1）降低进货成本。物流配送中心集中进货不仅可以降低进货成本（运输、管理费用等），还可以在价格上享受优惠，使产品的成本降低，利润率提高。

（2）改善店铺的库存水平。由物流配送中心实行及时配送，有利于店铺实现无库存经营。集中库存还可以达到降低库存总水平的目的。

（3）减少店铺的采购、验收、入库等费用。物流配送中心可以利用软硬件系统，大批量、高效率地登记入库，从而大大简化各个店铺相应的工作程序。

（4）减少交易费用，降低物流整体成本。例如，M 个厂商与 N 个客户分别交易情况下，交易次数为 $M \times N$ 次，如果以物流配送中心为中介，则交易次数仅为 $M + N$ 次，引入物流配送中心之前和之后的交易次数示意图如图 1-2 所示。显然，厂商和客户数目越多，节约的费用越多。

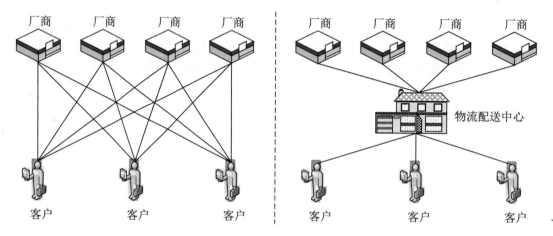

图 1-2　引入物流配送中心之前和之后的交易次数示意图

（5）促进信息沟通。连锁店的物流配送中心起着供需双方的中介作用，掌握着供方的产品信息。通过物流配送中心，可有效地衔接供需双方，促进双方的信息沟通。

1.5　物流配送中心的建设与发展

1.5.1　我国物流配送中心的建设与发展

1. 我国物流配送中心的发展历程

我国在 20 世纪 80 年代初引入物流概念。

1986 年，河北省石家庄市开始进行"三定一送"（定时、定点、定量、送货上门）的物资配送供应方式。随后，产生了一批试验性质的物流中心与配送中心，从而揭开了我国开展配送和发展建设物流配送中心的序幕。

1992 年，商业部从适应商品经济的发展，加速商业储运业社会化、合理化和现代化，构建高效通畅的网络化物流体系出发，就物流配送中心建设试点工作组织了广泛、深入的论证，并在全国范围内选择了部分大中型商业储运企业和批发企业进行大型物流配送中心和区域化商品物流配送中心建设试点。

1996 年，国内贸易部发出了《关于加强商业物流（配送）中心发展建设工作的通知》，指出了发展建设物流配送中心的重要意义，提出发展建设的指导思想和原则等；同时，还印发了《进一步深化国有商业储运企业改革与发展的意见》，确定了向现代化物流配送中心转变、建设社会化的物流配送中心、发展现代物流网络的主要发展方向。

1996 年以后，随着连锁商业的发展，物流配送中心建设在全国部分大中城市纷纷展开。北京、上海、广州等地的物流配送中心建设成效尤其突出。上海华联超市公司配送中心，在为集团内各超市、连锁店提供全方位配送服务的同时，自身在设施、管理、技术和业务经验方面也得到了不断完善。承担着开拓全国市场使命的上海一百集团，创建了为集团已在全国各地发展或准备发展的上百家大中型连锁商店承担供配货任务的一百集团供配货中心系统，该系统由 5 个大型供配货中心和 1 个大型物流中心构成。北京市粮食局系统的八百佳物流配送中心，是以北京市 800 家国营粮店为配送对象、以粮油加工食品为主要配送商品的专业物流配送中心。北京市商业储运公司利用其雄厚的储运设施，为一些大型生产企业做销售代理，配送业务也得到了较大发展。

近年来，随着市场经济的快速增长，特别是电子商务的发展，各种形式的物流配送中心如雨后春笋般发展起来。2022 年 5 月 20 日，京东宣布其已拥有 43 座"亚洲一号"大型智能物流中心；以这些智能物流中心和全国范围内运营的约 1400 个仓库为核心，搭建了高度协同的多层级物流基础设施和仓配网络。

2. 我国物流配送中心建设中存在的问题

（1）历史问题。

受历史原因的影响，我国经济领域中存在部门分割、地区分割等现象，严重阻碍了现代化物流配送中心的发展。由于各部门、各地区都从自身的利益出发，在制订发展规划时，缺乏必要的统筹与协调，缺乏综合性规划。较为常见的是铁路与公路等运输部门都组建了自己的物流配送中心，但这些物流配送中心横向联系少，资源不能共享，造成重复建设与资源利用率较低。

（2）物流配送中心的社会化程度较低。

目前我国的生产企业、流通企业中的"大而全""小而全"现象和思想仍然存在，这些企业一般都拥有自己的物流体系，这就造成了我国物流配送中心的规模小而分散，社会化、组织化程度低，在物流配送的各个环节上衔接配套差，物流服务功能不完善。

（3）物流配送中心的服务水平有待提高。

目前我国物流配送中心的整体服务水平还达不到客户个性化、柔性化需求的高要求，因此在一定程度上影响了物流配送中心的良性发展。物流配送中心在不能完美履行物流服务协议时，客户不仅会给出较低的物流服务评价，甚至会从其他经营主体获取更优的物流服务。这将对物流配送中心的未来发展带来严重不利影响。

3. 部分城市物流配送中心规划建设

（1）重庆市物流配送中心规划建设。

《重庆市现代物流业发展"十四五"规划（2021—2025 年）》对重庆市配送中心的规划如下。

① 以服务重庆中心城区和区县城区生活物流需求为重点，加快完善城乡配送中心和末端配送网点，构建以城市公共配送中心、乡镇配送节点、村级公共服务点为支撑的城乡配送网络。

② 继续发挥中欧班列运营平台公司整体对接供需的平台组织作用，延伸中欧班列服务功能，构建中亚、西亚、欧洲沿线物流集结和分拨配送中心，加大对高品质农产品、整车及零配件、高端装备、医疗器械、红酒、冷链产品等商品的进口规模，实现中欧班列往返均衡和价值增值。

③ 大力发展进口消费品物流服务，依托中欧班列、西部陆海新通道、国际航空货运通道化组织，推动境外品牌企业设立保税仓库、保税展示基地等，打造进口商品区域分拨中心、配送中心和展示交易中心。

④ 完善城乡冷链设施网络布局，加快构建一级、二级、三级冷链物流节点，推动具有集中采购和跨区域配送能力的农产品冷链物流集散中心和加工配送中心建设。

（2）天津市物流配送中心规划建设。

《天津市综合交通运输"十四五"规划》对天津市物流中心的规划如下。

① 国际性综合交通枢纽城市地位进一步凸显，全面建成世界一流智慧绿色国际海港枢纽、国际航空物流中心和区域航空枢纽。

② 落实天津滨海国际机场总体规划和加快推进中国国际航空物流中心建设实施方案，着力提升航空基础设施和空域保障能力，巩固提升天津滨海国际机场区域航空枢纽地位，大力推进国际航空物流中心建设。

③ 在高铁沿线选择合适区位建设高铁快递物流中心，形成"公路+航空+跨境+高铁"的全载体城市快递枢纽格局。

（3）江苏省物流配送中心规划建设。

《江苏省"十四五"现代物流业发展规划》对江苏省物流中心、配送中心的规划如下。

① 南京。强化江海联运、集散分拨、供应链管理、应急物流等功能，推进国际货邮枢纽、航运物流枢纽建设，建成国际性综合交通枢纽城市、区域性航运物流中心、全国智慧物流发展高地。

② 常州。强化铁公水空多式联运、区域分拨、分销配送功能，推进常州综合港务区建设，促进物流业制造业深度融合创新，建成长江中下游多式联运物流中心、江苏中轴核心物流枢纽、长三角现代物流中心城市。

③ 徐州。强化国际铁路集装箱中转集散、区域分拨、公铁水联运功能，推进徐州淮海国际陆港建设，做大做强枢纽经济，建成"一带一路"重要的物流节点城市、陆港型国家物流枢纽城市、淮海经济区物流中心城市。

④ 扬州。强化公铁水多式联运物流体系建设，增强与南京都市圈区域物流协同，推进港口物流、汽车物流、冷链物流建设，建成连接苏南、服务苏中、辐射苏北的区域性物流中心。

⑤ 优化城市物流空间布局，推进物流资源集聚集约发展，构建形成"物流园区（分拨中心）—配送中心—末端网点"三级城市配送网络。

⑥ 布局建设一批集运输、仓储、加工、包装、分拨等功能于一体的公共配送中心，强化统一存储、集中分拣、共同配送等功能。

⑦ 推进大型商贸流通企业、电商快递供应链网络下沉乡村，布局建设冷链物流产地仓、田头小型仓储保鲜冷链设施、产地低温直销配送中心。

⑧ 依托大型农产品批发市场、农产品物流园，推进建设面向城乡居民消费的低温加工配送中心。

⑨ 鼓励电商、快递等企业参与高铁物流枢纽建设，就近或一体化布局电商快递分拨与配送中心，完善与高铁物流高效衔接的分拨、配送网络。

（4）安徽省物流配送中心规划建设。

《安徽省"十四五"物流业发展规划》对安徽省物流中心、配送中心的规划如下。

① 围绕"三横四纵多辐"物流通道和五大物流枢纽,积极优化物流网络节点,合理布局区域物流中心、分拨中心、配送中心,形成多层级物流网络体系。

② 滁州。推进大江北物流枢纽中心建设,完善综合物流中心、专业物流中心和配送中心功能,积极发展制造业物流、商贸物流、快递物流,打造南京都市圈乃至长三角重要的现代物流节点。

③ 建设蚌埠高铁、黄山空铁快运物流中心,支持开行"点对点"的高铁货运班列、专列,打造高铁物流服务品牌。

④ 依托高铁枢纽打造高铁快运物流基地和现代快递产业园。鼓励电商、快递企业参与高铁物流枢纽建设,积极布局电商快递分拨与配送中心,完善与高铁物流高效衔接的分拨、配送网络。

⑤ 结合城市更新、老旧小区改造,布局建设和改造升级一批集公共仓储、加工分拣、区域配送、信息管理等功能于一体的公共配送中心、区域分拨中心,推动整合商圈物流资源,建设商圈物流配送体系。

⑥ 加快数字化物流基础设施建设,推动物流枢纽、物流园区、配送中心、货运站场、港口码头等物流基础设施智慧化改造,打造一批数字仓库、智慧堆场、智慧港口、智慧口岸。

(5) 海南省物流配送中心规划建设。

《海南省"十四五"现代物流业发展规划》对海南省物流中心、配送中心的规划如下。

① 依托国内市场,建设国际一流冷链设施,完善冷链服务体系。对标国际食品和药品冷链管理认证标准,打造区域性国际冷链物流中心。

② 建成国际化港口设施和国际化航空设施体系,全面建成数字化国际物流中心;建成连接全球航运和航空供应链网络体系,形成国际一流的物流服务环境。

③ 依托博鳌机场、东环高铁,规划建设东部快递物流中心,为东部地区提供农产品冷链物流、快递物流、仓储和配送服务。

④ 依托物流枢纽群,建设多种应急需要一体化的物流中心。

⑤ 以洋浦、东方和三亚为重点区域,开展越南以及其他东南亚国家过境货物再加工,与本地、国内出口的货物进行国际、国内集拼,通过洋浦港的全球航线网络,配送终端目标客户,打造东南亚地区集装箱集拼分拨配送中心。

⑥ 鼓励企业"走出去",在重要目标市场建设海外仓、物流配送中心,设立境外分销和服务网络等,加快融入全球供应链网络,建立本地化的供应链体系。

1.5.2 发达国家物流配送中心的建设与发展

欧美国家及日本为适应经济发展和商品流通的需求,在仓储、运输、批发等企业基础上建设了多种形态的物流配送中心。这些物流配送中心或作为独立的企业提供社会化的配送服务,或作为企业集团的一个重要组成部分,以保障集团内部生产和流通业务的需求。因此,分析和比较发达国家物流配送中心的特点,学习、借鉴其发展物流配送中心的先进经验,对我国发展现代化的物流配送中心具有重要的现实意义。

1. 美国的物流配送中心

美国的物流配送中心以萌芽早、发展速度快、活动范围广、经营范围大和现代化水平高而众所周知。为了向流通领域要效益,美国企业采取了以下措施:一是将仓库改造成物流配送中心;二是引进信息化手段,对装卸、搬运、仓储、拣选等作业实行信息化管理,提高作业效率;三是连锁企业共建物流配送中心,促进连锁企业效益的增长。

美国的物流配送中心管理的特点表现在物流服务标准化、配送价格合理、作业成本低等几个方面。美国的物流配送中心主要有如下几种类型。

(1) 特大型生产企业独资建立的物流配送中心,主要为生产企业自身提供物流服务。

(2) 大型零售企业或连锁企业自建的物流配送中心。

(3) 为扩大生产企业和商业企业的服务范围而建立的社会化物流配送中心。

2. 日本的物流配送中心

随着商业连锁化经营的快速发展,日本对社会化配送提出了更高的要求。日本的物流配送中心的发展趋势:企业系统内自建物流配送中心逐步减少,社会化物流配送中心日益增多。日本的物流配送中心主要有如下几种类型。

(1) 大型商业企业自建的物流配送中心。一般由实力雄厚的商业企业或连锁企业投资建设,主要为本系统内的零售企业提供配送服务,同时也受理其他中小零售企业的配送业务。

(2) 批发商投资、小型零售商加盟组建的物流配送中心。为了与大型连锁企业竞争,由一些小型零售企业和连锁超市加盟合作,接受批发商投资建设的物流配送中心的进货与配送。这样的合作形式实现了物流配送中心的社会效益。

(3) 为其他企业服务的物流配送中心。主要接受其他企业的委托进行配送服务。其主要配送对象是大量的小型化便利店或超市,以合同作为约束双方的手段,开展稳定的业务合作。

上述三种类型的物流配送中心,实际上不同程度地承担了社会配送功能,并且还有进一步扩大配送范围的发展趋势。

3. 发达国家物流配送中心的发展比较

发达国家的物流配送中心的建设和运作,一方面体现了时代的特点;另一方面也融入了各自的社会文化特点。

1) 相同点

(1) 物流配送中心的规模大。在日本,20 世纪 70 年代以前的物流配送中心的建筑面积为 5 000~10 000m²。20 世纪 70 年代以后,物流配送中心的建筑面积超过 10 000m²。东京物流园地的建筑面积更是超过了 400 000m²。

(2) 物流配送中心功能及附属设施齐全。在发达国家,即使是规模较小的物流配送中心,也拥有完善的装卸、搬运、储存、分拣、包装、流通加工、配送、信息处理等功能。与此同时,除了物流配送中心的主体设施,其他附属配套设施齐全。

(3) 物流配送中心的区位选择合理。物流配送中心都分布在城市郊区、交通枢纽(如车站、码头、机场、公路交会处)等处,一般距城市边缘 5km~40km。

(4) 物流配送中心均采用信息化管理手段。例如,采用条形码技术、射频识别(Radio Frequency Identification,RFID)技术或物联网技术自动采集货物信息,由物流配送中心管理信息系统进行信息处理后发出自动上架、储存、补货、拣选、包装、装卸、搬运、配送等指令,完成相应的作业。物流配送中心实际上就是信息化技术、智能化技术使用集中的场所。

2）不同点

（1）各国物流配送中心的分布不同。美国的物流配送中心分布比较分散；日本的物流配送中心分布集中；欧洲大力发展的是公共型物流配送中心。各国物流配送中心的分布不同，一方面是国土拥有量不同所致；另一方面是物流配送中心发展的阶段不同所致。欧洲的物流配送中心起步较晚，因此能适应当前物流企业聚集发展的形势。

（2）物流配送中心的规模及建筑形式不同。美国的物流配送中心单体建筑规模较大，面积一般都在 20 000m² 以上；而欧洲的物流配送中心单体建筑面积为 5 000m² 左右，很少见到物流配送中心的单体建筑面积在 20 000m² 以上的。日本的物流配送中心的建筑多为楼库；而欧美物流配送中心的建筑多为平库。

从产生原因、特色功能、网点布局和设施设备、管理特点、发展趋势等方面，对当今世界发达国家和我国的物流配送中心进行分析比较，结果如表 1-3 所示。

表 1-3 发达国家和我国的物流配送中心的比较

比较项目	国家			
	美国	日本	加拿大	中国
产生原因	消费市场发达、多批次与小批量需求、库存周转加快、物流成本约束、绿色低碳要求等			
特色功能	客户服务功能	战略功能、控制功能、柔性功能	批发商、零售商服务功能	客户服务功能、战略功能
网点布局和设施设备	自动化立体仓库、节能环保设施、机械化与自动化设备	合理选址、规模适中、自动化设备、无线通信技术	大型单层设施、自动分拣、自动打包	网点布局支撑企业发展战略、平库为主、自动化与智能化设备支持业务运作、5G 等新一代信息技术广泛应用
管理特点	管理信息系统支撑网络化运营、明确的服务范围和区域	网络化与信息化的管理手段、严格的规章制度	信息化管理手段、信息自动采集技术广泛应用	结合中国自身的管理特点，有效地吸收国外先进的管理模式、重视人才培养、将信息技术与人工智能技术应用于管理实践
发展趋势	信息化、自动化、智慧化、绿色化、标准化、网络化、全球化等			

4. 发达国家或地区物流配送中心对我国的启示

（1）政府在规划中应将物流业作为总体规划的一个有机组成部分。国外建设物流配送中心的经验表明：物流业是一个投资大、回收期长、社会效益显著的特殊产业，因此政府在税收、贷款利率等方面要给予优惠和支持，并在政策、舆论导向上积极引导中小型企业进入物流配送中心实施共同配送，鼓励支持跨行业、跨地区、跨所有制的相关产业部门建立集商流、物流、信息流和资金流为一体的社会化物流配送中心。在物流配送中心的发展形式上，因地制宜，依据我国的具体国情，以现有物流配送中心为基础，实行横向的联合兼并与纵向的垂直整合，逐步将大型物流配送中心与区域性物流配送中心相配套，综合性物流配送中心与专业性物流配送中心相结合，建立以社会化、共同化物流配送中心为主体功能的综合化的物流配送体系。总之，在充分开发与利用社会物流资源上，强化政府的宏观调控与指导，在统一规划的前提下，确保物流配送中心建设的规模经济效益和物流资源的最优化配置。

（2）应推进综合物流管理，做好市场调研，促进物流配送业的空间布局合理化与科学化。物流在美国、日本等国家已有近百年的研究与发展历史，物流是"第三利润源泉"的观点从确立之后，引起国外政府与企业界的高度重视。科学合理的物流业空间布局，必须适应我国多批次、小批量、缩短供货周期等对物流服务的客观要求。首先，要做好物流配送中心建设的地理定位和对周边社会经济、文化环境的科学分析，并测定商圈范围，以获得物流配送中心市场的有效辐射力；其次，要整合物流配送中心市场运作中所具备的仓储、交通运输、信息等方面的基础条件，以及物流业与工商企业双方的联盟关系，形成风险共担、效益共享的社会化物流配送体系；最后，要协调好区域物流配送中心和城市物流配送中心在空间布局上的有效性和合理性，在物流服务上真正实现优势互补。

（3）集约化、网络化、信息化和现代化物流配送中心集商流、物流、信息流于一体，一头连接生产，一头连接零售，将广大中小型零售企业组织起来，是降低流通成本、提高效率的有效途径。认真借鉴国外成功的经验，重建现代批发网络体系，且与完善物流配送中心的集货、分货、拣货、包装、运输、信息、咨询等综合化服务功能结合起来。加大科技创新的力度，提高物流配送企业的组织化程度和企业化经营的水平，加快物流业的软件建设和专业化人才培养，在实践中不断探索、不断完善、积累经验。在发展定位上，针对物流业发展的内外部环境与条件，为零售商业领域"量身定做"社会化物流配送中心，并从市场需求出发，通过集约化、规范化经营，吸收和引进国外先进的物流技术与管理方法，以推动我国物流配送中心的发展。

（4）其他国家与地区的经验表明：各国或地区均采用适合本国或地区发展的物流配送中心。这就给我们提出了一个新的课题，即物流配送中心发展模式及本土化问题。从国情出发，结合我国批发商业、仓储、运输、电子商务等领域的实际，在融合其他国家或地区物流管理方面经验的基础上，能根据自身的需求特点，建设适应我国国情的物流配送中心。总之，物流配送中心的发展必须立足于了解自己，在规划建设、选址、经营规模、市场定位、组织形态、运作方式等方面，按照我国国民经济发展的需要进行总体规划与建设。

1.5.3 物流配送中心的发展趋势

1. 物流配送中心的配送区域进一步扩大

实施物流配送的国家已不限于发达国家，许多发展中国家也按照流通社会化的要求积极开展物流配送。物流配送中心的业务范围已经扩大到了省际、国际和洲际。

2. 物流配送中心的共同配送进一步发展

在物流配送实践中，除了独立配送、直达配送等一般性的配送方式，还出现了"共同配送"的配送方式。根据《物流术语》（GB/T 18354—2021）的规定，共同配送（Joint Distribution）

是指由多个企业或其他组织整合多个客户的货物需求后联合组织实施的配送方式。共同配送是经长期的发展和探索优化出的一种追求合理化配送的配送方式。

1-8
拓展视频

资料卡

共同配送是在物流配送中心的统一计划、统一调度下展开的。共同配送的本质是通过作业活动的规模化降低作业成本，提高物流资源的利用效率。

3. 物流配送中心的技术水平和作业效率进一步提高

物流配送中心的各项作业经历了从手工作业、半机械化、机械化、自动化和智能化等5个阶段。进入21世纪以来，各种先进技术特别是计算机技术的应用，使物流配送中心基本上实现了自动化。我国目前普遍采用了诸如自动分拣、光电识别、条形码、定位追踪、RFID等先进技术，建立了配套体系，并配备了先进的物流设备，如无人搬运车、无人分拣机、自动包装设备等，使物流配送中心服务的准确性和效率大大提高。物流业的某些物流配送中心的最大分拣处理能力超过100万件/天。目前，一些物流配送中心正朝着集成化和智能化发展。随着经济发展水平的提高和物流技术的完善，自动化、集成化、智能化技术已经成为我国物流配送中心的主要发展方向。

1-9
拓展视频

4. 物流配送中心的集约化程度进一步提高

随着市场竞争日益激烈以及企业兼并速度明显加快，小规模的物流配送企业的数量在逐步减少，物流配送的集约化程度不断提高。多个系统、企业乃至地区，各自的物流配送中心，从突破自身制约条件、维持和开拓市场、最大限度地创造效益和获得发展的意图出发，携起手来，开展交叉配送；或者多个系统、企业或地区联合共建物流配送中心，实现集约化配送。

5. 物流配送中心的竞争日趋激烈

大量的规模小、设施欠缺、技术与管理较差的企业的物流配送中心，在为其内部实施商品配送过程中，若不能体现价格、质量、服务水平等方面的优势，必然走向消亡。少数大型的、具有较高组织化程度和现代化水平的企业的物流配送中心，将充分发挥其规模优势，并不断得以发展和完善，最终部分或完全走向社会化。在未来激烈的市场竞争中，物流配送中心要提供准确、快速、高效和高质量的服务。

6. 物流配送中心的管理规范化与经营集团化进一步提高

随着物流业逐步走向成熟，按照物流配送中心发展的规律进行规范化管理将是大势所趋。发达国家物流配送中心发展的成功经验表明：集团化与网络化将成为物流配送中心的发展方向。特别是跨地区、跨部门、跨企业的集团化、网络化组织经营，对发挥物流系统效率，提高物流经营效益，实现信息共享，降低全社会物流成本等，具有重要的意义。

7. 物流配送中心的标准化建设需求进一步加强

物流标准化不仅是物流系统化的前提，还是和国际接轨的前提，因此物流装备、物流系统的建设与服务，必须先满足标准化的要求。物流配送中心的标准化必须和整个物流系统的标准化具有一致性、统一性。物流配送中心的标准化涉及物流配送中心库房的设计建造等硬件的标准化和票据系统等软件的标准化。硬件标准化要能够适应"门到门"的直达配送，信息与服务的标准化是实现电子数据交换、信息化和服务优质、规范的基础。

8. 物流配送中心的信息化需求进一步加强

未来的社会将是信息化的社会，物流必须和信息流相伴才能达到通畅、高效的目的。随着计算机技术与通信技术的充分发展，以及全球信息网络的建成，物流配送中心的信息化需求将进一步加强。

2022年8月31日—9月5日，2022年中国国际服务贸易交易会（以下简称"服贸会"），以线上线下相结合的方式在国家会议中心和首钢园区举办。由中国快递协会组织的中国邮政速递物流、顺丰、中通、圆通、韵达、申通、菜鸟以及美团配送8家会员企业联手打造的"快递服务"展区，在首钢园区5号馆内精彩亮相。

在顺丰展区，新型可循环包装箱等产品实力吸睛。顺丰通过绿色运输、绿色转运、绿色包装等途径，实现覆盖快递全生命周期的温室气体减排计划，积极打造绿色快递和可持续物流。正如二十大报告强调的，要"构建新一代信息技术、人工智能、生物技术、新能源、新材料、高端装备、绿色环保等一批新的增长引擎"。顺丰在行业率先推出快递终端循环箱，以循环包装箱替代一次性纸箱进行探索和实践，推动行业整体包装产品体系的变革。截至目前，顺丰推出升级版碳中和循环包装"丰多宝π-BOX"已满1年。预计到2022年年底，顺丰将投放丰多宝120万余个，覆盖全国主要经济圈超过170个城市，累计循环使用1 100万余次。在替代一次性纸箱的同时，实现快递行业绿色环保的社会价值以及满足消费者更安全防损的寄递需求。

资料来源：https://mp.weixin.qq.com/s/o-DsVgdZMn43CSOnY_s81A[2023-3-24]

本 章 小 结

本章主要介绍物流配送中心的概念、物流配送中心的基本功能与增值服务功能、物流配送中心的分类、物流配送中心的地位与作用、物流配送中心的建设与发展等基本内容。

本章需重点辨析配送中心与物流中心的区别与联系，明确各自的内涵和外延，进而对清晰理解物流配送中心的概念起到支撑作用。同时，需要掌握物流配送中心的基本功能与增值服务功能，以物流配送中心功能为基础，可深入分析需要规划与设计的物流配送中心的作业区域构成，进一步为物流配送中心内部的区域布局规划与设计奠定基础。需要明确物流配送中心的分类，利用其分类结果，对不同类型的物流配送中心进行有针对性的规划与设计，以便获得更科学、合理的物流配送中心规划与设计方案。需要了解物流配送中心的发展趋势，基于其发展趋势、企业战略以及物流中心类型等信息，设计有针对性的物流配送中心方案。

配送中心	物流中心
物流节点	物流配送中心
物流网络	转运中心
区域物流配送中心	保税物流中心

习 题

1. 选择题

(1) 以下关于配送中心的表述正确的是（   ）。

　　A．配送中心是指具有完善的配送基础设施和信息网络，可便捷地连接对外交通运输网络，并向末端客户提供短距离、小批量、多批次配送服务的专业化配送场所

　　B．配送中心不但要承担物流节点的功能，还要起到衔接不同运输方式和不同规模的运输职能

　　C．配送中心为了实现"配货"和"送货"，要进行必要的货物储备

　　D．配送中心的"配送"工作是其主要的、独特的工作，全部由配送中心完成

(2) 以下关于物流中心的表述正确的是（   ）。

　　A．物流中心是指具有完善的物流设施及信息网络，可便捷地连接外部交通运输网络，物流功能健全，集聚辐射范围大，储存、吞吐能力强，为客户提供专业化公共物流服务的场所

　　B．物流中心就是超大规模的仓库

　　C．物流中心从供应者手中受理大量的多种类型的货物，进行分类、包装、保管、流通加工、信息处理，并按众多客户的要求完成配货、送货等作业

　　D．物流中心是组织、衔接、调节、管理物流活动的较大的物流节点

(3) 以下关于配送中心和物流中心的对比分析表述正确的是（   ）。

　　A．配送中心和物流中心既有相似之处，又有一定的区别

　　B．配送中心和物流中心都可以实现规模化运作，具备多种功能

　　C．配送中心一般位于供应链的中上游

　　D．物流中心能够从事大规模的物流活动，辐射范围大

(4) 物流配送中心的增值服务功能包括（   ）。

　　A．需求预测功能　　　　　　　B．物流系统设计咨询功能

　　C．物流教育与培训功能　　　　D．物流信息处理功能

(5) 按服务区域进行分类，物流配送中心包括（   ）。

　　A．区域物流配送中心　　　　　B．供应型物流配送中心

　　C．销售型物流配送中心　　　　D．城市物流配送中心

(6) 物流配送中心的作用包括（   ）。

　　A．有助于企业降低销售环节的物流成本

　　B．提高企业的服务质量，扩大产品的市场占有率

　　C．减少交易费用，降低物流整体成本

　　D．有助于企业电子商务业务的开展

(7) 物流配送中心的发展趋势包括（　　）。
　　A．配送区域进一步扩大　　B．集约化程度明显提高
　　C．标准化建设加速　　　　D．管理规范化与经营集团化

2. 简答题

（1）配送中心和物流中心的概念分别是什么？
（2）物流配送中心的概念是什么？
（3）物流配送中心的主要功能是什么？
（4）物流配送中心如何分类？
（5）从供应商和制造商的角度，分析物流配送中心的作用。

3. 判断题

（1）配送中心提供高频率、小批量、多批次配送服务。　　　　　　　　（　　）
（2）物流中心和配送中心都是进行物流配送的设施，没有区别。　　　　（　　）
（3）提供增值性服务是现代物流配送中心赢得竞争优势的必要条件。　　（　　）
（4）物流配送中心的装卸搬运活动不产生效用和价值，且不良的装卸搬运还会损伤、损坏和弄污物品，所以，应尽量减少装卸搬运的次数和距离。　　　　　　　　　　（　　）
（5）转运中心是以将零星货物集中成批量货物为主要功能的物流配送中心。（　　）
（6）物流配送中心的标准化涉及硬件的标准化和软件的标准化两方面内容。（　　）

4. 思考题

（1）分析配送中心与物流中心的异同。
（2）分析发达国家物流配送中心的异同点，并总结其给我国物流配送中心的建设带来的启示。
（3）查阅相关网站、书籍或文献资料，找到两家知名企业（一家生产型企业，一家商业型企业），对两家企业的物流配送中心进行对比分析。

 实际操作训练

实训项目 1-1：某区域物流配送中心功能与作业流程调研。

实训目的：了解该区域物流配送中心的功能，掌握该区域物流配送中心的基本作业流程。

实训内容：调研该区域物流配送中心的功能和作业流程，并绘制其作业流程图。

实训要求：首先，将学生进行分组，每5人一组；各组成员自行联系，并调查一个区域物流配送中心（或通过网站、书籍等资料，查阅一个区域物流配送中心的相关信息），分析该区域物流配送中心所完成的基本功能和增值服务功能，并对各功能进行详细总结和描述；同时对该区域物流配送中心的作业流程进行分析，并利用图形描述工具绘制各基本作业环节的作业流程；在前述工作的基础上，结合所学专业知识，提出本组认为可行的、该区域物流配送中心可以拓展的功能，同时优化该区域物流配送中心的作业流程；针对本组的分析和设计结果，与该区域物流配送中心的管理人员进行沟通，听取他们对分析结果和改进设计方案的建议，之后改进相应的设计方案，如此反复直至得到管理人员的认可。每个小组将上述调研、分析、改进的过程和结果形成一个完整的调研分析报告。

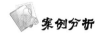
案例分析

日日顺在青岛落地全国首个 5G 大件智慧物流园区

日日顺供应链 5G 大件智慧物流园区——即墨智慧园区总占地 238 亩，仓库总面积 7.8 万平方米，集 5G 边缘计算、AI、大数据、机器视觉、IoT、云计算等技术于一体，打造了一个完整的智慧园区建设方案。该智慧物流园区围绕人员车辆的自动化登记、无感出入园区、无人巡检、5G 智能仓、数字月台、智慧安防、智慧能源及园区导航等，实现全场景全时空感知和多维度智能监测。

在日日顺供应链 5G 大件智慧物流园区内，坐落着业内首个大件物流智能无人仓，整个无人仓由三层楼构成，一楼为入库区，二楼为分拣区，三楼为中控台。无人仓内不仅在行业率先集中应用了 3 套全景智能扫描站、5 台提升机、5 台关节机器人、6 套龙门机械手、16 台高速堆垛机、80 台 AGV 机器人、608 套输送线等多项智能设备，还采用了多项黑科技，如通过数字孪生技术、仓库 3D 建模，实现空间、设施、人员、设备、事件等的数字空间映射，可实时了解仓内的库位使用、货物摆放情况；通过各项技术的结合，实现从入库到出库的全流程自动化。其中：

入库环节，通过自主预约，可实现搬运、扫描、外观检测、分拣、码垛的全自动运作；

在库环节，采用智能 ABC 管理，实现自动整垛/合垛、智能盘点；

出库环节，在运作过程中，系统指示库存自动补给、智能贴标、自动合单、库存托盘拣选至订单托盘，可自动搬运、到车后自动集单；

装车环节，能实现货找车的智能装车作业，同时空托盘能自动回收周转。

作为供应链中承前启后的战略级节点，5G 智慧物流园区+无人仓的升级改造，为日日顺物流园区业务提供了全网一盘棋的可视、可控、可优化的解决方案，实现了更加科技化、数字化、场景化的管理。

资料来源：https://baijiahao.baidu.com/s?id=1734340782427614873&wfr=spider&for=pc；

https://www.ebrun.com/ebrungo/zb/485135.shtml[2022-3-24]

问题：

（1）日日顺供应链 5G 大件智慧物流园区使用了哪些物流技术？

（2）日日顺供应链 5G 大件智慧物流园区的大件物流智能无人仓属于什么类型的物流配送中心？

（3）大件物流智能无人仓的主要功能是什么？

（4）大件物流智能无人仓使用了哪些物流设备？

第 2 章　物流配送中心规划与设计概述

【本章教学要点】

知识要点	掌握程度	相关知识
物流配送中心规划与设计的含义与目标	了解	物流配送中心规划与设计的含义、总目标、具体目标
物流配送中心规划与设计的原则	掌握	需求导向原则、系统工程原则、经济性原则、软件先进与硬件适度原则、发展原则、环境保护原则
不同类型物流配送中心规划与设计的区别与步骤	掌握	新建与改造物流配送中心规划与设计的区别、新建与改造物流配送中心规划与设计的步骤
物流配送中心规划与设计的基础资料收集与分析方法	掌握	现行资料的收集、未来规划资料的收集
	重点掌握	定量分析方法、定性分析方法

【本章技能要点】

技能要点	掌握程度	应用方向
新建与改造物流配送中心规划与设计的步骤	掌握	为新建或改造的物流配送中心规划与设计工作提供指导，方便规划和设计人员按照相应的步骤和内容开展工作
物流配送中心规划与设计基础规划资料的定量与定性分析方法	重点掌握	利用定性与定量的分析方法对物流配送中心规划与设计的基础资料进行分析后得到的有用信息，可以作为后续物流配送中心规划与设计的主要参考依据

 导入案例

顺丰四川分拨中心产业园全面投用

央广网成都 2022 年 1 月 8 日消息，近日，坐落于双流自贸试验区内的顺丰四川分拨中心产业园全面投用，进一步提升了双流国际机场的货运周转量，将有力推动成都航空物流产业提档升级。

顺丰四川分拨中心产业园是由顺丰控股集团在四川打造的首个物流产业园项目，距双流国际机场不足 5 千米，是一个集智能化分拣、智慧仓储、陆空联运为一体的综合性现代物流产业园。该项目总投资约 5 亿元，总建筑面积约 16 万平方米，主要建设全智能化分拣中心、电商仓储、综合研发服务楼及生活配套工程设施，由三栋仓储和两栋配套综合楼组成。

目前，顺丰在四川省内营业站点布局数量众多，每天有数百万件的快件需要进行集散分拣与中转配送，这给物流场地带来了极大压力。"顺丰四川分拨中心产业园的竣工投用极大提高了顺丰在省内物流的转运效率，为消费者带来了良好的快递体验；而且项目配套有冷链仓储设施，可以确保生鲜产品快速到家。"顺丰四川分拨中心产业园项目负责人介绍说，在双流自贸试验区的大力支持协调下，项目于 2021 年 7 月全面竣工，相较于顺丰同规模的项目来说，工期缩短了 60 天，并在当年"双十一"快递物流业的高峰期就投入了预运行，日均分拣量为 3 万～5 万件。

在物流各个环节中，分拣订单最为烦琐，人工投入较多且用时长。顺丰四川分拨中心产业园全部采用智能化物流分拣，分拣设备 24 小时不间断运行，一个快递从卸车、扫描到分拣、装车，整个流程下来效率得到大大提升，预计快递吞吐量能达到每天 100 万单，高峰时间能突破 150 万单。

资料来源：https://new.qq.com/omn/20220109/20220109A02UXM00.html[2023-3-24]

思考题：
（1）规划与设计一个新分拨中心，需要收集哪些资料？
（2）收集关于分拨中心基础资料的方法有哪些？
（3）规划与设计一个新分拨中心的程序和内容是什么？

2.1 物流配送中心规划与设计的含义与目标

2.1.1 物流配送中心规划与设计的含义

物流配送中心规划与设计是运用系统工程的理论和方法对物流配送中心各子系统进行规划与设计，并对物流配送中心各种功能进行优化调整，同时完成物流配送中心规划与设计方案的综合评价，以期达到总体目标的最优化，保证建成后的物流配送中心良性、健康、有序的运行与发展。

2.1.2 物流配送中心规划与设计的目标

1. 总目标

建造新的物流配送中心，需要解决的问题有以下几点。

（1）企业经营规模不断扩大，市场区域不断拓展，经营物品的品项数和商品量逐步增加，现有的物流网点、人员和设备能力不足，物流业务处理已不能满足客户的需要。

（2）在某些区域，物流网点较分散，规模小，造成物流成本居高不下，运输规划很难掌握，信息不畅，运输效率不高，需要对物流网点进行重组和整合。

（3）物流设施陈旧，物流设备落后，维护费用高，又很难改造，不能适应业务的拓展。

（4）周边环境发生变化，如城市市政建设需要原物流配送中心迁移；或者由于客户需求向少量化、多批次发展，使得物流配送中心的出货日趋细化，迫切需要对其加以改善。

基于以上原因，物流配送中心规划与设计的总目标是使人力、资金、设备和人流、物流、信息流得到最合理、最经济、最有效、最环保的配置和安排，力求以最小的投入获取最大的效益和最强的服务竞争力。

2. 具体目标

围绕物流配送中心规划与设计的总目标，细化的具体目标主要包括以下几点。

（1）提高物流配送中心的吞吐能力和运转效率，以适应物流业务扩展的需求。

（2）快速响应客户需求，供货准确及时，为客户提供必要的信息咨询服务。

（3）建立柔性物流配送中心，主动适应品项变化需求，及时响应运行过程中可能出现的各种意外情况，保证正常运转。

（4）对物流系统中的产品进行实时追踪。

（5）改善物流配送中心的劳动条件和工作环境，减轻员工的劳动强度。

（6）合理规划运输系统，关注废弃物的回收与再利用，减放、减排，提倡低碳物流、绿色物流。

上述目标之间实际上存在"物流效益背反"问题，往往存在冲突。因此，需要对整个物流配送中心进行综合评价，以期达到总体目标的最优化。

2.2 物流配送中心规划与设计的原则

物流配送中心规划与设计工作是一项系统工程。为了实现物流配送中心的建设目标，物流配送中心规划与设计工作必须遵循以下原则。

1. 需求导向原则

在充分考虑物流业务需求的基础上，确定物流配送中心的规模、功能和结构。只有以市场需求和业务需求为导向，才能规划与设计出既能够有效支持供应链运作，又能保持很高的设施和设备利用效率的物流配送中心。

2. 系统工程原则

物流配送中心的各项作业内容相互依存、相互影响，有着密不可分的内在联系。因此，在物流配送中心规划与设计过程中要考虑系统工程原则。如何使各项作业和管理均衡协调、有序高效地运转，实现工序合理化、操作简单化和作业机械化是极为重要的。物流配送中心工作的关键是做好物流量的分析预测，调节业务量，把握物流的最合理流程，调整物流作业方式。同时，由于运输路线和物流节点的网络特征，物流配送中心的选址对于调节物流量、控制物流速度、降低物流成本、提高物流效率都具有非常重要的作用。

3. 经济性原则

物流配送中心必须对物品进行储存并组织运输与配送活动,因而在进行规划和设计时应综合考虑储存费用、运量、运费和运距等多方面因素,并可以通过适当的数学方法求解不同可选方案的总成本的大小,最终为物流配送中心的决策提供参考。

4. 软件先进与硬件适度原则

一般来说,软硬件设备系统的水平常常被看成是物流配送中心先进性的标志。若追求先进性就要配备高度机械化、自动化、智能化的设备,会给投资方面带来很大的负担。欧洲物流界认为"先进性"就是能以较简单的设备、较少的投资,实现预定的功能,也就是强调先进的思想、先进的方法。从功能方面来看,设备的机械化、自动化、智能化程度不是衡量物流配送中心先进性的最主要因素。根据我国的实际情况,物流配送中心采用软件先进和硬件适度的原则。也就是说,对于物流配送中心的软件建设,则要瞄准国际先进水平,采用国际通用的格式标准,加强计算机管理信息系统与控制软件的研究开发,搭建与国际接轨的、迅速便捷的信息平台。物流设施设备等硬件条件在满足作业要求的前提下,更多选用满足使用功能的设备。例如,仓库机械化可以使用叉车或者与货架相配合的高位叉车;在作业面积受到限制,普通货架不能满足使用要求的情况下,也可以考虑建设自动化立体仓库。

5. 发展原则

规划与设计物流配送中心时,无论是建筑设施的规划和机械设备的选择,还是管理信息系统的设计,都要考虑到使其具有较强的适应能力、较高的柔性化程度,以适应物流量增大、经营范围拓展的需要。由于可能对市场变化和未来需求把握不准,而建设物流配送中心投资巨大、建设周期长,因此可以考虑进行分期建设。在规划与设计物流配送中心第一期工程时,应将其第二期工程纳入总体规划,并充分考虑到扩建时的业务需要。

6. 环境保护原则

环境保护和可持续发展一直是我国的国策,尤其在低碳经济背景下,环境保护成为规划与设计物流配送中心时不可忽略的重要原则。在构建物流配送中心时,应该按照绿色物流要求,把握经济性与环境保护的平衡,尽可能做到低污染、低排放,绿色环保。

2.3 不同类型物流配送中心规划与设计的区别与步骤

物流配送中心的规划与设计要符合合理化、简单化和自动化的设计原则。合理化就是各项作业流程具有必要性和合理性;简单化就是使整个系统简单、明确、易操作,并努力做到作业标准化;自动化就是规划与设计的物流配送中心应力求减少人工作业,尽量采用机械化、自动化或智能化设备来提高生产效率,降低人为可能造成的失误。

2.3.1 新建与改造物流配送中心规划与设计的区别

物流配送中心规划与设计可以分为两类：一类是新建物流配送中心的规划与设计；另一类是原有物流组织（企业）向物流配送中心转型的改造规划与设计。新建物流配送中心规划与设计又可以分为单个物流配送中心规划与设计和多个物流配送中心规划与设计两种形式。表 2-1 列出了这几种物流配送中心规划与设计形式的特点和内容。

表 2-1 物流配送中心规划与设计的特点和内容

类型	新建		改造
	单个物流配送中心	多个物流配送中心	
委托方	新型企业、跨国企业、政府部门		大多为老企业
规划目的	高起点、高标准、低成本	成为企业、区域新的经济增长点或支柱产业	实现从传统物流组织向现代物流配送中心的转型
关键点	物流配送中心选址	系统构造、网点布局	进行作业流程重组分析与设计，充分利用现有物流设施和设备
规划与设计内容	（1）物流配送中心发展战略研究； （2）业务分析与需求分析； （3）作业功能与布局规划； （4）物流设施规划； （5）物流设备选用与设计； （6）作业流程设计； （7）物流管理信息系统规划	（1）物流配送中心发展战略研究； （2）物流系统规划； （3）业务分析与需求分析； （4）物流网点布局规划； （5）作业功能与布局规划； （6）物流设施规划； （7）物流设备选用与设计； （8）作业流程设计； （9）物流管理信息系统规划	（1）物流配送中心发展战略研究； （2）业务分析与需求分析； （3）现有作业流程与数据分析； （4）作业功能与布局改造规划； （5）物流设施改造规划； （6）物流设备改造设计； （7）作业流程改造设计； （8）物流管理信息系统改造规划
规划原理与方法	物流学、统计学、物流系统分析、物流管理信息系统	物流学、统计学、物流系统分析、设施布置与规划、城市规划、物流管理信息系统	物流学、统计学、物流系统分析、物流管理信息系统

从表 2-1 可以看出，新建物流配送中心的规划与设计首先必须考虑企业战略发展的需要，通过分析货物流量、货物流向、供应商与客户分布、交通条件、自然环境和政策环境等因素进行选址规划。然后通过业务分析与需求分析，对物流配送中心进行作业功能与布局规划，即对物流配送中心的功能和区域进行规划与设计，对空间布局进行整体规划。在此基础上，进行物流设施的规划，即确定库房、装卸平台、货场道路、建筑设施等的规格和标准，进行物流配送中心设备的选用和设计，完成作业流程设计，并对管理信息系统进行规划等。

物流配送中心的改造规划与设计也必须考虑企业战略发展的需要，但更注重于在已有基础上进行设计和主体改造提升。在进行物流配送中心的改造规划与设计时，首先，必须充分考虑业务发展的需要，并进行严密的需求分析，从而为物流配送中心的改造提供依据。其次，在对比业务发展需要的基础上，必须对现有流程和数据进行充分分析。其中对现有作业流程的分析，可以对无效或不合理的作业流程进行改进，降低物流作业工作量，减少物流作业时间；而对现有的物流数据进行分析，可以对不同性质的物品采取个性化的仓储管理模式，使用针对性较强的自动化设备进行仓储、拣选、搬运、配送作业，提高作业效率。在此基础上，物流配送中心进行作业功能与布局改造规划，然后考虑设施和设备的改造规划和设计。最后，必须充分根据改造后的仓储系统、配送系统、作业模式、作业效率、作业流程进行物流管理信息系统的开发和改造。物流配送中心的改造规划与设计的流程如图2-1所示。

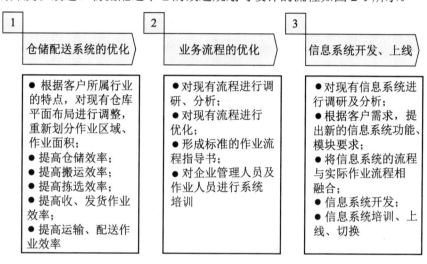

图2-1　物流配送中心的改造规划与设计的流程

2.3.2　新建与改造物流配送中心规划与设计的步骤

新建物流配送中心的规划与设计步骤如图2-2所示。

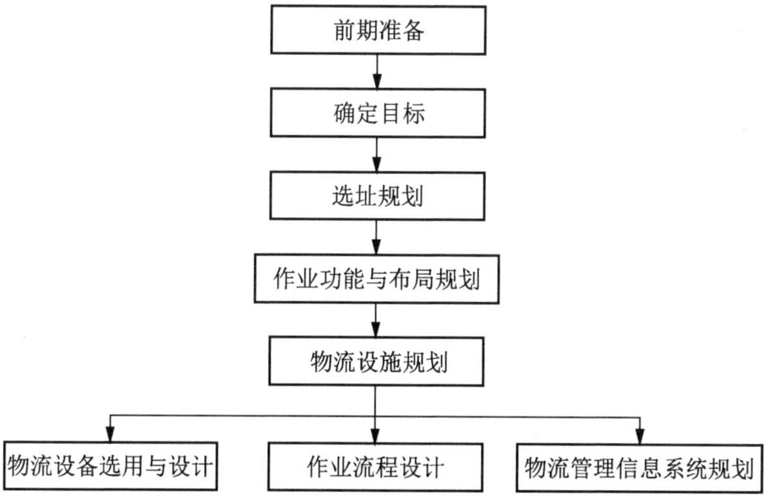

图2-2　新建物流配送中心的规划与设计步骤

改造物流配送中心的规划与设计步骤如图2-3所示。

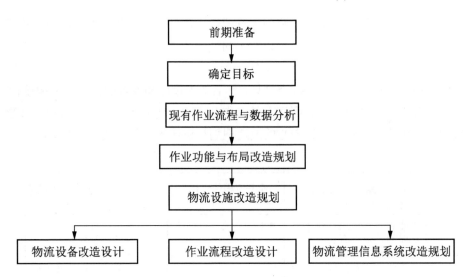

图 2-3　改造物流配送中心的规划与设计步骤

比较图 2-2 和图 2-3 可以看出，新建与改造物流配送中心的规划与设计步骤的主要区别为：新建物流配送中心必须先进行选址规划，而改造物流配送中心则是在已有的基础设施的基础上进行改造提升，其关键是对现有作业流程与数据进行分析，再进行各项改造规划和设计。

下面对新建物流配送中心的规划与设计步骤进行具体说明，改造物流配送中心的规划与设计步骤可以参照执行。

1. 前期准备

前期准备是为物流配送中心规划与设计提供必要的基础资料。常采用调研的方法包括网上调研、图书资料调研与现场调研等，其主要包括以下内容。

（1）收集物流配送中心建设的内部条件、外部条件及潜在客户的信息。

（2）分析物流配送中心经营物品的品种、货源、流量及流向。

（3）调查物流服务的供需情况、物流业的发展状况等。

2. 确定目标

确定物流配送中心建设的目标是物流配送中心规划与设计的关键步骤，主要是依据前期准备阶段的基础资料，确定物流配送中心建设的近期、中期和远期目标。

3. 选址规划

物流配送中心位置的选择，将显著影响其实际运营的效率与成本，以及日后规模的扩充与发展。因此，在决定物流配送中心位置时，必须谨慎考虑相关的影响因素，并按适当的步骤进行分析和确定。在位置选择过程中，如果已经有预定地点或区位方案，应于规划前先行提出，并成为规划过程的限制因素；如果没有预定地点或区位方案，则可在可行性研究时提出几个备选方案，并对比各备选方案的优劣，以供决策者参考。

4. 作业功能与布局规划

首先，需要对物流配送中心进行业务分析与需求分析，完成物流配送中心的作业功能规划，即依据确定的目标，规划物流配送中心为完成业务而应该具备的物流功能，并进一步进行相应的能力设计。其次,必须根据各作业流程、作业区域的功能及能力进行空间区域的布置规划和作业区域的区块布置工作,以及标识各作业区域的面积和界限范围等。

物流配送中心作业功能的规划与设计包括三个方面:一是总的作业流程规划;二是作业区域的功能规划;三是作业区域的能力设计。通常的步骤如下:针对不同类别的物流配送中心的功能需求和典型的作业流程,设计适合该物流配送中心的作业流程;然后根据确定的作业流程规划物流作业区域和外围辅助活动区域的功能;最后确定各作业区域的具体作业内容和作业能力。

物流配送中心区域布局规划的一般程序如下:基础资料分析→流程分析→作业区域设置→物流相关性分析→非物流相关性分析→综合相关性分析→区域平面布置→修正与调整→方案选择。区域布局规划的成果是作业区域布置图,设定各作业区域的面积和界限范围。某物流配送中心的作业区域布置图如图2-4所示。

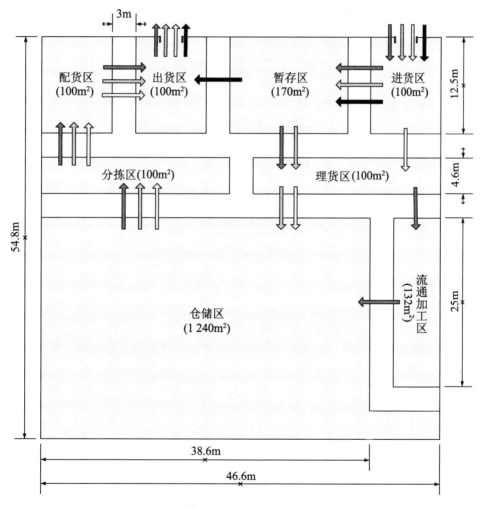

图2-4 某物流配送中心的作业区域布置图

5. 物流设施规划

物流配送中心设施的规划涉及建筑模式、空间布局、设备安置等多方面的问题,需要运用系统工程的方法求得整体优化,最大限度地减少物料搬运、简化作业流程,创造良好、舒适的工作环境。这部分工作主要包括以下内容:物流配送中心的建筑设计、装卸货平台设计、货场及道路设计和其他建筑设施规划。

6. 物流设备选用与设计

对物流配送中心的物流设备进行正确的选用与设计是保证物流配送中心顺利运作的必要条件。不同功能的物流配送中心需要不同的物流设备,不同物流设备使物流配送中心的布置和面积需求发生变化,因此必须按照实际需求选取适合的物流设备。在总体规划阶段,物流配送中心的布置尚未完成,因此主要考虑物流设备需求功能、数量和选用型号等内容。在详细设计阶段,必须进行物流设备的详细规格、标准等内容的设计。

2-5 拓展视频

物流配送中心的主要物流设备包括储存设备、装卸搬运设备、运输设备、分拣设备、包装设备、输送设备、集装单元器具、流通加工设备等,如图 2-5 所示。

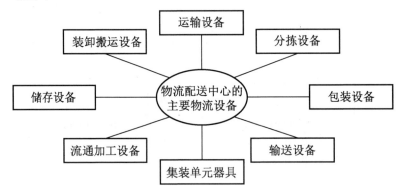

图 2-5　物流配送中心的主要物流设备

7. 作业流程设计

无论是以人工作业为主的物流配送中心,还是机械化的物流配送中心,或者是自动化或智能化的物流配送中心,如果没有正确有效的作业方法配合,那么即使有先进的系统和设备,也未必能取得最佳的经济效益。因此,需要设计出能够满足物流配送中心建设目标、有效支撑物流配送中心高效运转的作业流程。

8. 管理信息系统规划

当物流配送中心的作业功能、布局、设施规划初步完成后,便可以对物流配送中心的管理信息系统进行规划。物流配送中心的管理信息系统规划,既要考虑满足物流配送中心内部作业的要求,有助于提高物流作业的效率;又要考虑与物流配送中心外部的管理信息系统相连,方便物流配送中心及时获取和处理各种经营信息。通常,影响物流配送中心管理信息系统规划的主要因素包括物流配送中心的组织结构、作业流程和作业管理制度等。

在管理信息系统建设上,需要选择合适的开发模式,主要有自行开发、系统开发外包、合作开发和直接购买四种模式。在为管理信息系统选择相关软件时还必须设计相应的采购策略,主要包括对开发商的评审策略与对外购软件的评估策略。进入系统实施与运行维护阶段时,主要工作内容包括编程、测试、运行、维护等。

2.4 物流配送中心规划与设计的基础资料收集

为了保证物流配送中心的成功建设与运营，必须成立一个高效的领导班子来协调和指挥物流配送中心的规划与设计工作。考虑到建造物流配送中心的专业性、技术性、系统性和前瞻性等因素，还应与物流专家、物流系统工程技术人员紧密合作，全面听取有关物流配送中心规划与设计的合理化建议，确保物流配送中心建设工作的顺利实施。

根据拟建物流配送中心的类型，首先要进行规划用的基础资料的收集和调查研究工作。调查研究方法包括现场访问记录和厂商实际使用的表单收集等。基础资料分为两个方面，即现行资料和未来规划资料。

1. 现行资料的收集

需要收集的现行资料包括以下内容。

（1）基本运行资料：业务类型、营业范围、营业额、从业人员数、运输车辆数、供应商和客户数量等。

（2）物品资料：物品类型、品种规格、品项数、供货渠道、保管形式等。

（3）订单资料：物品种类、名称、数量、单位、订货日期、交货日期、交易方式等。

（4）物品特性：物品形态、气味、温湿度要求、腐蚀变质特性、装填性质、质量、体积、尺寸、包装规格、包装形式、储存特性和有效期限等。

（5）销售资料：按物品、种类、用途、地区、客户及时间等要素分别统计的销售材料。

（6）作业流程：进货、搬运、储存、拣选、补货、流通加工、备货、发货、配送、退货、盘点、仓储配合作业（移仓调拨、容器回收、废弃物回收处理）等。

（7）事务流程与单据：接单分类处理、采购任务指派、发货计划传送、相关库存管理和相关账务系统管理等。

（8）厂房设备资料：厂房结构与规模、布置形式、地理环境与交通特性、主要设备规格、吞吐能力等。

（9）作业工时资料：机构设置、组织结构、各作业区人数、工作时数、作业时间与作业时序分布等。

（10）物品搬运资料：进货发货频率及数量、在库搬运设备类型及能力、时段分布与作业形式等。

（11）供应商资料：供应商类型，供应物品种类、规格、质量、地理位置，供应商规模、信誉、交货能力，供应商数量及据点分布、送货时段等。

（12）配送网点与分布：配送网点分布与规模、配送路线、交通状况、收货时段、特殊配送要求等。

2. 未来规划资料的收集

除了收集现行资料，还要考虑到物流配送中心在该区域的发展，收集未来发展趋势和需求变化的相关资料。具体包括以下内容。

（1）运营策略和中长期发展计划，包括国家经济发展和产业政策走向、外部环境变化、企业未来发展定位、国际现代物流技术发展方向、国外相关行业的发展趋势等。

（2）物品现在销售增长率、未来商品需求预测、未来消费增长趋势。
（3）物品在品种和类型方面的可能变化趋势。
（4）物流配送中心未来的可能发展规模和水平，未来可能选择建设的地址和需求面积。

2.5 物流配送中心规划与设计的基础资料分析方法

上述来自各个方面的基础资料，必须从政策性、可靠性等方面进行整理分析，并结合新建或改建物流配送中心的实际情况加以修订后，才能作为物流配送中心规划与设计方案的输入数据。基础资料的分析方法分为定量分析方法和定性分析方法两类。

2.5.1 基础资料的定量分析方法

定量分析方法包括 ABC 分析、销售量变化趋势分析、EIQ 分析、物品特性与包装分析以及 PCB 分析。

1. ABC 分析

物流配送中心库存物品种类繁多，少则几千种，多则上万种，甚至几十万种。每种物品的价值不同，库存数量也不等，有的物品品项数不多但价值很高，占有资金很多；而有的物品品项数很多但价值不高，占有资金较少。如果对所有库存物品均给予相同的重视程度，采用相同的管理方法，是不符合实际需求的。面对纷繁杂乱的库存物品，如果不分主次，那么效率和效益就会低，而分清主次就可以达到事半功倍的效果。ABC 分析（ABC Classification）是指将库存物品按照设定的分类标准和要求分为特别重要的库存（A 类）、一般重要的库存（B 类）和不重要的库存（C 类）三个等级，然后针对不同等级分别进行控制的管理方法。例如，采用不同的库存方法，设置不同的最低库存量和最高库存量，选用相应层次的储存和搬运设备。

ABC 分析，又称 ABC 分类法、帕累托分析法、柏拉图分析法、排列图、主次因分析法、分类管理法、"80/20" 法则。

1879 年，意大利经济学家、社会学家帕累托在对人口和社会问题进行研究时发现，占人口总数 20%左右的人占有 80%左右的社会财富。他把这一关系利用坐标绘制出来，就得到了著名的帕累托曲线。

1951 年，管理学家戴克将其用于库存管理，定名为 ABC 分类管理法，使该方法从对一些社会现象的反映和描述发展成为一种重要的管理手段。

1951—1956 年，质量管理领域领军人物约瑟夫·朱兰将 ABC 分类法引入质量管理，用于质量问题的分析。

1963 年，德鲁克将这一方法推广到全部社会现象，使 ABC 分类法成为企业提高效益普遍应用的管理方法。

应该说明的是，应用 ABC 分类法，一般是将分析对象分成 A、B、C 三类，但也可以根据分析对象重要性分布的特征和对象数量的多少分成 3 类以上，如分成 4 类、5 类等。

采用 ABC 分析包括以下步骤。

1）收集资料

按库存管理的要求,收集与物品储存有关的资料,包括各种物品的单价、储存特性、库存量、销售量和结存量等。库存量和销售量应收集半年到一年的资料,结存量应收集最新的盘点分析资料。

2）处理资料

将收集的资料进行整理并按价值(或重要性、保管难度等)进行计算和汇总,如计算销售额、品项数、累计品项数、累计品项百分数、累计销售额、累计销售额百分数等。当物品品项数不多时,应以每一种物品为单元进行统计;当物品品项数较多时,可将库存物品按价值逐步递增的办法进行分类统计,分别计算出各范围所包含物品的库存量和价值。

3）绘制 ABC 分析表

ABC 分析表栏目构成见表 2-2。第 1 栏为物品名称或范围名称;第 2 栏为品项数累计,即每一种物品皆为一个品项数,品项数累计实际就是序号;第 3 栏为累计品项百分数,即累计品项数占总品项数的百分比;第 4 栏为物品单价;第 5 栏为平均库存;第 6 栏是第 4 栏物品单价乘以第 5 栏平均库存,为各种物品平均资金占用额;第 7 栏为平均资金占用额累计;第 8 栏为平均资金占用额累计百分数;第 9 栏为分类结果。

表 2-2 ABC 分析表栏目构成

物品名称	品项数累计	累计品项百分数（%）	物品单价	平均库存	平均资金占用额			分类结果
					金额	累计	累计百分数（%）	

制表按下述步骤进行：将处理资料时已经算出的平均资金占用额以大排队方式,由高至低填入表中第 6 栏。以此栏为准,将相应物品名称填入第 1 栏、物品单价填入第 4 栏、平均库存填入第 5 栏,在第 2 栏中按 1,2,3,4,…编号,则为品项数累计。此后,计算累计品项百分数,填入第 3 栏;计算平均资金占用额累计,填入第 7 栏;计算平均资金占用额累计百分数,填入第 8 栏。

4）根据 ABC 分析表确定分类

按 ABC 分析表,观察第 3 栏累计品项百分数和第 8 栏平均资金占用额累计百分数,将累计品项百分数为 5%～15%,而平均资金占用额累计百分数为 60%～80% 的前几类物品,确定为 A 类;将累计品项百分数为 20%～30%,而平均资金占用额累计百分数为 20%～30% 的物品,确定为 B 类;其余为 C 类,C 类情况和 A 类正好相反,其累计品项百分数为 60%～80%,而平均资金占用额累计百分数仅为 5%～15%。

5）绘制 ABC 分析图

以累计品项百分数为横坐标,以平均资金占用额累计百分数为纵坐标,按 ABC 分析表第 3 栏和第 8 栏所提供的数据,在坐标图上取点,并连接各点,绘成 ABC 分析曲线。按 ABC 分析曲线对应的数据和 ABC 分析表确定的 A、B、C 三个类别,在图上标明 A、B、C 三类,则制成 ABC 分析图（图 2-6）。

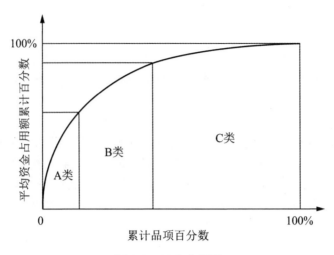

图 2-6　ABC 分析图

按照 ABC 分析的结果，结合物流配送中心的管理资源和经济效果，对 A、B、C 三类物品分别采取不同的管理办法和采购储存策略。

（1）A 类物品在品种数量上仅占 5%～15%，是关键的少数，要进行重点管理，管理好 A 类物品，就能管理好 60%～80%的年消耗金额。对仓储管理来说，保管时货位尽量靠近物流配送中心出入口，对物流配送中心要进行定时盘点和检查，必要时每天都要盘点和检查。在保证安全库存和不缺货的前提下，小批量、多批次按需组织采购、储存和发货，最好能做到准时生产（Just In Time，JIT）管理，尽可能地降低库存总量，减少仓储管理和资金占用成本，提高资金周转率，随时监控需求的动态变化，尽可能缩短订货提前期。

（2）B 类物品属于中批量物品，进行次重点管理，即常规管理。B 类物品库存期比 A 类物品长，需加强日期管理，先进先出，采用立体货架进行储存；采用定量订购方法，中等批量采购；订货提前期时间可较长，进行盘点和检查的周期比 A 类物品长，一般是每周一次。

（3）C 类物品品种数量巨大，消耗金额比重十分小，不应投入过多的管理力量。采购量可大一些，从而获得价格上的优惠。由于 C 类物品所消耗金额非常小，即使多储备，也不会增加太多金额。可以多储备一些关键物料，避免发生缺货现象。同时要简化库存管理，每月循环盘点一遍。对于积压和不能发挥作用的物品，应该每周向公司决策层通报，及时清理出物流配送中心。

2. 销售量变化趋势分析

销售量是决定新建物流配送中心规模的基本条件。任何企业最关心的都是销售量和利润。通过调查分析，掌握销售量的基本数据，对确定物流配送中心的规模非常重要。

首先，汇总整理收集的历年销售和发货资料，并进行分析，从而了解销售趋势和变化情况。然后，根据预测得到的不同类型销售量变化趋势，制定相应的对策和目标值。若某订单的峰值和谷值之比超过 3，在同一个物流配送中心内处理，将使效率降低，运营将更为困难。此时，必须制定适宜的运营政策和方法，以取得经济效益和运营规模的平衡。

关于分析的时间单位，视资料收集范围及广度而定。对未来发展趋势进行预测，以一年为单位；对季节变化进行预测，则以月为单位；分析月或周内变化倾向，则以天为单位。

常用的分析方法有时间序列分析法、回归分析法和统计分析法等。这里仅以时间序列分析法来预测销售量。

1）时间序列分析法

时间序列分析法是根据某一事物的纵向历史资料，按时间进程组成动态数列并进行分析，从而预测未来的方法。这种方法比较适合市场预测，如市场资源量、采购量、需求量、销售量和价格的预测。

这里仅以一次指数平滑预测法为例进行说明。

一次指数平滑预测是利用时间序列中本期实际销售量与本期预测销售量加权平均作为下一期的预测销售量，其基本公式为：

$$F_{t+1} = \alpha x_t + (1-\alpha)F_t \tag{2-1}$$

式中，F_{t+1} 为在 $t+1$ 期一次指数平滑预测销售量；x_t 为 t 期的实际销售量；α 为平滑系数，$0 < \alpha < 1$；F_t 为在 t 期一次指数平滑预测销售量。

式（2-1）的实际含义如下：

下期预测销售量=本期实际销售量的一部分+本期预测销售量的一部分。

要运用一次指数平滑公式进行预测，就必须首先确定 F_1（初始值）。初始值是不能通过计算直接得到的，应通过一定的方法选取。若收集的时间序列数据较多且比较可靠，就可以将已知数据的某一个或已知数据的某一部分的算术平均值或加权平均值作为 F_1。若收集的时间序列数据比较少或者数据的可靠性比较差，则通常用专家评估的办法选取 F_1。

平滑系数 α 的取值大小，体现了不同时期数据在预测中所起的作用。α 值越大，受近期数据影响越大，模型灵敏度越高；α 值越小，则受近期数据影响越小，可以消除随机波动，只反映长期的大致发展趋势。如何确定 α 值，是运用一次指数平滑模型的重要技巧，一般采用多个方案进行比较，从中选出最能反映实际变化规律的 α 值。

本期实际销售量反映当前的现实，本期预测销售量反映历史的状况，因为预测销售量是由过去的数据推算而来的。α 值越大，现实销售量在预测中占的比重就越大；α 值越小，历史销售量在预测中占的比重就越大。由此可见，α 值是事物发展的历史总趋势与事物当前变化的现实之间相互权衡的天平砝码。它的一般取值原则是：初始值 F_1 的准确性小的，α 宜取较大的数值；按时间序列，只有一部分预测销售量与实际销售量拟合较好而大部分拟合不好时，α 宜取较大的数值（大于 0.5）；预测销售量与实际销售量虽有不规则摆动，但总的趋势较为平稳，α 宜取较小的数值（小于 0.5），以强调重视历史发展趋势；预测销售量与实际销售量差异和变化都较大时，α 宜取较大的数值（大于 0.5），以强调重视近期实际的变化状态。

【例 2-1】表 2-3 为某物流配送中心 1~12 月某物品的市场销售量资料统计，试预测次年 1 月该物品的市场销售量。

表 2-3 某物流配送中心 1~12 月某物品的市场销售量资料统计

月份	期数	市场销售量/t	预测销售量/t	月份	期数	市场销售量/t	预测销售量/t
1 月	1	51		5 月	5	48	32.94
2 月	2	35	44.50	6 月	6	54	40.74
3 月	3	28	39.75	7 月	7	52	47.24
4 月	4	32	33.88	8 月	8	48	49.62

续表

月份	期数	市场销售量/t	预测销售量/t	月份	期数	市场销售量/t	预测销售量/t
9月	9	42	48.81	11月	11	44	45.71
10月	10	46	45.41	12月	12	47	44.86
				次年1月	次年1月		45.93

解：（1）确定初始值。由于前 3 个月的销售量差别比较大，不能取某个月的销售额为初始值。这里取前 3 个月销售量的算术平均值为初始销售额，即

$$F_1 = \frac{x_1 + x_2 + x_3}{3} = \frac{51 + 35 + 28}{3} = 38(\text{t})$$

（2）确定平滑系数。从实际统计的销售量来看，在上、下半年各有一次销售波动，其频率适中，平滑系数 α 不宜选得过大或过小，这里选 α 为 0.5。

（3）计算预测销售量。根据式（2-1），可以此计算 2 月，3 月，……，次年 1 月的预测销售量。

$$F_2 = \alpha x_1 + (1-\alpha)F_1 = (0.5 \times 51 + 0.5 \times 38) = 44.50(\text{t})$$
$$F_3 = \alpha x_2 + (1-\alpha)F_2 = (0.5 \times 35 + 0.5 \times 44.50) = 39.75(\text{t})$$
$$\vdots$$
$$F_{13} = \alpha x_{12} + (1-\alpha)F_{12} = (0.5 \times 47 + 0.5 \times 44.86) = 45.93(\text{t})$$

2-8 拓展知识

即次年 1 月的预测销售量为 45.93t。

此处，可考虑用平均绝对百分比误差（Mean Absolute Percentage Error，MAPE）来分析该一次指数平滑预测模型的预测误差。平均绝对百分比误差的计算公式为：

$$\text{MAPE} = \frac{100}{n-2} \sum_{t=2}^{n-1} \left| \frac{x_t - F_t}{x_t} \right| \tag{2-2}$$

取当年 2~12 月共 11 组数据来计算 MAPE 的值，其结果为：MAPE≈15.40>10，说明该一次指数平滑预测模型的预测误差较大。为了获得更加可靠的预测结果，可考虑选择其他更合适的预测模型。

平滑系数分析是通过数据的加权求和"平滑掉"短期不规则的过程。平滑后的数据反映了长期市场趋势和经济周期的信息。因此，在物流预测中都是极其有用的方法。特别是该方法所用的数据量，就总体而言并不是很多，对任何时间序列都有较好的适用性。

2）销售量变化趋势类型分析

若分析一个年度销售量的变化，则选月份为时间单位，作为横坐标，而纵坐标代表销售量。按时间序列分析结果进行分析，销售量变化趋势包括：长时间内是渐增或渐减的长期趋势；以一年为周期的因自然气候、文化传统、商业习惯等因素影响的季节变化；以固定周期为单位（如月、周）的循环变动；不规则变化趋势的偶然变动。即包括长期趋势变化、季节变化、循环变化和不规则变化 4 种类型。根据不同的变化趋势来预测未来市场销售情况，从而确定目标值，决定投资策略，制订物流设备购置和利用计划。

(1) 长期渐增变化趋势图如图 2-7 所示，应结合更长周期的成长趋势加以判断。在规划物流配送中心时以中期需求量，即峰值的 80%为目标值，若需考虑长期渐增的需求，则可预留空间或考虑设备的扩充弹性，以分期投资为宜。

(2) 季节变化趋势图如图 2-8 所示，通常以峰值的 80%为目标值。如果季节变化的差距超过 3 倍，可考虑部分物品外包或租赁设备，以避免过多的投资造成淡季的设备闲置。另外，在淡季应争取互补性的物品服务，以增加设备的利用率。

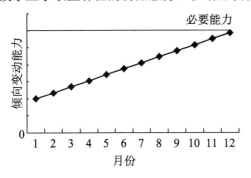

图 2-7　长期渐增变化趋势图

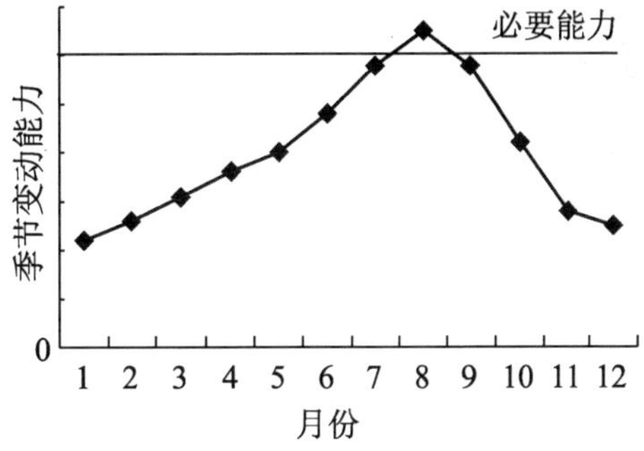

图 2-8　季节变化趋势图

(3) 循环变化趋势图如图 2-9 所示，其固定周期以季度为单位，若峰值与谷值差距不大，可以利用峰值进行规划，后续分析仅以一个周期为单位进行即可。

(4) 不规则变化趋势图如图 2-10 所示，物流配送中心较难规划，宜采用通用设备，以增加设备的利用弹性。

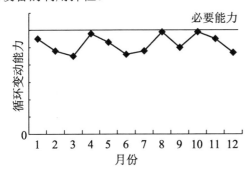
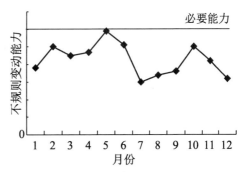

图 2-9　循环变化趋势图

图 2-10　不规则变化趋势图

3. EIQ 分析

订单的品种、数量、发货日期差别很大，且在不断变化，这既是物流配送中心的活力表现，又是很难把握的不确定性因素。这往往使物流配送中心的规划与设计人员，无论是构建新物流配送中心还是改造旧物流配送中心，都感到无从下手。若能掌握数据分析的原则，做出有效的资料组群，简化分析过程再进行相关分析，则可得出较可靠的分析结果，这是物流配送中心规划与设计的基础性工作。

EIQ 分析法（订单品项数量分析法）用于物流配送中心的规划与设计很有成效。EIQ 分析法就是利用订单（Entry）、品项（Item）和数量（Quantity）这三个物流关键规划要素，来研究物流配送中心的需求特性，为物流配送中心的规划与设计提供依据。EIQ 分析法是针对不确定和波动状态的物流系统的一种分析方法。这种分析方法能有效地规划物流配送中心的大略框架结构，从宏观上有效地掌握物流配送中心的物流特性。

2-9
拓展视频

小知识

在物流配送中心的规划与设计中，要注意研究物流配送中心的七个规划要素：E、I、Q、R、S、T、C。E 代表 Entry，指配送客户，一般以订单形式体现；I 代表 Item，指配送商品的种类；Q 代表 Quantity，指配送商品的数量或库存量；R 代表 Route，指配送路线；S 代表 Service，指物流服务；T 代表 Time，指物流的交货时间；C 代表 Cost，指配送商品的成本或建造设施的投入。

在进行 EIQ 分析时，首先应考虑时间范围和单位。在以天为时间单位的数据分析中，主要订单发货资料可分解为表 2-4 所示的格式。在资料分析时必须注意统一单位，应把所有订单、品项、发货量转换成相同的计算单位，如重量、体积、箱或金额等单位。金额与价值功能分析有关，多用在物品和储区分类等方面。重量、体积等单位与物流作业有直接密切的关系，它们将影响整个物流配送中心的规划与设计。

表 2-4　EIQ 资料分解格式

时间：　　年　　月　　日　　　　　　　　　　　　　　　　　　　　　　　（单位：箱）

发货订单	发货品项						订单发货数量	订单发货品项数
	I_1	I_2	I_3	I_4	I_5	⋯		
E_1	Q_{11}	Q_{12}	Q_{13}	Q_{14}	Q_{15}	⋯	$Q_{1.}$	N_1
E_2	Q_{21}	Q_{22}	Q_{23}	Q_{24}	Q_{25}	⋯	$Q_{2.}$	N_2
E_3	Q_{31}	Q_{32}	Q_{33}	Q_{34}	Q_{35}	⋯	$Q_{3.}$	N_3
⋮	⋮	⋮	⋮	⋮	⋮		⋮	⋮
单品发货量	$Q_{.1}$	$Q_{.2}$	$Q_{.3}$	$Q_{.4}$	$Q_{.5}$	⋯	—	$N_{..}$
品项发货次数	K_1	K_2	K_3	K_4	K_5	⋯	—	$K_{..}$

注：$Q_{1.}$（订单 E_1 的发货量）= $Q_{11} + Q_{12} + Q_{13} + Q_{14} + Q_{15} + \cdots$；$Q_{.1}$（品项 I_1 的发货量）= $Q_{11} + Q_{21} + Q_{31} + Q_{41} + Q_{51} + \cdots$；$N_1$（订单 E_1 的发货品项数）= 计数 $(Q_{11}, Q_{12}, Q_{13}, Q_{14}, Q_{15}, \cdots) > 0$；$K_1$（品项 I_1 的发货次数）= 计数 $(Q_{11}, Q_{21}, Q_{31}, Q_{41}, Q_{51}, \cdots) > 0$；$N_{..}$（所有订单的发货品总项数）= 计数 $(K_1, K_2, K_3, K_4, K_5, \cdots) > 0$；$K_{..}$（所有产品的发货总次数）= $K_1 + K_2 + K_3 + K_4 + K_5 + \cdots$。

【例 2-2】 表 2-5 所示为某物流配送中心重力式货架区淡季某一天的发货订单品项数量资料统计，试对其进行 EIQ 分析。

表 2-5　某物流配送中心重力式货架区淡季某一天的发货订单品项数量资料统计　（单位：箱）

订单	品项					
	I_1	I_2	I_3	I_4	I_5	I_6
E_1	300	200	0	60	100	150
E_2	150	750	200	0	0	600

续表

订单	品 项					
	l_1	l_2	l_3	l_4	l_5	l_6
E_3	60	0	300	400	0	250
E_4	0	0	0	500	300	150
E_5	90	150	70	200	350	70

解：订单发货量为

$Q_1 = (300 + 200 + 0 + 60 + 100 + 150) = 810$(箱)

$Q_2 = (150 + 750 + 200 + 0 + 0 + 600) = 1700$(箱)

同理，可计算出 $Q_3 = 1010$ 箱；$Q_4 = 950$ 箱；$Q_5 = 930$ 箱。

订单发货品项数为 $N_1 = 5$；$N_2 = 4$；$N_3 = 4$；$N_4 = 3$；$N_5 = 6$。

品项的发货量为

$Q_{\cdot 1} = (300 + 150 + 60 + 0 + 90) = 600$(箱)

$Q_{\cdot 2} = (200 + 750 + 0 + 0 + 150) = 1100$(箱)

同理，可计算出 $Q_{\cdot 3} = 570$ 箱；$Q_{\cdot 4} = 1160$ 箱；$Q_{\cdot 5} = 750$ 箱；$Q_{\cdot 6} = 1220$ 箱。

品项发货次数为 $K_1 = 4$；$K_2 = 3$；$K_3 = 3$；$K_4 = 4$；$K_5 = 3$；$K_6 = 5$。

所有订单的发货总项数：$N_{\cdot} = 6$。

所有产品的总发货次数：$K_{\cdot} = 4 + 3 + 3 + 4 + 3 + 5 = 22$。

要了解物流配送中心实际运作的物流特性，只分析一天的资料是不够的。但若分析一年的资料，往往因资料数量庞大，分析过程费时、费力而很难做到。因此，可选取具有代表性的某个月或某个星期，以一天的发货量为单位进行分析，找出可能的作业周期和波动幅度。若各周期中出现大致相同的发货量，则可以缩小资料分析的范围，如一周内发货量集中在星期五，一个月内发货量集中在月初或月末，一年内发货量集中在某一季度。这样可求出作业周期和峰值时间。总之，尽可能将分析资料压缩到某一个月、一年中每月的月初第一周或者一年中每周的周末。如此取样既可节省时间和人力，又具有足够的代表性。

1）订单量分析（EQ 分析）

通过对订单量的分析可以了解每张订单的订购量分布情况，从而可以确定订单处理的原则，以便进行拣选系统、发货方式和发货区的规划。一般以对营业日的 EQ 分析为主。EQ 分布图对规划仓储区的拣选模式也有重要的参考价值。订单量分布趋势越明显，分区规划越容易，否则应以柔性较强的设计方案为主。当 EQ 量很小的订单数所占比例大于 50%时，应把这些订单另外分类，以提高效率。

2）品项数量分析（IQ 分析）

通过对品项数量的分析可以掌握各种物品发货量的分布情况，可进一步分析物品的重要程度。IQ 分析可用于仓储系统的规划、储位空间的估算、拣选方式及拣选区的规划。

EQ 分布图和 IQ 分布图的类型分析十分相似，现就物流配送中心几种常见的 EQ 和 IQ 类型分析如下。

（1）Ⅰ型。EQ 和 IQ 的分布图类型如图 2-11 所示。此为一般物流配送中心的常见模式。

① EQ 分析：由于订单的订货量分布趋于两极化，可利用 ABC 分析法做进一步分类。规划时可将订单分级处理，对少数量大的订单重点管理，相关拣选设备的使用也可分级。

② IQ 分析：由于物品的订货量分布趋于两极化，可利用 ABC 分析法做进一步分类。规划时可将物品按仓储区分类储存，不同类型的物品可设不同水平的储存单位。

（2）Ⅱ型。EQ 和 IQ 的分布图类型如图 2-12 所示。该类型的特点是大部分订单量（或发货量）相近，少数有特大订单量及特小订单量。

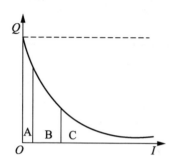

图 2-11　Ⅰ型 EQ 和 IQ 的分布图类型

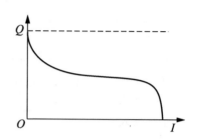

图 2-12　Ⅱ型 EQ 和 IQ 的分布图类型

① EQ 分析：对主要订货量的订单的分布范围进行规划，少数差异较大者进行特例处理。
② IQ 分析：对同一规格的仓储系统和固定储位进行规划，少数差异较大者特例处理。

（3）Ⅲ型。EQ 和 IQ 的分布图类型如图 2-13 所示。该类型的特点是订单量（或发货量）分布呈渐减趋势，未特别集中于某些订单或范围。

① EQ 分析：物流配送中心较难规划，宜规划通用物流设备，以增加物流设备的柔性。
② IQ 分析：与 EQ 分析相同。

（4）Ⅳ型。EQ 和 IQ 的分布图类型如图 2-14 所示。该类型的特点是订单量（或发货量）分布相近，少数有特小订单量（或发货量）。

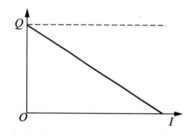

图 2-13　Ⅲ型 EQ 和 IQ 的分布图类型

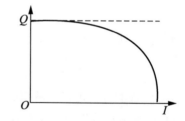

图 2-14　Ⅳ型 EQ 和 IQ 的分布图类型

① EQ 分析：订单可分为两种类型，部分少量订单可以批次处理或以零星拣货方式规划。
② IQ 分析：物品可分为两种类型，部分少量物品可用轻型储存设备存放。

（5）Ⅴ型。EQ 和 IQ 的分布图类型如图 2-15 所示。该类型的特点是订单量（或发货量）集中于特定数量且为无连续性渐减，可能为整数发货，或为大型物品的少量发货。

① EQ 分析：可以较大单元负载单位规划，而不考虑零星发货。
② IQ 分析：可以较大单元负载单位或重型储存设备规划，但仍需考虑物品特性。

一般来说，在规划仓储区时多采用时间周期为一年的 IQ 分析，在规划拣货区时还要参考单日的 IQ 分析。通过对单日和全年的 IQ 数据进行分析，结合发货量和发货频率的相关分析结果，使仓储和拣货系统的规划与设计更符合物流配送中心的实际情况。

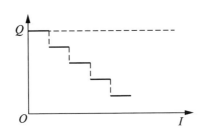

图 2-15　V 型 EQ 和 IQ 的分布图类型

3）订单发货品项数分析（EN 分析）

订单发货品项数分析主要分析单张订单发货品项数的分布，对订单处理原则及拣选系统的规划与设计有很大影响，并影响发货方式以及发货区的规划与设计。通常需要配合总发货品项数、订单发货品项累计数及总品项数三项指标来综合考虑。

4）品项发货次数分析（IK 分析）

品项发货次数分析主要分析各类货品发货次数的分布，对了解货品类别的发货频率有很大帮助，主要作用是配合 IQ 分析决定仓储系统与拣选系统的选择。

4. 物品特性与包装分析

在对订单品项数量分析的同时，应当结合物品特性与包装情况等因素进行分析，以便划分不同的仓储区和拣货区。

1）物品特性

物品特性通常是影响物品分类的最重要因素，也就是说，物品的类别通常是按其物理性质来划分的。

（1）尺寸：长、宽、高。

（2）物态：固体、液体和气体。

（3）质量：运输单元质量或单位体积质量。

（4）形状：扁平的、弯曲的、可叠套的、不规则的等。

（5）损伤的可能性：易碎、易爆、易污染、有毒、有腐蚀性等。

（6）价格：贵重物品或一般物品。

（7）储存温度：普通、冷冻、冷藏等。

（8）湿度要求。

（9）气味：中性、刺激等。

2）基本单位与包装单位

① 基本单位：个、包、条、瓶、箱、盒、捆、托盘等。

② 包装单位：个数（基本单位/包装单位）。

3）包装材料

包装材料可以分为纸箱、捆包、袋、金属容器、塑料容器或包膜等。

常用的物品特性与包装单位分析表如表 2-6 所示。

表 2-6 物品特性与包装单位分析表

特性	资料项目	资料内容
物品特性	1.物态	□气体　□液体　□半液体　□固体
	2.气味特性	□中性　□散发气体　□吸收气体　□其他
	3.储存保管特性	□干货　□冷冻　□冷藏
	4.温湿度需求特性	_____℃_____%
	5.内容物特性	□坚硬　□易碎　□松软　□其他
	6.装填特性	□规则　□不规则
	7.可压缩性	□可　□否
	8.有无磁性	□有　□无
	9.单品外观	□方形　□长条形　□圆筒形　□不规则　□其他
单品规格	1.质量	_____（单位：　）
	2.体积	_____（单位：　）
	3.尺寸	长_____×宽_____×高_____（单位：　）
	4.基本单位	□个　□包　□条　□瓶　□其他
基本包装单位规格	1.质量	_____（单位：　）
	2.体积	_____（单位：　）
	3.外部尺寸	长_____×宽_____×高_____（单位：　）
	4.基本包装单位	□箱　□包　□盒　□捆　□其他
	5.包装单位个数	_____（个/包装单位）
	6.包装材料	□纸箱　□捆包　□金属容器　□塑料容器　□袋　□其他
外包装单位规格	1.质量	_____（单位：　）
	2.体积	_____（单位：　）
	3.外部尺寸	长_____×宽_____×高_____（单位：　）
	4.基本包装单位	□托盘　□箱　□包　□其他
	5.包装单位个数	_____（个/包装单位）
	6.包装材料	□包膜　□纸箱　□金属容器　□塑料容器　□袋　□其他

5. PCB 分析

一般物流配送中心的储运单位包括托盘（P）、标准箱（C）和单品（B）。不同的储运单位所配备的储存和搬运设备不同，物流配送中心的规划与设计方案也相应有差异。因此，掌握物流配送过程中的储运单位变换相当重要。

储运单位分析（PCB 分析）就是对物流配送中心的各个主要作业环节（进货、储存、拣选、出货）的基本储运单位进行分析，用储运单位变化图或储运单位组合分析表作为表现形式。

储运单位变化图如图 2-16 所示。

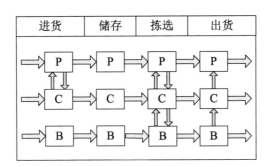

图 2-16 储运单位变化图

储运单位组合分析表如表 2-7 所示。

表 2-7 储运单位组合分析表

入库	储存	拣选	出库
P	P	P	P
P	P	C	C
P	C	C	C
C	C	C	C
C	C	B	B
B	B	B	B

利用 PCB 分析结果,可以合理规划与设计仓储区和拣货区,正确计算作业区域的实际面积和空间需求,有效配备合适的物流设备进行相关作业。

2.5.2 基础资料的定性分析方法

基础资料定性分析方法可分为作业流程分析、事务流程分析、作业时序分析及自动化水平分析等。

1. 作业流程分析

作业流程分析是针对一般常态性和非常态性的作业加以分类,并整理出物流配送中心的基本作业流程。因为产业与产品不同,物流配送中心的作业流程也不相同。一般物流配送中心作业流程的分析内容包括以下项目。

1) 一般常态性物流作业

(1) 进货作业,包括车辆进货、卸载、验收、编号和理货等。

(2) 储存保管作业,包括入库和调拨补充等。

(3) 拣货作业,包括按单拣选、批量拣选等。

(4) 发货作业,包括流通加工、集货、品检、点收和装载等。

(5) 配送作业,包括车辆调度、路线安排和交货等。

(6) 仓储管理作业,包括盘点、抽盘、移仓与储位调整和到期物品处理等。

2) 非常态性物流作业

(1) 退货作业,包括退货卸载、点收、责任确认,以及退货良品、瑕疵品和废品处理等。

（2）换货、补货作业，包括误差责任确认，以及零星补货拣取、包装和运送等。

（3）辅助作业，包括车辆出入管制、停泊，以及容器回收、空容器暂存、废料回收处理等。

2. 事务流程分析

物流配送中心在运转过程中，除了物流与信息流相结合，还有大量的表单和资料在传递。一般物流配送中心由于品项繁多，每日订单量大，使得处理订单和相关发货表单的工作量相当大，传统的处理方式不可能完成。物流配送中心无纸化作业的关键是信息流和信息传递界面的分析与规划，而事务流程分析就是针对信息流和信息传递界面的分析。

1）物流支援作业

（1）接单作业，包括客户资料维护、订单资料处理、货量分配计划、订单资料维护、订单资料异动、退货资料处理、客户咨询服务和交易分析查询等。

（2）发货作业，包括发货资料处理、发货资料维护、发货与订购差异处理、换货补货处理和紧急发货处理等。

（3）采购作业，包括供应商资料维护、采购资料处理、采购资料维护、采购资料异动和货源规划等。

（4）进货作业，包括进货资料处理、进货资料维护、进货与采购差异的处理和进货时序管理等。

（5）库存管理作业，包括物品资料维护、储位资料管理、库存资料处理、到期时间管理、盘点资料处理和移仓资料处理等。

（6）订单拣取作业，包括配送计划制订、拣选作业指示处理、配送标签印制处理和分拣条形码印制处理等。

（7）运输配送作业，包括运输计划制订、车辆调度管理、配送路线规划、配送点管理、货运行业基础资料维护和运输费用资料处理等。

2）一般事务作业

（1）财务会计作业，包括一般进销存账业务处理、成本核算会计作业和相关财务报表作业等。

（2）人事薪酬作业，包括人事考核、缺勤处理、薪酬发放、员工福利、教育培训和绩效管理等。

（3）厂务管理作业，包括设备财产管理、门卫管理、公共安全措施、厂区卫生维护和办公物品订购发放等。

3）决策支援作业

（1）效益分析，包括物流成本分析和运营绩效分析等。

（2）决策支持管理，包括运营现状分析、市场走向分析与企业发展分析等。

3. 作业时序分析

作业时序分析就是对物流配送中心的各项作业在指定时间内的时段分布情况进行分析。作业时序分析可以得出物流配送中心作业时序安排的特点和物流特性。

由于社会的不断发展和竞争的日趋激烈，必须根据客户作息时间考虑配送时间，以满足客户的特定需求。许多物流配送中心采取夜间进货，一来避免白天车流量大、规避车辆限行，二来此时间段购物人少，便于进行进货、验收等作业。图 2-17 所示为某物流配送中心一天内各项作业的时间段分布。

作业名称	作业时序																						
	7	8	9	10	11	12	13	14	15	16	17	18	19	20	21	22	23	24	1	2	3	4	5	6
①订单处理																								
②派车																								
③理货																								
④流通加工																								
⑤发货																								
⑥配送																								
⑦回库处理																								
⑧退货处理																								
⑨进货验收																								
⑩入库上架																								
⑪仓库管理																								
⑫库存反应及资料的上传下载																								

图 2-17　某物流配送中心一天内各项作业的时间段分布

4. 自动化水平分析

自动化水平分析是对现有物流配送中心的物流设备的自动化程度进行分析。自动化水平过低或过高都会影响物流配送中心的效益。这种分析结果对规划新建物流配送中心具有极其重要的参考价值。物流配送中心自动化水平分析表见表 2-8。

表 2-8　物流配送中心自动化水平分析表

作业分类	作业内容	自动化水平				
		人工	人工+机械	机械化	自动化	智能化
进货作业	□车辆卸载					
	□进货暂存					
	□点收检验					
	□理货					
储存保管	□入库					
	□调拨补充					
拣货作业	□订单拣货					
	□批次拣货					
	□分拣					
	□集货					

续表

作业分类	作业内容	自动化水平				
		人工	人工+机械	机械化	自动化	智能化
发货作业	□流通加工					
	□包装					
	□发货检验					
	□装载					
配送作业	□运输调度					
	□车辆运送					
	□交货					
在库管理	□盘点					
	□移仓					
	□到期物品处理					

本 章 小 结

本章主要介绍物流配送中心规划与设计的含义与目标、物流配送中心规划与设计的原则、不同类型物流配送中心规划与设计的区别与步骤、物流配送中心规划与设计的基础资料收集、物流配送中心规划与设计的基础资料分析方法等基本内容。

本章需在明确物流配送中心规划与设计的含义与目标的基础上，掌握物流配送中心规划与设计的核心原则，为物流配送中心方案设计提供基本依据。在辨析新建与改造物流配送中心规划与设计区别的前提下，重点掌握新建与改造物流配送中心规划与设计的步骤，这些步骤可为物流配送中心的规划与设计工作提供指导，方便规划与设计人员按照相应步骤开展新建与改造等不同类型物流配送中心的规划与设计工作。物流配送中心的规划与设计工作需要大量基础资料作为输入数据，因此收集基础资料的工作非常重要，可以从现行资料、未来规划资料两个维度开展资料收集工作。在获取充足基础资料的前提下，可利用定量分析方法、定性分析方法对基础资料进行整理、分析，获得用于支撑物流配送中心规划与设计工作的有用信息。基础资料的分析分为定量分析和定性分析。本章需重点掌握ABC分析、销售量变化趋势分析、EIQ分析、物品特性与包装分析和PCB分析等定量分析方法，同时，需掌握作业流程分析、事务流程分析、作业时序分析和自动化水平分析等用于支撑物流配送中心规划与设计工作的常用定性分析方法。

关键术语

物流配送中心规划　　　　　　　　物流配送中心规划与设计
ABC 分析　　　　　　　　　　　　时间序列分析法
订单品项数量分析法　　　　　　　储运单位分析
作业流程分析　　　　　　　　　　作业时序分析

习 题

1. 选择题

(1) 物流配送中心规划与设计的原则包括（　　）。
　　A．需求导向原则　　　　　B．系统工程原则
　　C．经济性原则　　　　　　D．环境保护原则
(2) 物流配送中心的现行资料包括（　　）。
　　A．基本运行资料　　　　　B．订单资料
　　C．国家产业政策资料　　　D．物品资料
(3) 销售量变化趋势主要包括（　　）。
　　A．长期渐增趋势　　　　　B．季节性变化趋势
　　C．循环变化趋势　　　　　D．不规则变化趋势
(4) EIQ 分析指的是（　　）。
　　A．帕累托分析　　　　　　B．订单品项数量分析
　　C．物品特性分析　　　　　D．储运单位分析
(5) 新建物流配送中心规划与设计的步骤包括（　　）。
　　A．选址规划　　　　　　　B．物流设施规划
　　C．作业功能与布局改造规划　D．物流设备选用与设计

2. 简答题

(1) 简述物流配送中心规划与设计的目标。
(2) 物流配送中心基础资料的定量和定性分析方法包括哪些？
(3) 简述 ABC 分析法的步骤。
(4) EIQ 分析法的 4 个单项分析内容分别是什么？
(5) 用图形描述改造物流配送中心规划与设计的步骤。

3. 判断题

(1) 根据建设物流配送中心的类型，首先要进行规划用的基础资料的收集和调查研究工作。　　　　　　　　　　　　　　　　　　　　　　　　　　　　　　　　　　（　　）
(2) 基础资料的分析分为定量分析和定性分析两大类。　　　　　　　　　　（　　）
(3) 应用 ABC 分析法，只能将分析对象分成 A、B、C 三类。　　　　　　（　　）
(4) 在一次指数平滑预测模型中，预测销售量与实际销售量的差异和变化都较大时，平滑系数宜取较小的值，以强调重视历史发展趋势。　　　　　　　　　　　　（　　）
(5) EIQ 分析法是针对确定和稳定状态物流系统的一种规划方法。　　　　（　　）

4. 计算题

(1) 某物流配送中心共有 10 种物品类别，它们的库存量和单价情况见表 2-9，根据库存量和年资金占用额比例之间的关系，进行 ABC 分类。

表2-9 库存量和单价情况表

物品名称	序号	库存量/件	单价/元	年资金占用额/元
M_1	1	500	15	7 500
M_2	2	600	10	6 000
M_3	3	450	4	1 800
M_4	4	400	3	1 200
M_5	5	300	2.5	750
M_6	6	800	0.8	640
M_7	7	400	0.9	360
M_8	8	200	0.12	24
M_9	9	300	0.7	210
M_{10}	10	100	0.13	13

（2）表2-10给出了EIQ分析资料的基础信息，请完成EIQ分析的EQ、EN、IQ、IK的分析内容。

表2-10 EIQ分析资料的基础信息表

项目		发货品项						订单发货数量	订单发货品项
		I_1	I_2	I_3	I_4	I_5	I_6	EQ	EN
客户订单	E_1	3	5	0	1	2	3		
	E_2	2	0	4	6	7	0		
	E_3	4	0	0	0	0	8		
	E_4	2	8	0	3	5	2		
单品发货量	IQ								
单品发货次数	IK								

5. 思考题

（1）查阅相关文献、书籍或网络信息，了解物流配送中心规划与设计的研究现状，总结物流配送中心规划与设计的方法。

（2）查阅相关案例资料，分别找出一个新建和一个改造物流配送中心规划与设计的案例，分析两种不同类型物流配送中心规划与设计方案的特点。

 实际操作训练

实训项目2-1：一物流配送中心某天收集的订单数据的EIQ分析。

实训目的：掌握EIQ分析法的原理、步骤和分析工具的使用方法。

实训内容：完成该物流配送中心某天收集的订单数据的EIQ分析的相关内容，涉及4个单个项目的分析和1~2个交叉项目的分析。

实训要求：学生以个人为单位，详细了解EIQ分析法的原理和步骤。在此基础上，利用Excel工具进行EQ、EN、IQ、IK 4个单个项目的分析，需要求出各自对应的特征值，绘制帕累托曲线和频次分布图等。同时，完成EQ与IQ、IQ与IK等的交叉分析。最后，将实训内容形成一个完整的报告。

案例分析

京东物流乌鲁木齐"亚洲一号"启动运营

2021年9月29日，位于经开区（头屯河区）的京东物流乌鲁木齐"亚洲一号"智能产业园正式启动运营，这也是新疆首个单体面积最大的智能物流园区。该智能物流园区的运营，可让乌鲁木齐80%的订单实现当日达或次日达，新疆其他地方的包裹到达时效也将缩短至少2天。

目前，该智能物流园区涵盖食品、3C、家电、服装、进口产品等全品类商品，拥有目前国内最先进的电商物流智能分拣线之一，含10条高速自动矩阵系统，3条窄带分拣系统，1套交叉带分拣系统以及西北首个地狼智能仓储系统，每天的分拣处理能力达100万件。

地狼智能仓储系统是京东物流自主研发的一种典型的搬运式"货到人"拣选系统，利用"地狼"——AGV（自动物流机器人），将货架搬运至固定的工作站以供作业人员拣选，颠覆了传统"人找货"的拣选模式。在"地狼"行走之处，可看到地面有一个个的二维码，每个二维码代表一个坐标，"地狼"根据系统自动规划的送货路径，在二维码引导下行驶，工作人员只需在工作台领取相应的任务，等待"地狼"搬运货架过来，再进行相应操作即可。"地狼"最高承重500kg，速度也可以达到2m/s，遍布地上的二维码规划、引导路径，以及自带的传感器（避免碰撞），保证了"地狼"搬运货架来回穿梭、互不干扰，提高了分拣效能和准确度。

"只要前端消费者下单，系统的智能大脑就可以在0.1s内把信息发送给仓库。"京东物流乌鲁木齐"亚洲一号"负责人举例说，系统可自动扫描300km以内的消费者当天23时前下单的商品，保证次日11时前客户收到快递。

资料来源：https://xw.qq.com/cmsid/20210930A04W5V00[2023-3-24]

问题：

（1）京东物流乌鲁木齐"亚洲一号"由哪些系统构成？

（2）京东物流乌鲁木齐"亚洲一号"地狼智能仓储系统的运行原理是什么？有哪些特点？

（3）京东物流乌鲁木齐"亚洲一号"将会给新疆带来哪些好处？

（4）京东选在乌鲁木齐建设"亚洲一号"智能产业园可能考虑了哪些因素？

（5）京东物流乌鲁木齐"亚洲一号"的智能化水平如何？

第 3 章 物流配送中心选址规划

【本章教学要点】

知识要点	掌握程度	相关知识
物流配送中心选址规划的含义	了解	物流配送中心选址规划的含义、物流配送中心的选位和定址
物流配送中心选址规划的目标、原则和影响因素	了解	物流配送中心选址的目标、物流配送中心选址的原则、物流配送中心选址的影响因素
物流配送中心选址规划的程序与内容	掌握	物流配送中心选址规划的程序与内容
物流配送中心选址规划的方法	重点掌握	物流配送中心选址规划的基本方法,典型的选址规划方法、模型及算法

【本章技能要点】

技能要点	掌握程度	应用方向
物流配送中心选址的原则与影响因素	掌握	作为进行物流配送中心选址时重点考虑的指标,也为后续对物流配送中心选址效果进行评价提供方向性的依据
物流配送中心选址规划的程序与内容	掌握	为物流配送中心的选址工作提供指导,方便企业人员按照相应的步骤和内容开展工作
物流配送中心选址规划的方法	重点掌握	熟悉各种选址方法的优缺点和适用范围,为规划人员正确选址提供理论基础
典型的选址规划方法、模型及算法	重点掌握	利用这些选址方法、模型及算法,规划人员可得出最佳物流配送中心选址结果

物流配送中心选址规划　第 3 章

顺丰航空西部总部落户成都

继北京、杭州、深圳之后，顺丰第四个航空枢纽落户成都。2022年2月16日，成都市双流区人民政府与顺丰集团正式就顺丰航空中国西部总部项目投资合作签约。此次签约也意味着顺丰航空中国西部总部项目在成都落地生根。根据协议，顺丰航空将在成都持续布局航线网络、加大运力投入，搭建与全球主要航空货运枢纽城市相连的国际国内货运航线，构建内连鄂州，辐射全国，覆盖亚太、欧美、畅达全球的货运航线网络。具体而言，顺丰西部航空货运枢纽将在2024年正式投运，未来可实现航空快件直集直散。

顺丰航空中国西部总部项目是继顺丰四川分拨中心产业园、顺丰西部航空货运枢纽、物联云仓项目后，顺丰集团在双流机场周边布局的第四个项目。顺丰方面表示，随着西部总部的落地，顺丰航空在双流区的航空物流生态布局将进一步完善。顺丰控股董事长、总经理王卫表示，该项目预计10年内机队规模达50架，建立顺丰继北京、杭州、深圳之外的第四个区域国际航空枢纽，助力成都国际门户枢纽开放和全球供应链体系建设。

业内认为，随着我国消费结构和产业结构的升级，加强航空货运能力不仅是短期应急需求，也是长期的发展需要。一方面，得益于国内生活水平的提升，还有快速增长的电商市场带动，客户对海鲜、鲜花、水果等鲜活易腐产品空运需求上升。另一方面，得益于中国制造能力强，电子产品、精密设备等高端工业产品空运需求也将持续增加。

思考题：

（1）顺丰航空中国西部总部选址时可能会考虑哪些因素？

（2）顺丰航空中国西部总部选址可能会采用哪些选址方法？选择这些选址方法出于哪些方面的考虑？

（3）顺丰航空中国西部总部项目会给四川带来哪些好处？

资料来源：https://baijiahao.baidu.com/s?id=1725021593160510661&wfr=spider&for=pc[2023-3-24]

物流配送中心位置的选择，将显著影响物流配送中心实际运营的效率与成本，以及日后总体规模的扩充和发展。因此，物流配送中心的选址规划是物流配送中心规划与设计的重要内容。本章从物流配送中心选址规划的含义、目标、原则、影响因素、程序与内容、基本理论与方法等方面进行阐述。

3.1 物流配送中心选址规划的含义

3-1 拓展知识

物流配送中心选址规划是指在包含若干个供应点及需求点的区域内，选择合适的位置来设置物流配送中心的过程。

一般来说，较优的物流配送中心选址方案是使物品通过物流配送中心的汇集、中转、分发，直至配送到需求点全过程的效益最好。物流配送中心拥有众多设施及物流设备，一旦建成很难搬迁，如果选址不当，将会付出长远代价。因此，物流配送中心选址规划是物流配送中心规划与设计的关键环节。

物流配送中心选址决策是物流系统中具有战略性意义的决策问题，其选址是否合理，对整个物流系统的合理化、社会效益和企业命运都起着决定性的作用。

物流配送中心的选位和定址

物流配送中心的选址包括两个层次：地理区域的选择（选位）和具体地址的确定（定址）。

要先选择合适的地理区域，如华东区、华南区、华北区等。在选择地理区域时，决策层要全面掌握企业目前的经营状况，把握未来区域策略走向、企业业务拓展空间，同时结合企业物品特性、服务范围和企业经营策略，审慎评估投资、效益和风险，选择一个合适的地理区域作为进一步选址的对象。

物流配送中心的地理区域确定之后，还需要确定具体的建设地点。如果是制造商型的物流配送中心，应以接近上游生产厂商或进口港为宜；如果是零售商型的物流配送中心，应以接近居民生活区为宜。

在什么情况下，企业需要面临物流配送中心的选址决策？

3.2　物流配送中心选址的目标、原则和影响因素

3.2.1　物流配送中心选址的目标

物流配送中心选址的目标具体包括如下几个。

1. 提供优质的物流服务

在激烈的市场竞争环境中，优质的物流服务是必不可少的。作为提供专业物流服务的物流配送中心，必须满足客户多品种、小批量、短交货期、高频率配送的要求。物流配送中心按期、保质、保量完成交货任务，提供优质的物流服务，才能赢得竞争优势。

2. 降低物流总成本

物流配送中心是连接生产和消费的流通部门，是创造时间价值和空间价值的机构。将物流节点集中，设立较大规模的物流配送中心，可以集中库存，实现规模化采购，获得更多折扣优惠；可以扩大多品种物品的配送范围，通过协同配送来降低运输费用；同时可以减少土地购置费、建设费、物流设备费、人力费用等，从而降低物流总成本。

3. 注重社会效益

物流配送中心的选址规划应从大物流系统出发，使物流配送中心的区域分布与区域物流资源和需求分布相适应，符合相关地区的经济发展需求。同时，物流配送中心的选址规划必须考虑环境保护，推行绿色物流；设置物流配送中心时一定要把减少迂回运输、过远运输、对流运输等不合理运输作为考虑内容，并且必须考虑包装材料的再利用、废旧物品合理回收、废弃物品净化处理、噪声控制等问题。

3.2.2 物流配送中心选址的原则

物流配送中心选址应遵循以下几个原则（图 3-1）。

图 3-1 物流配送中心选址的原则

1. 战略性原则

物流配送中心的选址一定要遵循战略性原则，即全局性和长远性。局部利益要服从全局利益，当前利益要服从长远利益。

2. 经济性原则

与物流配送中心选址有关的费用主要包括建设费用和经营费用。物流配送中心的选址定在市区、近郊还是远郊，其未来物流活动所需的物流设备和设施的建设费用及仓储、拣选和配送等经营费用是不同的，应以总费用最低作为物流配送中心选址的经济性原则。

3. 适应性原则

物流配送中心的选址应与国家及区域的经济发展规划、方针、政策相适应，与我国资源分布和需求分布相适应，与国民经济和社会发展相适应。

4. 协调性原则

在进行物流配送中心选址时，应考虑国家物流网络这个大系统，使物流配送中心的物流设施和设备，在地区分布、物流生产力、技术水平等方面相互协调。

3.2.3 物流配送中心选址的影响因素

物流配送中心的选址要考虑自然环境、经营环境、基础设施、法律法规、社会及竞争对手等因素，如图 3-2 所示。

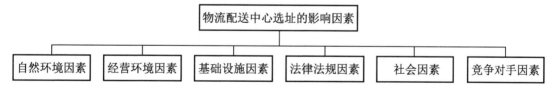

图 3-2 物流配送中心选址的影响因素

1. 自然环境因素

1）气象条件

物流配送中心选址主要考虑的气象条件有温度、风力、降水量、无霜期、冻土深度、年平均蒸发量、日照等。例如，选址时要避开风口，以避免物品老化速度过快。

2）地质条件

某些容重很大的物品堆码起来会对地面造成很大压力，如果物流配送中心地面以下存在着淤泥层、流沙层、松土层等不良地质条件，会在受压地段造成沉陷、翻浆等严重后果。因此，在进行物流配送中心选址时，需要考虑地质条件。

3）水文条件

物流配送中心选址需远离容易泛滥的河川流域与上溢的地下水区域。要认真考察水文条件，地下水位不能过高，洪泛区、内涝区、干河滩等区域应禁止选用。

4）地形条件

物流配送中心所在地应地势较高，地形平坦，且应具有适当的面积与外形。最好选在完全平坦的地形上；其次选择稍有坡度或起伏的地方；应完全避开山地的陡坡地区。在外形上可选长方形，不宜选择狭长或不规则形状。

2. 经营环境因素

1）产业政策

物流配送中心所在地区的优惠物流产业政策对物流企业的经济效益会产生重要影响。

2）货物流量

物流配送中心设立的根本目的是降低社会物流成本，如果没有足够的货物流量，规模效益就不能充分发挥。所以，物流配送中心的建设一定要以足够的货物流量为基础。

3）货物流向

货物流向决定着物流配送中心的工作内容和物流设施、设备等配置。对于供应物流来说，物流配送中心主要为生产企业提供原材料、零部件，应选择靠近生产企业的地点，便于减少生产企业的库存，随时为生产企业提供服务，同时还可以为生产企业提供暂存或发运工作。对于销售物流来说，物流配送中心的主要职能是将产品集中、分拣，配送到门店或客户手中，故其应选择靠近客户的地点。

4）物品特性

物流配送中心应该根据经营物品的不同特性进行选址。物流配送中心的选址应与工业布局、产业结构、物品特征等紧密结合。

5）物流费用

大多数物流配送中心选择靠近物流服务需求地，如靠近大型工业、商业区，以缩短运距，降低相关物流费用。

6）物流服务水平

在现代物流系统中，能否实现准时运送是物流服务水平高低的重要标志。因此，在选址时，应保证客户向物流配送中心提出物流需求时，都能获得快速、满意的物流服务。

7）人力资源条件

物流配送中心的现代化运作需要机械化、自动化、智能化的物流设备，采用高素质的人力资源有利于物流配送中心的建设与运营。

8）城市的扩张与发展

物流配送中心的选址，既要考虑城市扩张的速度和方向，又要考虑节省物流总费用和减少装卸搬运次数。

资料卡

以前，许多企业的仓库都建在城乡接合部，不会对城市产生交通压力。但随着城市的发展，这些仓库现在已处于闹市区，大型货车的进出受到管制，铁路专线的使用也受到限制，不得不选择外迁。一般道路修通之后，就会有住宅和工商企业兴起，城市实际上沿着道路一块一块发展着、迁徙着，物流配送中心也不是固守一地的。

3. 基础设施因素

1）交通条件

交通条件是影响物流配送中心配送成本及效率的重要因素之一。物流配送中心地址宜紧邻重要的运输线路，以方便配送运输作业的进行。一般物流配送中心应尽量选择在交通方便的高速公路、国道及快速道路附近，如果以铁路及轮船作为运输工具，则要考虑靠近火车站、港口等。

2）周边公共设施状况

物流配送中心所在地要求道路、通信等周边公共设施齐备，有充足的供电、供水、供燃气的能力，且周边应该具备污水、固体废弃物处理能力。选址时既要保证物流作业的安全，满足消防、生活等方面的需求，又要保证物品的品质。

4. 法律法规因素

物流配送中心的选址应符合国家的法律法规要求，且应符合国家对物流设施标准、员工劳动条件、环境保护等方面的要求。

5. 社会因素

社会因素包括所选城市的地位、生活环境、就业情况、居民态度、治安情况和环境保护等。例如，环境保护要求物流配送中心的选址要考虑保护自然环境与人文环境，尽可能降低对居民生活的干扰。

6. 竞争对手因素

物流配送中心的选址决策必须考虑到竞争对手的物流配送中心布局情况以及未来发展战略，并根据自身经营物品或提供服务的特征来决定是靠近竞争对手还是远离竞争对手。只有这样，才能在激烈的竞争市场中占得先机。

3.3 物流配送中心选址规划的程序与内容

物流配送中心选址规划的程序与内容如图 3-3 所示。

1. 确定选址规划目标及选址要求

首先，要分析企业战略及物流战略，明确企业业务发展方向及物流系统在企业发展中的地位。其次，进一步明确物流配送中心在物流系统的地位，明确现有物流设施的布局，分析新建物流配送中心的必要性和意义，确定新建物流配送中心选址规划目标。最后，需详细界定企业对物流配送中心选址的具体要求。

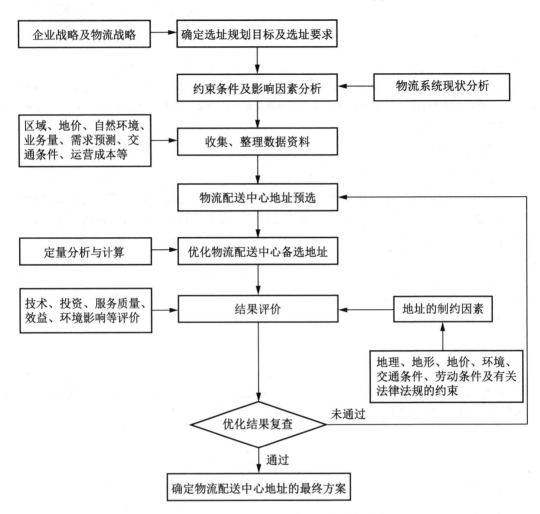

图 3-3　物流配送中心选址规划的程序与内容

2. 约束条件及影响因素分析

在对企业物流系统现状进行分析的基础上，确定物流配送中心选址的约束条件，并分析影响物流配送中心选址的各类因素。

1）需求条件

主要分析客户目前的分布情况，对其未来的分布情况进行预测，分析物流量增长率及物流配送的区域范围。

2）运输条件

应靠近干线公路、铁路货运站、内河港口、空港基地等重要交通枢纽，同时也应靠近服务市场，并考虑多种运输方式的有效衔接以及通行限制等。

3）配送服务的条件

根据客户要求的到货时间、发货频率等计算从物流配送中心到客户的距离和服务范围。

4）用地条件

根据企业的实际情况，考虑是利用现有土地还是重新征用土地；重新征用土地的成本是多少；地价允许范围内的用地分布情况如何。

5）区域规划

根据区域规划的要求，了解选定区域的用地性质，考虑区域内物流产业用地规划及产业集聚发展的需求。

6）流通加工职能条件

物流配送中心需要具备流通加工职能的同时，可考虑将商流职能与物流职能分开。

不同类型的物流配送中心对选址的要求有所不同，如农产品物流配送中心、建材物流配送中心、化工产品物流配送中心等对选址都有特殊要求。因此，应根据实际情况确定影响物流配送中心选址的关键因素。

3. 收集、整理数据资料

物流配送中心的选址方法一般是通过把运输费用、配送费用及物流设施费用模型化，根据约束条件及目标函数建立数学模型，从中寻求费用最小的方案。但是，采用这种方法寻求最优的选址方案时，必须对业务量、费用等资料进行正确的分析和判断。

1）业务量资料

物流配送中心选址时，应掌握的业务量数据主要包括以下几类。

（1）物流配送中心向客户配送的货物类型及数量。

（2）物流配送中心储存的货物类型及数量。

（3）供应商向物流配送中心供应的货物类型及数量。

（4）配送路线上的业务量。

由于这些数量在不同时期内会有波动，因此，要对所采用的数据进行研究。另外，除了对描述现状的各项数据进行分析，还必须确定物流配送中心投入使用后的预测数据。

2）费用资料

物流配送中心选址时，应掌握的费用数据包括以下几类。

（1）供应商到物流配送中心的运输费用。

（2）物流配送中心到客户的运输费用。

（3）与设施、土地有关的费用及人工费、业务费等。

由于前两项费用会随着业务量和运距的变化而变动，所以必须对吨公里的费用进行分析。第3项包括固定费用和可变费用，最好根据固定费用与可变费用之和进行成本分析。

3）其他资料

在物流配送中心的选址过程中，还需要用缩尺地图表示客户的位置、现有设施的位置和工厂的位置，并整理各候选地址的配送路线及距离等资料；必备车辆数、作业人员数、装卸方式、装卸费用等资料要结合成本分析来确定。

4. 物流配送中心地址预选

在进行物流配送中心选址时，首先要根据上述各影响因素进行定性分析和评估，大致确定几个备选地址。在确定备选地址时，要先确定区域范围，如在世界范围内选址，要先确定某个国家；在某一国家范围内选址，要先确定某个省份。然后将物流配送中心的位置确定在某个城市或商业地区。

备选地址的选择是否恰当，将直接影响最优方案的确定。备选地址过多，候选方案的优化工作量将过大，成本高；备选地址过少，可能导致最终方案远离最优方案，选址效果差。所以，合适的备选地址的确定是物流配送中心选址规划非常关键的一步。

5. 优化物流配送中心备选地址

在物流配送中心备选地址确定后，下一步要做的是优化备选地址。针对不同情况，确定选址评价方法，得出优化后的地址。若对单一物流配送中心进行选址，可以采用重心法等；若对多个物流配送中心进行选址，可采用鲍摩-瓦尔夫模型等。近年来，选址理论发展迅速，计算机技术在其中也得到了广泛应用，这些成果都为定量化选址方法的研究提供了有力的支持。

6. 结果评价

由于定量分析方法主要考察对选址产生影响的经济因素，因此当直接应用定量模型得出的结果进行物流配送中心选址时，常常会发现：在经济上最为可取的地点，在实际中却行不通。这是因为除了经济因素，还有很多非经济因素影响物流配送中心的选址，如气象、地形等因素。因此，要结合自然环境、经营环境、法律法规等因素，对计算结果进行评价，看结果是否具有现实可行性。

7. 优化结果复查

分析各影响因素对计算结果的相对影响程度，分别赋予其相应的权重，采用权重因素分析法对计算结果进行复查。如果复查通过，则进入下一个阶段；如果复查发现原计算结果不合适，则返回物流配送中心地址预选阶段，重新分析，直至得到最终结果为止。

8. 确定物流配送中心选址的最终方案

如果优化结果通过复查，即可将优化结果作为最终的选址结果。但是所得方案不一定为最优方案，可能只是符合企业现实需求的满意方案。

3.4 物流配送中心选址规划的方法

3.4.1 物流配送中心选址规划的基本方法

1. 定性分析方法

定性分析法主要是根据选址原则和选址影响因素，依靠专家或管理人员丰富的经验、知识及其综合分析能力，确定物流配送中心具体位置的选址方法。其步骤一般为：根据经验确定评价指标，利用该指标对候选物流配送中心位置进行优劣检验，并综合检验结果做出决策。常用的定性分析方法有德尔菲法和权重因素分析法。

2. 定量分析方法

定量分析方法是依靠数学模型对收集、整理的数据资料进行定量计算，进而确定物流配送中心具体位置的选址方法。常用的定量分析方法有解析法、数学规划法、多准则决策方法、启发式算法和仿真方法等。

1）解析法

解析法一般是根据具体需求量、时间等因素，以物流配送中心位置为因变量，用代数方法来求解物流配送中心的坐标。解析法中最常用的有重心法、交叉中值模型。解析法考虑的影响因素较少，模型简单，主要适用于单个物流配送中心的选址问题。对于复杂的选址问题，使用解析法时通常需要借助其他更为综合的分析技术。

2）数学规划法

数学规划法是在特定的约束条件下，通过构建数学规划模型和求解方法，从众多可行的方案中挑选出最佳方案。该方法是选址中最常用的方法。其优点是它属于精确算法，能获得最优解；不足之处是对一些复杂问题很难建立合适的数学规划模型，难以求得选址模型的最优解。该方法常用的模型有线性规划模型、非线性规划模型、整数规划模型、混合整数规划模型、动态规划模型和网络规划模型等。

3）多准则决策方法

在物流配送中心的选址中除了单准则决策问题，还有大量的多准则决策问题。多准则选址问题涉及多个选择方案（对象），每个方案都有若干个不同的准则，要通过多个准则对方案（对象）做出综合性的选择。物流配送中心的选址常用建设和经营的总成本最小化，满足客户需求，满足社会、环境要求等为准则进行决策。常用的多准则决策方法有层次分析法、模糊综合评价法、聚类方法、数据包络分析、优劣解距离法、优序法等。其中，层次分析法和模糊综合评价法在物流配送中心的选址研究中有着较为广泛的应用，但这两种方法都是基于线性的决策思想。在当今复杂多变的环境下，线性决策思想逐渐暴露出其固有的局限性，非线性决策方法是今后进一步研究的重点和趋势。

4）启发式算法

启发式算法是一种逐次逼近最优解的方法，该方法对所求得的解进行反复判断、改进，直至满意。它常常能够比较有效地处理 NP-hard 问题，因此比较适合规模较大的选址问题。常用的启发式算法有增加算法、删减算法、拉格朗日松弛算法、短视算法、领域搜索算法、禁忌搜索算法、遗传算法、模拟退火算法、神经网络算法、蚁群算法等。启发式算法不能保证得到最优解，但通常可以得到问题的满意解，而且启发式算法相对最优化方法计算简单，求解速度快。

5）仿真方法

在物流配送中心选址问题中，仿真方法可以通过反复改变和组合各种参数、多次仿真来评价不同的选址方案。仿真方法可以描述多方面的影响因素，因此具有较强的使用价值，常用来求解较大规模的、难以计算的问题。其不足主要是：需要进行相对比较严格的模型可信性和有效性的检验；不能提出初始方案，只能通过对各个已存在的备选方案进行评价，从中找出最优方案。所以在运用这个方法时必须先借助其他技术找出各初始方案，初始方案的好坏会对最终决策结果产生较大影响。同时，仿真对人和机器的要求往往较高，要求设计人员必须具备丰富的经验和较高的分析能力，在复杂的仿真系统中对计算机硬件的要求较高。

物流配送中心选址方法总结见表3-1。

表 3-1 物流配送中心选址方法总结

选址方法		优点	缺点	适用范围	典型模型/算法
定性分析方法		注重专家经验和知识，操作简单易行	极易犯主观主义和经验主义的错误，当候选地址较多时，该方法决策较为困难，决策的可靠性不高	候选地址数目较少，有类似选址经验可供借鉴	德尔菲法、权重因素分析法
定量分析方法	解析法	考虑的影响因素较少，模型简单	难以求解规模较大的问题	单物流配送中心的选址问题	重心法、交叉中值模型
	数学规划法	属于精确算法，能获得最优解	复杂问题难以建模，大规模问题难于求解	选址因素都可以量化的选址问题	鲍摩-瓦尔夫模型、奎汉-哈姆勃兹模型、P-中值模型、P-中心模型、覆盖模型、无限服务能力带选址费用的选址模型、有限服务能力带选址费用的选址模型、多产品选址模型、动态选址模型等
	启发式算法	计算简单，求解速度快	通常得不到最优解，而且无法判断解的好坏	难以精确计算或计算需时过长的大规模问题	增加算法、删减算法、拉格朗日松弛算法、领域搜索算法、禁忌搜索算法、遗传算法、模拟退火算法、神经网络算法、蚁群算法等
	仿真方法	可描述多方面的影响因素，可求解大规模的、难以计算的问题	需要进行相对比较严格的模型可信性和有效性的检验；不能提出初始方案，必须借助其他技术找出各初始方案；对人和机器要求往往比较高	常用于求解较大规模的、无法手算的问题	离散仿真、动态仿真、随机仿真等
定性+定量方法	多准则决策方法	考虑因素全面，既考虑定性因素，又考虑定量因素	基于线性的决策思想；主观性色彩较浓	考虑多个准则，综合评价选址方案；同时考虑定量和定性因素	层次分析法、模糊综合评价法、聚类方法、数据包络分析、优劣解距离法、优序法等

企业在物流配送中心的选址过程中，应该注意将定性和定量两类不同的分析方法结合使用。

3-4 拓展知识

3.4.2 典型的选址规划方法、模型及算法

下面对常用的物流配送中心典型的选址规划方法、模型及算法进行介绍。

1. 德尔菲法

1946 年，美国兰德公司发展了一种新型的专家意见法，即德尔菲法。

1）德尔菲法的典型特征

德尔菲法具有以下几个典型特征：吸收专家参与选址，充分利用专家的经验和学识；采用匿名或背靠背的方式，使每一位专家独立自由地做出自己的判断；选址过程经过几轮的反馈，使专家的意见逐渐趋同。

2）德尔菲法的优缺点

德尔菲法能发挥专家会议法的优点，即能充分发挥各位专家的作用，集思广益，准确性高，能把各位专家意见的分歧点表达出来，取各家之长，避各家之短。同时，德尔菲法又能避免专家会议法的缺点：权威人士的意见影响他人的意见；有些专家碍于情面，不愿意发表与其他人不同的意见；有些专家出于自尊心而不愿意修改自己原来不全面的意见。

德尔菲法的主要缺点是过程比较复杂，花费时间较长。

3）德尔菲法的实施步骤

德尔菲法的实施步骤如图 3-4 所示。

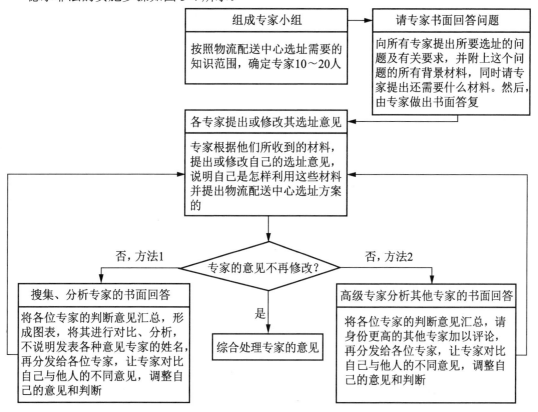

图 3-4　德尔菲法的实施步骤

2．权重因素分析法

物流配送中心的选址涉及多方面的因素，很多因素难以量化，且各因素对选址结果影响的重要程度不同。为了综合考虑各影响因素及其重要度，可对各因素及重要度赋值，计算各选址方案总加权得分，选择总加权得分最高者为最优方案。具体包括以下步骤。

（1）列出影响物流配送中心选址的因素。

（2）赋予每个因素以一定的权重，以反映它在物流配送中心选址中的相对重要程度。

(3) 确定每个因素评分的取值范围,如从 100 到 1 表示从很好到很差。
(4) 请有关专家对每个候选物流配送中心地址的各影响因素进行评分。
(5) 计算每个候选地址的总加权得分,总加权得分=∑(每个因素评分×权重)。
(6) 选择总得分最高者为最优方案。

【例 3-1】某企业欲新建一物流配送中心,共有甲、乙、丙 3 个候选地址。其中,汇总得出影响物流配送中心选址的因素主要有 10 个,其相关信息见表 3-2。求物流配送中心的最优地址。

表 3-2 物流配送中心选址方案加权得分计算表

影响因素	权重	候选地址甲		候选地址乙		候选地址丙	
		评分	加权得分	评分	加权得分	评分	加权得分
客户分布条件	0.20	70	14	80	16	75	15
劳动力成本	0.10	80	8	90	9	90	9
科技条件	0.10	85	8.5	60	6	70	7
基础设施条件	0.10	70	7	75	7.5	80	8
交通运输状况	0.15	60	9	70	10.5	75	11.25
地形条件	0.05	90	4.5	80	4	70	3.5
水文条件	0.05	80	4	75	3.75	60	3
税收政策	0.10	75	7.5	85	8.5	80	8
竞争对手条件	0.10	80	8	70	7	75	7.5
其他条件	0.05	75	3.75	65	3.25	85	4.25
合计	1.00	—	74.25	—	75.5	—	76.5

注:① 各影响因素权重最好设定为 0~1,且各影响因素权重之和为 1。
② 影响物流配送中心选址结果的因素包括影响因素个数和内容的确定、权重的赋值及专家对每个候选地址的各影响因素的打分。不同企业的差异很大,因此,这 3 个方面的内容要慎重权衡。

解:根据权重和不同候选地址在各影响因素上的评分,可计算各候选地址的总加权得分,见表 3-2。选择总加权得分最高的候选地址为物流配送中心的最优地址,即候选地址丙为最优地址。

3-5 拓展知识

3. 重心法

重心法是物流配送中心选址决策的常用方法之一。当运输费用占总成本的比例很大,且由一个物流配送中心向多个销售点运货或由多个供应点向该物流配送中心运货时,可利用重心法选择总运输费用最小的地点作为最优的物流配送中心地址。

美国联邦快递公司把重心法应用于该公司向全美国服务的邮件递送网络的布局,并把美国的孟菲斯市选定为该公司航空快递网络的轴心,这取得了显著效果。

（1）重心法模型。

设有 n 个客户（可以是零售店或二级中转站或供应点），它们各自的坐标是 $R_i(x_i,y_i)$，需新建的物流配送中心坐标为 $W(x_W,y_W)$，现在欲确定该新建物流配送中心的位置，使物流配送中心到各客户的总运输费用最小，如图3-5所示。

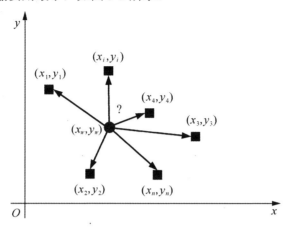

图3-5　新建物流配送中心与各客户的坐标示意图

已知条件如下：f_i 为物流配送中心 W 到客户 i 的运输费率（单位物品运输单位距离的费用）；V_i 为新建物流配送中心向客户 i 的运输量；d_i 为新建物流配送中心到客户 i 的距离。

由此可得新建物流配送中心到各个客户的总运输费用（TC）如下：

$$TC = \sum_{i=1}^{n} C_i \tag{3-1}$$

式中，C_i 可以表示成如下的形式：

$$C_i = f_i \cdot V_i \cdot d_i \tag{3-2}$$

d_i 取直线距离，写成如下的形式：

$$d_i = \left[(x_W - x_i)^2 + (y_W - y_i)^2\right]^{\frac{1}{2}} \tag{3-3}$$

把式（3-2）代入式（3-1）中，得

$$TC = \sum_{i=1}^{n} f_i \cdot V_i \cdot d_i \tag{3-4}$$

现在，需确定坐标 (x_W, y_W) 为何值时，可使 TC 最小。

根据函数求极值原理，式（3-4）分别对 x_W 和 y_W 求偏导，令偏导数为0，得

$$\begin{cases} \dfrac{\partial TC}{\partial x_W} = \sum_{i=1}^{n} \dfrac{f_i \cdot V_i \cdot (x_W - x_i)}{d_i} = 0 \\ \dfrac{\partial TC}{\partial y_W} = \sum_{i=1}^{n} \dfrac{f_i \cdot V_i \cdot (y_W - x_i)}{d_i} = 0 \end{cases} \tag{3-5}$$

由式（3-5）可以求得函数 TC 的极值点 (x_W^*, y_W^*)，即

$$\begin{cases} x_W^* = \dfrac{\sum\limits_{i=1}^{n} f_i \cdot V_i \cdot x_i / d_i}{\sum\limits_{i=1}^{n} f_i \cdot V_i / d_i} \\ \\ y_W^* = \dfrac{\sum\limits_{i=1}^{n} f_i \cdot V_i \cdot y_i / d_i}{\sum\limits_{i=1}^{n} f_i \cdot V_i / d_i} \end{cases} \tag{3-6}$$

因式（3-6）中含有 d_i，而 d_i 又含有要求解的未知数 x_W 和 y_W，所以由式（3-6）难以求得 x_W^* 和 y_W^*。因此，可考虑采用迭代法来进行计算，其表达式为

$$\begin{cases} x_W^{*(k)} = \dfrac{\sum\limits_{i=1}^{n} (f_i \cdot V_i \cdot x_i / d_i^{(k-1)})}{\sum\limits_{i=1}^{n} (f_i \cdot V_i / d_i^{(k-1)})} \\ \\ y_W^{*(k)} = \dfrac{\sum\limits_{i=1}^{n} (f_i \cdot V_i \cdot y_i / d_i^{(k-1)})}{\sum\limits_{i=1}^{n} (f_i \cdot V_i / d_i^{(k-1)})} \end{cases} \tag{3-7}$$

其中：

$$d_i^{(k-1)} = \left[\left(x_W^{*(k-1)} - x_i \right)^2 + \left(y_W^{*(k-1)} - y_i \right)^2 \right]^{\frac{1}{2}} \tag{3-8}$$

（2）迭代法的计算步骤。

① 给出新建物流配送中心的初始位置 $(x_W^{*(0)}, y_W^{*(0)})$。初始位置的确定是利用迭代法求解最佳物流配送中心位置的关键，一般做法是将客户坐标的重心点作为初始物流配送中心的位置。因此，将这种方法称为重心法。假设客户坐标的重心点的坐标为 $(\bar{x}, \bar{y})$，则有

$$\begin{cases} x_W^{*(0)} = \bar{x} = \dfrac{\sum\limits_{i=1}^{n} f_i \cdot V_i \cdot x_i}{\sum\limits_{i=1}^{n} f_i \cdot V_i} \\ \\ y_W^{*(0)} = \bar{y} = \dfrac{\sum\limits_{i=1}^{n} f_i \cdot V_i \cdot y_i}{\sum\limits_{i=1}^{n} f_i \cdot V_i} \end{cases} \tag{3-9}$$

② 令 $k=1$。
③ 利用式（3-8）求出 $d_i^{(k-1)}$，利用式（3-4）求出相应的总运输费用 $TC^{(k-1)}$。
④ 利用式（3-7）求出第 k 次迭代结果 $(x_W^{*(k)}, y_W^{*(k)})$。
⑤ 利用式（3-8）求出 $d_i^{(k)}$，利用式（3-4）求出相应的总运输费用 $TC^{(k)}$。
⑥ 若 $TC^{(k)}<TC^{(k-1)}$，说明总运输费用仍有改善的空间，令 $k=k+1$，并返回步骤④，继续迭代；否则，说明 $TC^{(k-1)}$ 已达到最小，$(x_W^{*(k-1)}, y_W^{*(k-1)})$ 即为最佳物流配送中心位置，停止计算。

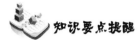知识要点提醒

第一，初始位置坐标可以任意选取，还可以根据各客户的位置和客户对货物需求量的大小分布情况选取。初始位置坐标的选取方法可以不同。

第二，通过大量的计算发现，用式（3-9）求出的初始坐标与迭代法求解出的最优坐标相差不大，即两个坐标点对应的总运输成本相差较小。因此，为了简化计算过程，可以把式（3-9）的计算结果作为近似最优坐标，称式（3-9）的计算方法为"简单重心法"。

第三，在某些极端数据的情况下，求出的最优点坐标与其中一个已知点的坐标重合。

知识拓展

节点间距离的计算

在物流配送中心选址问题中，最基本的一个参数是各个节点之间的距离。有三种典型的方法来计算各个节点之间的距离，第一种是直线距离，也称欧几里得距离，该距离主要用于点与点之间没有障碍物，可以直达的情况；第二种是折线距离，也称城市距离或直角距离，该距离多用于在道路较为规则的城市进行物流配送中心的选址；第三种是更为一般的 l_p 距离，该距离是直线距离与折线距离的推广，多用于纯粹的理论研究。在目前的实践中，物流配送中心的选址主要使用直线距离与折线距离。

1. 直线距离

区域内两点 (x_i, y_i) 和 (x_j, y_j) 间的直线距离 d_{ij} 的计算公式为

$$d_{ij} = w_{ij}\sqrt{(x_i-x_j)^2+(y_i-y_j)^2} \tag{3-10}$$

式中，$w_{ij}(\geq 1)$ 称为迂回系数，一般可取定一个常数。当 w_{ij} 取 1 时，d_{ij} 为平面上的几何直线距离。w_{ij} 取值的大小要视区域内的交通情况，在交通发达地区，w_{ij} 取的值较小；反之，w_{ij} 取的值较大。

2. 折线距离

区域内两点 (x_i, y_i) 和 (x_j, y_j) 间的折线距离 d_{ij} 的计算公式为

$$d_{ij} = w_{ij}(|x_i-x_j|+|y_i-y_j|) \tag{3-11}$$

式中，$w_{ij}(\geq 1)$ 含义同上。

3. l_p 距离

区域内两点 (x_i, y_i) 和 (x_j, y_j) 之间的 l_p 距离 d_{ij} 的计算公式为

$$d_{ij} = w_{ij}(|x_i-x_j|^p+|y_i-y_j|^p)^{\frac{1}{p}} \tag{3-12}$$

式中，$w_{ij}(\geq 1)$ 含义同上。当 $p=1$ 时，即为折线距离；当 $p=2$ 时，即为直线距离。

（3）对重心法的评价。

求解物流配送中心最优地址的模型有离散模型和连续模型两种，重心法是连续模型。相

对于离散模型来说，在重心法中，物流配送中心地点的选择是不加特定限制的，因而有自由选择的优势。不过，重心法的自由度过大也是一个缺点。由迭代法计算求得的最佳位置实际上往往很难建设物流配送中心，有的地址很可能在河流湖泊上或街道中间等。此外，迭代计算过程比较复杂，这也是连续模型的缺点之一。

（4）重心法选址系统。

按照迭代法的计算步骤，利用 Visual Basic 6.0 程序开发语言，可以设计出单物流配送中心重心法选址系统。该系统的总体功能结构如图 3-6 所示。

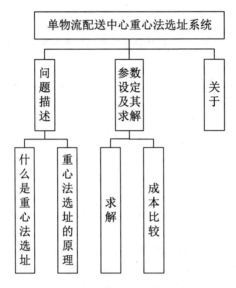

图 3-6　单物流配送中心重心法选址系统的总体功能结构

图 3-7 给出了该系统迭代计算过程的程序代码。重心法选址系统的界面及相应求解结果如图 3-8 所示（该系统将参数设定与问题求解合并到一个界面）。

```
'****************************************
'单设施选址重心法算法
For j = 1 To 10000   '最大迭代10000次
'****************************************
'每次迭代开始时，初始化以下五个值
    SumC0 = 0
    SumCN = 0
    Sum1 = 0
    Sum2 = 0
    Sum3 = 0
'****************************************
For i = 1 To List1.ListCount  '有几组数据就循环几次
    di = Sqr((Xc - Val(List1.List(i - 1))) ^ 2 + (Yc - Val(List2.List(i - 1))) ^ 2)  '距离公式
    SumC0 = SumC0 + Val(List3.List(i - 1)) * Val(List4.List(i - 1)) * di  '某次迭代的更新前的成本
    Sum1 = Sum1 + (Val(List1.List(i - 1)) * Val(List3.List(i - 1)) * Val(List4.List(i - 1))) / di  '中间变量，用于标识某次迭代求横坐标的公式中的分子
    Sum2 = Sum2 + (Val(List2.List(i - 1)) * Val(List3.List(i - 1)) * Val(List4.List(i - 1))) / di  '中间变量，用于标识某次迭代求纵坐标的公式中的分子
    Sum3 = Sum3 + (Val(List3.List(i - 1)) * Val(List4.List(i - 1))) / di  '中间变量，用于标识某次迭代求横、纵坐标的公式中的分母
Next i
Xc = Sum1 / Sum3  '某次迭代求得横坐标
Yc = Sum2 / Sum3  '某次迭代求得纵坐标
For i = 1 To List1.ListCount
    di = Sqr((Xc - Val(List1.List(i - 1))) ^ 2 + (Yc - Val(List2.List(i - 1))) ^ 2)
    SumCN = SumCN + Val(List3.List(i - 1)) * Val(List4.List(i - 1)) * di  '某次迭代的更新前的成本
Next i
If (SumC0 - SumCN) <= JD Then  '循环终止条件
    Text8.Text = Xc    '求得的横坐标
    Text9.Text = Yc    '求得的纵坐标
    Text10.Text = SumCN  '求得的最小成本
    Text11.Text = j      '求得的迭代次数
    Exit For
End If
Next j
'****************************************
Sub
```

图 3-7　重心法选址系统迭代计算过程的程序代码

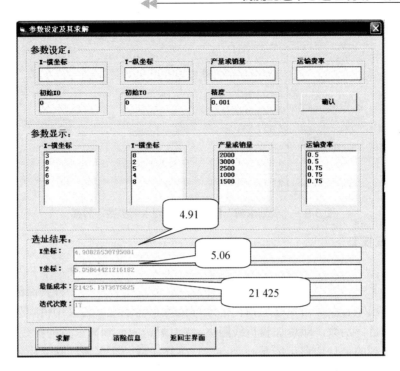

图 3-8　重心法选址系统的界面及相应求解结果

【例 3-2】某企业两个工厂 P_1、P_2 分别生产 A、B 两种产品，供应 3 个市场 M_1、M_2、M_3。已知条件见表 3-3。现需设置一个物流配送中心，A、B 两种产品通过该物流配送中心间接向 3 个市场供货。请使用重心法求出物流配送中心的最优地址。

表 3-3　已知点坐标、年运输量及运输费率

节　　点	坐标位置		年运输量	运输费率
	x_i	y_i		
P_1	3	8	2 000	0.5
P_2	8	2	3 000	0.5
M_1	2	5	2 500	0.75
M_2	6	4	1 000	0.75
M_3	8	8	1 500	0.75

解：根据式（3-9）计算初始坐标，结果如下：

$$x_W^{*(0)} = \frac{3 \times 2\,000 \times 0.5 + 8 \times 3\,000 \times 0.5 + 2 \times 2\,500 \times 0.75 + 6 \times 1\,000 \times 0.75 + 8 \times 1\,500 \times 0.75}{2\,000 \times 0.5 + 3\,000 \times 0.5 + 2\,500 \times 0.75 + 1\,000 \times 0.75 + 1\,500 \times 0.75} = 5.16$$

$$y_W^{*(0)} = \frac{8 \times 2\,000 \times 0.5 + 2 \times 3\,000 \times 0.5 + 5 \times 2\,500 \times 0.75 + 4 \times 1\,000 \times 0.75 + 8 \times 1\,500 \times 0.75}{2\,000 \times 0.5 + 3\,000 \times 0.5 + 2\,500 \times 0.75 + 1\,000 \times 0.75 + 1\,500 \times 0.75} = 5.18$$

利用重心法选址系统求解最优坐标，其结果如图 3-8 所示。物流配送中心的最优坐标为（4.91,5.06），最低运输费用为 21 425。

当然，也可以利用 Excel 软件中的"规划求解"工具进行求解，如图 3-9 所示。

最优解	x_i	y_i
	4.910112	5.058
各节点与待建物流配送中心之间的运输成本	3 507.962	
	6 520.566	
	5 457.531	
	1 139.046	
	4 800.031	
总运输成本	21 425.14	

图 3-9 "规划求解"结果与"规划求解参数"界面

4. 交叉中值模型

在城市内建立物流配送中心，不能任意选址，可能的情况是只能沿着相互交叉的街道选择某个地址。交叉中值模型就是将城市内道路网络作为选址范围的一种物流配送中心选址方法，应用条件是已知各服务对象在城市内的地理位置、需求量。交叉中值模型将加权折线距离总和最小作为目标函数，即总加权折线距离=物流配送中心到需求点的折线距离×需求量。求解函数最后得到的最佳位置可能是一个点、一条线段或一个区域。交叉中值模型的目标函数为：

$$L = \sum_{i=1}^{n} V_i(|x_0 - x_i| + |y_0 - y_i|) \tag{3-13}$$

式中，V_i 为第 i 个需求点的需求量；(x_i, y_i) 为第 i 个需求点的坐标；(x_0, y_0) 为物流配送中心的坐标；n 为需求点的总数。

显然，目标函数可以分解为两个互不相干的部分之和：

$$L = \sum_{i=1}^{n} V_i |x_0 - x_i| + \sum_{i=1}^{n} V_i |y_0 - y_i| = L_x + L_y \tag{3-14}$$

式中，

$$L_x = \sum_{i=1}^{n} V_i |x_0 - x_i| \tag{3-15}$$

$$L_y = \sum_{i=1}^{n} V_i |y_0 - y_i| \tag{3-16}$$

因此，求 $\min L$ 的最优解等价于求 L_x 和 L_y 的最小值点。

对于 L_x，因为：

$$L_x = \sum_{i=1}^{n} V_i |x_0 - x_i| = \sum_{i \in \{i | x_i \leq x_0\}} V_i(x_0 - x_i) + \sum_{i \in \{i | x_i > x_0\}} V_i(x_i - x_0) \tag{3-17}$$

由于 x_0 在区域内可连续取值，求式（3-17）的极小值点可对 L_x 求微分并令其为零，得

$$\frac{dL_x}{dx_0} = \sum_{i \in \{i | x_i \leq x_0\}} V_i - \sum_{i \in \{i | x_i > x_0\}} V_i = 0 \tag{3-18}$$

即

$$\sum_{i \in \{i | x_i \leq x_0\}} V_i = \sum_{i \in \{i | x_i > x_0\}} V_i \tag{3-19}$$

式（3-19）证明了当 x_0 是最优解时，x_0 左、右两侧的若干需求点的需求量之和相同，即各占总需求量的 50%；因此，L_x 的最优值点 x_0 是在 x 方向对所有的需求量 V_i 的中值点。同样，可得 L_y 的最优值点 y_0 是在 y 方向对所有的需求量 V_i 的中值点，即 y_0 需满足：

$$\sum_{i\in\{i|y_i\leqslant y_0\}} V_i = \sum_{i\in\{i|y_i> y_0\}} V_i \tag{3-20}$$

即学即用

某公司想在一个城市街区开设一个服务网点，主要的服务对象是附近的 5 个住宅小区的居民，他们是新开设服务网点的主要客源。已知坐标系中确切地表达了这些需求点的位置，表 3-4 给出了相关信息。这里权重代表每个月潜在客户的需求总量，此处用每个小区中的居民总数量近似表达需求总量。

表 3-4 已知节点坐标和需求总量

节 点	坐标位置		需求总量
	x_i	y_i	
C_1	3	1	1 000
C_2	5	2	7 000
C_3	4	3	3 000
C_4	2	4	3 000
C_5	1	5	6 000

思考题： 公司希望通过这些信息来确定一个合适的服务网点位置，要求每个月居民到服务网点的总加权折线距离最小。

3-6 参考答案

5. 盈亏平衡分析法

盈亏平衡分析法又称量本利法或生产成本比较法，是物流配送中心选址决策的常用方法。假设可供选择的各个方案均能满足物流配送中心选址的基本要求，但各备选方案的固定成本和变动成本不同。通过绘制各备选方案的总成本曲线，找出各备选方案的最优区间及盈利区间，确定在满足业务量及盈利要求的条件下使总成本达到最小的物流配送中心选址方案。

总成本（Total Cost，TC）可分为固定成本（Fixed Cost，FC）和变动成本（Variable Cost，VC）。固定成本不随业务量的变化而变化，如物流配送中心的固定资产（物流设备和设施投资）；变动成本随业务量的变化而变化，如劳动力成本。固定成本、变动成本、总成本和总收入（Trade Revenue，TR）与业务量的关系如图 3-10 所示。

在一定范围内，业务量增加时，由于单位物品分摊的固定成本减少，所以总成本将等于或小于总收入。当总收入等于总成本时，成本曲线与收入曲线的交点即为盈亏平衡点。当业务量低于盈亏平衡点业务量时，则会亏损；当业务量高于盈亏平衡点业务量时，则会盈利。据此分析，盈亏平衡点的业务量（Q^*）应满足：

$$\text{总收入} - \text{总成本} = \text{利润} = 0 \tag{3-21}$$

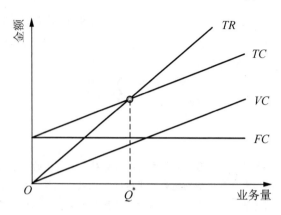

图 3-10 固定成本、变动成本、总成本、总收入与业务量的关系

将式（3-21）所示的关系用字母表示为

$$pQ^* - FC - vQ^* = 0 \tag{3-22}$$

式中，FC 为固定成本；v 为单位变动成本；p 为物流配送中心对单位物品收取的服务费。

通过对式（3-22）变换，可以推导出盈亏平衡点业务量为

$$Q^* = \frac{FC}{p-v} \tag{3-23}$$

【例 3-3】某企业拟新建一个转运中心，初步确定甲、乙两个地址作为备选方案，成本数据见表 3-5。试求（1）各备选方案业务量的较优区间；（2）预期业务量为 4 500 件，确定较优的方案。

表 3-5 成本数据

方 案	年固定成本总额/万元	年最大业务量/件	单位物品变动成本/（元/件）	单位物品服务单价/（元/件）
甲地址	16	5 000	100	140
乙地址	18	5 000	80	140

解：

（1）计算甲、乙两个方案的总成本，并绘制总成本曲线。总成本的计算公式为

$$TC = FC + VC = FC + vQ \tag{3-24}$$

则：

甲方案的总成本=160 000+100Q

乙方案的总成本=180 000+80Q

计算甲、乙方案交点的业务量，即

160 000+100Q=180 000+80Q

解出

Q=1 000（件）

可令 Q=0 和 Q=1 000，绘制两个方案的总成本曲线，如图 3-11 所示。

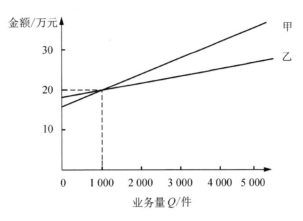

图 3-11 甲、乙两方案的成本曲线

由图 3-11 可以看出,当业务量在(0,1 000]件时,甲方案优于乙方案;在业务量在(1 000, 5 000]件时,乙方案优于甲方案。

(2)利用式(3-23)计算甲、乙两方案的盈亏平衡业务量,其结果如下:

$$Q_{甲}^* = \frac{FC_{甲}}{p_{甲} - v_{甲}} = \frac{160\,000}{140 - 100} = 4\,000(件)$$

$$Q_{乙}^* = \frac{FC_{乙}}{p_{乙} - v_{乙}} = \frac{180\,000}{140 - 80} = 3\,000(件)$$

由上述计算结果可知,当业务量低于 3 000 件时,甲、乙两个方案都亏损,不可行;当业务量大于 3 000 件时,乙方案较优。因此,当业务量为 4 500 件时,最佳转运中心选址方案为乙方案。

6. 线性规划法

线性规划法的核心思想是追求总生产成本和运输成本最低。

(1)一般的线性规划模型。

目标函数的表达式为

$$\min f(x) = \sum_{i=1}^{n} c_i x_i + \sum_{i=1}^{n}\sum_{j=1}^{m} D_{ij} x_{ij} \tag{3-25}$$

约束条件的表达式为

$$\begin{cases} \sum_{i=1}^{n} x_{ij} = R_j, & j=1,\ 2,\cdots,\ m \\ \sum_{j=1}^{m} x_{ij} = X_i, & i=1,\ 2,\cdots,\ n \\ \sum_{j=1}^{m} R_j = \sum_{i=1}^{n} x_i \\ x_{ij} \geqslant 0,\ 且取整数 \end{cases} \tag{3-26}$$

式(3-25)和式(3-26)中,x_i 为第 i 个物流配送中心的供应量;c_i 为第 i 个物流配送中心供应单位物品的生产成本；n 为物流配送中心总数量；m 为目标市场总数量；x_{ij} 为第 i 个物流配送中心运往目标市场 j 的物品数量；R_j 为目标市场 j 的需求量；D_{ij} 为第 i 个物流配送中心向目标市场 j 运输单位物品的运费及其他流通费用。

（2）候选方案生产成本相同时的线性规划模型。

目标函数的表达式为

$$\min f(x) = \sum_{i=1}^{n} \sum_{j=1}^{m} D_{ij} x_{ij} \qquad (3\text{-}27)$$

约束条件的表达式为

$$\begin{cases} \sum_{i=1}^{n} x_{ij} = R_j, & j = 1, 2, \cdots, m \\ \sum_{j=1}^{m} x_{ij} = x_i, & i = 1, 2, \cdots, n \\ x_{ij} \geqslant 0, \text{且取整数} \end{cases} \qquad (3\text{-}28)$$

3-7 拓展知识

关于模型的求解方法，有兴趣的读者可以参看运筹学方面的书籍和文献，下面主要利用 Excel 软件中的"规划求解"工具对实际问题进行求解。

【例3-4】已知某企业的两个物流配送中心 W_1 和 W_2 供应 4 个销售地 S_1、S_2、S_3 和 S_4，由于需求量不断增加，需再增设一个物流配送中心，且该物流配送中心需要供应的量为 12 000 台。可供选择的地址是 W_3 和 W_4，试在其中选择一个作为最优地址。根据已有资料，分析得出各物流配送中心到各销售点的单位物品的运输费用、供应点的供应量和需求点的需求量等数据，见表 3-6。

表 3-6 供应量、需求量及单位物品运输费用表

供应地	需求点/（元/台）				供应量/台
	S_1	S_2	S_3	S_4	
W_1	7.50	7.90	7.40	8.10	6 000
W_2	7.40	7.80	7.25	7.65	4 000
W_3	8.20	7.20	7.55	8.20	12 000 或 0
W_4	7.80	7.35	7.48	8.20	12 000 或 0
需求量/台	4 000	3 000	7 000	8 000	22 000

解：若新建的物流配送中心在 W_3，则根据已知条件，需假设运输量为 x_{ij}，其代表从第 i 供应地向第 j 需求点运输的物品数量，则变量数据表见表 3-7。

表 3-7 变量数据表

供应地	需求点			
	S_1	S_2	S_3	S_4
W_1	x_{11}	x_{12}	x_{13}	x_{14}
W_2	x_{21}	x_{22}	x_{23}	x_{24}
W_3	x_{31}	x_{32}	x_{33}	x_{34}

则由式（3-27）和式（3-28）可分别建立该问题的目标函数和约束条件，其结果如下。

目标函数为

$$\min f(x)_{W_3} = 7.50x_{11} + 7.90x_{12} + 7.40x_{13} + 8.10x_{14} + \\ 7.40x_{21} + 7.80x_{22} + 7.25x_{23} + 7.65x_{24} + \\ 8.20x_{31} + 7.20x_{32} + 7.55x_{33} + 8.20x_{34}$$

约束条件为

$$\begin{cases} x_{11} + x_{12} + x_{13} + x_{14} = 6\,000 \\ x_{21} + x_{22} + x_{23} + x_{24} = 4\,000 \quad \text{供应约束} \\ x_{31} + x_{32} + x_{33} + x_{34} = 12\,000 \\ x_{11} + x_{21} + x_{31} = 4\,000 \\ x_{12} + x_{22} + x_{32} = 3\,000 \\ x_{13} + x_{23} + x_{33} = 7\,000 \quad \text{需求约束} \\ x_{14} + x_{24} + x_{34} = 8\,000 \\ x_{ij} \geqslant 0, \text{且为整数}, i = 1,2,3; j = 1,2,3,4 \end{cases}$$

利用 Excel 软件中的"规划求解"工具进行求解，可以得出各供应地向需求地运输的物品数量，见表 3-8。

表 3-8 变量求解结果

供应地	需求点				供应量/台
	S_1	S_2	S_3	S_4	
W_1	4 000	0	2 000	0	6 000
W_2	0	0	0	4 000	4 000
W_3	0	3 000	5 000	4 000	12 000
需求量/台	4 000	3 000	7 000	8 000	22 000

将表 3-8 求出的结果代入所建立的目标函数，可求出最小运输成本。

$$\min f(x)_{W_3} = 7.50 \times 4\,000 + 7.90 \times 0 + 7.40 \times 2\,000 + 8.10 \times 0 + \\ 7.40 \times 0 + 7.80 \times 0 + 7.25 \times 0 + 7.65 \times 4\,000 + \\ 8.20 \times 0 + 7.20 \times 3\,000 + 7.55 \times 5\,000 + 8.20 \times 4\,000 \\ = 167\,550（元）$$

其中，"规划求解"工具的界面及在 W_3 建物流配送中心时的求解结果如图 3-12 所示。

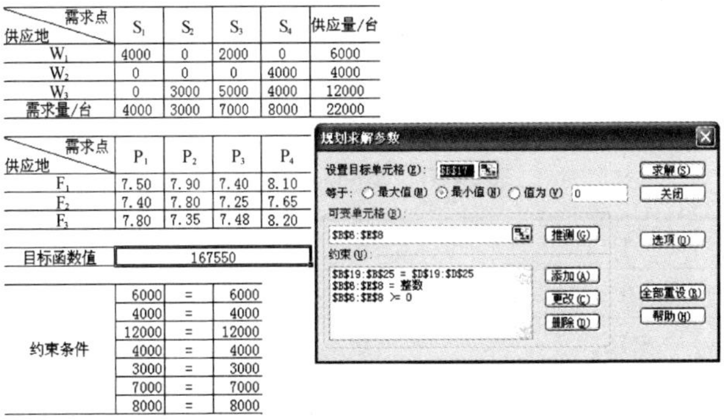

图 3-12 "规划求解"工具的界面及在 W_3 建物流配送中心时的求解结果

同理，可建立在 W_4 新建物流配送中心时的问题模型，并利用 Excel 软件中的"规划求解"工具进行求解，其求解的结果代入所建立的目标函数，可求出最小运输成本。

$$\begin{aligned}\min f(x)_{w_4} = & 7.50\times 4\,000+7.90\times 0+7.40\times 0+8.10\times 2\,000+\\ & 7.40\times 0+7.80\times 0+7.25\times 0+7.65\times 4\,000+\\ & 7.80\times 0+7.35\times 3\,000+7.48\times 7\,000+8.20\times 2\,000\\ = & 167\,610\text{（元）}\end{aligned}$$

因为在 W_3 新建物流配送中心的费用 167 550 元小于在 W_4 新建物流配送中心的费用 167 610 元，故选择在 W_3 新建物流配送中心。

7. 聚类法与重心法相结合的模型

为解决在一个区域内进行多个物流配送中心的选址问题，可采用基于聚类法和重心法相结合的节点选址方法，完成多个物流配送中心的选址。

若 m 代表客户区域的数量，n 代表拟建物流配送中心的数量。该模型分为两步。
（1）将 m 个客户区域按它们距离接近程度分成 n 组。
（2）利用重心法确定各组中的新建物流配送中心的最佳位置。

当拟建物流配送中心的数量没有预先确定下来时，可选用合适的聚类法确定分组的数量，这个数量就等于拟建物流配送中心的数量。

【例 3-5】已知某企业拟建 3 个物流配送中心来满足市场需求，节点位置分别位于 5 个区域内，其相关信息如例 3-2 中的表 3-3 所示。

解：由题意可知，$m=5$，$n=3$。因此，可利用最短距离聚类法把 5 个节点位置聚类成 3 组。

首先，将 5 个节点作为 5 个类，利用公式（3-10）（$w_{ij}=1$）计算 5 个类之间的距离，如表 3-9 所示。

表 3-9 距离矩阵

类编号	1	2	3	4	5
1	0	7.81	3.16	5	5
2	7.81	0	6.71	2.83	6
3	3.16	6.71	0	4.12	6.71
4	5	2.83	4.12	0	4.47
5	5	6	6.71	4.47	0

选择距离最近的两个类合并为一个新类，表 3-9 中最小元素为 2.83，则合并类 2 和类 4 为新类 6。

其次，利用类间最短距离公式，计算新类与其他类之间的类间距离，如表 3-10 所示。

表 3-10 类间距离矩阵

类编号	1	3	5	6
1	0	3.16	5	5
3	3.16	0	6.71	4.12
5	5	6.71	0	4.47
6	5	4.12	4.47	0

选择距离最近的两个类合并为一个新类，表 3-10 中最小元素为 3.16，则合并类 1 和类 3 为新类 7。

因此，最终的聚类结果如下。

第一组：节点 2 和节点 4；

第二组：节点 1 和节点 3；

第三组：节点 5。

最后，利用重心法对本例题中的 3 组单一节点选址问题进行求解。第一组是在节点 2 和节点 4 中选址，第二组是在节点 1 和节点 3 中选址，第三组是在节点 5 中选址。服务于第一组的新物流配送中心的最佳位置在节点 2 处（即在工厂 P_2 附近）；服务于第二组的新物流配送中心的最佳位置在节点 3 处（即在市场 M_1 附近）；服务于第三组的新物流配送中心的最佳位置在节点 5（即在市场 M_3 附近）。这样可最大限度地节省运输费用，最低的总运输费用为 5283.6。

8. 鲍摩-瓦尔夫模型

鲍摩-瓦尔夫（Baumol-Wolfe）模型是一个单品种、多设施选址模型。模型假设有 m 个供应点的单一品种产品，经从 s 个候选的地点集合中选出的物流配送中心发运给 n 个客户或者直接送给客户。问题是如何从 s 个候选的地点集合中选择若干个位置作为物流配送中心，使得从已知 m 个供应点，经过这几个选出的物流配送中心，向 n 个客户运送同一种产品时的总物流成本（或运输成本）最小。

鲍摩-瓦尔夫模型按式（3-29）至式（3-33）确定它的目标函数和约束条件。

$$\min F = \sum_{i=1}^{m}\sum_{j=1}^{s} c_{ij}x_{ij} + \sum_{j=1}^{s}\sum_{k=1}^{n} d_{jk}y_{jk} + \sum_{i=1}^{m}\sum_{k=1}^{n} e_{ik}z_{ik} + \sum_{j=1}^{s}\left(v_j U_j + w_j \sum_{i=1}^{m} x_{ij}\right) \quad (3-29)$$

$$\text{s.t.} \quad \sum_{j=1}^{s} x_{ij} + \sum_{k=1}^{n} z_{ik} \leqslant S_i, \quad i = 1, 2, \cdots, m \quad (3-30)$$

$$\sum_{j=1}^{s} y_{jk} + \sum_{i=1}^{m} z_{ik} \geqslant D_k, \quad k = 1, 2, \cdots, n \quad (3-31)$$

$$\sum_{i=1}^{m} x_{ij} = \sum_{k=1}^{n} y_{jk}, \quad j = 1, 2, \cdots, s \quad (3-32)$$

$$\sum_{i=1}^{m} x_{ij} - MU_j \leqslant 0, \quad j = 1, 2, \cdots, s \quad (3-33)$$

式（3-29）至式（3-33）中，c_{ij} 为从供应点 i 向备选物流配送中心 j 发送单位产品的运输费用；x_{ij} 为从供应点 i 到备选物流配送中心 j 的产品运量；d_{jk} 为从备选物流配送中心 j 向客户 k 发送单位产品的运输费用；y_{jk} 为从备选物流配送中心 j 到客户 k 的产品运量；e_{ik} 为供应点 i 直接向客户 k 发送单位产品的运输费用；z_{ik} 为从供应点 i 向客户 k 直送的产品运量；v_j 为备选物流配送中心 j 被选中后的基建投资费用（固定费用，与规模无关的费用）；U_j 为备选物流配送中心 j 是否被选中的决策变量（0-1 变量）；w_j 为备选物流配送中心 j 每单位产品通过量的变动费用（如仓库管理或加工费用等，与规模相关）；S_i 为供应点 i 的产品供应量；D_k 为客户 k 的产品需求量；M 是一个相当大的正数。这是一个混合整数规划模型。

式（3-29）是目标函数，第一项是从 m 个供应点向 s 个备选物流配送中心发送产品的运输费用，第二项是从 s 个备选物流配送中心向 n 个客户发送产品的运输费用，第三项是从 m 个供应点向 n 个客户直接发送产品的运输费用，第四项是 s 个备选物流配送中心的固定费用与变动费用之和。式（3-30）表示供应点 i 运出的产品总量不大于该供应点的产品供应量。式（3-31）表示客户 k 的需求量必须得到满足。式（3-32）表示物流配送中心 j 运进的产品总量等于运出的产品总量。式（3-33）表示备选物流配送中心 j 中转的产品数量约束；当 j 点被选中时，$U_j=1$；当 j 点被淘汰时，$U_j=0$；由于 x_{ij} 为产品运输量，不可能小于零，故当 $U_j=0$ 时，$x_{ij}=0$ 成立；当 $U_j=1$ 时，MU_j 足够大，x_{ij} 为一有限值，所以不等式成立。

9. 奎汉-哈姆勃兹模型

奎汉-哈姆勃兹（Kuehn-Hamburge）模型是一个多品种、多设施选址模型。多品种、多设施选址问题可描述如下：有 q 个供应点供应 p 种产品，其中，这些供应点的各种产品的供应能力已知，每个客户对每种产品的需求量已知，且物流配送中心的候选地址也已知。考虑供应点到物流配送中心的运输费用、物流配送中心到用户的运输费用、物流配送中心的固定管理费用及可变费用、由于延误交货而支付的损失费用，希望从这些候选地址中选择若干个地址作为物流配送中心，达到费用之和最小的目标。

奎汉-哈姆勃兹模型比较贴近实际。但其也有不足之处，该模型没有考虑如物流配送中心建设费用这样的固定资产所产生的固定费用，也没有考虑物流配送中心总体的容量限制。另外，它仅从费用角度来进行选址，忽略了社会效益、环境效益等因素。

奎汉-哈姆勃兹模型按式（3-34）至式（3-40）确定它的目标函数和约束条件。

$$\min F = \sum_{hijk}(c_{hij}+d_{hjk})x_{hijk} + \sum_{j}F_jZ_j + \sum_{hj}S_{hj}\left(\sum_{ik}x_{hijk}\right) + \sum_{hk}D_{hk}T_{hk} \quad (3-34)$$

$$\text{s.t.} \quad \sum_{ij}x_{hijk} \leqslant Q_{hk}V_{jk} \quad (3-35)$$

$$\sum_{jk}x_{hijk} \leqslant Y_{hi} \quad (3-36)$$

$$\sum_{hik}x_{hijk} \leqslant w_j \quad (3-37)$$

$$\sum_{j}V_{jk}=1 \quad (3-38)$$

$$V_{jk} \in \{0,1\} \quad (3-39)$$

$$x_{hijk} \geqslant 0，且取整数 \quad (3-40)$$

式（3-34）至式（3-40）中，c_{hij} 为供货点 i 到物流配送中心 j 运输产品 h 时的单位运输费用；d_{hjk} 为从物流配送中心 j 到客户 k 运输产品 h 时的单位运输费用；x_{hijk} 为从供货点 i 经过物流配送中心 j 到客户 k 运输产品 h 的数量；F_j 为产品在物流配送中心 j 期间的平均固定管理费用；Z_j 为 0-1 变量，表示当物流配送中心 j 有吞吐量时取 1，否则取 0；S_{hj} 为在物流配送中心 j 中，为保管产品 h 而产生的单位可变费用（管理费、保管费、税金以及投资利息等）；D_{hk} 为由于缺货延误向客户 k 运输产品 h 的数量；T_{hk} 为由于缺货延误向客户 k 运输产品 h 的单位损失费用；Q_{hk} 为客户 k 需要产品 h 的数量；V_{jk} 为 0-1 变量，表示当物流配送中心 j 为客户 k 供货时取 1，否则取 0；Y_{hi} 为提供产品 h 的供货点 i 的供货能力；w_j 为物流配送中心 j 的吞吐能力。

式（3-34）是目标函数，第一项为物流配送中心的内向和外向运输费用，第二项为物流配送中心的固定管理费用，第三项为物流配送中心的变动费用，第四项为由于缺货延误向客户运输产品的损失费用，$D_{hk} = Q_{hk} - \sum_{ij} x_{hijk}$；式（3-35）表示产品需求约束；式（3-36）表示满足供应点的供货能力；式（3-37）表示满足物流配送中心的吞吐能力；式（3-38）表示同一需求客户的所有产品必须由同一个物流配送中心供货。这是一个混合整数规划模型。

10. CFLP 模型

CFLP（Capacitated Facility Location Problem）模型是带容量限制的多设施选址模型。其问题描述如下：某企业有 n 个销售地区，每个销售地区的需求量已知，企业决定建立若干个物流配送中心，经考察确认候选地址有 m 个，每个候选地址都有容量限制，并且有固定成本（如建造成本或租赁成本），问题是如何从 m 个候选地址中选择 k 个地址新建物流配送中心，使物流费用达到最小。

模型没有考虑物流配送中心的内向运输费用。这里有一个假设，即货物的各供应地距离规划区域足够远。这是因为当供应地距离规划区域较远时，各物流配送中心从供应处进货的内向运输费用的差异相对于进货成本本身来说，可忽略不计。这样各物流配送中心从供应地进货的内向运输费用均相等，所以在此模型中可不考虑。当然，如果供应地并不是远离规划区域，那就必须考虑内向运输费用。这样的话，此问题就接近鲍摩-瓦尔夫模型。

CFLP 模型按式（3-41）至式（3-46）确定它的目标函数和约束条件。

$$\min F = \sum_{i=1}^{m} \sum_{j=1}^{n} C_{ij} x_{ij} + \sum_{i=1}^{m} F_i Y_i \tag{3-41}$$

$$\text{s.t.} \quad \sum_{i=1}^{m} x_{ij} = D_j, j=1,2,\cdots,n \tag{3-42}$$

$$\sum_{j=1}^{n} x_{ij} \leqslant W_i Y_i, i=1,2,\cdots,m \tag{3-43}$$

$$\sum_{i=1}^{m} Y_i \leqslant K \tag{3-44}$$

$$Y_i \in \{0,1\} \tag{3-45}$$

$$x_{ij} \geqslant 0，且取整数 \tag{3-46}$$

式（3-41）至式（3-46）中，C_{ij} 为从物流配送中心候选地 i 到销售地 j 的单位运输费用；x_{ij} 为从物流配送中心候选地 i 到销售地 j 的产品运量（决策变量）；F_i 为物流配送中心候选地 i 的固定费用，Y_i 为 0-1 决策变量，表示当物流配送中心候选地 i 被选中时取 1，否则取 0；D_j 为销售地 j 的需求量；W_i 为物流配送中心候选地 i 的容量限制；K 为拟建物流配送中心的个数。

式（3-41）是目标函数，第一项为物流配送中心的外向运输费用，第二项为物流配送中心的固定费用；式（3-42）表示所有销售地的需求得到满足；式（3-43）表示被选中的物流配送中心候选地的吞吐量不能超过它的容量限制；式（3-44）表示拟建的物流配送中心个数不超过 K 个。这是一个混合整数规划模型。

像上述鲍摩-瓦尔夫模型、奎汉-哈姆勃兹模型以及 CFLP 模型等的混合整数规划模型，其小规模问题可用分支定界法进行求解，一般可借助一些优化软件，如 LINGO 软件；大规模问题可选用现代优化技术进行求解，如遗传算法、禁忌搜索算法、蚁群优化算法以及模拟退火算法等。当然，针对模型的特点，也可用启发式算法来求解。

本 章 小 结

本章主要介绍物流配送中心选址规划的含义、目标、原则,对影响物流配送中心选址的关键因素进行了详细的归纳和总结。在此基础上,对物流配送中心选址规划的程序与内容进行论述。最后,详细阐述了物流配送中心选址规划的方法。

本章需重视物流配送中心选址的战略意义,明晰物流配送中心选址的目标,确定物流配送中心选址的原则与影响因素。以物流配送中心选址的原则与影响因素为基础,可有效确定合适的物流配送中心选址规划的评价指标,为物流配送中心选址工作以及后续对物流配送中心选址效果的评价提供依据。物流配送中心规划与设计人员若想选出合适的位置建设物流配送中心,除了确定合理的选址原则与影响因素,还需依据科学的选址规划程序,按有效的选址方法才能确定合适的选址方案。因此,需重点掌握物流配送中心选址规划程序、选址规划方法。选址规划程序可为物流配送中心的选址工作提供指导,方便选址规划人员按照相应的步骤与内容有序开展物流配送中心选址工作。本章需掌握各种选址规划方法的优缺点、适用范围、基本原理、计算与分析步骤,这样才能确保选址规划人员选择合理适用的选址规划方法,从而得出最佳物流配送中心选址结果。

本章需重点掌握的选址规划方法包括德尔菲法、权重因素分析法、重心法、交叉中值模型、盈亏平衡分析法、线性规划法、聚类法与重心法相结合的模型,需了解的选址规划方法包括鲍摩-瓦尔夫模型、奎汉-哈姆勃兹模型、CFLP 模型。重心法、交叉中值模型、盈亏平衡分析法、线性规划法、聚类法与重心法相结合的模型等这几种方法,除了掌握基本原理、计算与分析步骤,还需要重点掌握如何利用合适的求解工具对问题进行求解和分析,提高应对复杂选址规划问题的能力。

 关键术语

物流配送中心选址　　　　　　　物流配送中心选址方法
定性分析方法　　　　　　　　　定量分析方法
德尔菲法　　　　　　　　　　　权重因素分析法
重心法　　　　　　　　　　　　交叉中值模型
线性规划法　　　　　　　　　　盈亏平衡分析法
奎汉-哈姆勃兹模型　　　　　　　鲍摩-瓦尔夫模型
多设施选址问题

习　题

1. 选择题

(1) 物流配送中心的选址包括两个层次,分别是(　　)。
　　A. 选位　　　　　　　　　　B. 分析
　　C. 决策　　　　　　　　　　D. 定址

（2）物流配送中心选址的目标包括（　　）。
　　A．提供优质物流服务　　　B．降低物流总成本
　　C．注重社会效益　　　　　D．降低设施与设备成本投入
（3）物流配送中心选址的原则包括（　　）。
　　A．战略性原则　　　　　　B．经济性原则
　　C．适应性原则　　　　　　D．协调性原则
（4）影响物流配送中心选址的因素通常包括（　　）。
　　A．自然环境　　　　　　　B．基础设施
　　C．竞争对手　　　　　　　D．经营环境
（5）物流配送中心选址规划的程序包括（　　）。
　　A．确定选址规划目标及选址要求
　　B．约束条件及影响因素分析
　　C．优化物流配送中心备选地址
　　D．确定物流配送中心选址的最终方案
（6）物流配送中心选址的定量分析方法包括（　　）。
　　A．德尔菲法　　　　　　　B．线性规划法
　　C．重心法　　　　　　　　D．交叉中值模型
（7）盈亏平衡的条件是（　　）。
　　A．固定成本等于变动成本　B．利润为零
　　C．总收入等于总成本　　　D．固定成本大于变动成本
（8）属于现代优化技术的算法有（　　）。
　　A．禁忌搜索算法　　　　　B．重心法
　　C．遗传算法　　　　　　　D．优劣解距离法
（9）节点间距离的计算公式包括（　　）。
　　A．直线距离　　　　　　　B．折线距离
　　C．最短距离法　　　　　　D．l_p 距离

2．简答题

（1）物流配送中心选址规划的含义是什么？
（2）物流配送中心的选位和定址具体指什么？
（3）物流配送中心选址规划的程序是什么？
（4）物流配送中心选址的模型有哪些？

3．判断题

（1）物流配送中心选址决策是物流系统中具有战略意义的投资决策问题。（　　）
（2）制造商型的物流配送中心应以接近居民生活区为宜。（　　）
（3）大型转运枢纽应适宜设置在远离城市中心的地方。（　　）
（4）定量分析方法是依靠数学模型对收集、整理的数据资料进行定量计算，进而确定物流配送中心具体位置的选址方法。（　　）

（5）交叉中值模型属于数学规划方法。 （　）

（6）重心法属于离散型的设施选址方法。 （　）

（7）重心法初始坐标的选取对最优地址的求解会产生较大影响。 （　）

（8）在迂回系数相同的情况下，直线距离比折线距离小。 （　）

4. 计算题

（1）某企业欲新建一物流配送中心，共有 3 个候选地址 A、B 和 C。其中，影响物流配送中心选址的因素主要有 10 个，其相关信息见表 3-11。求物流配送中心选址的最优方案。

表 3-11　选址方案得分的计算表

影响因素	权重	候选地址 A		候选地址 B		候选地址 C	
		评分	加权得分	评分	加权得分	评分	加权得分
客户分布条件	0.10	70		75		80	
劳动力成本	0.20	80		70		85	
科技条件	0.10	90		65		75	
基础设施条件	0.15	80		85		90	
交通运输状况	0.15	65		70		70	
地形条件	0.05	80		85		75	
水文条件	0.05	85		80		70	
税收政策	0.10	80		90		85	
竞争对手条件	0.05	85		75		80	
其他条件	0.05	80		70		75	
合计	1.00	—		—		—	

（2）某公司在 3 个加工厂 A、B 和 C 生产一种需求稳定的产品。最近，公司管理层决定建立一个新的物流配送中心 D 为 3 个工厂提供零部件，各工厂相对位置如图 3-13 所示，各工厂对零部件的需求量见表 3-12。求在何处建立物流配送中心 D 成本最小［利用式（3-9）计算出初始坐标即可］。

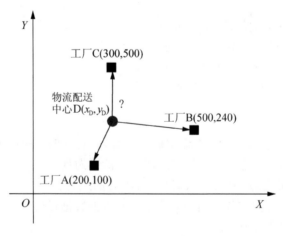

图 3-13　各工厂相对位置

表 3-12 各工厂对零部件的需求量

工厂名称	需求量/（件/年）
A	12 000
B	14 000
C	8 000

（3）某企业拟新建一转运中心，初步设置甲、乙、丙、丁 4 个备选地址，生产成本数据见表 3-13。试确定不同运营规模下的最佳转运中心地址。

表 3-13 生产成本数据

地址	年固定成本总额/万元	单位物品变动成本/（元/件）	单位物品服务单价/（元/件）
甲	25	15	40
乙	10	35	40
丙	15	30	40
丁	20	20	40

（4）已知某企业的两个物流配送中心 W_1 和 W_2 供应 4 个销售地 S_1、S_2、S_3 和 S_4，由于需求量不断增加，需再增设一个物流配送中心，且该物流配送中心需要的供应量为 12 500 台。可供选择的地址是 W_3 和 W_4，试在其中选择一个作为最优地址（利用 Excel 软件中的"规划求解"工具进行求解）。根据已有资料，分析得出各物流配送中心到各销售地的单位货物的运输费用、供应地的供应量和需求点的需求量等数据见表 3-14。

表 3-14 各物流配送中心到各销售地的单位货物运输费用、供应地的供应量和需求点的需求量

供应地	需求点/（元/台）				供应量/台
	S_1	S_2	S_3	S_4	
W_1	8.00	7.80	7.70	7.80	7 000
W_2	7.65	7.50	7.35	7.15	5 500
W_3	7.15	7.05	7.18	7.68	12 500 或 0
W_4	7.08	7.20	7.50	7.45	12 500 或 0
需求量/台	4 000	8 000	7 000	6 000	25 000

5. 思考题

（1）了解一家物流企业进行物流配送中心选址决策的过程，并分析其决策的要点。
（2）查阅相关文献，了解有关物流配送中心选址的研究现状。

实际操作训练

实训项目 3-1：某物流配送中心选址影响因素和选址方法分析。
实训目的：了解该物流配送中心在选址之前考虑的因素，并分析其所用的选址方法。
实训内容：分析该物流配送中心在选址决策时考虑的因素，并与制造企业选址因素进行比较，分析两者之间的差异；同时分析该物流配送中心在比较不同候选地址时，采用了哪些选址方法，其选址的过程如何。

实训要求： 首先，学生可以以小组的方式开展调查工作，每5人一组；各组成员自行联系，并调查当地的一家物流配送中心或从现有的文献中找一个典型的物流配送中心选址的案例，了解该物流配送中心在选址决策时考虑的因素，并与制造企业选址因素进行比较，分析两者之间的差异。然后，分析该物流配送中心在比较不同候选地址时，采用了哪些选址方法，其选址的过程如何。最后，分析该物流配送中心选址对其发展的影响。每个小组将上述调研和分析内容形成一个完整的调研报告或案例分析报告。

实训项目3-2： 基于重心法选址的辅助决策系统的开发。

实训目的： 掌握重心法选址的基本原理和最优解计算的迭代过程；提高算法程序的分析、设计和开发的能力。

实训内容： 设计一个基于重心法的辅助决策系统，以完成最佳物流配送中心地址的选取，并与简单重心法计算出的坐标差距和成本节约的比例进行比较。

实训要求： 学生以个人为单位，详细分析重心法选址的原理，研究其迭代计算的步骤，分析该辅助决策系统应该包括的功能模块，并进行详细的功能分析，形成需求分析报告；选定合适的开发工具，完成该辅助决策系统的设计工作，并设计合理的测试用例完成系统的测试工作。

案例分析

京东物流首个大件智能园区落地天津

2019年7月9日，京东物流首个大件智能仓曝光，该仓库位于京东物流天津东丽亚洲一号物流园区内。天津东丽亚洲一号物流园区坐落在天津市东丽区，这里的区位优势和交通环境良好。境内有京山、北环等铁路枢纽东西横穿全境；津塘公路、京津塘高速公路、津滨高速、津北公路与外环线、杨北公路等十余条公路构成经纬；临近天津滨海国际机场、坐落在区内，现代化的空港物流中心正在兴建之中；紧靠天津港，海河、金钟河在南北两端流过。作为现代化物流基础设施，天津东丽亚洲一号物流园区具备非常好的地理区位条件。

青岛与合肥、顺德并称中国三大家电产业基地，是北方地区最大的家电之都，北京是全国家电消费需求最强的城市之一，因此，北京消费者想要购买冰箱、彩电、空调等商品，最便捷的商品来源便是从青岛运输至北京周边的仓库备存。天津位于北京和青岛之间，因此京东物流在天津创建大件智能仓，是仓储布局的必然选择，这也将为京津冀一体化发展提供新的助力。

该仓库可储存商品达数十万件，品类涵盖空调、彩电、冰箱、洗衣机、电热水器、饮水机、燃气灶、床垫、衣柜等。天津东丽亚洲一号物流园区的启用，标志着京东物流完成了中小件智能化、冷链智能化、大件智能化三大里程碑式创新，刷新了"中国物流名片"。与手机、剃须刀、零食等小件商品不同，大件商品体积大、重量大、包装规格多样，因此，大件仓储的标准化、自动化、智能化难度大，长期以来都是国内物流业很难突破的课题。京东物流天津东丽亚洲一号智能仓的启用，成为大件物流智能化的一个样本。

此前，针对中小件仓储场景，京东物流于2017年10月建成了全球首个B2C全流程无人仓，即上海嘉定亚洲一号；针对生鲜食品的仓储场景，京东物流于2019年年初建成了国内首个应用于电商冷库内的货到人拣选系统，即武汉的亚洲一号。三大里程碑式创新在行业中至今处于领先地位，涵盖了电商领域几乎所有件型的商品。

资料来源：https://www.163.com/dy/article/EJOD4TRJ0530UFIR.html[2023-3-24]

问题：

（1）京东物流首个大件智能园区项目选址的依据是什么？

（2）与京东物流的中小件仓储项目相比，大件智能园区项目的主要难点是什么？

（3）京东物流首个大件智能园区项目的建成将给京津冀协同发展带来哪些好处？

第 4 章 物流配送中心作业流程、组织管理体系和区域布局规划与设计

【本章教学要点】

知识要点	掌握程度	相关知识
物流配送中心作业流程规划与设计	掌握	物流配送中心作业流程规划与设计的指导思想和原则、物流配送中心的作业流程分析
物流配送中心组织管理体系设计	掌握	物流配送中心组织管理体系的建设原则、物流配送中心组织管理体系设置
物流配送中心区域布局规划与设计	重点掌握	物流配送中心区域布局规划与设计的目标、物流配送中心区域布局规划与设计的原则、物流配送中心的作业区域规划、物流配送中心作业区域的能力规划、物流配送中心区域布局规划与设计的方法
物流配送中心区域布局规划与设计的 SLP 法	重点掌握	SLP 法的基本程序、相关性分析、作业区域面积计算、总体平面布置规划、布置方案的调整与修正、布置方案的评价与选择

【本章技能要点】

技能要点	掌握程度	应用方向
物流配送中心作业流程	掌握	在对物流配送中心作业流程进行分析时,可以作为主要的参考依据
物流配送中心组织管理体系	掌握	在进行物流配送中心组织管理体系设计时,可以作为主要的参考依据,这样能够有效地对物流配送中心的组织结构进行设计,并完成相关人员的配备工作
物流配送中心区域布局规划与设计	重点掌握	当面对新的物流配送中心区域布局规划与设计问题时,规划设计人员能够依据具体的设计步骤和方法,设计有效的区域布局方案

导入案例

万州医药产业园医药物流配送中心

万州医药产业园医药物流配送中心是重庆东北地区规模最大的医药物流配送中心。来自全国各地的药品在经过验收环节后,将按照药品的类别分区域存放。该医药物流配送中心设有整件存储区、药品分拣区、冷冻库房等。

在该医药物流配送中心的分拣区,部分药品已摆上了货架,工作人员将完成每一种药品的扫码入库操作,以便将药品摆放的位置和货架进行绑定。

该医药物流配送中心的药品整件传送、分拣拆零、打包装箱等操作都采用全自动化物流设备,并且采用 WMS 仓储管理系统对整个库存进行自动化管理。WMS 仓储管理系统运行后,能够更快捷、更准确、更及时地配送药品。

为了创造适宜药品存放的环境,该物流配送中心的库房都是阴凉库房,温度常年保持在 20℃以下,其中的冷藏库房温度常年保持在 2℃~8℃。

万州医药产业园医药物流配送中心面向重庆东北地区及周边区县,进行药品的仓储和物流配送,全面投入运营后,每年进出药品的货值预计在 50 亿元,它的运营规模在重庆东北地区是最大的,设备在重庆东北地区也是最先进的。

改编自资料:http://www.sohu.com/a/226838191_100115634[2023-3-24]

思考题:
(1) 该医药物流配送中心有哪些作业区域?
(2) 该医药物流配送中心的作业流程包括哪些?
(3) 物流配送中心作业区域规划包括哪些内容?
(4) 如何进行物流配送中心的区域布局规划与设计?

本章主要讲解物流配送中心作业流程规划与设计、物流配送中心组织管理体系设计、物流配送中心区域布局规划与设计、物流配送中心区域布局规划与设计的 SLP 法等内容。

4.1 物流配送中心作业流程规划与设计

4.1.1 物流配送中心作业流程规划与设计的指导思想和原则

1. 物流配送中心作业流程规划与设计的指导思想

以客户服务为原则,做到"两好""四快"和"四统一"。

"两好":客户服务好、在库货物保管好。

"四快":入库验收快、出库发运快、财务结算快、解决问题快。

"四统一":统一服务标准、统一流程、统一单证、统一岗位。

知识拓展

多节点型物流配送中心作业管理原则

针对多节点型物流配送中心，在作业管理上需要坚持"四统一"原则。

1）统一服务标准

从"客户至上"的服务宗旨出发，切实方便客户，改善各节点的服务功能、简化手续。例如，实行"一票到底"的服务，即所有提货、送货业务（单据验证、结算、收费、办理代理服务等）手续均在业务大厅一次性办理完成，这样就解决了部门设置不合理、办理手续烦琐、提送货物难的问题。

2）统一流程

从提高整体管理水平和服务档次的角度出发，规范作业流程，使业务运作更加科学、合理和高效。

3）统一单证

在物流配送中心全系统内，业务单证要规范和统一，应明确单证流转、使用方法和要求。

4）统一岗位

在物流配送中心全系统内统一、规范设立业务部门和岗位职责。按业务需要设置岗位，以岗位需求定员和选人。同时强化业务流程中各岗位间的衔接、监控机制，确保业务流程的严谨合理和安全可靠。

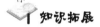

知识拓展

什么是标准作业流程

标准作业流程（Standard Operation Procedure，SOP）是将某一事件的标准操作步骤和要求以统一的格式描述出来，用来指导和规范日常工作。其目的是使每一项作业流程均能清楚呈现，任何人只要看到流程图，便能一目了然。作业流程图确实有助于相关作业人员对整个工作流程的掌握。

4-1 拓展视频

2. 物流配送中心作业流程规划与设计的基本原则

规划与设计所获得的物流配送中心作业的基本原则是准确、及时、经济以及安全。

（1）准确：如实反映货物的数量、规格、型号和质量情况。确保货物在库存期间数量不短缺、使用价值不改变，实现在库货物的数量和质量都达到准确要求。

（2）及时：快进、快出，在规定时间内保质、保量地完成收货、验收、出库、结算等各项任务。

（3）经济：合理调配和使用人力、设备，充分利用空间，提高作业效率；加强经济核算，节约费用和开支，降低物流作业成本。

（4）安全：贯彻"安全第一、预防为主"的安全生产方针，消除货物在保管及作业过程中的不安全因素。

4.1.2 物流配送中心的作业流程分析

根据物流配送中心的规模大小、设施条件、客户群体、服务功能等因素，会有不同形式的作业流程。物流配送中心的基本作业流程，如图4-1所示。

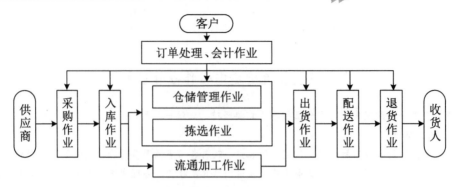

图 4-1 物流配送中心的基本作业流程

1. 订单处理作业

物流配送中心的订单处理作业包括客户询价、业务部门报价、核对客户的信用状况和未付款信息、接收客户订单等。业务部门需了解当日的库存状况、装卸货能力、流通加工能力、包装能力、配送能力等，以便满足客户需求。当订单无法按客户要求的时间及数量交货时，业务部门需进行协调。

2. 采购作业

物流配送中心的采购作业包括物品数量需求统计、查询供应商交易条件、提出采购订单以及收货跟进等。

3. 入库作业

采购订单发出后，可根据采购订单上的预约入库日期安排入库作业。在入库作业时，需要查核入库物品资料，对物品进行质量检验。当质量或数量与订单不符时，要准确地记录，及时向采购或库存控制部门反馈信息，并更新入库数据；有效安排卸货、托盘堆叠、薄膜缠绕和物品入位操作。到货物品入库有 3 种作业方式。

4-2 拓展知识

（1）需要储存的物品放入仓储区，用于对拣选区进行补货。物品入库需按照仓储规划或物品保质期等因素指定存放位置，便于进行先进先出管理。

（2）小批量的物品放入拣选区，直接进行拣选处理。

（3）直接转运的物品需单独安排存放空间，并合理安排到货及出库车辆的对接，避免周转区的混淆以及车辆资源的浪费。

4. 仓储管理作业

仓储管理作业包括：物品在仓储区域内的存放方式、区域大小、区域分布等规划；物品进出仓库的控制——先进先出或后进先出；进货方式的制定；物品所需搬运工具、搬运方式；仓储区货位的调整及变动；物品储存期内的卫生及安全；在库盘点，等等。此外，还包括制定库存盘点流程、定期打印盘点清单，并根据盘点清单内容清查库存数、修正库存账目并制作盘盈盘亏报表。

5. 拣选作业

拣选作业包括拣选之前的物品在库量核对，按照送货规范要求进行按路线或按订单拣选。

此外，还包括拣选区域的规划布置、工具选用及人员调派，以及补货作业，如补货量及补货时间的确定、补货作业的调度、补货人员的调派等。

6. 流通加工作业

流通加工作业包括物品分类、称重、重包装、贴标签及组合包装等。同时，需要进行包装材料及容器的管理、组合包装规划的制定、包装工具的选用、作业人员的调派等。

7. 出货作业

出货作业是完成物品拣货及流通加工作业后，送货之前的准备工作。出货作业包括送货文件的准备工作，如客户打印出货单据、发票，制定出货调度，打印装车单，绘制装车图等。一般由仓库管理人员决定出货方式、选用出货工具、调派出货作业人员；由运输调度人员决定运输车辆的大小与数量；出货管理人员决定出货区域及装车方式。

出货作业应遵循的原则包括以下几个方面。
（1）贯彻先进先出、后进后出，推陈储新的原则。
（2）遵循凭证发货的原则。
（3）严格遵守物流配送中心有关出库的各项规章制度的原则。
（4）提高服务质量，满足用户需求的原则。

8. 配送作业

配送作业包括配送路线的规划及与客户的即时联系。例如，确定物品装车顺序，并在配送过程中进行追踪、控制，配送途中对异常状况的处理，以及送货后对文件的处理等。

9. 退货作业

退货作业是指当配送的物品存在质量问题时客户要求做退货处理的过程，主要包括退货物品的分类、责任确认、保管和退回等。

10. 会计作业

会计作业是经营活动得以实现的重要保证。送货单在得到客户的签字确认后或交给第一承运人并签署后，可根据送货单据制作应收账单，并将账单转入会计部门作为收款凭证。物品入库后，则由收货部门制作入库物品统计表以作为供应商催款核对用，并由会计部门制作各项财务报表供制定经营政策及进行经营管理参考。

4.2 物流配送中心组织管理体系设计

4.2.1 物流配送中心组织管理体系的建设原则

组织架构是按分工协作关系和领导隶属关系有序结合的总体。其基本内容包括组织架构的部门划分和层次划分，以及各个机构的职责、权限和相互关系。不同部门及其责权的划分，反映了组织架构之间的分工协作关系，称为部门结构；不同层次及其责权的划分，反映了组织架构之间上下级或领导隶属关系，称为层次结构。无论是生产企业物流配送中心，还是商业企业物流配送中心，或第三方物流配送中心，都要进行经营管理活动，实现企业经营目标。因此，必须建立合理的组织架构。

第四方物流（Fourth Party Logistics）是1998年美国埃森哲咨询公司率先提出的。第四方物流是一个供应链的集成商。一般情况下，政府为促进地区物流产业发展，牵头搭建第四方物流平台，提供共享及发布信息服务，是供需双方及第三方物流的领导力量。它不仅是物流的利益方，也是通过拥有的信息技术、整合能力以及其他资源提供一套完整的供应链解决方案，以此获取一定的利润。它是帮助企业实现降低成本和有效整合资源，并且依靠第三方物流供应商、技术供应商、管理咨询以及其他增值服务商，为客户提供独特的和广泛的供应链解决方案。

在物流配送中心组织管理体系的建设上，应坚持以下原则。

1. 客户服务原则

客户开发、管理、服务是物流配送中心业务发展的基础，应该从组织体系建设上强调这项工作的落实。应该设立专门的客户服务与管理部门和岗位，负责客户开发、服务和客户档案管理、资料查询工作，包括合同的签订、管理，客户的联系、访问、开发、服务，市场信息的采集、整理、分析，客户档案资料的建立和管理，受理客户投诉等业务。

2. 流程控制原则

应该坚持流程控制原则。将对外业务受理、单证、资料和账务管理同货物的现场作业、管理业务分开，明确各自的分工范围和岗位职责，实现相互监督、相互制约，改善服务功能，重视岗位间的交接、记录和动态盘点、定期盘点等工作。

4-3 拓展视频

盘点的四大方法

1. 永续盘点法

永续盘点法（动态盘点法）是指入库的时候就盘点。一般入库不全检，抽检一部分就上货架或放在固定区域。

2. 循环盘点法

循环盘点法是每天盘点一定数目的库存。按照入库的先后顺序进行，先入库的物品先盘，后入库的物品后盘。循环盘点法节省人力，全部物品盘点完之后再开始下一轮的盘点，化整为零。

3. 重点盘点法

进出频率很高或易损易耗的物品需要采用重点盘点法，这样可以防止出现偏差。

4. 定期盘点法

定期盘点法是指一般物流配送中心定期进行盘点，可按周进行盘点，也有按月进行盘点的，还有按季度或在年末进行盘点的。

3. 架构合理原则

组织架构决定了企业运作是否有效。企业经营管理的架构组建应同企业规模和经营业务相适宜，要合理设计管理层次，配置工作人员。物流配送中心应该在服从经营需要的前提下，因事设架构、设职，因职用人，以达到组织架构设置的合理化，提高工作效率。同时，各级组织架构要有明确的职责范围、权限并构建相互之间的协作关系。

4. 权责分明原则

在物流配送中心管理层次设计中，各层次的架构要形成职责、权限分明的等级链。实行这种管理的优点是：执行者负责执行责任，指挥者负责指挥责任，自上而下地逐级负责，保证经营业务的顺利开展。同时也要注意保证各部门、各机构在职责、权限范围内能够独立行使权力。

5. 利于沟通原则

物流配送中心组织架构的设置既要便于企业内部各部门之间的沟通，又要便于与企业外部、与客户之间的沟通。内部沟通要求保证信息在内部的无障碍传递及决策的快速反应。外部沟通是保证客户信息有效、快速传递的重要举措，可对客户要求做出快速反应。

6. 协调一致原则

在物流配送中心组织体系中，所有的经营活动都要有效地协调起来。因此，所有组织机构都应该在一个目标的基础上，把作业活动协调起来，以期达到最佳的效果。运输、仓储、流通加工、库存控制等部门都要把自己看作组织体系的一部分。

7. 效率效益原则

物流配送中心应同时追求管理运作的高效率和经营运作的高效益，单独强调任何一个方面，都是与物流配送中心的经营目标相背离的。

4.2.2 物流配送中心组织管理体系设置

物流配送中心的典型组织管理体系和岗位设置如图 4-2 所示。

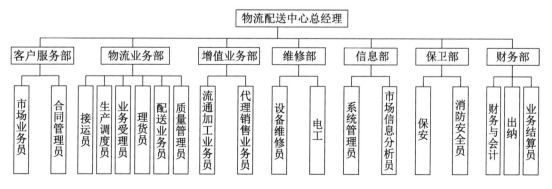

图 4-2 物流配送中心的典型组织管理体系和岗位设置

若物流配送中心吞吐量大，岗位划分相对要细致一些；若物流配送中心吞吐量小，可以合并有关岗位，减少工作人员，达到降低成本的目的。岗位设置还要明确各类工作人员的主要职责。

4.3 物流配送中心区域布局规划与设计

物流配送中心区域布局规划与设计是综合考虑相关因素，全面安排物流配送中心的设施系统，合理配置资源，使物流配送中心能够有效运行，以达到预期的社会、经济、环境效益。

4.3.1 物流配送中心区域布局规划与设计的目标

物流配送中心区域布局规划与设计的总目标是使整个物流配送中心的人力、物力、财力以及人流、物流、信息流得到合理、经济、有效的配置和安排。

物流配送中心区域布局规划与设计的具体目标包括以下几方面。

（1）有效地利用空间、设备、人员和能源。

（2）最大限度地减少物料搬运。

（3）合理划分作业区域，简化作业流程，提高运作效率。

（4）选择合适的建筑模式，采用适当的高度、跨度、柱距，充分利用建筑物的空间。

（5）缩短生产周期，加速物品流通。

（6）力求投资最低，以降低风险。

（7）为员工提供安全、方便、舒适和优雅的工作场所与环境。

4.3.2 物流配送中心区域布局规划与设计的原则

一般而言，在制造企业的总成本中，用于物料装卸搬运的费用占 20%～50%，如果合理地进行区域布局规划与设计，则有可能将其降低为 10%～30%。物料装卸搬运是物流配送中心最重要的活动，合理地对物流配送中心进行区域布局规划与设计，其经济效果将更为显著。因此，在物流配送中心区域布局规划与设计时应遵循如下原则。

装卸搬运是劳动密集型作业，内容复杂，消耗的人力与财力在物流成本中占有相当大的比重，常常是物流系统改善的重点和难点之一。

1. 整体最优原则

根据系统论的观点，运用系统分析的方法，将定性分析、定量分析和个人经验相结合，注重物流配送中心区域布局的整体最优。

2. 流动原则

将流动的原则作为物流配送中心区域布局规划与设计的出发点,并贯穿在区域布局规划与设计的始终。

3. 空间利用原则

无论是仓储区、拣选区还是其他作业区域,都要注意充分、有效地利用空间。

4. 简化作业流程原则

减少或消除不必要的作业流程是提高物流配送中心生产率和减少消耗最有效的方法之一。只有在时间上缩短作业周期,空间上减少占用面积,物料上减少停留、搬运和库存,才能保证投入的资金最少、成本最低。

5. 柔性原则

由于物流配送中心是以市场为导向的,其随机性、时效性等特点明显,这就要求物流配送中心具有适当的弹性、柔性,能够适应快速多变的市场需求,并根据市场的变化,物流配送中心能够适度、及时地进行调整。

6. 反馈完善原则

物流配送中心区域布局规划与设计是一个从宏观到微观,又从微观到宏观的反复迭代、逐渐完善的过程。要先进行物流配送中心总体布置,再进行设施内部详细布置;而详细布置方案又要反馈到总体方案中,进而对总体方案进行修正。

7. 人本管理原则

物流配送中心的设施系统是"人-机-环境"的综合设计,要为员工创造一个安全、便捷、舒适及优雅的工作环境。

4.3.3 物流配送中心的作业区域规划

在完成作业流程的设计工作后,可进行作业区域规划。作业区域规划包括作业区域划分与区域功能规划。

1. 作业区域划分

根据作业区域性质,物流配送中心作业区域总体可分为物流作业区域、辅助作业区域和建筑外围区域。辅助作业区域和建筑外围区域统称为周边辅助活动区域。

物流配送中心的作业区域可进一步细分为一般性物流作业区、退货物流作业区、换货补货作业区、流通加工作业区、物流配合作业区、仓储管理作业、厂房使用配合作业区、办公事务区、劳务活动区、厂区相关活动区。

划分作业区域可参考作业区域分析表(表4-1)。该表详细探讨了作业类型、作业项目、作业性质以及承担各作业项目的作业区域。

表 4-1 作业区域分析表

作业类型	作业项目	作业性质	作业区域
仓储管理作业	定期盘点	定期对整个物流配送中心的物品进行盘点	□仓储区 □拣选区 □散装拣选区
	不定期抽盘	不定期地按物品种类轮流抽盘	□仓储区 □其他区域
	到期物品处理	针对已超过使用期限的物品所作的处理作业	□仓储区 □废品暂存区 □其他区域
	即将到期物品处理	针对即将到期物品所作的分类标识或处理作业	□仓储区 □其他区域
	移仓与储位调整	配合需求变动与品项变化调整仓储区域或储位分配	□仓储区 □调拨仓储区 □其他区域
	⋮	⋮	⋮

确认了物流配送中心所需的作业区域后，可建立完整的作业区域汇总表（表 4-2）。

表 4-2 作业区域汇总表

编号	作业区域
1	进出货平台
2	进货暂存区
3	理货区
4	仓储区
5	拣选区
6	流通加工区
⋮	⋮

4-5 拓展知识

需要指出的是，不同物流配送中心的作业区域划分结果会有较大差别。

2. 区域功能规划

在作业区域划分的基础上，针对不同作业区域的特点，可详细设定各作业区域的功能以及作业能力的需求。规划区域功能可参考区域功能规划表（表 4-3）。

表 4-3 区域功能规划表

作业区域	规划要点		作业区域功能	作业能力需求
进出货平台	□进出货口共享与否 □装卸货车辆进出频率 □有无装卸货物配合设施 □装卸货车辆回车空间 □供应商数量 □进货时段	□进出货口临近与否 □装卸货车辆型号 □物品装卸载特性 □装卸货所需时间 □配送客户数量 □配送时段	完成装货、卸货等作业	每个工作日最大装货量为200托盘,最大卸货量为220托盘
进货暂存区	□每日进货数量 □容器换装作业 □进货等待入库时间	□托盘使用规格 □进货点的作业内容	…	…
理货区	□理货作业时间 □品检作业时间 □有无拆盘配合设施	□进货品检作业 □容器理货作业	…	…
仓储区	□最大库存量需求 □物品品项 □储位指派原则 □自动化程度需求 □储存环境需求 □物品周转效率	□物品特性 □储区规划原则 □存货管制原则 □物品使用期限 □盘点作业方式 □未来需求变动趋势	…	…
拣选区	□物品特性 □每日拣出量 □订单分割条件 □客户订单数量资料 □有无流通加工作业需求 □未来需求变动趋势	□配送品项 □订单处理原则 □订单汇总条件 □订单拣取方式 □自动化程度需求	…	…
⋮	⋮		⋮	⋮

4.3.4 物流配送中心作业区域的能力规划

在规划物流配送中心各作业区域的能力时,应先以物流作业区域为主,再延伸到周边辅助活动区域。对物流作业区域的能力进行规划,可根据流程进出顺序逐区规划。当缺乏相关资料而无法逐区规划时,可重点对仓储区和拣选区的能力进行规划;再根据仓储区和拣选区的能力,向前后进行相关作业区域的能力规划。

1. 仓储区的能力规划

物流配送中心仓储区能力的规划方法主要有周转率估计法和送货频率估计法。

1)周转率估计法

周转率估计法的优点是简便快速、实用性强,缺点是精确性差。其计算步骤如下。

(1)年运转量(年出货量)计算。把物流配送中心的各项进出物品单位换算成相同的储运单位,如托盘或标准箱等。全年各种物品的总量就是物流配送中心的年运转量。

(2)估计年周转次数(库存周转率)。在规划与设计物流配送中心时,可针对经营品项的特性、物品价值、附加利润和缺货成本等因素,决定仓储区中各物品的年周转次数。一般情况下,食品零售业年周转为20~25次,制造业为12~15次。

(3)计算仓容量(平均库存量)。年运转量除以年周转次数便是仓容量,即

$$仓容量 = 年运转量 / 年周转次数 \qquad (4-1)$$

(4)估计安全系数。为了满足高峰期的运转量需求,增加仓储区运转弹性,一般取安全系数为1.1~1.25。如果安全系数取值过高,仓储空间将过剩,投资费用会增加。

(5)计算规划仓容量,即

$$规划仓容量 = 仓容量 \times 安全系数 \qquad (4-2)$$

【例4-1】某物流配送中心预分析9大类物品的规划仓容量,其具体信息如下:A~C类物品的储运单位为标准箱,其年运转量分别为1 000、700和900,年周转次数分别为15、12和14,安全系数分别为1.3、1.24和1.18;D~F类物品的储运单位为托盘,其年运转量分别为600、300和100,年周转次数分别为20、15和8,安全系数分别为1.4、1.3和1.05;G~I类物品的储运单位为单品,其年运转量分别为1 200、2 500和800,年周转次数分别为10、15和8,安全系数分别为1.3、1.4和1.21。试求规划仓容量。

解:将上述相关数据分别代入式(4-1)和(4-2),可得如下信息见表4-4。

表4-4 利用周转率估计法计算的规划仓容量结果

储运单位	物品类别	年运转量	年周转次数	安全系数	仓容量	规划仓容量	分类统计
C	A	1 000	15	1.3	66.67	86.67	234.86
	B	700	12	1.24	58.33	72.33	
	C	900	14	1.18	64.29	75.86	
P	D	600	20	1.4	30	42	81.13
	E	300	15	1.3	20	26	
	F	100	8	1.05	12.5	13.13	
B	G	1 200	10	1.3	120	156	510.33
	H	2 500	15	1.4	166.67	233.33	
	I	800	8	1.21	100	121	

2)送货频率估计法

如果有物品的年运转量和工作天数,可根据供应商送货频率进行分析,计算规划仓容量。其计算步骤如下。

(1)估计每年的发货天数。根据资料和经验,列出物品在一年内的发货天数。若物品品项太多,可将发货天数相近物品归类,得到按发货天数分类的物品统计表。

(2)年运转量计算。把各项进出物品单位换算成相同的储运单位,如托盘或标准箱等,再分别计算各类物品的年运转量。

(3)计算平均日运转量,即

$$平均日运转量 = 年运转量 / 年发货天数 \qquad (4-3)$$

（4）估计供应商送货周期。根据供应商送货频率，估计供应商的送货周期。如某类物品一年（按 360 天计算）供应商送货 20 次，则送货周期为 18 天。

（5）计算仓容量，即

$$仓容量 = 平均日运转量 \times 供应商的送货周期 \tag{4-4}$$

（6）估计安全系数。同周转率估计法。

（7）计算规划仓容量，得出的公式同式（4-2）。

$$规划仓容量 = 仓容量 \times 安全系数$$

关于年发货天数计算有两种基准：一种是每年的实际工作天数；另一种是各物品每年的实际发货天数。如果能求出各物品每年的实际发货天数，则可精确计算平均日运转量。但要特别注意，当部分物品发货天数很少，并集中在少数几天发货时，就会导致规划仓容量计算偏高，造成仓储空间闲置过多，浪费投资。

【例 4-2】 某物流配送中心分析 3 大类物品的规划仓容量：K 类物品的储运单位为托盘，其年运转量为 3 600，年发货天数为 360，供应商的送货周期为 5 天，安全系数为 1.2；L 类物品的储运单位为单品，其年运转量为 2 400，年发货天数为 120，供应商的送货周期为 3 天，安全系数为 1.2；M 类物品的储运单位为标准箱，其年运转量为 1 200，年发货天数为 6，供应商的送货周期为 1 天，安全系数为 1.3。试求各类物品的规划仓容量，并对结果进行评价。

解：将上述相关数据分别代入式（4-3）、式（4-4）和式（4-2）可得的信息如表 4-5 所示。

表 4-5 利用送货频率估计法计算出的规划仓容量结果

储运单位	物品类别	年运转量	年发货天数	平均日运转量	送货周期/天	安全系数	仓容量	规划仓容量
P	K	3 600	360	10	5	1.2	50	60
B	L	2 400	120	20	3	1.2	60	72
C	M	1 200	6	200	1	1.3	200	260

经过分析可得如下结论。

（1）物品 K 的储运单位为托盘，且年运转量和单日出货量都很大，年发货天数多。因此，可要求供应商缩短送货周期，比如一天送一次货，可以降低物品 K 所占用的仓储区空间。

（2）物品 L 的储运单位为单品，且年运转量和单日出货量都比较大，年发货天数中等，供应商送货周期和平均进货周期相等。因此，按该方法计算的规划仓容量比较符合实际。

（3）物品 M 的储运单位为标准箱，年运转量大，但全年发货天数非常少，导致单日出货量特别大。因此，按该方法计算的规划仓容量数值偏高，若按该数值规划仓容量，必然导致平时仓储空间闲置过多，浪费投资；同时，从下单到供应商将物品送到物流配送中心只需 1 天，故可在客户下单后，再向上游供应商订货，并对该类物品进行直接转运，以避免全年占用仓储空间和浪费投资。

2. 拣选区的能力规划

一般而言，拣选区的能力规划不需要包括当日所有的发货量，在拣选区货品不足时可以由仓储区进行补货。拣选区能力规划的计算步骤如下。

(1) 估计年拣选量。把各项物品换算成相同的拣选单位,并估计各物品的年拣选量。
(2) 估计各物品的年发货天数。根据有关资料,分析各类物品的年发货天数。
(3) 计算各物品平均日拣选量:

$$\text{平均日拣选量} = \text{年拣选量} / \text{年发货天数} \quad (4\text{-}5)$$

(4) 确定仓储区与拣选区的配合形式,并计算仓容量。
① 当仓储区为拣选区补货,且物品只由拣选区出货时

$$\text{拣选区的仓容量} = \text{平均日拣选量} / \text{每天的补货次数} \quad (4\text{-}6)$$

② 当只由仓储区(仓储区兼具拣选区的功能)进行拣选出货时

$$\text{仓储区的仓容量} = \text{平均日拣选量} \quad (4\text{-}7)$$

③ 当既从仓储区出货又从拣选区出货,且由仓储区向拣选区补货时

$$\text{拣选区的仓容量} = (\text{平均日拣选量} - \text{仓储区出货量}) / \text{每天的补货次数} \quad (4\text{-}8)$$

(5) 估计安全系数。同周转率估计法。
(6) 计算拣选区的规划仓容量,即

$$\text{拣选区的规划仓容量} = \text{拣选区的仓容量} \times \text{安全系数} \quad (4\text{-}9)$$

【例4-3】某类物品以单品的方式拣选出货,每年的拣选量为18 000个单品,该物品全年的发货天数为300天;且该物品只由拣选区出货,每天仓储区可为拣选区补货3次;该物品在拣选区设定的安全系数为1.2。试求该物品在拣选区的规划仓容量是多少个标准箱?(假设该类物品的6个单品可装满一个标准箱。)

解: 将上述相关数据分别代入式(4-5)、式(4-6)和式(4-9)可得如下信息:

平均日拣选量=年拣选量/年发货天数=18 000÷300=60(单品)

拣选区的仓容量=平均日拣选量/每天的补货次数=60÷3=20(单品)

拣选区的规划仓容量=拣选区的仓容量×安全系数=20×1.2=24(单品)

因此,可得:

拣选区的规划仓容量=24÷6=4(标准箱)

【例4-4】某类物品每年的出货量为36 000个单品,该物品全年的发货天数为360天;其中30个单品可以堆码成一个标准托盘,且整托盘的货物可以从仓储区直接拣选出货;零星拣选的货物需要从拣选区出货,且仓储区为拣选区进行补货,每天仓储区可为拣选区补货2次;该物品在拣选区设定的安全系数为1.2。试求该物品在拣选区的规划仓容量是多少?

解: 将上述相关数据分别代入式(4-5)、式(4-8)和式(4-9)可得如下信息:

平均日拣选量=年拣选量/年发货天数=36 000÷360=100(单品)

拣选区的仓容量=(平均日拣选量-仓储区出货量)/每天的补货次数=$(100-30\times\left\lfloor\dfrac{100}{30}\right\rfloor)\div2=5$(单品)

拣选区的规划仓容量=拣选区的仓容量×安全系数=5×1.2=6(单品)

知识拓展

利用ABC分析法确定拣选区不同类型物品的储存方式和库存水平

可对各物品进行年发货量和平均日拣选量进行ABC分析。根据分析结果,可确定拣选量高、中、低档的等级和范围。这样,根据发货高、中、低档的类别,可确定拣选区不同类型物品的储存方式和库存水平。

假设某物流配送中心年工作天数为 300 天,可考虑把发货天数分成三个等级:200 天以上、30~200 天和 30 天以下,即把各类物品的发货天数分为高、中和低档 3 组。表 4-6 为综合发货天数的物品发货量分类表。

表 4-6 综合发货天数的物品发货量分类表

发货量分类	发货天数		
	高:200 天以上	中:30~200 天	低:30 天以下
A.年发货量和平均日拣选量都很大	1	1	5
B.年发货量大,但平均日拣选量较小	2	8	—
C.年发货量小,但平均日拣选量较大	—	—	6
D.年发货量小,且平均日拣选量小	3	8	6
E.年发货量中,但平均日拣选量小	4	8	7

此表中有 8 类,现在对各类说明如下。

类别 1:年发货量和平均日拣选量都很大,发货天数也很多。这是发货最多的主力物品群,要求拣选区物品的储存应有固定储位和高库存水平。

类别 2:年发货量大,平均日拣选量较小,但是发货天数很多。单日的拣选量不大,但是发货很频繁。仍以固定储位方式为主,库存可取较低水平。

类别 3:年发货量和平均日拣选量都小。虽然发货量不高,但是发货天数超过 200 天,是发货最频繁的少量物品。处理方法是少量存货、单品发货。

类别 4:年发货量中等,平均日拣选量较小,但是发货天数很多,处理烦琐,以少量存货、单品发货为主。

类别 5:年发货量和平均日拣选量均很大,但发货天数很少,主要集中在少数几天内发货。这种情况可视为发货特例,应以临时储位方式处理为主,避免全年占用储位和浪费资金。

类别 6:年发货量和发货天数都较小,但品项数多。为避免占用过多的储位,可按临时储位或弹性储位的方式来处理。

类别 7:年发货量中等,平均日拣选量较小,发货天数也少。对于这种情况,可视为特例,以临时储位方式处理,避免全年占用储位。

类别 8:发货天数在 30~200 天之间,发货量中等。对于这种情况,以固定储位方式为主,但库存水平为中等。

上述分类可以作为一种参考,在实际物流配送中心作业区域能力规划过程中要根据物流配送中心的具体情况和物品发货特性来进一步调整。对于年发货量较小的物品,在物流配送中心作业区域能力规划中可省略拣选区。这种情况下,可与仓储区一起规划,即仓储区兼拣选区。

4.3.5 物流配送中心区域布局规划与设计的方法

1. 主要方法

1)摆样法

摆样法是利用二维平面比例模拟方法,按一定比例制成的样片在同一比例的平面图上表示设施、设备或活动,通过相互关系分析,调整样片位置可得到较好的布局方案。这种方法适用于简单的物流配送中心区域布局规划与设计问题;对复杂的而言就不太准确,而且花费的时间较多。

2）图解法

图解法有螺线规划法、简化布局规划法和运输行程图等。该方法的优点是将摆样法与数学模型法相结合，但现在应用较少。

3）系统布局规划法

系统布局规划（Systematic Layout Planning，SLP）法以大量的图表分析和图形模型为手段，通过引入量化的关系等级的概念，建立各作业单元之间的物流相关关系图与非物流相关关系图，从而构成布局规划模型，是当前布局规划与设计的主流方法。该方法最早应用于工厂的平面布局规划，后来逐步应用到物流配送中心的区域布局规划与设计中。

4）数学模型法

把物流系统抽象为一种数学模型，通过求解数学模型找到最优解，运用运筹学、系统工程中的模拟优化技术研究最优布局问题，用数学模型提高物流配送中心区域布局的精确性和效率。但数学模型的求解往往比较困难，需要借助计算机的强大运算能力，帮助人们解决布局规划的复杂任务。计算机辅助求解的布局方法有很多，但大体可分为两大类。

（1）构建型算法。

构建型算法是根据 SLP 理论并从物流和非物流信息出发，逐一对作业区域进行选择和放置决策，从无到有，生成比较好的或最优的平面布局图。如 CORELAP（Computerized Relationship Layout Planning）和 ALDEP（Automated Layout Design Procedure）。

（2）改进型算法。

改进型算法是对初始布局方案进行改进，交待待布局作业区域的位置，通过对布局对象间有规律的交换，保留新的优化方案，寻找一个成本最小的布局方案。如：CRAFT（Computerized Relative Allocation of Facilities Technique）和 MultiPLE（Muti-floor Plant Layout Evaluation）。

目前，人工智能技术（AI）的发展为平面布局提供了功能强大的算法。由于物流配送中心的区域布局规划与设计是典型的 NP 问题，人工智能技术成为在有效时间内寻找满意解的可行算法。它们应用快速并行处理，可以同时得到多个解，丰富了备选方案；并且它们允许劣质解出现，从而可以跳出局部最优点，解决对初始解敏感的问题。

2. 数学模型

物流配送中心的区域布局规划与设计问题是一种组合优化问题。数学模型的变量是各个作业区域在空间中的位置组成的向量，约束条件是各个作业区域在空间中的位置约束。因此，物流配送中心的区域布局规划与设计问题的数学模型可以抽象为如下形式。

$$\min \ F = \sum_{i,j}\sum_{k,m} cd_{ij}l_{km}x_{ik}x_{jm} + \sum_{i,k} F_{ik}x_{ik} \tag{4-10}$$

$$\text{s.t.} \ \sum_{k=1}^{n} x_{ik} = 1, \ i = 1,2,\cdots,n \tag{4-11}$$

$$\sum_{i=1}^{n} x_{ik} = 1, \ k = 1,2,\cdots,n \tag{4-12}$$

$$x_{ik} \in \{0,1\}, \ i = 1,2,\cdots,n, \ k = 1,2,\cdots,n \tag{4-13}$$

式（4-10）至式（4-13）中，c 为单位物流量移动单位距离的费用；d_{ij} 为第 i 个作业区域与第 j 个作业区域之间的物流量；l_{km} 为第 k 个位置与第 m 个位置之间的距离；F_{ik} 为第 i 个作业区域布局在第 k 个位置所需的固定费用；x_{ik} 为 0-1 决策变量，当第 i 个作业区域布局在第 k 个位置上时取 1，否则取 0。这是一个非线性整数规划模型。

式（4-10）是目标函数，第一项是作业区域之间的物料搬运费用之和，第二项是作业区域布局的固定费用之和。式（4-11）表示一个作业区域只能布局在一个位置上。式（4-12）表示一个位置只能由一个作业区域来布局。

4.4 物流配送中心区域布局规划与设计的 SLP 法

4.4.1 SLP 法的基本程序

物流配送中心区域布局规划与设计需要分阶段进行，SLP 法的基本程序如图 4-3 所示。

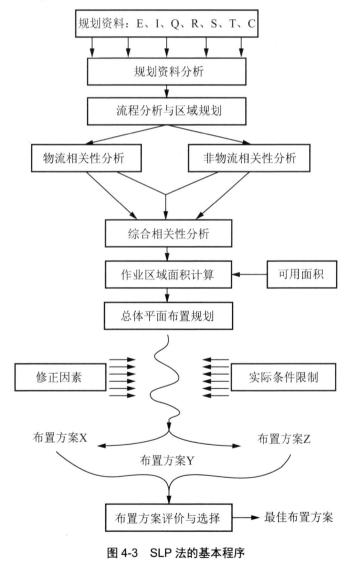

图 4-3 SLP 法的基本程序

知识拓展

物流配送中心区域布局规划与设计 SLP 法的基本规划资料

1. 客户（E-Entry）

客户一般以订单形式体现。订单中所订购的物品种类不同，且不同类型物品的订购量也不同。具有不同订单特性的物流配送中心，其布局规划与设计的方案也有很大差异。

2. 物品（I-Item）

物品是进出物流配送中心的货物。不同的物品对物流作业路线的设计、物流设备的选型、储存与分拣条件的设定等都有不同的要求，一定程度上决定了物流配送中心布局规划与设计的不同。因此，需要对货物进行分类，物品特性分析结果是货物分类的重要参考因素。所以在进行物流配送中心区域布局规划与设计时，需要先对货物进行物品特性分析，以划分不同的作业区域和作业路线。

3. 物流量（Q-Quantity）

物流量是指各类货物在物流配送中心的物流作业量。物流量不仅直接决定着装卸、搬运等物流成本，而且影响着物流设施的规模、建筑物面积、物流设备的数量、运输量等。为了准确地测定物流配送中心的物流量，需要收集每一类货物进出物流配送中心的数量及各作业区域之间的流量变化。在收集资料的过程中必须考虑物流配送中心各个作业区域的基本储运单位，并掌握储运单位之间的转换关系。在考虑实际物流量的同时，也要对未来物流量的变动趋势有一定的预见性，并完成未来物流量的预测。

4. 物流作业路线（R-Route）

物流作业路线是指各物流对象在各作业区域之间的移动路线。物流作业路线既反映物流配送中心的各作业区域的物流作业流程，又反映各作业区域之间的联系，是物流相关性分析的依据。SLP法的原则就是使物流作业路线简捷顺直，减少不必要的搬运，并试图使下列因素降到最低：①移动距离；②返回次数；③交叉运输；④费用。物流作业路线的确定常常受物流配送中心的运作模式和管理模式的影响。

在选择物流作业路线时，主要考虑收发货平台、场地和建筑物的限制、物流强度、通道和运输方式等因素。作业区域的物流作业路线类型如表4-7所示。

表4-7 作业区域的物流作业路线类型

项次	作业区域的物流作业路线类型	
1	直线式	
2	双直线式	
3	锯齿形或S形	
4	U形	
5	分流式	
6	集中式	

（1）直线式：适用于出入口在物流配送中心两侧、作业流程简单、规模较小的物流作业，无论订单大小与配货品项多少，均需通过物流配送中心的全程。

（2）双直线式：适用于出入口在物流配送中心两侧、作业流程相似，但是有两种不同进出货形态或作业需求的物流作业（如整箱区与零星区、A客户与B客户等）。

（3）锯齿形或S形：通常适用于较长的流程，且需要多排并列的作业区域。

（4）U形：适用于出入口在物流配送中心同侧，根据进出货频率大小安排接近进出口端的储存区，以缩短拣选搬运路线。

（5）分流式：适用于批量拣选后进行分流配送的作业。

（6）集中式：适用于因储存区特性将订单分割在不同区域拣选后做集货的作业。

5. 辅助部门（S-Subsidiary）

辅助部门是指保证物流配送中心正常运行的辅助服务性活动、设施及服务人员，包括道路、生活设施、消防设施、照明、采暖通风、办公室、质量控制等。有时，辅助部门的占地总面积接近甚至大于物流配送中心主要作业区域的占地总面积，所以辅助部门在进行布局规划与设计时应给予足够的重视。

6. 作业时间安排（T-Time）

作业时间安排是指在什么时间、用多长时间完成某项物流作业。根据时间因素，可确定物流配送中心所需各类物流设备的数量、占地面积的大小和作业人员数量，有效平衡各工序的作业时间。

7. 成本（C-Cost）

成本是指物流配送中心的建设成本、运营成本等。成本约束不同，物流配送中心的设计方案不同，导致其布局规划与设计方案也存在差异。

4.4.2 相关性分析

1. 物流相关性分析

物流相关性分析是对物流量或物流强度进行分析，用物流量或物流强度来表示各作业区域之间的物流关系强弱，从而确定各作业区域的物流相关程度。物流相关性分析是物流配送中心规划与设计的核心工作。

在对物流相关性进行分析时，可以采用从至表计算各项物流作业从某作业区域至另一作业区域的物流量或物流强度。若不同的物流作业在各作业区域之间的物料搬运单位不同，则必须先转换为相同的搬运单位后，再计算物流量或物流强度的总和。物流配送中心定量从至表如表4-8所示。

表4-8 物流配送中心定量从至表

物流作业区域		搬运到达作业区域				合计
		1	2	…	n	
搬运起始作业区域	1					
	2					
	⋮					
	n					
	合计					

从至表包括物流距离从至表、物流量从至表、物流强度从至表及物流成本从至表等。

物流强度从至表的具体制作过程如下。

（1）依据主要物流作业路线，将所有的物流作业区域分别按搬运起始区域、搬运到达区域同一顺序列表（为方便起见，可对各物流作业区域进行编号），画出物流距离从至表。

（2）在统一各作业区域之间的物料搬运单位的基础上，依据物流作业路线，制作物流量从至表。

（3）利用物流量和物流距离的乘积，得到物流强度从至表。

根据物流强度，确定各作业区域的物流相关性等级。物流相关性等级的划分可采用A、E、I、O和U五个等级。物流相关性等级划分依据如表4-9所示。

表4-9 物流相关性等级划分依据

等级	A	E	I	O	U
意义	超高物流强度	特高物流强度	较大物流强度	一般物流强度	无物流强度
作业区域对比例（%）	10	20	30	40	—
承担物流强度比例（%）	40	30	20	10	—

各作业区域之间的物流相互关系可以利用定量物流关联图（或相互关系图）来表示。定量物流关联图如图4-4所示。

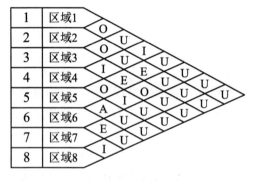

图4-4 定量物流关联图

2. 非物流相关性分析

在物流配送中心内还存在着一些管理或行政性的辅助作业区域，这些作业区域虽然没有物流活动，但与物流作业区域有密切的业务联系。因此，还需要对所有的作业区域进行非物流相关性分析（或作业单位相关性分析或业务活动相关性分析）。

评价任意两个作业区域之间的非物流相关性等级的参考因素主要包括：作业流程的连续性、改善工作环境、管理和监督方便、人员联系、作业性质相似、安全卫生、使用相同的设施和设备、使用相同的文件等。非物流相关性的等级评定理由如表4-10所示。

表4-10 非物流相关性的等级评定理由

编号	理由	编号	理由
1	作业流程的连续性	5	作业性质相似
2	改善工作环境	6	安全卫生
3	管理和监督方便	7	使用相同的设施和设备
4	人员联系	8	使用相同的文件

非物流相关性等级的划分可采用 A、E、I、O、U 和 X 六个等级,由绝对重要到禁止靠近等。非物流相关性等级的划分依据如表 4-11 所示。

表 4-11 非物流相关性等级的划分依据

等级	A	E	I	O	U	X
意义	绝对重要	特别重要	重要	一般	不重要	禁止靠近
比例(%)	2～5	3～10	5～15	10～25	25～60	根据需要确定

各作业区域之间的非物流相关性可以利用定性非物流关联图来表示。在定性非物流关联图中,任何两个作业区域之间都有将两个作业区域联系在一起的一对三角形,其中上三角形记录两个作业区域相关性等级,下三角形记录相关性等级评定理由的编号,如图 4-5 所示。

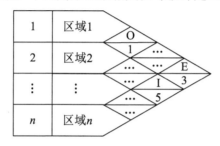

图 4-5 定性非物流关联图

3. 综合相关性分析

在物流配送中心区域布局规划与设计中,各作业区域之间既有物流关系又有非物流关系。使用 SLP 法,将作业区域之间的物流关系和非物流关系进行合并,求出综合相关性;再从综合相关性出发,实现各作业区域之间的合理布局。综合相关性分析的步骤如下。

(1)确定物流关系与非物流关系的相对重要性。相对重要性比值用 $m:n$ 来表示,一般为 $1:3\sim3:1$。当比值大于 $3:1$ 时,物流关系占主导地位,区域布局规划与设计只考虑物流关系即可;当比值小于 $1:3$ 时,物流的影响很小,区域布局规划与设计只考虑非物流关系即可。在实际布局中,相对重要性的比值 $m:n$ 可取 $3:1$、$2:1$、$1:1$、$1:2$、$1:3$ 等。

(2)量化相关性等级。一般取 A=4、E=3、I=2、O=1、U=0、X=-1。

(3)计算两个作业区域之间综合相关性的等级量化值。设有两个作业区域 i 和 j,其综合相关性的等级量化值 CR_{ij} 可由式(4-14)进行计算

$$CR_{ij} = mMR_{ij} + nNR_{ij} \tag{4-14}$$

式中,MR_{ij} 为物流相关性的等级量化值;NR_{ij} 为非物流相关性的等级量化值。

(4)划分综合相关性等级。利用 CR_{ij} 值进行综合相关性等级划分,建立作业区域的综合关联图。根据递减的 CR_{ij} 值,将各作业区域之间的综合相关性等级划分为 A、E、I、O、U 和 X 六个等级。综合相关性等级的划分依据如表 4-12 所示。

表 4-12 综合相关性等级的划分依据

等级	A	E	I	O	U	X
意义	绝对重要	特别重要	重要	一般	不重要	禁止靠近
比例(%)	1～3	2～5	3～8	5～15	20～85	根据需要确定

在对物流与非物流相关性等级进行合并时,任何一级物流相关性等级与 X 级非物流相关性等级合并后,不应该超过 O 级;绝对不能靠近的作业区域之间设定为 XX 级。

(5)根据经验和实际约束条件,适当调整综合关联图。综合关联图如图 4-6 所示。

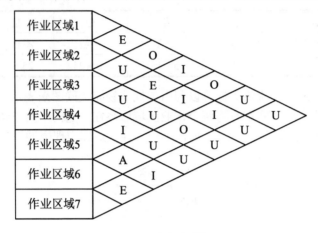

图 4-6 综合关联图

4.4.3 作业区域面积计算

各作业区域面积的确定与区域功能、作业方式、所配备的设施和设备等有关,应分别对各作业区域的面积进行计算。例如,仓储作业区域面积的大小与采用的储存方式、储存设备和相关作业设备密切相关;常用的储存方式有物品直接堆码、托盘平置堆码、托盘多层堆码、托盘货架储存、自动化立体仓库储存等,应根据所确定的总的储存能力计算仓储作业区域所需的面积和空间。各作业区域的面积需求估算方法详见第 5 章。

4.4.4 总体平面布置规划

在确定各作业区域的相对位置时,可考虑使用关联线图法和图形建构法。

1. 关联线图法

首先分析各个作业区域的基本资料,然后绘制综合关联图(图 4-6)。

把综合关联图转换为关联线图底稿表(表 4-13),表 4-13 中的数字表示与特定作业区域有某级关联的作业区域编号。

表 4-13 关联线图底稿表

关联	作业区域 1	作业区域 2	作业区域 3	作业区域 4	作业区域 5	作业区域 6	作业区域 7
A					6	5	
E	2	1、4		2		7	6
I	4	5、6		1、5	2、4、7	2	5
O	3、5		1、6		1	3	
U	6、7	3、7	2、4、5、7	3、6、7	3	1、4	1、2、3、4

绘制关联线图法的基本步骤如下。

（1）选定第一个进入布置图的作业区域。从具有最多的 A 关联的作业区域开始。若有多个作业区域同时符合条件，则按下列顺序加以选定：最多 E 关联，最多 I 关联，最少 X 关联；如果仍无法选定，就在这些条件完全相同的作业区域中，任意选择一个作业区域作为第一个进入布置图的作业区域。本例选定的第一个进入布置图的为作业区域 6。

（2）选定第二个进入布置图的作业区域。第二个被选定的作业区域是与第一个进入布置图的作业区域相关联的未被选定的作业区域中具有最多 A 关联的作业区域。如果有多个作业区域具有相同条件，则与步骤（1）一样，按照最多 E 关联，最多 I 关联，最少 X 关联的顺序进行选择。如果仍无法选定，就在与第一个进入布置图的作业区域相关联的这些条件完全相同的作业区域中，任意选定一个作业区域作为第二个进入布置的作业区域。本例选定的第二个进入布置图的为作业区域 5。

（3）选定第三个进入布置图的作业区域。第三个被选定的作业区域，应与已被选定的前两个作业区域同时具有最高的接近组合关系。与前两个作业区域关系组合的优先顺序依次为 AA、AE、AI、A*、EA、EE、EI、E*、II、I*，其中符号"*"代表"O"或"U"的关联。如果遇到多个作业区域具有相同的优先顺序，仍采用步骤（1）的顺序法则来处理。本例选定的第三个进入布置图的为作业区域 7。

（4）选定第四个进入布置图的作业区域。第四个作业区域确定的过程与步骤（3）相同，被选定的作业区域应与前三个作业区域具有最高的接近组合关系。组合的优先顺序为 AAA、AAE、AAI、AA*、AEA、AEE、AEI、AE*、AII、AI*、A**、EEE、EEI、EE*、EII、EI*、E**、III、II*、I**。本例选定的第四个进入布置图的为作业区域 2。

（5）依此类推，确定其余的 $n-4$ 个作业区域，其过程如图 4-7 所示。

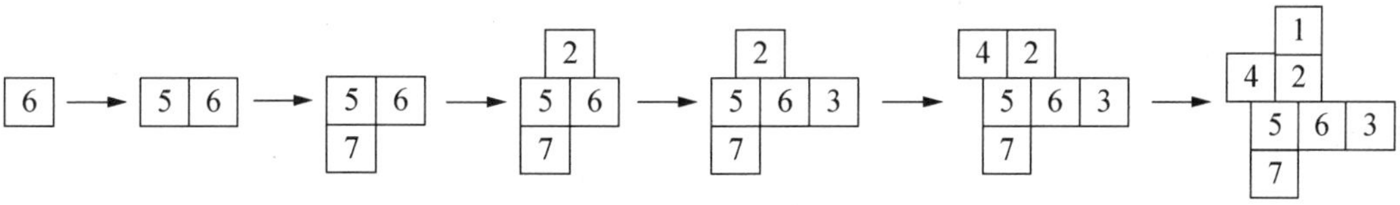

图 4-7　绘制关联线图的过程

小思考

按照以上的操作步骤，完成将其余作业区域的选定。

在绘制关联线图时，可使用图 4-7 所示的方块样板来表示每个作业区域。在相对位置确定以后，即可依照各作业区域的实际规模，完成最终的平面布置图。但由于在样板的放置过程中有很多主观因素，因此，最后可能会产生多种平面布置方案。此外，如果各作业区域面积不同，也会产生多种平面布置方案。

2. 图形建构法

图形建构法和关联线图法相似，此方法以不同作业区域间的权重总和（定量测量）作为挑选作业区域的法则，而关联线图法是以作业区域间接近程度（定性测量）作为挑选作业区域的法则。图形建构法要先设定各作业区域间的关联权重，图 4-8 所示为关联图与关联线图。

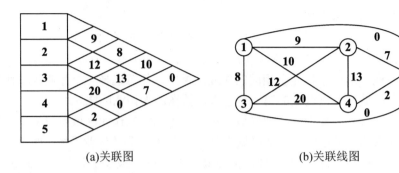

(a)关联图　　　　　　　　　　　(b)关联线图

图4-8　关联图与关联线图

图形建构法的基本步骤如下。

(1) 在图4-8所示的关联图中,选择具有最大关联权重的成对作业区域。因此,在本例中作业区域3和作业区域4被选中而进入关联线图中。

(2) 选定第三个作业区域进入关联线图中,其依据是这个作业区域与已选入的作业区域3和作业区域4所具有的权重总和为最大。在表4-14中,作业区域2的权重总和为25,所以入选。如图4-9所示,线段(2-3)、(3-4)和(4-2)构成一个封闭的三角形图面,这个图面可以用符号(2-3-4)来表示。

表4-14　作业区域选择(2)关联权重总和表

作业区域	3	4	合计
1	8	10	18
2	12	13	25(最佳)
5	0	2	2

(3) 对尚未选定的作业区域,建立作业区域选择(3)的关联权重总和表(表4-15),由于加入作业区域1和作业区域5的关联权重分别为27和9,因此作业区域1被选定,以节点的形态加入图4-9所示的图面中,并置于区域(2-3-4)的内部,如图4-10所示。

表4-15　作业区域选择(3)关联权重总和表

作业区域	2	3	4	合计
1	9	8	10	27(最佳)
5	7	0	2	9

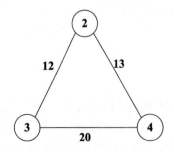

图4-9　图形建构法(2)示意图

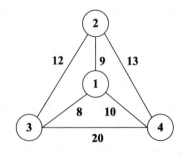

图4-10　图形建构法(3)示意图

（4）剩余的工作是决定作业区域 5 应该加入哪一个图面中。在这个步骤中，先建立作业区选择关联权重总和表（表 4-16）。显然，作业区域 5 可以加入图面（1-2-3）、（1-2-4）、（1-3-4）或（2-3-4）之内。作业区域 5 加入图面（1-2-4）或加入图面（2-3-4）都得到相同的权重值为 9，所以任意选择其一即可。本例将作业区域 5 加入图面（1-2-4）的内部。最终的邻接图如图 4-11 所示，此图为图形构建法的最佳解，线段上的权重总和为 81。

表 4-16　作业区域选择（4）关联权重总和表

作业区域	1	2	3	4
5	0	7	0	2
图画	合计			
1-2-3	7			
1-2-4	9（最佳）			
1-3-4	2			
2-3-4	9（最佳）			

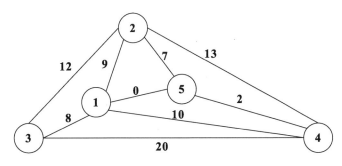

图 4-11　最终的邻接图

（5）建构完成一个邻接图之后，依据邻接图重建区域布置，如图 4-12 所示。在建构区域布置图时，各作业区域的原始形状必须作出改变，以配合邻接图的要求。但在实际应用中，作业区域的形状还需根据具体情况来决定。在决定各作业区域的面积时，需要考虑物流配送中心本身面积的大小、物流设备体积的大小和摆放位置等因素。

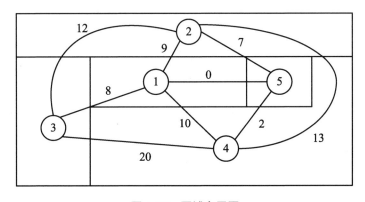

图 4-12　区域布置图

除了利用关联线图法和图形建构法决定不同作业区域的可行位置，还可以借助动线布置法产生区域布置方案。

4.4.5 布置方案的调整与修正

SLP 法中直接生成的区域布置图只代表理想情况下的布置方案。在实际的区域布局规划与设计工作中，还需要考虑库房与土地面积比例、库房建筑特性、法规限制、交通出入限制、经费预算限制等实际条件限制，以及各种修正因素，通过调整与修正可得到多种可行的布置方案。

4.4.6 布置方案的评价与选择

1. 布置方案的评价

布置方案的评价指标可考虑如下内容。

（1）经济性指标。主要包括土地面积、库房建筑面积、维护费用、人力成本及能耗等。

（2）技术性指标。主要包括自动化程度、设备可靠性、设备可维护性等。

（3）系统作业指标。主要包括储位柔性程度、系统作业柔性、系统扩充性、人员安全性和人员素质等。

更详细的布置方案评价指标可参考"10.2 物流配送中心系统规划方案评价指标"。

布置方案的评价方法可考虑选择权重因素分析法、层次分析法、模糊综合评价法、关联矩阵法等。

2. 布置方案的选择

对多个可行的布置方案进行综合评价后，选择一个最佳布置方案，并绘制详细的区域布局图，完成物流配送中心区域布局规划与设计工作。

【例 4-5】某物流配送中心在经过作业流程的规划与设计后，针对自身运营的特性规划了 9 个作业区域，分别为理货区、储存区、分拣区、加工区、展示区、交易区、配载区、垃圾区和综合服务区。通过能力规划，计算各作业区域所需面积信息如表 4-17 所示。

表 4-17 各作业区域所需面积信息

序号	1	2	3	4	5	6	7	8	9
作业区域	理货区	储存区	分拣区	加工区	展示区	交易区	配载区	垃圾区	综合服务区
面积/m^2	60	50	50	50	60	80	20	40	50

解：

1）物流相关性分析

此处用物流量来表示各作业区域之间的物流关系强弱。统一了各作业区域之间的物料搬运单位后，得到表 4-18 所示的物流量从至表。

表 4-18　物流量从至表

序号	理货区	储存区	分拣区	加工区	展示区	交易区	配载区	垃圾区	综合服务区
理货区		100	420	100					
储存区							120		
分拣区					20	32	220		
加工区					6	30	200		
展示区							14		
交易区								12	
配载区									
垃圾区									
综合服务区									

对表 4-18 中的物流量按降序顺序进行排列，并参考"表 4-9 物流相关性等级划分依据"对作业区域对的物流相关性等级进行划分，可得物流量分析表，如表 4-19 所示。

表 4-19　物流量分析表

序号	作业区域对	物流量	作业区域对累计比例	物流量比例	物流量累计比例	物流相关性等级
1	理货区-分拣区	420	8.33%	32.97%	32.97%	A
2	分拣区-配载区	220	16.67%	17.27%	50.24%	E
3	加工区-配载区	200	25.00%	15.70%	65.93%	E
4	储存区-配载区	120	33.33%	9.42%	75.35%	I
5	理货区-储存区	100	41.67%	7.85%	83.20%	I
6	理货区-加工区	100	50.00%	7.85%	91.05%	I
7	分拣区-交易区	32	58.33%	2.51%	93.56%	O
8	加工区-交易区	30	66.67%	2.35%	95.92%	O
9	分拣区-展示区	20	75.00%	1.57%	97.49%	O
10	展示区-配载区	14	83.33%	1.10%	98.59%	O
11	交易区-垃圾区	12	91.67%	0.94%	99.53%	O
12	加工区-展示区	6	100.00%	0.47%	100.00%	O
	物流量合计	1274				

物流量分析表也可以采用表 4-20 所示的形式。

表 4-20 物流量分析表

序号	作业区域对	物流量	100 200 300 400	物流相关性等级
1	理货区-分拣区	420	────────────	A
2	分拣区-配载区	220	──────	E
3	加工区-配载区	200	──────	E
4	储存区-配载区	120	───	I
5	理货区-储存区	100	───	I
6	理货区-加工区	100	───	I
7	分拣区-交易区	32	─	O
8	加工区-交易区	30	─	O
9	分拣区-展示区	20	─	O
10	展示区-配载区	14	─	O
11	交易区-垃圾区	12	─	O
12	加工区-展示区	6	─	O

根据表 4-19 划分的"作业区域对"物流相关性等级结果,可以得出作业区域之间的物流相互关系图,如图 4-13 所示。

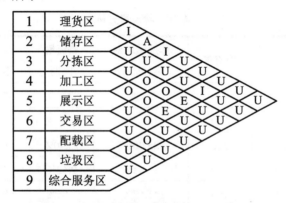

图 4-13 作业区域之间的物流相互关系图

2)非物流相关性分析

除了物流相关性,作业区域之间还存在着非物流相关性。非物流相关性等级的划分可采用 A、E、I、O、U 和 X 六个等级,等级评定理由可参考表 4-10。经过缜密地分析,所得作业区域之间非物流相互关系图如图 4-14 所示。

3)综合相关性分析

(1)确定物流关系与非物流关系的相对重要性。

此处设定物流关系与非物流关系的相对重要性比值为 2∶1。

(2)量化相关性等级。

此处取 A=4、E=3、I=2、O=1、U=0、X=-1。

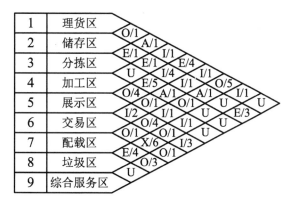

图 4-14 作业区域之间非物流相互关系图

（3）计算两个作业区域之间综合相关性等级的量化值。

此处利用公式（4-14）计算作业区域 i 和 j 的综合相关性等级的量化值 CR_{ij}，其计算结果如表 4-21 所示。

表 4-21 作业区域之间综合相关性等级的量化值计算结果

序号	作业区域对	物流关系等级（2）	非物流关系等级（1）	综合关系量化值计算过程及结果
1	理货区-储存区	I	O	2×2+1×1=5
2	理货区-分拣区	A	A	2×4+1×4=12
3	理货区-加工区	I	I	2×2+1×2=6
4	理货区-展示区	U	E	2×0+1×3=3
5	理货区-交易区	U	I	2×0+1×2=2
6	理货区-配载区	U	O	2×0+1×1=1
7	理货区-垃圾区	U	I	2×0+1×2=2
8	理货区-综合服务区	U	U	2×0+1×0=0
9	储存区-分拣区	U	E	2×0+1×3=3
10	储存区-加工区	U	E	2×0+1×3=3
11	储存区-展示区	U	I	2×0+1×2=2
12	储存区-交易区	U	I	2×0+1×2=2
13	储存区-配载区	I	A	2×2+1×4=8
14	储存区-垃圾区	U	U	2×0+1×0=0
15	储存区-综合服务区	U	E	2×0+1×3=3
16	分拣区-加工区	U	U	2×0+1×0=0
17	分拣区-展示区	O	E	2×1+1×3=5
18	分拣区-交易区	O	A	2×1+1×4=6
19	分拣区-配载区	E	O	2×3+1×1=7
20	分拣区-垃圾区	U	U	2×0+1×0=0
21	分拣区-综合服务区	U	U	2×0+1×0=0

续表

序号	作业区域对	物流关系等级（2）	非物流关系等级（1）	综合关系量化值计算过程及结果
22	加工区-展示区	O	O	2×1+1×1=3
23	加工区-交易区	O	O	2×1+1×1=3
24	加工区-配载区	E	I	2×3+1×2=8
25	加工区-垃圾区	U	I	2×0+1×2=2
26	加工区-综合服务区	U	U	2×0+1×0=0
27	展示区-交易区	U	I	2×0+1×2=2
28	展示区-配载区	O	O	2×1+1×1=3
29	展示区-垃圾区	U	O	2×0+1×1=1
30	展示区-综合服务区	U	I	2×0+1×2=2
31	交易区-配载区	U	O	2×0+1×1=1
32	交易区-垃圾区	O	X	2×1+1×(−1)=1
33	交易区-综合服务区	U	O	2×0+1×1=1
34	配载区-垃圾区	U	E	2×0+1×3=3
35	配载区-综合服务区	U	O	2×0+1×1=1
36	垃圾区-综合服务区	U	U	2×0+1×0=0

（4）划分综合相关性等级。

对表 4-21 中的综合相关性等级的量化值 CR_{ij} 按降序顺序进行排列，并参考"表 4-12 综合相关性等级的划分依据"对"作业区域对"的综合相关性等级进行划分，可得综合相关性等级划分结果表，如表 4-22 所示。

表 4-22 综合相关性等级划分结果表

序号	作业区域对	综合相关性等级的量化值 CR_{ij}	综合相关性等级
2	理货区-分拣区	12	A
13	储存区-配载区	8	E
24	加工区-配载区	8	E
19	分拣区-配载区	7	I
3	理货区-加工区	6	I
18	分拣区-交易区	6	I
1	理货区-储存区	5	
17	分拣区-展示区	5	
4	理货区-展示区	3	
9	储存区-分拣区	3	
10	储存区-加工区	3	
15	储存区-综合服务区	3	O
22	加工区-展示区	3	
23	加工区-交易区	3	
28	展示区-配载区	3	
34	配载区-垃圾区	3	

续表

序号	作业区域对	综合相关性等级的量化值 CR_{ij}	综合相关性等级
5	理货区-交易区	2	
7	理货区-垃圾区	2	
11	储存区-展示区	2	
12	储存区-交易区	2	
25	加工区-垃圾区	2	
27	展示区-交易区	2	
30	展示区-综合服务区	2	
6	理货区-配载区	1	
29	展示区-垃圾区	1	
31	交易区-配载区	1	
32	交易区-垃圾区	1	U
33	交易区-综合服务区	1	
35	配载区-综合服务区	1	
8	理货区-综合服务区	0	
14	储存区-垃圾区	0	
16	分拣区-加工区	0	
20	分拣区-垃圾区	0	
21	分拣区-综合服务区	0	
26	加工区-综合服务区	0	
36	垃圾区-综合服务区	0	

根据表4-22划分的"作业区域对"综合相关性等级结果，可以得出作业区域之间的综合相互关系图，如图4-15所示。

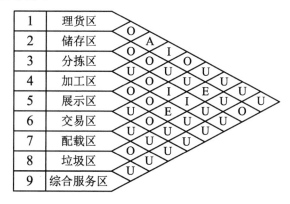

图4-15 作业区域之间的综合相互关系图

4）总体平面布置规划

此处利用关联线图法来确定各作业区域的相对位置。

首先，把作业区域之间的综合相互关系图转换为关联线图底稿表，如表4-23所示。

表 4-23 关联线图底稿表

关联	理货区(1)	储存区(2)	分拣区(3)	加工区(4)	展示区(5)	交易区(6)	配载区(7)	垃圾区(8)	综合服务区(9)
A	3		1						
E		7		7			2、4		
I	4		6、7	1		3	3		
O	2、5	1、3、4、9	2、5	2、5、6	1、3、4、7	4	5、8	7	2
U	6、7、8、9	5、6、8	4、8、9	3、8、9	2、6、8、9	1、2、5、7、8、9	1、6、9	1、2、3、4、5、6、9	1、3、4、5、6、7、8

利用关联线图法确定各作业区域进入布置图的顺序和相对位置的过程如图 4-16 所示。

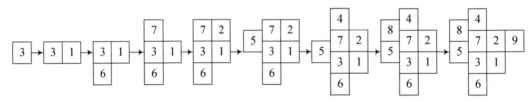

图 4-16 各作业区域进入布置图的顺序和相对位置的过程

利用关联线图法确定了各作业区域进入布置图的顺序和相对位置后,可结合各作业区域的面积和形状进行区域布置方案的设计。图 4-17 所示为所设计的一种区域布置图。

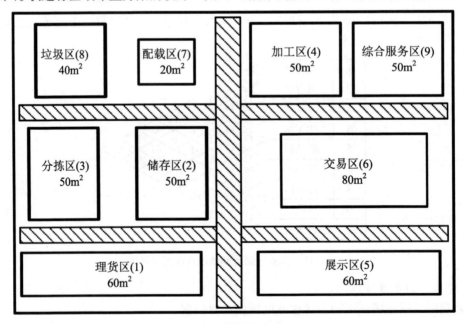

图 4-17 区域布置图

5）布置方案的评价与选择

此处可利用权重因素分析法对区域布置方案进行评价。若评价区域布置方案的考虑因素包括物流作业效率、空间利用率、安全性、空间规划的柔性等 4 个因素，相对应的权重分别为 0.3、0.2、0.2、0.3，且专家对图 4-17 所示的区域布置方案在 4 个因素上的得分进行打分的结果分别为 9、8、7、8，则该区域布置方案的总加权得分：

$$T=0.3\times9+0.2\times8+0.2\times7+0.3\times8=8.1$$

可采用多种评价方式对多个可行的区域布置方案进行综合评价，并选择最佳的区域布置方案。

本 章 小 结

确定了物流配送中心选址方案后，就需要对物流配送中心的作业流程、组织管理体系、内部区域布局进行有针对性的规划与设计。因此，本章主要从物流配送中心作业流程规划与设计、物流配送中心组织管理体系设计、物流配送中心区域布局规划与设计、SLP 法等方面展开介绍。

物流配送中心的作业流程是进行作业区域划分的主要依据，因此其成为设计物流配送中心区域布局方案的主要输入信息。基于物流配送中心作业流程对区域布局方案重要性的考虑，本章需掌握物流配送中心的基本作业流程，熟练掌握作业流程分析工具的使用，以便基于物流配送中心的客户群体、服务功能、规模大小、设施条件等因素设计出科学合理的作业流程。同时，物流配送中心的高效运营，需要一个合理的组织结构作为保障。因此，本章需要了解物流配送中心组织管理体系的建设原则，能够有效地设计物流配送中心的组织结构，并完成相关工作人员的职责设定。为了设计最佳的物流配送中心区域布局方案，需明确物流配送中心区域布局规划与设计的目标与原则，对作业区域进行合理划分，完成区域功能规划，计算各作业区域的作业能力；然后，选择合理的区域布局规划与设计方法，按步骤完成物流配送中心区域布局规划与设计工作。其中，SLP 法是物流配送中心区域布局规划与设计的主要方法，依据该方法所包括的相关性分析、作业区域面积计算、总体平面布置规划、布置方案的调整与修正、布置方案的评价与选择等步骤，可有序完成物流配送中心最佳区域布局方案。

本章需重点掌握仓储区能力规划方法（周转率估计法与送货频率估计法等两种）、拣选区储运能力规划方法、物流相关性分析方法、非物流相关性分析方法、综合相关性分析方法、总体平面布置方法（关联线图法与图形建构法等两种）。同时，为了有效地展示物流配送中心区域布局方案，需要重点掌握作业流程图、相互关系图、区域布置图等工具的使用技巧。

 关键术语

作业流程	管理体系	作业区域规划
能力规划	周转率估计法	送货频率估计法
系统布局规划法	物流相关性分析	非物流相关性分析
综合相关性分析	关联图	关联线图法
图形建构法	区域布置图	

习 题

1. 选择题

(1) 多节点型物流配送中心的作业管理原则有（　　）。
　　A．统一服务标准　　　　B．统一流程
　　C．统一单证　　　　　　D．统一岗位

(2) 物流配送中心作业的原则是（　　）。
　　A．准确　　　　　　　　B．及时
　　C．经济　　　　　　　　D．安全

(3) 退货作业是指当配送的物品存在质量问题时客户要求做退货处理的过程，它主要包括（　　）。
　　A．退货物品的分类　　　B．责任确认
　　C．保管　　　　　　　　D．退回

(4) 物流配送中心组织管理体系建设的原则包括（　　）。
　　A．客户服务原则　　　　B．流程控制原则
　　C．权责分明原则　　　　D．效率效益原则

(5) 物流配送中心区域布局规划与设计的原则包括（　　）。
　　A．整体最优原则　　　　B．利于沟通原则
　　C．柔性原则　　　　　　D．空间利用原则

(6) 物流配送中心作业区域包括（　　）。
　　A．物流作业区域　　　　B．辅助作业区域
　　C．建筑外围区域　　　　D．周边辅助活动区域

(7) 仓储区的能力规划的方法包括（　　）。
　　A．周转率估计法　　　　B．ABC 分析法
　　C．预测法　　　　　　　D．送货频率估计法

(8) 物流配送中心区域布局规划与设计包括（　　）阶段。
　　A．建筑外围区域的规划与设计
　　B．物流作业区域的规划与设计
　　C．辅助作业区域的规划与设计
　　D．厂区周边区域的规划与设计

(9) 物流配送中心区域布局规划与设计的 SLP 法的基本步骤包括（　　）。
　　A．相关性分析　　　　　B．作业区域面积计算
　　C．总体平面布置规划　　D．布置方案的调整与修正

(10) 适用于出入口在物流配送中心同侧，可依进出货频率大小安排接近进出口端的仓储区，以缩短拣选搬运路线的流动模式是（　　）。
　　A．S 形　　　　　　　　B．U 形
　　C．分流式　　　　　　　D．集中式

（11）物流配送中心区域平面布置的方法包括（　　）。
　　A．关联线图法　　　　　B．图形建构法
　　C．模糊综合评价法　　　D．动线布置法
（12）布置方案的评价指标可考虑的内容是（　　）。
　　A．经济性指标　　　　　B．技术性指标
　　C．政策性指标　　　　　D．系统作业指标

2．简答题

（1）试用图形描述物流配送中心的基本作业流程。
（2）试用图形描述物流配送中心典型的组织管理体系和岗位设置。
（3）物流配送中心区域布局规划与设计的目标包括哪些？
（4）试用图形描述 SLP 法的基本程序。

3．判断题

（1）拣选只包括拣取作业。　　　　　　　　　　　　　　　　　　　　（　　）
（2）物流配送中心的采购活动仅包含物品买卖。　　　　　　　　　　　（　　）
（3）物流配送中心各级组织结构要有明确的职责范围、权限及相互之间的协作关系。
　　　　　　　　　　　　　　　　　　　　　　　　　　　　　　　　（　　）
（4）物流配送中心的作业区域规划包括作业区域划分与区域功能规划。（　　）
（5）一般在规划物流配送中心各区域时，应先以物流作业区域为主，再延伸到相关外围区域。　　　　　　　　　　　　　　　　　　　　　　　　　　　　　　　　（　　）
（6）年发货量大、平均日拣选量较小、发货天数很多的物品在储存时应该以弹性储位的方式来处理，库存可取较低水平。　　　　　　　　　　　　　　　　　　　（　　）
（7）作业区域间相关性中的"I"表示"一般物流强度"。　　　　　　　（　　）
（8）物流配送中心区域布局规划与设计的方法主要有：摆样法、图解法、系统布局规划法和数学模型法等。　　　　　　　　　　　　　　　　　　　　　　　　　（　　）

4．计算题

（1）某物流配送中心预规划六大类物品的规划仓容量，其具体信息如下：A～C 类物品的储运单位为标准箱，其年运转量分别为 2 000、1 500 和 1 200，年周转次数分别为 10、15 和 12，安全系数分别为 1.2、1.3 和 1.25；D～F 类物品的储运单位为托盘，其年运转量分别为 900、600 和 300，年周转次数分别为 15、15 和 10，安全系数分别为 1.2、1.4 和 1.3。试求各类物品的规划仓容量。

（2）某物流配送中心预规划三大类物品的规划仓容量，其具体信息如下：D 类物品的储运单位为托盘，其年运转量为 2 400，年发货天数为 120，供应商的送货周期为 4 天，安全系数为 1.2；E 类物品的储运单位为单品，其年运转量为 3 600，年发货天数为 180，供应商的送货周期为 3 天，安全系数为 1.1；F 类物品的储运单位为标准箱，其年运转量为 3 000，年发货天数为 300，供应商的送货周期为 2 天，安全系数为 1.3。试求各类物品的规划仓容量。

（3）某类物品以单品的方式拣选出货，每年的拣选量为 5 400 个单品，该物品全年的出货天数为 360 天；且该物品只由拣选区出货，每天仓储区可为拣选区补货 3 次；该物品在拣选区设定的安全系数为 1.2。试求该物品在拣选区的规划仓容量。

5. 思考题

（1）了解一家物流配送中心组织管理体系的设计结果，并详细分析其部门构成和各岗位的具体职责。

（2）查阅相关文献、书籍或网络信息，了解几种典型物流配送中心总经理的具体岗位职责，并进行对比分析。

 实际操作训练

实训项目 4-1：某物流配送中心作业流程分析。

实训目的：了解基本作业环节，掌握各项基本作业的处理流程和相关单据的流转关系。

实训内容：调研某物流配送中心的基本作业环节，分析该物流配送中心的各项基本作业的处理流程和相关单据的流转关系。

实训要求：首先，将学生进行分组，每 5 人一组；各组成员自行联系，并调查当地一家物流配送中心，分析该物流配送中心所包含的基本作业环节，并利用流程图绘制工具完成该物流配送中心各项基本作业的处理流程图的绘制工作，弄清该物流配送中心所使用的单据在不同作业环节和不同部门之间的流转关系。在此基础上，分析该物流配送中心作业流程中存在的问题，并提出本组认为合理的解决方案。然后，针对本组的分析和设计结果，与物流配送中心的管理人员进行沟通，听取他们对改进方案的建议，并改进本组的设计方案，如此反复直至得到管理人员的认可。每个小组将上述调研、分析与改进物流配送中心作业流程的内容、过程和结果形成一个完整的分析与设计报告。

实训项目 4-2：物流配送中心区域布局规划与设计结果调研与分析。

实训目的：掌握物流配送中心区域布局规划与设计的过程、内容以及其在布局规划与设计过程中使用的原理、方法和技术工具。

实训内容：分析某物流配送中心区域布局规划与设计结果，总结该物流配送中心区域布局规划与设计的过程、内容，学习该物流配送中心布局规划与设计过程中使用的技术工具。

实训要求：首先，将学生进行分组，每 5 人一组；各组成员自行联系，并调查当地一家物流配送中心（或查阅相关资料，选择一个物流配送中心区域布局规划与设计的案例），分析该物流配送中心区域布局规划与设计的基本步骤，总结其布局规划与设计的主要内容和取得的结果，学习并掌握该物流配送中心布局规划与设计过程中使用的原理、方法和技术工具。在此基础上，分析该物流配送中心区域布局的不合理之处，并提出本组认为合理的区域布局方案。然后，针对本组改进的区域布局方案，与物流配送中心的管理人员进行沟通，听取他们对改进后的区域布局方案的建议，并调整本组的设计方案，如此反复直至得到管理人员的认可。每个小组将上述调研、分析与设计物流配送中心区域布局方案过程和内容形成一个完整的调研、分析与设计报告。

 案例分析

西南地区电解液物流配送中心正式启用

由深圳市研一新材料有限责任公司子公司四川研一投资建设的中国西南地区最大电解液物流配送中心项目的第一批产品已于 2022 年 7 月 25 日试车成功，产品各项性能指标均一次性达到设计要求。该项目融入模块化、数字化、柔性化的设计理念，一期规划锂离子电池电解液每年产能 15 万吨。本项目投产后产品将辐射整个西南地区，为西南地区锂电池企业提供高性能、差异化的产品和全面的定制化服务，并大幅降低供应链环节的物流成本和仓储成本，将为推动西南地区锂电产业的发展做出贡献。

四川研一投资建设的电解液物流配送中心项目总投资约 25.0 亿元，占地面积为 100 亩。客户从四川研一采购各类电解液添加剂、锂盐和溶剂等原辅料后，电解液物流配送中心将根据客户需求提供定制化的电解液混配和物流配送服务。电解液物流配送中心从客户需求出发，持续为客户创造价值。

资料来源：http://industry.caijing.com.cn/20220802/4879572.shtml[2023-3-24]

问题：

（1）电解液物流配送中心的设计理念是什么？

（2）电解液物流配送中心对西南地区的影响是什么？

（3）电解液物流配送中心将为客户提供哪些服务？

第 5 章 物流配送中心作业区域和设施规划与设计

【本章教学要点】

知识要点	掌握程度	相关知识
物流配送中心作业区域和设施规划与设计概述	了解	物流配送中心作业区域规划与设计的内容、物流配送中心设施规划与设计的内容
作业区域的规划与设计	重点掌握	进出货作业区域规划与设计、仓储作业区域规划与设计、拣选作业区域规划与设计、集货作业区域规划与设计、其他作业区域规划与设计、通道的规划与设计
物流配送中心建筑设施的规划与设计	掌握	建筑物的柱间距、建筑物的梁下高度、地面载荷
行政区域与厂区的规划与设计	掌握	行政区域的规划与设计、厂区的规划与设计
公用配套设施的规划与设计	熟悉	电力设施、给水与排水设施、供热与燃气设施

【本章技能要点】

技能要点	掌握程度	应用方向
作业区域的规划与设计	重点掌握	作为对物流配送中心各作业区域进行规划设计的手段和工具
物流配送中心建筑设施的规划与设计	重点掌握	作为对物流配送中心的建筑设施进行规划设计的手段和工具,并可作为评价其他机构设计方案的依据
行政区域与厂区的规划与设计	掌握	作为对物流配送中心行政区域和厂区面积进行规划设计的参考依据

导入案例

北京顺义顺丰丰泰产业园

北京顺义顺丰丰泰产业园占地约 110 亩，总建筑面积约 8.2 万平方米。园区位于北京市顺义区顺航路以东，顺于路以北，邻近机场、六环、地铁，已形成航空、高速、轨道、公路四维立体路网。园区规划全自动分拨、智能仓储、商务办公等多元业态，并提供一体化供应链解决方案及一站式商务生活配套服务，将发展成为服务京津冀的智慧物流产业协同创新高地。

该产业园项目仓储物业的室内净高 7.89m、柱网 12m×12m、地面载荷 $3t/m^2$、雨棚宽度 10m、提升门 3.5m×10m、用电负荷 4 000kV·A、仓库照明 150lx、金刚砂耐磨地面、消防等级丙二类。其仓库建筑面积中，A#坡道仓为 51 330m^2、A#坡道仓（地下车仓）为 24 610m^2、B#办公楼为 5 253m^2；防火分区面积中，A#坡道仓（1 层）为 18 482m^2/11 928m^2、A#坡道仓（2 层）为 16 793m^2。

资料来源：http://ccsf.ftipark.com/index.php?ac=article&at=list&tid=89[2023-3-24]

思考题：

（1）北京顺义顺丰丰泰产业园的位置有哪些优势？
（2）北京顺义顺丰丰泰产业园提供哪些服务？
（3）北京顺义顺丰丰泰产业园的仓储物业情况如何？
（4）类比北京顺义顺丰丰泰产业园，分析物流配送中心作业区域和设施规划与设计包括哪些内容？

物流配送中心作业区域和设施规划与设计是整个物流配送中心规划与设计的主要内容，其规划与设计的结果将对物流配送中心内部作业效率和整体运营效果起到关键的制约作用。

5.1 物流配送中心作业区域和设施规划与设计概述

物流配送中心作业区域和设施规划与设计主要包括物流配送中心作业区域规划与设计、物流配送中心设施规划与设计。其中，物流配送中心作业区域规划与设计主要包括进出货作业区域、仓储作业区域、拣选作业区域、集货作业区域、其他作业区域、通道等方面的规划与设计；物流配送中心设施规划与设计主要包括建筑设施、行政区与厂区、公用配套设施等方面的规划与设计。

5-1 拓展视频

物流配送中心作业区域规划与设计是在对各作业区域功能、能力及使用设备分析规划后需要完成的工作。由于各作业区域的作业性质不同，在进行作业区域空间规划与设计时，除了考虑设施设备的基本使用面积，还要计算操作活动、储存空间和通道面积，同时要结合物流配送中心未来发展的需要，对预留空间有所考虑。

物流配送中心各种设施的规划与设计应符合国家及所属地方相关法规的规定。在考虑防洪排泄、防火因素等要求的基础上，配套建设相适应的电力、给排水、通信、道路、消防和防汛等基础设施。

知识拓展

物流配送中心设施规划与设计需遵循的相关规定

物流配送中心应统一建设消防设施和防洪除涝设施。其中，消防设施工程应由具有消防工程施工资质的单位建设，各类建筑的建设应符合《建筑设计防火规范（2018 年版）》（GB 50016—2014）的规定要求。根据《防洪标准》（GB 50201—2014）的规定，确定防洪标准的重现期，如采用 100 年一遇或 50 年一遇不等；再结合当地实测和调查的暴雨、洪水、潮位等资料，分析研究确定标高要求。物流配送中心应统一建立自然灾害应急设施。

物流配送中心应根据所属地电网规划的要求，建设符合《城市电力规划规范》（GB/T 50293—2014）和《供配电系统设计规范》（GB 50052—2009）规定要求的电力设施和内部应急供电系统。

在遵守节约用水原则的基础上，提供满足生产经营需要的供水设施，并编制符合《城市给水工程规划规范》（GB 50282—2016）规定要求的用水规划。应建设完善的排水设施，编制符合《城市排水工程规划规范》（GB 50318—2017）规定要求的排水规划，并与所属城市总体规划相适应。当暴雨发生时，能够将暴雨所产生的地面水流及时排出，而不发生地面积水现象。

物流配送中心如需建设供热设施，应符合《城镇供热管网设计标准》（CJJ/T 34—2022）的规定要求。如需建设燃气设施，应符合《城镇燃气设计规范（2020 版）》（GB 50028—2006）的规定要求。

物流配送中心各种基础设施的地下管线敷设，应符合《城市工程管线综合规划规范》（GB 50289—2016）的规定要求。

在物流配送中心内，应适当分配绿色户外空间，以创造良好的工作环境。

看图学物流

图 5-1 所示的情况不符合哪些规范？若对一个物流配送中心来说，出现这种情况将会带来哪些问题？

图 5-1　某单位雨后情况

5.2 作业区域的规划与设计

5.2.1 进出货作业区域的规划与设计

进出货作业区域规划与设计的主要内容是进出货平台（收发站台、月台或码头）的规划与设计。进出货平台主要包括进货平台、出货平台及进出货共用平台。进货平台是物品的入口，出货平台是物品的出口。进出货平台的基本作用是：提供车辆的停靠、物品的装卸暂存。利用进出货平台能方便地将货物卸载或装入车厢。

物流配送中心的典型进出货平台如图 5-2 所示。

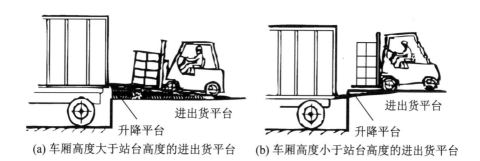

(a) 车厢高度大于站台高度的进出货平台 　　 (b) 车厢高度小于站台高度的进出货平台

图 5-2 物流配送中心的典型进出货平台

进出货平台的规划与设计通常包括进出货平台的位置关系分析、平台形式设计、停车遮挡形式设计，以及平台宽度、长度和高度的设计等内容。

1. 进出货平台的设计原则

（1）进出货平台位置能使车辆快速安全地进出物流配送中心，不产生交叉会车。

（2）进出货平台尺寸须尽可能兼顾主要车型。

（3）进出货平台设备须使作业人员能安全地装卸货物。

（4）规划进出货平台内部暂存区，使货物能有效地在进出货平台与仓储区之间移动。

2. 进出货平台的位置关系

进货平台与出货平台的位置关系将直接影响物流配送中心进出库效率、作业的差错率、内部物流动线等。两者的位置关系有以下几种。

（1）进出货共用平台，如图 5-3 所示。这种形式可以提高空间和设备的利用率，但管理困难，特别是在进出货的高峰期容易造成进货与出货相互影响的不良后果。

（2）进出货平台不共同使用，但两者相邻，如图 5-4 所示。这种形式使进货作业和出货作业的空间分开，进出货作业不会相互影响，虽然空间利用率较低，但设备仍然可以共用。这种安排方式适于物流配送中心空间较大，进货和出货容易互相影响的情况。

图 5-3 进出货共用平台

图 5-4 进出货平台不共同使用，但两者相邻

（3）进出货平台相互独立，两者不相邻，如图 5-5 所示。这种形式的进货平台和出货平台不相邻，进出货作业空间独立，且设备不共用。这种安排使进货与出货迅速、顺畅，但空间及设备的利用率降低。

（4）多个进出货平台，如图 5-6 所示。如果物流配送中心的空间足够大，同时货物进出量大且作业频繁，则可规划多个进货平台及出货平台以满足需求。

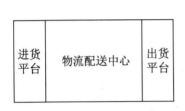

图 5-5 进出货平台相互独立，两者不相邻

图 5-6 多个进出货平台

3．进出货平台形式

（1）按照平台形状，进出货平台可以分为锯齿形平台和直线形平台两种。锯齿形平台的优点是车辆旋转纵深较小；缺点是装卸货作业的自由度较小，占用物流配送中心内部空间较大，装卸货布置复杂，在相同的平台长度情况下，锯齿形车位布置较少，如图 5-7 所示。直线形平台的优点是装卸货作业自由度较大，占用物流配送中心内部空间较小，装卸货布置简单，在相同的平台长度情况下，直线形车位布置较多；缺点是车辆旋转纵深较大，如图 5-8 所示。

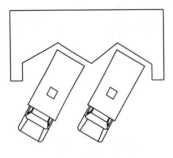

图 5-7 锯齿形平台

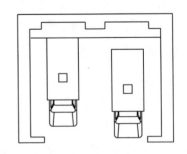

图 5-8 直线形平台

究竟选择哪种形式的进出货平台，可根据进出货特点和场地情况而定。在土地没有特殊要求时，尽量选用直线形平台；同时，从有利于物流作业和进出货安排的角度来考虑，选择直线形平台也更好一些。

（2）按照平台高度，进出货平台可以分为高站台（平台式）和低站台（地面式）两种。高站台的优点是利于装卸作业，泥土和雨水不易浸入站台；缺点是造价稍高。低站台的优点是可以在后面与侧面进行装卸作业，对重量大物品的装卸作业较为方便；缺点是作业动线交错，人力装卸作业比较困难，泥土和雨水容易浸入站台。

选择高站台还是低站台，主要取决于物流配送中心的环境、进出货的空间、运输车辆的种类和装卸作业的方法。一般来说，建议选择高站台。

4. 进出货平台停车遮挡形式

在设计进出货平台时，除了考虑效率和空间，还应考虑遮阳（雨）的问题，因为许多物品对潮湿或阳光直射特别敏感，尤其是设计车辆和平台之间的连接部分时，必须考虑如何防止大风吹入或雨雪飘入物流配送中心。此外，还应该避免空调的冷暖气外溢和能源损失。为此，需要对停车遮挡进行设计，停车遮挡有以下 3 种形式。

（1）内围式，如图 5-9 所示。把平台围在物流配送中心内部，车辆可直接进入内部装卸货。其优点是安全、不怕风吹雨打及冷暖气外溢。

（2）齐平式，如图 5-10 所示。平台与物流配送中心侧边齐平。其优点是整个平台仍在物流配送中心内部，可避免能源浪费；此种形式造价较低，目前被广泛采用。

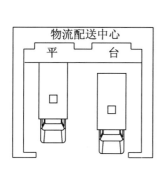

图 5-9 内围式

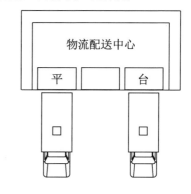

图 5-10 齐平式

（3）开放式，如图 5-11 所示。平台全部在物流配送中心之外，平台上的物品完全没有遮掩，物流配送中心内冷暖气容易外溢。

5. 进出货平台宽度

进货时的物品一般要经过拆装、理货、检查与暂存等作业工序，才能进入后续作业。为此，在进出货平台上应留有一定的空间作为暂存区/理货区。为了保证装卸货的顺利进行，进出货平台需要升降平台（站台登车桥）等连接设备配合。连接设备分为以下两种。

（1）活动连接设备，宽度为 1~2.5m。

（2）固定连接设备，宽度为 1.5~3.5m。

为使车辆及人员进出畅通，在暂存区/理货区与连接设备之间应有出入通道。图 5-12 所示为暂存区/理货区、连接设备和出入通道的布置形式及宽度设计图。

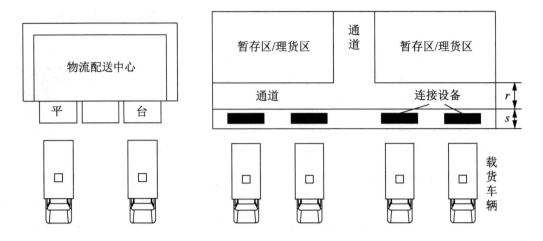

图 5-11 开放式　　　图 5-12 暂存区/理货区、连接设备和出入通道的布置形式及宽度设计图

通常，通道宽度（r）为 2.5~4m。由此可见，进出货平台宽度 w 应为

$$w = s + r \tag{5-1}$$

6. 进出货车位数与平台长度

以进货为例，若平台进货时间每天按 kh 计算。根据物流配送中心的规模，设进货车台数 N 和卸货时间见表 5-1。

表 5-1 进货车台数和卸货时间

货 态	进货车台数/辆			卸货时间/min		
	车吨位			车吨位		
	11t 车	4t 车	2t 车	11t 车	4t 车	2t 车
托盘进货	N_1	N_2	—	t_1	t_2	—
散装进货	N_3	N_4	N_5	t_3	t_4	t_5

设进货峰值系数为 s，要求在 kh 内将进货车辆卸货完毕，设所需车位数为 n，则

$$n = \frac{(t_1 \times N_1 + t_2 \times N_2 + t_3 \times N_3 + t_4 \times N_4 + t_5 \times N_5) \times s}{60 \times k} \tag{5-2}$$

若每个车位宽度为 w m，进货平台共有 n 个车位，如图 5-13 所示，则平台长度为

$$L = n \times w \text{（m）}$$

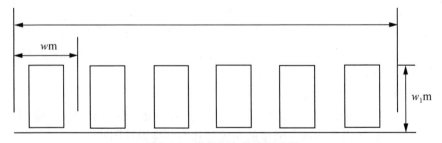

图 5-13 进货平台长度设计图

设进货大厅宽度为 w_1m，则进货大厅总面积为

$$A = L \times w_1 \quad (\text{m}^2) \tag{5-3}$$

【例 5-1】根据某物流配送中心的规模，预计每天进货时间为 3h，进货车辆数和卸货时间为：11t 车，托盘进货，进货 12 辆，每车的卸货时间为 25min；11t 车，散装进货，进货 6 辆，每车的卸货时间为 40min；4t 车，托盘进货，进货 20 辆，每车的卸货时间为 18min；4t 车，散装进货，进货 8 辆，每车的卸货时间为 25min；设进货峰值系数为 1.4，每个车位宽度为 4m。试计算进货平台的长度。

解：进货所需车位数为

$$n = \frac{(25 \times 12 + 40 \times 6 + 18 \times 20 + 25 \times 8) \times 1.4}{60 \times 3} \approx 8.6 \ (\text{个})$$

取整为 $n=9$，即需 9 个车位，则进货平台长度为

$$L = n \times 4 = 9 \times 4 = 36 \quad (\text{m})$$

7. 进出货平台高度

对于高站台而言，进出货平台高度主要取决于运输车辆的车厢高度。对于不同的车型，运输车辆车厢高度是不一样的，即使同种车型，其生产厂家不同，车厢高度也有所区别。此外，对于同一辆车来说，重载和空载时车厢高度也略有不同。

下面分两种情况来讨论如何确定平台高度。

1）车型基本不变

物流配送中心如果只选定使用频率较高的厂家的几种车型，则可由主车型车辆空载时的车厢高度与满载时车厢下降高度的差值来决定平台高度。满载时，大型车辆车厢高度将下降 100mm～200mm。

【例 5-2】某物流配送中心进货主要用 L 汽车制造公司生产的 11t 运输车，其空载时的车厢高度为 1 380mm，满载时的车厢高度下降 100mm～200mm，为了安全起见，取下降值为 100mm，则平台高度为多少？

解：

$$H = 1\ 380 - 100 = 1\ 280 \quad (\text{mm})$$

取 $H = 1\ 300$mm。

2）车型变化较大

车型变化较大时，车厢高度变化范围也相应较大。为了适应各种车厢高度车辆装卸货的需要，就必须通过升降平台来调整高度。通常，平台高度 H 值为最大车厢高度与最小车厢高度的平均值。升降平台踏板的倾斜角根据叉车的性能略有差异。通常按倾斜角不超过 15°来设计升降平台长度。

平台高度为

$$H = \frac{H_1 + H_2}{2} \tag{5-4}$$

升降平台长度为

$$A = \frac{(H_2 - H_1)/2}{\sin \theta} \tag{5-5}$$

式中，H_1 为满载时车厢最低高度；H_2 为空载时车厢最高高度；θ 为升降平台踏板倾斜角。

【例 5-3】 某物流配送中心出货平台所用车辆全部为 6t 以下车型。由车辆参数可知：车厢最低高度为 600mm，车厢最高高度为 1 200mm；在满载条件下，车厢高度下降 100mm，倾斜角为 15°。试计算平台高度和升降平台长度。

解： 满载时车厢最低高度为

$$H_1=600-100=500（mm）$$

空载时车厢最高高度为

$$H_2=1\ 200\text{mm}$$

平台高度为

$$H=\frac{500+1\ 200}{2}=850（mm）$$

升降平台长度为

$$\begin{aligned}A&=\frac{(H_2-H_1)/2}{\sin\theta}\\&=\frac{(1\ 200-500)/2}{\sin 15°}\\&\approx\frac{350}{0.258\ 8}\\&\approx 1\ 352（mm）\end{aligned}$$

取 A=1 400mm。

5.2.2　仓储作业区域的规划与设计

1. 仓储系统的构成

物流配送中心的仓储系统主要由仓储空间、物品、人员及物流设备等要素构成。

1）仓储空间

仓储空间是物品的保管空间。仓储作业区域的规划与设计必须考虑到空间大小、立柱排列、梁下高度、通道宽度、设备回转半径等基本规划要素，再配合其他相关因素的分析，方可做出完善的设计方案。

2）物品

物品是物流配送中心仓储系统重要的组成要素之一。物品的特性、物品在仓储空间的摆放方式及物品的管理和控制是仓储系统需要解决的关键问题。

对物品可从以下几个方面进行分析。

（1）供应商：物品是由哪些供应商进行采购，有无行业特性及影响等。

（2）物品特性：物品的体积、重量、单位、包装、周转率、季节性分布，以及物理性质（腐蚀或溶化等）、温湿度要求、气味影响等。

（3）数量：生产量、进货量、库存量、出货量等。

（4）进货时效：采购提前期、采购作业的特殊需求等。

（5）品项：种类类别、规格大小等。

物品在仓储空间摆放的影响因素包括以下几个方面的内容。

（1）储存单位：是单品、箱、托盘，还是其他特殊单位。
（2）储存策略：是定位存储、随机存储、分类存储，还是分类随机存储。
（3）储位指派原则：商品相关原则、周转率为基础的原则、先进先出原则。
（4）其他因素：物品特性、补货方便性、在库时间、物品互补性等。

物品摆放好后，就要做好有效的在库管理，随时掌握库存状态，了解其品项、数量、位置、出入库状况等信息。

3）人员

人员包括库管人员、拣货人员、补货人员和搬运人员等。库管人员负责管理及盘点作业，拣货人员负责拣选作业，补货人员负责补货作业，搬运人员负责入出库等相关作业。

4）物流设备

除了上述 3 项基本要素，另外一个关键要素是储存设备、搬运与输送设备，即当物品储存而不是直接堆叠在地面上时，必须考虑相关的托盘、货架等。而当人员不是以手工操作时，则必须考虑使用笼车、叉车、输送机等搬运与输送设备。

2. 储位管理

储位管理就是对物流配送中心的储位空间进行合理规划与分配，对储位进行编码，对各储位所储存的物品数量进行监控及对质量进行维护等一系列管理工作的总称。它主要包括仓储空间的规划与分配、储位指派、储位编码、储位存货数量控制、储位盘点等工作。

通过合理的储位管理，可以达到以下效果。

（1）平衡作业人员的工作量及缩短作业周期。
（2）降低货物破损的概率，减少作业人员受到伤害的可能性。
（3）提高空间利用率，推迟或避免再建设的投资。
（4）将容易混淆的货物分配到不同的拣选作业区域，提高拣货准确率。
（5）按合理的拣货顺序放置货物，减少拣货人员数量。

3. 储存策略

储存策略是决定货物在储存区域存放位置的方法或原则。

1）定位储存

定位储存是指每类货物都有固定的储位，货物在储存时不可互用储位。在采用这一储存策略时，要求每类货物的储位容量必须大于其可能的最大在库量。

（1）定位储存的优点。

① 储位能被记录、固定和记忆，便于提高作业效率。
② 储位按周转率高低来安排，缩短出入库搬运距离。
③ 针对不同货物特性安排储位，将货物之间的不良影响降到最低。

（2）定位储存的缺点。需要较大的仓储空间，影响物流配送中心及设施的利用率。

2）随机储存

随机储存是指根据库存货物及储位使用情况，随机安排和使用储位，每种物品的储位可随机改变。

（1）随机储存的优点。储位可以共用，仓储空间的利用率高，因此只需按所有库存物品最大在库量进行储位设计即可。

(2) 随机储存的缺点。
① 增加货物出入库管理及盘点工作的难度。
② 储位不易于记忆、货物难于查找。
③ 周转率高的货物可能被储存在远离出入口的储位上，增加出入库搬运的工作量。
④ 有些可能发生物化反应的货物相邻存放，可能会造成货物的损坏变质或发生危险。

3) 分类储存

分类储存是指所有货物按一定特性加以分类，每一类货物固定其储存位置，同类货物不同品种又按一定的规则来安排储位。分类储存考虑的主要因素有：物品相关性大小，物品周转率高低，物品体积、重量及物理、化学、机械性能等因素。分类储存主要适用于三种情况：第一，相关性大，经常被同时订购的货物；第二，周转率差别大的货物；第三，体积、重量相差大的货物。

(1) 分类储存的优点。
① 便于按周转率高低来安排存取，具有定位储存的各项优点。
② 分类后各储存区域再根据货物的特性选择储存方式，有利于货物的储存管理。

(2) 分类储存的缺点。
① 储位必须按各类物品的最大在库量进行设计，因此储区空间利用率低于随机存储。
② 分类储存较定位储存有弹性，但也有与定位储存相同的缺点。

4) 分类随机储存

分类随机储存是指每类货物具有固定储位，但各储区每个储位的安排是随机的。因此，分类随机储存兼有定位储存和随机储存的特点。

5) 共同储存

共同储存是指在确定了各类货物进出储位的具体时间的前提下，不同的货物共用相同的储位。这种储存方式在管理上比较复杂，但仓储空间及搬运时间却更为经济。

4. 储位编码

为了方便记忆和记录各个储位，需要对储位进行编码。

1) 储位编码的功能

(1) 保证储位资料的正确性，供计算机有效识别，方便计算机处理分析。

(2) 提供物品的储存位置信息，提高物品进出、上架、拣选、调仓、移仓、盘点和查询等操作的工作效率。

(3) 及时了解储存空间的信息，方便掌握和控制货物的库存量，防止因货物乱放、堆置而导致过期、报废。

2) 储位编码的方法

(1) 区段方式。把仓储区域分割为几个区段，再对每个区段编码。此种编码方式是以区段为单位的，每个号码所代表的储位区域很大，因此适用于容易单元化且量大的物品。通常，物品以平均库存量大小来决定其所占的区段大小，以进出货频率来决定其位置顺序。区段方式编码示意图如图 5-14 所示。

(2) 品项类别方式。把具有相关性的物品进行集合，分成不同的品项类别，再对每个品项类别进行编码。此种编码方式适用于品牌差异较大的物品，如服饰、五金等物品。

(3) 地址式。利用仓储作业区域中的现成参考单位，如建筑物第几栋、区段、排、行、层、格等，依照其相关顺序进行编码。由于其储位体积所限，仅适合一些量少或单价高的物品储存使用，如 ABC 分类中的 C 类货品。例如，10-5-7，表示第 10 区，第 5 个储位，第 7 号物品。地址式编码示意图如图 5-15 所示。

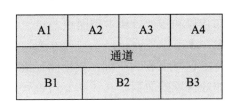

图 5-14　区段方式编码示意图

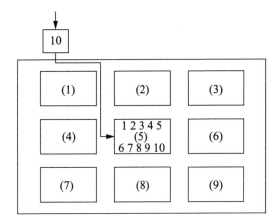

图 5-15　地址式编码示意图

（4）坐标式。利用空间概念来编码储位。此种编码方式对每个储位定位切割细小，在管理上比较复杂，适用于流通率较小、要长时间存放的货物，也就是一些生命周期较长的货物。坐标式编码示意图如图 5-16 所示。

由于储存物品特性不同，所采取的储位编码方式也不同，在选择编码方式时可依据保管物品的储存量、流动率、仓储空间布置及所使用的储存设备。

5. 仓储作业区域的规划与设计

1）仓储空间的构成

仓储空间是物流配送中心以保管为功能的空间。仓储空间包括物理空间、潜在的可利用空间、作业空间和无用空间（死空间），如图 5-17 所示。

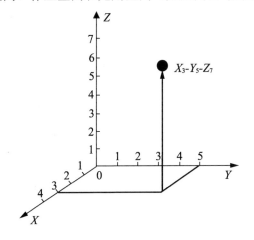

图 5-16　坐标式编码示意图

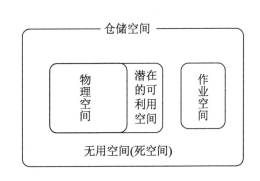

图 5-17　仓储空间

（1）物理空间：货物实际占用的空间。

(2) 潜在的可利用空间：仓储空间中没有充分利用的空间，一般物流配送中心有10%~30%的潜在的可利用空间可加以利用。

(3) 作业空间：为了作业活动顺利进行所必备的空间，如作业通道、货物之间的安全间隙等。

(4) 无用空间（死空间）：不能被储物利用的空间，如存放消防器材和安装监控线路等空间。

2）仓储作业区域面积需求估算

仓储作业区域的面积分为建筑面积、有效面积和实用面积。其中，建筑面积是指墙体所围成的面积；有效面积是指墙线所围成的可供使用的面积，如果设有立柱，应减去立柱所占的面积；实用面积是指存放物品所占用的实际面积，即货垛和货架等所占用面积之和。

计算物流配送中心仓储作业区域面积的方法有很多，本章主要介绍以下几种方法。

(1) 比较类推法。此方法是以已建成的同类仓储作业区域面积为基础，根据储存量增减的比例关系，加以适当的调整，最后推算出所求仓储作业区域的面积。其计算公式如下

$$D = D_0 \times \frac{Q}{Q_0} \times k \tag{5-6}$$

式中，D为拟建物流配送中心仓储作业区域面积；D_0为已建成的同类物流配送中心仓储作业区域面积；Q为拟建物流配送中心仓储作业区域的最高储存量；Q_0为已建成的同类物流配送中心仓储作业区域的最高储存量；k为调整系数，当已建成的同类物流配送中心仓储作业区域面积有富余时，其取值小于1；面积不足够时，其取值大于1。

【例5-4】某拟建物流配送中心的仓储作业区域预计最高储存量为20 000托盘。现已知另一个同类物流配送中心的仓储作业区域面积为45 000m²，最高储存量为15 000托盘；从运用情况看，仓储作业区域还有较大的潜力，储存能力未得到充分发挥，此时取$k=0.9$。据此推算拟建物流配送中心仓储作业区域的面积。

解：已知$D_0=45\,000$m²，$Q=20\,000$托盘，$Q_0=15\,000$托盘，$k=0.9$，代入式（5-6），可得

$$D = D_0 \times \frac{Q}{Q_0} \times k = 45\,000 \times \frac{20\,000}{15\,000} \times 0.9 = 54\,000\ (\text{m}^2)$$

即拟建物流配送中心仓储作业区域的面积为54 000 m²。

(2) 定额计算法。此方法是利用仓储作业区域有效面积的单位面积储存定额来计算物流配送中心仓储作业区域面积。其计算公式如下

$$D = \frac{Q}{N_d} \times \frac{1}{\alpha} \tag{5-7}$$

式中，D和Q的含义同"比较类推法"；N_d为物流配送中心仓储作业区域单位面积储存定额（t/m²）；α为仓储作业区域有效面积的利用系数，为实际面积与有效面积的比值。

【例5-5】某拟建物流配送中心的仓储作业空间预计最高储存量为1 500t，单位面积储存定额为3t/m²，有效面积的利用系数为0.4。据此推算新建物流配送中心仓储作业区域的面积。

解：已知$Q=1\,500$t，$N_d=3$t/m²，$\alpha=0.4$，代入式（5-7），可得

$$D = \frac{Q}{N_d} \times \frac{1}{\alpha} = \frac{1500}{3} \times \frac{1}{0.4} = 1\,250\ (\text{m}^2)$$

即拟建物流配送中心仓储作业区域的面积为1 250 m²。

资料卡

仓储作业区域面积计算指标见表 5-2。

表 5-2 仓储作业区域面积计算指标

物流配送中心类型	平均储备期（T）/天	单位面积储存定额（N_d）/（t/m²）	有效面积利用系数（α）
金属材料库	90～120	1.0～1.5	0.4
配套件库	45～75	0.6～0.8	0.35～0.4
协作件库	30～45	0.8～1.0	0.4
油化库	45～60	0.4～0.6	0.3～0.4
铸工辅料库	45～60	1.5～1.8	0.4～0.5
五金辅料库	69～90	0.5～0.6	0.35
中央工具库	69～90	0.6～0.8	0.3
中央备件库	69～90	0.5～0.6	0.35～0.4
建筑材料库	45～60	0.5～0.9	0.35～0.4
氧气瓶库	15～30	16 瓶/m²	0.35～0.4
电石库	30～45	0.6～0.7	0.35～0.4
成品库	15～30	—	—

（3）荷重计算法。此方法是在定额计算法的基础上，考虑了物品平均储存时间和物流配送中心年有效工作天数两个因素后计算仓储作业区域面积，是一种常用的方法。其计算公式如下

$$D = \frac{QT}{T_0 N_d} \times \frac{1}{\alpha} \tag{5-8}$$

式中，D 和 Q 的含义同"比较类推法"；N_d 和 α 的含义同"定额计算法"；T 为物料平均储备期（天）；T_0 为年有效工作天数。

（4）直接计算法。此方法是直接计算货垛或货架占用的面积，全部通道占用的面积，最后把跺距、墙距和柱距所占面积相加求出总面积。其计算公式如下

$$D = D_1 + D_2 + \cdots + D_m = \sum_{i=1}^{m} D_i \tag{5-9}$$

一般物流配送中心内的柱距为 0.1～0.3m，墙距为 0.3～0.5m。

因为仓储作业区域的规划与具体的储存策略和方式密切相关，下面介绍几种物品的储存方式及其对应的作业区域面积需求的计算方法。

（1）**托盘平置堆码**。此储存方式是指将物品码放在托盘上，然后以托盘为单位直接平放在地面上，具体形式如图 5-18 所示。如果物流配送中心的货物多为大量出货，且物流配送中心面积充足，现代化程度不高，货物怕重压，则可考虑托盘平置堆码的方式。在这种储存方式下，计算仓储作业区域的理论面积需要考虑的因素有货物的数量和尺寸、托盘的尺寸、安全系数等。

5-5 实物图

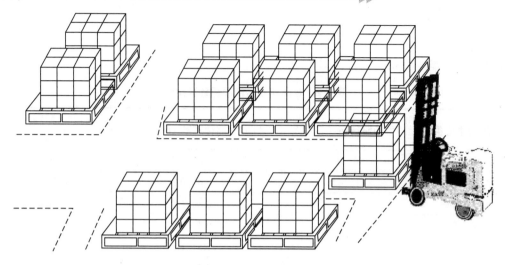

图 5-18 托盘平置堆码

假设托盘的尺寸为 $L \times W$，由货物尺寸、托盘尺寸和码盘的层数计算出平均每个托盘堆码货品箱数 N，若物流配送中心的平均库存量为 Q，安全系数为 S_f，则仓储作业区域的理论面积需求（D）为

$$D = \frac{\text{平均库存量}}{\text{平均每个托盘堆码货品箱数}} \times \text{安全系数} \times \text{托盘尺寸} = \frac{Q}{N} \times S_f \times (L \times W) \quad (5\text{-}10)$$

仓储作业区域的实际面积需求还需考虑搬运设备存取作业所需的通道面积。若以一般中枢通道配合作业区域通道进行规划与设计，则通道面积占全部面积的 30%～35%，故仓储作业区域的实际面积最大需求（A）为

$$A = \frac{D}{1-35\%} \approx 1.54D \quad (5\text{-}11)$$

【例 5-6】某物流配送中心的托盘尺寸为 1.2m×1.0m，而其平均库存量为 300 箱，安全系数为 1.2，平均每个托盘可堆码 20 箱，通道面积占全部面积的 30%～35%。求仓储作业区域的实际面积最大需求。

解：已知 Q=300 箱, N=20 箱/托盘, S_f=1.2, $L \times W$=1.2m×1.0m，将相关数据代入式（5-10）和式（5-11），可得

$$A = \frac{\frac{Q}{N} \times S_f \times (L \times W)}{1-35\%} = \frac{\frac{300}{20} \times 1.2 \times (1.2 \times 1.0)}{65\%} \approx 33.23 \text{（m}^2\text{）}$$

即仓储作业区域的实际面积最大需求为 33.23m²。

5-6 实物图

（2）托盘多层堆码。此储存方式是将物品码放在托盘上，然后以托盘为单位进行多层码放，即托盘货物上面继续码放托盘货物，具体形式如图 5-19 所示。如果物流配送中心的货物多为大量出货，且物流配送中心面积不算太充足，货物不怕重压，可用装卸搬运工具码放多层，则可考虑使用托盘多层堆码的方式。在这种储存方式下，计算仓储作业区域的理论面积需要考虑的因素有货物的数量和尺寸、托盘的尺寸、可堆码的层数、安全系数等。

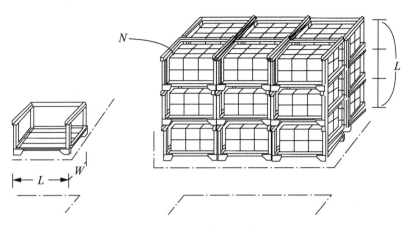

图 5-19 托盘多层堆码

假设托盘尺寸为 $L \times W$，由货物尺寸、托盘尺寸和码盘的层数可计算出平均每个托盘堆码货品箱数 N，托盘在仓储作业区域可堆码 S 层，若物流配送中心的平均存货量为 Q，安全系数为 S_f，则仓储作业区域的理论面积需求（D）为

$$D = \frac{平均库存量}{平均每个托盘堆码货品箱数 \times 托盘可堆码层数} \times 安全系数 \times 托盘尺寸 = \frac{Q}{N \times S} \times S_f \times (L \times W)$$

(5-12)

实际仓储作业区域面积还需考虑搬运设备存取作业所需的通道面积。而此时作业通道面积占全部面积的 35%～40%，故仓储作业区域的实际面积最大需求（A）为

$$A = \frac{D}{1-40\%} \approx 1.67D$$

(5-13)

【例 5-7】某物流配送中心的托盘尺寸为 1.2m×1.0m，而其平均库存量为 300 箱，每个托盘平均可堆码 20 箱，可堆码 2 层，安全系数为 1.2，通道面积约占全部面积的 40%。求仓储作业区域的实际面积最大需求。

解： 已知 Q=300 箱，N=20 箱/托盘，$L \times W$=1.2m×1.0m，S=2 层，S_f=1.2，将相关数据代入式（5-12）和式（5-13），可得

$$A = \frac{\frac{Q}{N \times S} \times S_f \times (L \times W)}{1-40\%} = \frac{\frac{300}{20 \times 2} \times 1.2 \times (1.2 \times 1.0)}{60\%} = 18 \text{（m}^2\text{）}$$

即仓储作业区域的实际面积最大需求为 $18m^2$。

（3）托盘货架储存。此储存方式是将物品码放在托盘上，再将托盘放入货架。以这种方式存放物品时，有粗略计算和精确计算两种求解面积需求的方法。

① 粗略计算。该计算方法忽略了物品存放时彼此的空隙、层与层之间的距离、每层物品之间的距离，因此，计算结果小于实际的面积需求。此时仓储作业区域的理论面积需求可按下式计算

$$D = \frac{平均库存量}{平均每个托盘堆码货品箱数 \times 货架层数} \times 安全系数 \times 托盘尺寸 = \frac{Q}{N \times S} \times S_f \times (L \times W)$$

(5-14)

② 精确计算。该方法考虑了货架存放物品时的两大特点：一个是区块分布；另一个是物品存放时彼此之间有空隙。

考虑区块分布特点：由于货架系统具有区域特性，每区都由两排货架及存取通道组成，因此需由基本托盘占地面积换算成货架占地面积再加上存取通道面积，才是实际所需的仓储作业区域面积。其中，存取通道宽度需视叉车是否做直角存取或仅是通行而异。储存货架的区域面积计算，以一个货格为计算基准。图 5-20 所示为使用托盘货架储存的俯视图。

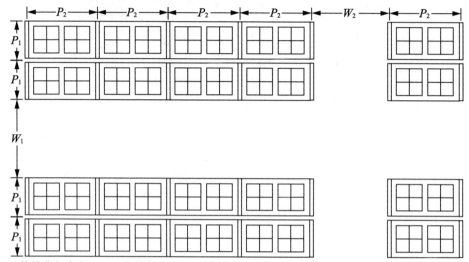

P_1—单排货架宽度；P_2—货格长度；W_1—货叉直角存取的通道宽度；W_2—货架区侧向通道宽度

图 5-20 使用托盘货架储存的俯视图

货架使用平面面积为

$$A = (P_1 \times 4) \times (P_2 \times 5) = 20 P_1 P_2 \tag{5-15}$$

货架使用平面总面积为

$$B = 货架使用平面面积 \times 货架层数 = A \times L \tag{5-16}$$

仓储作业区域平面面积为

$$\begin{aligned} S &= 货架使用平面面积 + (叉车通道面积 + 侧向通道面积) \\ &= A + [W_1 \times (5P_2 + W_2) + (2P_1 \times W_2 \times 2)] \end{aligned} \tag{5-17}$$

考虑空隙特点：一般情况下，货架一个货格可存放两个托盘货，并保留一定的存取作业所需的空间。由图 5-21 所示的托盘货架储存空间示意图可以精确计算出货格长度 P_2 和单排货架宽度 P_1。

货格长度

$$P_2 = a + 2(b+c) + d \tag{5-18}$$

单排货架宽度（忽略了相邻两排货架的间隙尺寸）：

$$P_1 = j \tag{5-19}$$

图 5-21 所示的托盘需要搭在两根横梁上，托盘需要伸出货架两根横梁一定宽度 i。因此，可以计算得到货格宽度，即货格宽度 $=j-2i$。

（4）轻型货架储存。此储存方式是将零星、轻型、小件物品装在箱子内，再将箱子放入轻型货架。以此种方式存放物品时，仓储作业区域的理论面积需求为

$$D = \frac{Q}{N \times S} \times S_f \times (A \times B) \tag{5-20}$$

式中，$A \times B$ 为储位面积尺寸。

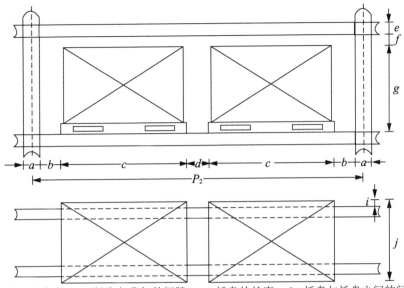

a—货架立柱宽度；b—托盘与货架的间隙；c—托盘的长度；d—托盘与托盘之间的间隙；
e—货架横梁的厚度；f—托盘物品顶部与货架横梁的间隙；g—托盘物品的高度（含托盘的高度）；
j—托盘的宽度；i—托盘伸出货架横梁的宽度

图 5-21 托盘货架储存空间示意图

【例 5-8】 某物流配送中心所用的轻型货架为 3 层，而估计每个储位面积尺寸为 2.0m×1.2m，平均每个储位可堆码 20 箱，其平均库存量为 600 箱，安全系数为 1.2。求仓储作业区域的理论面积需求。

解：已知 Q=600 箱，N=20 箱/储位，$A \times B$=2.0m×1.2m，S=3，S_f=1.2，将相关数据代入式（5-20），可得

$$D = \frac{Q}{N \times S} \times S_f \times (A \times B) = \frac{600}{20 \times 3} \times 1.2 \times (2.0 \times 1.2) = 28.8 \text{（m}^2\text{）}$$

即仓储作业区域的理论面积为 28.8m²。

（5）物品直接堆码。此存储方式是将物品直接码放在地面的衬垫材料上，由下向上一层紧挨着一层以一定的形状堆码成货垛。物品直接堆码示意图如图 5-22 所示。

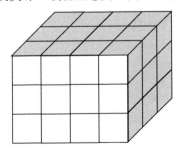

图 5-22 物品直接堆码示意图

以此方式堆码物品时，仓储作业区域的理论面积需求为

$$D = \frac{Q}{S} \times S_f \times (A \times B) \tag{5-21}$$

式中，S 为物品在仓储作业区域可堆码的层数，$A \times B$ 为单件物品的底面面积。

确定物品可堆码层数 S 时，需要考虑以下 3 个条件。

① 地坪不超重，即

$$可堆码层数=\frac{地坪单位面积最高负荷量}{物品单位面积质量}$$

$$物品单位面积质量=\frac{每件物品毛重}{该件物品底面面积}$$

② 货垛不超高，即

$$可堆码层数=\frac{物流配送中心仓储作业区域可用高度}{每件物品的高度}$$

③ 最底层物品承载力不超重，即

$$可堆码层数=\frac{底层物品允许承载的最大质量}{堆高物品单位质量}+1$$

在实际应用中，应取这 3 个数值中的最小值作为最终物品可堆码层数。

【例 5-9】某物流配送中心新进了一批木箱装的物品 300 箱，每箱毛重 60kg，箱底面积为 $0.6m^2$，箱高 0.5m，木箱上标志显示允许承受的最大质量为 240kg，地坪承载能力为 $1t/m^2$，仓储作业区域可用高度为 6m。求该批物品的可堆码层数和货垛占地面积。

解：

（1）地坪不超重

物品单位面积质量=60/0.6=100(kg/m^2)=0.1（t/m^2）

地坪不超重可堆码层数=1/0.1=10（层）

（2）货垛不超高

货垛不超高可堆码层数=6/0.5=12（层）

（3）最底层物品承载力不超重

最底层物品承载力不超重可堆码层数=(240/60)+1=5（层）

则取 3 个数值中的最小值，即

最大允许可堆码层数=min{10,12,5}=5（层）

货垛占地面积=(300/5)×0.6=36（m^2）

5.2.3 拣选作业区域的规划与设计

1. 拣选系统的含义及重要性

1）拣选作业和拣选系统

（1）拣选作业。拣选作业是依据订单要求或物流配送中心的送货计划，尽可能迅速、准确地将物品从其储位或拣选作业区域拣选出来，并按一定的方式进行分类和集中，等待配装送货的作业过程。

（2）拣选系统。拣选系统是由拣选单位、拣选作业方法、拣选策略、拣选信息、拣选设备、拣选人员和拣选作业区域等组成。

2）拣选系统的重要性

拣选作业的效率直接影响物流配送中心的作业效率和经营效益，是物流配送中心服务水平高低的重要标志。因此，如何在无拣选错误率的情况下，将正确的货品、正确的数量在正确的时间内及时配送给正确的客户,是拣选系统的最终目的和功能。要达到这一目的,必须根据订单的分析结果,确定所采用的拣选设备,组合一定的拣选策略,采取切实可行且高效的拣选方法提高拣选效率,避免拣选错误。

2. 拣选作业流程

拣选作业的基本流程如图 5-23 所示。

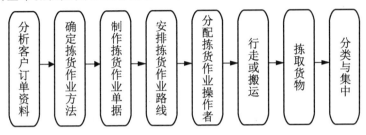

图 5-23 拣选作业的基本流程

1) 分析客户订单资料

通过对收集的客户订单资料进行分析,物流配送中心可以明确客户所订购物品的出货单位、数量、时间需求等相关信息。

2) 确定拣货作业方法

完成客户订单资料的分析之后,可以确定物流配送中心的拣货单位、拣货作业方法等。

3) 制作拣货作业单据

拣货作业单据中包括拣货单编号、客户编号、客户名称、订货日期、物品名称、储存区域和货位、数量等相关信息,以辅助进行拣选路线规划和提示拣选作业操作者完成相应的拣货作业操作。

4) 安排拣货作业路线

在制作完拣选作业单据后,货品的储位信息已经明确,可利用人工方式或计算机辅助方式完成拣选作业路线的安排。

5) 分配拣货作业操作者

结合拣选作业方法、拣选物品的种类和数量、拣货单位及储位管理策略,分配拣货作业操作者,以满足拣选作业需求。

6) 行走或搬运

拣选物品时,物品必须出现在拣货作业人员或设备面前才能完成拣取操作,可以通过以下三种方式实现。

(1) 人至物方式。拣货作业人员通过步行或搭乘拣选车到达物品拣选位置。该方式的特点是物品采取静态方式储存,如托盘货架、轻型货架等,拣货作业人员为移动方。

(2) 物至人方式。主要移动的一方为被拣选物品。拣货作业人员在固定的位置内作业,不需要去寻找物品的拣选位置。该方式的主要特点是物品采用动态方式储存,如旋转式货架、自动化立体仓库。

(3) 无人拣取方式。拣取的动作由自动化拣选设备负责,电子信息输入后自动完成拣取作业,无须人工介入。

7）拣取货物

当物品出现在拣货作业人员或设备面前时，接下来的动作便是抓取和确认。确认的目的是确定抓取的物品、数量是否与指示拣选的信息相同。实际作业中确认都是拣选作业人员读取物品名称与拣货单做比对。更先进的方法是利用无线传输终端机读取条形码，由计算机完成比对，或采用货品重量检测的方式。准确的确认动作可以大幅度降低拣选的错误率。

8）分类与集中

由于拣选方式的不同，拣取出来的货品依据订单进行分类与集中，拣选作业至此结束。

3. 拣选单位

（1）单品（B）。拣选的最小单位，单品可由箱中取出。

（2）箱（C）。由单品组成，可由托盘上取出。

（3）托盘（P）。由箱堆码而成，必须利用堆垛机或叉车等机械设备进行作业。

（4）体积大、形状特殊而无法按托盘、箱归类，或必须在特殊条件下作业者（T）。例如，大型家具、桶装油料、长杆形货物、冷冻货品等。

拣选单位是根据对订单分析出来的结果而确定的。如果订货的最小单位是托盘，则不需要以单品或箱为拣货单位。在分析物流配送中心的物流结构时，必须先确定拣选单位。图 5-24 所示为物流配送中心物流结构图。

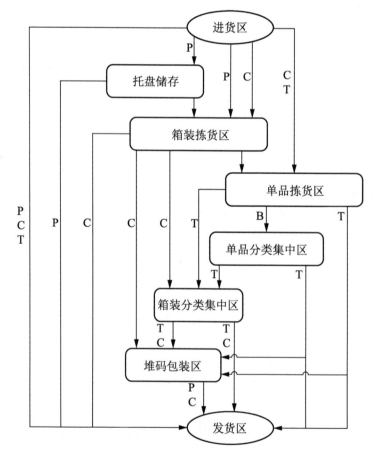

图 5-24　物流配送中心物流结构图

4. 拣选作业的分类和方法

1）拣选作业的分类

（1）按订单的组合方式，拣选作业可以分为按单拣选和批量拣选两种。

（2）按人员组合方式，拣选作业可以分为单独拣选和接力拣选两种。单独拣选是一个拣选作业人员持一张拣货单进入拣选区拣选货物，直至将拣货单中的内容完成；接力拣选是将拣选区分为若干个子区域，由若干个拣选作业人员分别操作，每个拣选作业人员只负责本区货物的拣选，携带一张拣货单的拣选小车依次在各子区域巡回，各区拣货作业人员按拣货单的要求拣选本区域储存的货物，一个区域拣选完转移至下一个区域，直至将拣货单中所列的货物全部拣选完成。

（3）按运动方式，拣选作业可以分为"人至物前"拣选和"物至人前"拣选。

（4）按拣选提示信息，拣选作业可以分为拣货单拣选、电子标签辅助拣选、RF 辅助拣选和自动拣选等。

2）拣选作业的方法

基本拣选作业方法有两种：按单拣选（Single Order Picking）和批量拣选（Batch Order Picking）。除了两种基本拣选作业方法，还包括整合按单拣选和复合拣选两种方法。

（1）按单拣选。

① 按单拣选作业原理。按单拣选（摘果式拣选）是根据每一个客户订单的要求，拣选作业人员或设备巡回于物流配送中心内的各个储存区或拣选区，按照订单所列的数量，直接到各个物品的储位将客户所订购的物品逐个取出，一次配齐一个客户订单的物品，然后集中在一起的拣选方式。按单拣选作业原理如图 5-25 所示。

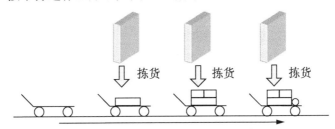

图 5-25　按单拣选作业原理

② 按单拣选作业方法的特点。

第一，按单拣选容易实施，且准确度较高，不易出错。

第二，可以根据客户需求的紧急程度，调整拣选的先后顺序。

第三，拣选完一个订单货物便配齐，可不落地而直接装上配送车辆，从而提高作业效率。

第四，客户数量不受限制，可在很大范围内波动。拣选作业人员也可随时调整，在作业高峰时，可以临时增加作业人员，有利于开展即时配送，提高物流服务水平。

第五，对机械化、自动化没有严格要求，不受物流设备水平限制。

③ 按单拣选方法的不同作业工艺要求。由于各物流配送中心业务量有大有小，物流设备水平不一，按单拣选应根据不同的物流设备条件分别采用不同的拣选作业方式。

第一，人力拣选作业方式。拣选作业由人与货架、集货装置（箱、托盘、手推车）配合完成全部拣选作业。在实施时，由人一次巡回或分段巡回于各货架之间，按单拣货直至配齐。

人力拣选可以与普通货架或拣选式货架配合。与普通货架配合，拣选路线较长，且补货和拣货是同一路线，补货和拣货容易发生冲突；与拣选式货架配合，拣选在一端进行，补货在另一端进行，且补货与拣货不冲突。

人力拣选主要适用领域：拣选量较少，拣选物的个体重量轻，且拣选物品体积不大，拣选路线不太长。如化妆品、文具、礼品、衣物、日用百货、书籍等。

第二，人+机动作业车拣选作业方式。车辆或台车载着拣选作业人员为一个客户或多个客户拣选，车辆上分装拣选容器，拣选的物品直接装入容器，拣选结束后，整个容器卸到指定货位或直接装载到配送车辆上。

这种拣选作业有时配以装卸工具，作业量更大，且在拣选过程中就进行了货物装箱或码托盘处理。由于利用机动作业车，拣选路线可稍长。

第三，人+传送带拣选作业方式。拣选作业人员固定在各货位面前，不进行巡回拣选，只在附近的几个货位进行拣选操作。在传送带运送过程中，拣选作业人员按拣选指令将货物放在传送带上，或置于传送带上的容器中，传送带运动到端点时便配货完毕。

由于拣选作业人员位置基本固定，可降低拣选作业人员巡回的劳动强度，劳动条件好，且每个拣货员只负责几种货物的拣选，拣货操作熟练、失误较少。这种拣选货物种类有限，一般只适用于和拣选式货架配合。

第四，拣选机械拣选作业方式。由自动拣货机或由人操作叉车，拣选台车巡回于高层货架间进行拣货，或者在高层重力式货架一端进行拣货。这种拣选方式一般是在标准货格中取出单元货物，以单元货物为拣货单位，再利用传送带或叉车、台车等装备集货配货，形成更大的集装货物单元或直接将拣货单位发货配送。

这种拣选方式可以让人力随车操作，也可通过操作计算机，使拣选机械自动寻址、自动取货。这种方式拣选货物的数量可以很大，一般是托盘货物。

第五，旋转式货架拣选作业方式。拣选作业人员和特殊的旋转式货架配合进行拣选。这种配合方法是：拣选作业人员拣选位置固定，按客户的配送单操纵旋转式货架旋转，待需要的货位旋转至拣选作业人员面前，则将所需的货物拣出，或同时将几个客户共同需要的货物拣出配货。这种方式介于拣选方式和分货方式之间，但主要是按单拣选。

这种拣选方式只适用于旋转式货架货格中能放入的货物。由于旋转式货架动力消耗大，所以只适合于仪表零件、药材、化妆品、药品等小件货物的拣选。

（2）批量拣选。

① 批量拣选作业原理。批量拣选（播种式拣选）是按照物品品种类别加总拣货，然后依据不同客户或不同订单分货。用这种方式拣选，首先将各客户共同需要拣选的一种物品集中搬运到配货场，然后取出每个客户所需要的物品数量，分别放到相应客户的货位中。一种物品配齐后，再按同样的方法配第二种物品，直至配货完成。批量拣选作业原理如图 5-26 所示。

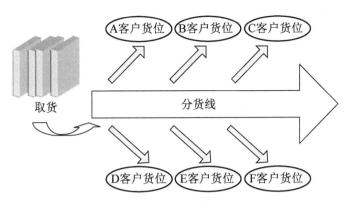

图 5-26 批量拣选作业原理

② 批量拣选作业方法的特点。

第一，由于是集中取出共同需要的货物，再按货物货位分放，这就需要在收到一定数量的订单后进行统计分析，安排好各客户的分货货位之后才能反复进行分拣作业。因此，这种方式难度较大，计划性较强，比按单拣选的错误率高。

第二，由于各客户的配送请求是同时完成的，可以同时对各客户所需的货物进行配送。因此，有利于合理调配车辆和规划配送路线，更好地发挥规模效益。

第三，对到来的订单无法作及时反应，必须等订单达到一定数量时才能做一次处理。因此，会有等待时间。只有确定合理的批量大小，才能将等待时间减至最低。

③ 批量拣选方式的不同作业要求。由于各物流配送中心业务量有大有小，装备水平不一，批量拣选应根据不同的装备条件分别采用不同的拣选作业方式。

第一，人力分货作业方式。在物品体积较小、重量很轻的情况下，可用人力或人力+手推车操作进行分货。其过程如下：分货作业人员从普通货架或拣选式货架一次取出若干客户共同需要的某种货物，然后巡回于各客户的集货货位，将货品按各客户的指定数量分放完成后，再集中取出第二种，如此反复直至分货完成。存货货架采取普通货架、重力式货架、旋转式货架或其他人工拣选式货架，所以货物一般是小包装或单品货物。人力分货方式适用于拣选药品、化妆品、小百货等。人力分货作业方式如图 5-27 所示。

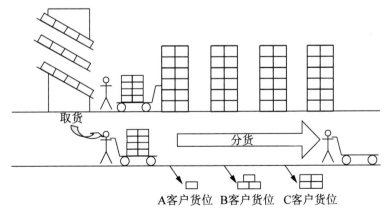

图 5-27 人力分货作业方式

第二，机动作业车分货作业方式。用台车、平板作业车可一次取出数量较多，体积和重量较大的货物，有时可借助叉车、堆垛机一次取出单元货物，然后由配货人员驾驶车辆巡回分放。在处理人工难以分放的货物时，作业车可选择带起重设备的作业车辆，各客户货位也可设置溜板、小传送带等方便装卸的设备。如果个别客户需求很大，或所需某种物品很大、很重，很难集中多个客户需求一次取出，在这种情况下一般不再选择分货方式，而采用按单拣选的方式。由于机动车辆机动性较强，可在取货处大范围巡回取货，因此取货端可采用一般仓库。

第三，传送带+人力分货作业方式。传送带一端与货物储存点相接，传送带主体和传送带另一端分别与各客户集货点相连。传送带运行过程中，由储存点一端集中取出各客户共需的货物置于传送带上，各配货员从传送带上取下该位置客户所需的货物，反复进行直至配货完成。传送带的取货端往往选择重力式货架，可设计在较短距离内取出多种货物的工艺，以减少传送带的安装长度。

第四，分货机自动分拣作业方式。目前，高水平的物流配送中心一般都以自动分拣机为主要设备。分拣机在一端集中取出所需的货物，随分拣机在传送带上运行，按计算机预先设定的指令，在与分支机构连接处自动打开出口，将货物送入分支机构，分支机构的终端是客户集货货位。有时，配送车辆便停留在分支机构的终端，所分的货物直接装入配送车辆，分拣完毕随即可进行配送。

第五，旋转式货架分货作业方式。旋转式货架可以看成是若干个分货机的组合，当客户不多、物品又适于旋转式货架储存时，可在旋转式货架的出货处，一边从货架中取货，一边向几个客户货位分货，直至分货完毕。

（3）整合按单拣选。此拣选方式主要应用于一天中每一订单只有一个品项的场合，为了提高配送的装载效率，故将某一地区的订单汇整成一张拣货单，做一次拣选后，集中捆包出库。

（4）复合拣选。复合拣选为按单拣选与批量拣选的组合运用，按订单品项、数量及出库频率，决定哪些订单适合按单拣选，哪些订单适合批量拣选。

5. 拣选信息

拣选信息源于客户订单，其主要目的是指示拣选操作者在既定的拣选方式下正确而迅速地完成拣选。因此，按拣选信息的传递方式，可以将拣选作业分为传票拣选、拣货单拣选、拣选标签拣选、电子标签辅助拣选、RF辅助拣选、IC卡拣选和自动拣选等不同方式。几类拣选作业方法的含义描述见表5-3。

表5-3 几类拣选作业方法的含义描述

拣选作业方法	含义描述
传票拣选	利用客户的订单或公司的交货单作为拣选指示
拣货单拣选	拣货单拣选是将原始的客户订单输入计算机后，进行拣货信息处理，输出拣货单，在拣货单的指示下完成拣选
拣选标签拣选	由打印机打印所需分拣的物品名称、位置、价格等信息的拣货标签，拣货标签的数量与分拣量相等，在拣选的同时将标签贴在物品上以便确认数量

续表

拣选作业方法	含义描述
电子标签辅助拣选	在每个货位安装数字显示器，操作计算机将订单信息传输给数字显示器，拣选人员根据数字显示器所显示的数字拣货，拣货完成后按"确定"按钮即完成拣选工作
RF 辅助拣选	利用掌上计算机终端、条形码扫描器及 RF 无线电控制装置的组合，将订单资料由计算机传输到掌上终端，拣选作业人员根据掌上终端指示的货位，扫描货位上的条形码，如果与计算机的拣货资料不一致，掌上终端就会发出警告声，直至找到正确的货位；如果与计算机的拣货资料一致，就会显示拣货数量，根据所显示的拣货数量拣货，拣货完成之后按"确定"按钮即完成拣选工作。拣选信息通过 RF 传回计算机同时更新库存数据
IC 卡拣选	利用拣选台车的车载计算机和条形码扫描器，将订单信息由计算机复制到 IC 卡上，拣选作业人员将 IC 卡插入拣选台车的车载计算机，根据其指示的货位，利用条形码扫描器扫描货位上的条形码，如果与拣选台车的车载计算机的拣货信息不一致，掌上终端就会发出警告声，直至找到正确货位；如果与计算机的拣货信息一致，就会显示拣货数量，根据所显示的拣货数量拣货，拣货完成之后按"确定"按钮即完成拣选工作。拣选信息通过 IC 卡传回计算机同时更新库存数据
自动拣选	分拣的动作由自动化的机器负责，电子信息输入后自动完成拣选作业，无须人工介入

6. 拣选策略

拣选策略是影响拣选作业效率的重要因素。决定拣选策略的 4 个因素为分区、订单分割、订单分批及分类。这 4 个因素交互运用，产生了多种拣选策略。

1）分区策略

分区是将拣选作业场地做区域划分。按划分原则的不同，分区有以下 4 种分类方法。

（1）按货物特性分区。按货物特性分区就是根据货物原有的特性，将需要特别储存搬运或分离储存的货物进行分区，以保证货物的品质在储存期间保持不变。

（2）按拣选单位分区。按拣选单位分区就是将拣选作业区按拣选单位划分，如箱装拣选区、单品拣选区、托盘拣选区等。其目的是使储存单位与拣选单位分类统一，以方便拣选与搬运单元化。一般来说，按拣选单位分区所形成的区域范围是最大的。

（3）按拣选方式分区。在不同的拣选单位分区中，按拣选方式和设备的不同，又可以分为若干区域，通常以货物 ABC 分类为原则，按出货量的大小和拣选次数的多少做 ABC 分类，然后选用合适的拣选设备和拣选方式，如图 5-28 所示。其目的是使拣选作业单纯一致，减少不必要的重复行走时间。在同一单品拣选区中,按拣选方式不同,又可分为台车拣选区和输送机拣选区等。

(4) 按工作分区。在相同的拣选方式下,将拣选作业区域再做划分,由一个人或一组固定的拣选作业人员负责拣选某区域内的货物。该策略的主要优点是拣选作业人员需要记忆的储位和移动距离减少,拣选时间缩短,还可以配合订单分割策略,运用多组拣选人员在短时间内共同完成订单的拣选,但要注意工作量平衡的问题。

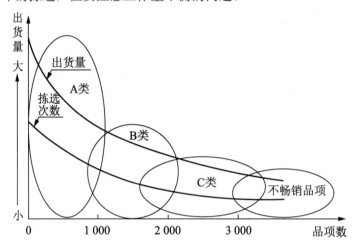

图 5-28　按拣选方式分区

2) 订单分割策略

将订单按拣选区域进行分解的过程称为订单分割。当客户订单上订购的货物品项较多,或拣选系统要求及时快速处理时,为使其能在短时间内完成拣选作业,可将订单分成若干子订单,并交由不同拣选区域同时进行拣选作业。

订单分割一般是与拣选分区相对应的,对于采用拣选分区的物流配送中心,其订单处理过程的第一步就是要按区域进行订单分割,各个拣选分区根据分割后的子订单进行拣选作业,各拣选区域的子拣选单完成后再进行订单的汇总。

3) 订单分批策略

订单分批是把多张订单集合成一批,进行批次拣选作业。其目的是缩短拣选平均行走搬运的距离和时间。若将每批次订单中的同品项货物加总后分拣,然后把货物分类给每一个客户订单,从而形成批量拣选,这样不仅缩短了拣选平均行走搬运的距离,也减少了重复寻找货位的时间,使拣选效率提高。订单分批主要有以下 4 种。

(1) 总合计量分批。合计拣选作业前,累计所有订单中每一货物品项的总量,再根据这一总量进行拣选,以使拣选路线最短。同时,储存区域的储存单位也可以单纯化,但需要有功能强大的分类系统来支持。这种分批方式适用于固定点之间的周期性配送,可以将所有的订单在当天中午前收集,下午做总合计量分批拣选单据的打印等信息处理,第二天上午进行拣选、分类等工作。

(2) 时窗分批。当从订单到达到拣选完成出货所需的时间非常紧迫时,可利用此策略开启短暂而固定的时窗,再将此时窗内所到达的订单做成一批,进行批量拣选。这种分批方式常与分区及订单分割联合运用,特别适合于到达时间短而平均的订单,且订购量和品项数不宜太大。图 5-29 所示为分区时窗分批拣选示意图,所开时窗长度为一小时。

各拣选区内利用时窗分批同步作业时，会因为分区工作量不平衡和时窗分批不平衡而产生作业等待，如能将这些等待时间缩短，则可以大大提高拣选效率。这种分批方式适合于密集频繁的订单，且能应付紧急插单的需求。

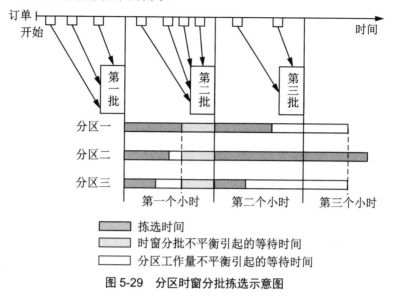

图 5-29 分区时窗分批拣选示意图

（3）固定订单量分批。按先进先处理的原则，当累计订单数量达到设定的固定量时再进行拣选作业。其适合于订单形态与时窗分批类似，但这种分批方式更注重维持较稳定的作业效率，处理速度较时窗分批慢。图 5-30 所示是分区固定订单量分批拣选示意图，固定订单为（FN=3），当进入系统的订单累计数达到 3 时，集合成一批进行分区批量拣选。

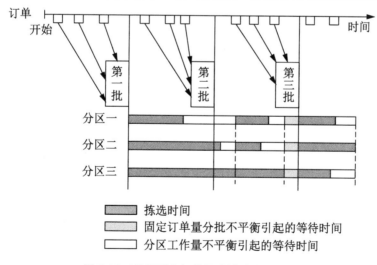

图 5-30 分区固定订单量分批拣选示意图

（4）智能型分批。智能型分批是将订单汇总后使用计算机进行处理，将拣选路线相近的订单分成一批同时处理，可大量缩短拣选作业行走搬运的距离。采用这种分批方式的物流配送中心通常将前一天的订单汇总，经计算机处理后，在当天下班前生成次日的拣货单据，因此对紧急插单作业处理较为困难。

除了以上分批方式，还有按配送地区、路线分批，车趟次、金额分批，或按货物内容种类特性分批等方式。

4）分类策略

当采用批量拣选作业时，货物拣选完毕后还必须进行分类，因此需要使用相互配合的分类策略。分类策略可以分成两种基本类型。

（1）拣选时分类。在拣选货物的同时将货物按各订单分类，这种分类方式常与固定订单量分批或智能型分批方式联用。因此，需要使用计算机辅助拣选台车作为拣选设备，以加快拣选速度，同时避免发生错误。该分类方式适合少量多样的场合，且因为拣选台车不能太大，所以每批次的客户订单量不宜过大。

（2）拣选后集中分类。分批按批量合计拣选后再集中分类，一般有两种分类方法：一种是以人工作业为主，将货物总量搬运到空地上进行分发，而每批次的订单量及货物数量不宜过大，以免超出人员负荷；另一种是利用分类输送机进行集中分类，这是比较自动化的作业方式。当订单分割越细，分批批量品项越多时，后一种方式的效率越高。

7. 拣选设备

拣选作业过程中用到的物流设备相当多，有储存设备、搬运设备、分类设备、信息处理设备等。下面按拣选方式的不同对拣选作业过程用到的物流设备进行简要介绍。

1)"人至物前"的拣选设备

（1）静态储存设备，包括托盘货架、轻型货架、储柜、重力式货架、高层货架、阁楼式货架等。静态储存设备适用的物品储存单位与拣选单位见表5-4。

表5-4 静态储存设备适用的物品储存单位与拣选单位

储存设备	储存单位			拣选单位		
	托盘	箱	单品	托盘	箱	单品
托盘货架	▲			▲	▲	
轻型货架		▲			▲	▲
储柜			▲			▲
重力式货架	▲	▲		▲	▲	▲
高层货架	▲	▲		▲	▲	▲
阁楼式货架	▲	▲		▲	▲	▲

（2）拣选搬运设备，是指与静态储存设备配合使用的搬运设备，包括无动力拣选车、动力拣选台车、动力牵引车、堆垛机、拣选式堆垛机、搭乘式存取机、无动力输送机、动力输送机、计算机辅助拣选台车等。静态储存设备与拣选搬运设备的配合见表5-5。

表5-5 静态储存设备与拣选搬运设备的配合

储存设备	拣选搬运设备								
	无动力拣选车	动力拣货台车	动力牵引车	堆垛机	拣选式堆垛机	搭乘式存取机	无动力输送机	动力输送机	计算机辅助拣选台车
托盘货架	▲	▲	▲	▲	▲			▲	
轻型货架	▲	▲						▲	▲

续表

储存设备	拣选搬运设备								
	无动力拣选车	动力拣货台车	动力牵引车	堆垛机	拣选式堆垛机	搭乘式存取机	无动力输送机	动力输送机	计算机辅助拣选台车
储柜	▲	▲							▲
重力式货架	▲	▲					▲	▲	
高层货架							▲	▲	
阁楼式货架	▲	▲	▲				▲	▲	

2)"物至人前"的拣选设备

(1)动态储存设备,包括单元自动化立体仓库、小件自动化立体仓库、水平旋转式货架、垂直旋转式货架、穿梭小车式自动化立体仓库等。动态储存设备的物品储存单位与拣选单位见表5-6。

表5-6 动态储存设备的物品储存单位与拣选单位

储存设备	储存单位			拣选单位		
	托盘	箱	单品	托盘	箱	单品
单元自动化立体仓库	▲			▲	▲	
小件自动化立体仓库		▲			▲	▲
水平旋转式货架		▲	▲		▲	▲
垂直旋转式货架		▲	▲		▲	▲
穿梭小车式自动化立体仓库		▲			▲	▲

(2)拣选搬运设备,主要有堆垛机、动力输送带和自动导引搬运车。

8. 拣选区作业形式设计

如果合理地布置拣选区的作业形式,则必将提高整个物流配送中心的效率,这也是拣选作业区域设计的关键。常见的拣选区作业形式有以下4种。

1)仓储区与拣选区共用托盘货架的拣选作业形式

这种方式适合于体积大、发货量大的物品。一般是托盘货架第一层为拣选区,第二层及以上为仓储区。当物品拣选结束后再由仓储区向拣选区补货。图5-31所示为仓储区与拣选区共用托盘货架的情况。

拣选区域的实际空间需求数量取决于品项总数和库存量所需的托盘数。设平均库存量为Q,平均每个托盘堆放物品箱数为N,堆码层数为S,空间放大倍数(安全系数)为S_f,则存货区每层托盘数P为

$$P = \frac{Q}{N \times (S-1)} \times S_f \quad (5\text{-}22)$$

假设拣货品项数为I,则拣选区域的实际空间需求数量为$\max(I, P)$托盘。

图 5-31　仓储区与拣选区共用托盘货架

2）仓储区与拣选区共用的零星拣选作业形式

（1）重力式货架拣选作业形式。使用重力式货架来实现储存和分拣的动态管理功能，可以实现商品的"先入先出"。在进货区域把物品直接由货车卸到入库输送机上，入库输送机自动把物品送到仓储区与拣选区。这种形式的拣选作业效率较高，拣选完的物品立即被放在出库输送机上，自动把物品送到发货区。

拣选单位可分为整箱拣选和单品拣选两种形式。拣选方式可配合贴条形码标签作业，进行输送带分拣作业。单品拣选还可进行拆箱作业，并利用储运箱为拣选客户的装载单位进行集货，再通过输送带分送至发货区。当然，储运箱应具有如条形码、发货单等的识别标签。

重力式货架的优点是：仅在拣选区通路上行走便可方便拣货，使用出库输送机提高效率；出入库输送机分开可同时进行出入库作业。图 5-32 所示为单列重力式货架拣选作业形式示意图。

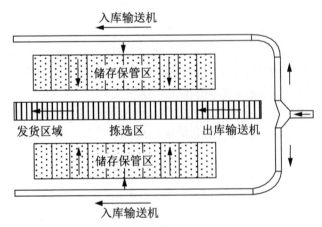

图 5-32　单列重力式货架拣选作业形式示意图

对于规模较大的物流配送中心可采用多列重力式货架进行平行作业，然后用合流输送机将各输送线拣选物品集中。图 5-33 所示为多列重力式货架拣选作业形式示意图。

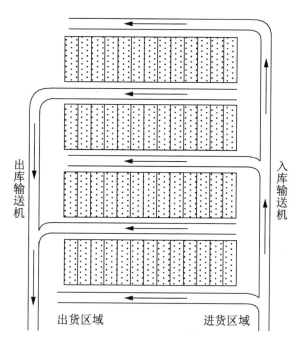

图 5-33　多列重力式货架拣选作业形式示意图

（2）一般货架拣选作业形式。当单面开放式货架进行拣选作业时，入库和出库在同一侧。可共用一条入库输送机来进行补货和拣选作业。虽然节省空间，但是必须将入库和出库作业时间分开，以免造成作业混乱。图 5-34 所示为单面开放式货架拣选作业形式示意图。

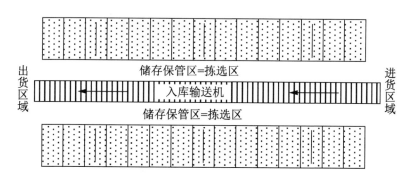

图 5-34　单面开放式货架拣选作业形式示意图

（3）阁楼式货架拣选方式。如果拣选作业空间有限，可用阁楼式货架拣选。下层为重型货架，用于箱拣选；上层为轻型货架，用于单品拣选，这样可充分利用仓储空间。

3）仓储区与拣选区分开的零星拣选作业形式

这种拣选作业形式的特点是仓储区与拣选区不在同一个货架上，要通过补货作业把物品由仓储区送到拣选区，此种拣选作业形式适合于进货量、出货量中等的情况。图 5-35 所示为仓储区和拣选区分开的零星拣选作业形式示意图。

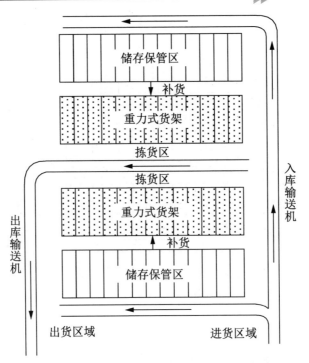

图 5-35 仓储区与拣选区分开的零星拣选作业形式示意图

4）分段拣选的少量拣选作业形式

当拣选区内拣货品项过多时，使得拣选路径过长，则可考虑接力式的分段拣选方式。如果订单品项分布都落在同一分区中，则可跳过其他分区，缩短拣选的行走距离，避免绕行整个拣选区。图 5-36 所示为分段拣选方式示意图。

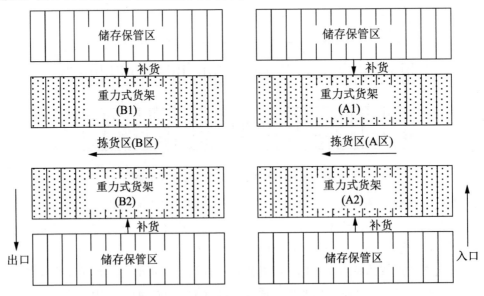

图 5-36 分段拣选方式示意图

9. 拣选系统规划与设计

拣选系统规划与设计是物流配送中心总体规划过程的重要内容。由于拣选系统与仓储系统的关联性很高,使用的空间及设备有时也难以明确区分,所以将两个子系统的规划与设计组合在一起。拣选系统与仓储系统规划与设计程序如图 5-37 所示。

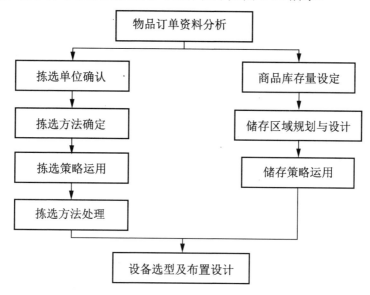

图 5-37 拣选系统与仓储系统规划与设计程序

由图 5-37 可知,拣选系统规划与设计程序的第一步是物品订单资料分析;对订单资料进行详细分析后可得出订单数分布、包装单位数量、出货品项数分布、季节周期性趋势、物品订购频率等结果。这些分析出来的信息可在拣选系统与仓储系统规划与设计过程中不断得到应用。

总体来说,拣选系统规划与设计的内容包括拣选单位确认、拣选方法确定、拣选策略运用、拣选信息处理、拣选设备选型等内容。

1)拣选单位确认

确定拣选单位的必要性是避免拣选及出货作业过程中对货物进行拆装甚至重组,以提高拣选系统的作业效率,同时也是适应拣选自动化作业的需要。

(1)基本拣货模式。拣选单位基本上可分为托盘、箱、单品 3 种,同时还有一些特殊货品。基本拣货模式见表 5-7。

表 5-7 基本拣货模式

拣货模式编号	储存单位	拣选单位	记 号
1	托盘	托盘	P→P
2	托盘	托盘+箱	P→P+C
3	托盘	箱	P→C
4	箱	箱	C→C
5	箱	箱+单品	C→C+B
6	箱	单品	C→C
7	单品	单品	B→B

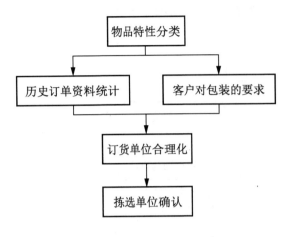

图 5-38 拣货单位的决策过程

拣选单位是通过对客户订单资料的分析确认的,即订单决定拣选单位。而拣选单位又进一步决定储存单位,再由储存单位协调供应商物品的入库单位。

(2) 拣货单位的决策过程。拣货单位的决策过程如图 5-38 所示。首先,进行物品特性分类,即将必须分别储存的物品进行分类,如将体积、重量、外形差异较大者,或有互斥性的货品分别进行储存。其次,由历史订单资料统计结合客户对包装的要求,与客户协商后将订单上的货物单位合理化。历史订单资料统计主要是算出每一出货品种以托盘为单位的出货量,以及从托盘上以箱为单位拣取出货的数量,作为拣货包装单位的基础。将订货单位合理化,主要是避免过小的货物单位出现在订单中。若过小的货物单位出现在订单中,必须合理化,否则会增加作业量,并且引起作业误差。最后,将合理化的物品资料归类整理,确定拣货单位。

(3) 储存单位的确定。拣选单位确定之后,接下来要确定的是储存单位。一般储存单位必须大于或等于拣选单位,储存单位的确定包括以下步骤。

① 确定各项物品向上游供应商的一次采购最大、最小批量及提前期。

② 设定物流配送中心的服务水平,即客户订单下达后几日内将客户所订物品送达客户。

③ 若物流配送中心承诺给下游客户的服务水平时间大于物流配送中心向上游供应商订购物品的提前期、供应商为物流配送中心运输商品的送达时间和物流配送中心为下游客户配送物品的时间之和,且物品每日的客户订购量在物流配送中心向上游供应商订购的最小批量和最大批量之间,则该项物品可不设置储存位置。

④ 通过 IQ-PCB(品项发货单位——托盘、整箱、单品)分析可知,如果物品平均每日的客户订购量与物流配送中心向上游供应商订购物品的提前期的乘积小于上一级包装单位数量,则储存单位等于拣选单位;反之,则储存单位大于拣选单位。

(4) 入库单位的确定。储存单位确定之后,物品入库单位最好能配合储存单位,可以凭借采购量的优势要求供应商配合。入库单位通常设定等于最大的储存单位。

2) 拣选方法确定

基本的拣选作业方法就是按单拣选和批量拣选。通常,可以按出货品项数的多少及货品周转率的高低,确定合适的拣选作业方法。该方法需配合 EIQ 的分析结果,按当日 EN(订单品项数)值及 IK(品项受订次数)值的分布判断货品品项数的多少和货品周转率的高低,确定不同作业方法的区间。其原理是:EN 值越大,表示一张订单所订购的物品品项数越多,物品的种类越复杂,且批量拣选时分类作业复杂,这时采取按单拣选较好。相对地,IK 值越大,表示某个品项的重复订购频率越高,此时采用批量拣选可以大幅度地提高拣选作业效率。拣选方法确定对比见表 5-8。

表 5-8 拣选方法确定对比

项 目		物品重复订购频率（IK 值）		
		高	中	低
出货品项数（EN 值）	多	按单+批量拣选	按单拣选	按单拣选
	中	批量拣选	批量拣选	按单拣选
	少	批量拣选	批量拣选	批量+按单拣选

总的来说，按单拣选弹性较大，临时性的需求能及时被满足，适合于订单大小差异较大、订单数量变化频繁的物流配送中心。批量拣选作业方式通常采用系统化、自动化设备，其拣选能力很难调整，适合订单大小差异较小、订单数量稳定的物流配送中心。

3）拣选策略运用

在拣选系统的规划与设计中，最重要的环节就是拣选策略的运用。由于拣选策略的 4 个主要因素（分区、订单分割、订单分批、分类）之间存在互动关系，在进行整体规划时，必须按一定的顺序进行，才能使其复杂程度降到最低。

图 5-39 所示为拣选策略运用的组合，从左至右是拣选系统规划与设计所考虑的一般顺序，可以相互配合的策略方式用箭头连接，所以任何一条由左至右可通的组合链就表示一种可行的拣选策略。

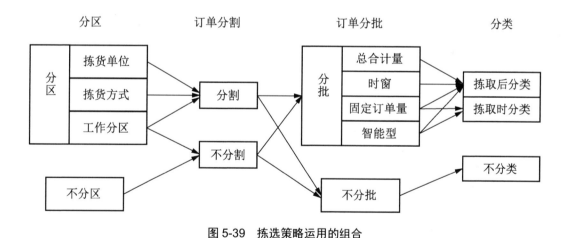

图 5-39 拣选策略运用的组合

4）拣选信息处理

拣选信息与拣选系统的规模及自动化程度有着密切的关系。通常物品种类数少、自动化程度较低的拣选系统以传票作为拣选信息，其拣选方式偏向于按单拣选。拣货单与拣选方法配合的弹性较大。拣选标签的拣选信息除了与下游零售商的标价作业适应，也常与自动化分类系统配合。使用电子信息最主要的目的就是与计算机辅助拣选系统或自动拣选系统相互配合，以追求拣选的时效性，实现及时管控。表 5-9 列出拣选信息适合的拣选作业方法，可作为拣选作业方法确定后选择拣选信息的参考依据。

表5-9 拣选信息适合的拣选作业方法

拣选信息	适合的拣选作业方法
传票	按单拣选、订单不分割
拣货单	适合各种传统的拣选作业方法
拣选标签	批量拣选、按单拣选
电子信息	分拣时分类、工作分区、自动拣选系统

5-12 拓展视频

5）拣选设备选型

表5-10列出了各种拣货模式及其设备组合，可作为选择拣选系统设备配置的参考。

表5-10 各种拣货模式及其设备组合

编号	记号	模型说明	可选用的设备组合
1-1-1	P→P SOP/MP	托盘储存/托盘取出 按单拣选/"人至物"拣选设备	地板直接放置/拖板车 地板直接放置 托盘货架 重力式货架 驶入式货架 驶出式货架 后推式货架 托盘移动式货架
1-1-2	P→P SOP/PM	托盘储存/托盘取出 按单拣选/"物至人"拣选设备	自动化立体仓库
2-1-1	P→P+C SOP/MP	托盘储存/托盘、箱取出 按单拣选/"人至物"拣选设备	地板直接放置/拖板车 地板直接放置/堆垛机 托盘货架/堆垛机 托盘货架/拣选堆垛机 托盘移动式货架/堆垛机 立体高层货架/搭乘式存取机
2-1-2	P→P+C SOP/PM	托盘储存/托盘、箱取出 按单拣选/"物至人"拣选设备	自动化立体仓库
3-1-1	P→C SOP/MP	托盘储存/箱取出 按单拣选/"人至物"拣选设备	地板直接放置/台车 托盘货架/台车 托盘货架/堆垛机 立体高层货架/拣选式存取机
3-1-2	P→C SOP/PM	托盘储存/箱取出 按单拣选/"物至人"拣选设备	自动化立体仓库

续表

编号	记号	模型说明	可选用的设备组合
3-1-3	P→C SOP/AP	托盘储存/箱取出 按单拣选/自动拣选设备	自动化立体仓库/层别拣取机 单箱拣取机器人
3-2-1	P→C SWP/MP	托盘储存/箱取出 批量拣选时分类/"人至物"拣选设备	地板直接放置/笼车、牵引车 托盘货架/笼车、牵引车 托盘货架/计算机辅助拣选台车、牵引车
3-2-2	P→C SWP/PM	托盘储存/箱取出 批量拣选时分类/"物至人"拣选设备	自动化立体仓库
3-3-1	P→C SAP/MP +C-sort	托盘储存/箱取出 批量拣选后分类/"人至物"拣选设备/ 箱分类	托盘货架/堆垛机/箱装分类系统 托盘货架/输送机/箱装分类系统
3-3-2	P→C SAP/PM +C-sort	托盘储存/箱取出 批量拣选后分类/"物至人"拣选设备/ 箱分类	自动化立体仓库/箱装分类系统
4-1-1	C→C SOP/MP	箱储存/箱取出 按单拣选/"人至物"拣选设备	轻型货架 箱装重力式货架
4-1-2	C→C SOP/PM	箱储存/箱取出 按单拣选/"物至人"拣选设备	水平旋转式货架 垂直旋转式货架 小件自动化立体仓库
4-1-3	C→C SOP/AP	箱储存/箱取出 按单拣选/自动拣选设备	箱装自动拣选系统
5-1-1	C→C+B SOP/MP	箱储存/箱、单品取出 按单拣选/"人至物"拣选设备	轻型货架/台车 箱装重力式货架/台车、输送机 电子标签重力式货架/输送机
5-1-2	C→C+B SOP/PM	箱储存/箱、单品取出 按单拣选/"物至人"拣选设备	水平旋转式货架 垂直旋转式货架 小件自动化立体仓库
6-1-1	C→B SOP/MP	箱储存/单品取出 按单拣选/"人至物"拣选设备	轻型货架/台车、输送机 箱装重力式货架/台车、输送机 电子标签重力式货架/输送机
6-1-2	C→B SOP/PM	箱储存/单品取出 按单拣选/"物至人"拣选设备	水平旋转式货架 垂直旋转式货架 小件自动化立体仓库
6-2-1	C→B SWP/MP	箱储存/单品取出 批量拣选时分类/"人至物"拣选设备	轻型货架/计算机辅助拣选台车
6-2-2	C→B SWP/PM	箱储存/单品取出 批量拣选时分类/"物至人"拣选设备	水平旋转式货架 垂直旋转式货架 小件自动化立体仓库
6-3-1	C→B SAP/MP +B-sort	箱储存/单品取出 批量拣选后分类/"人至物"拣选设备/ 单品分类	轻型货架/台车/单品分类系统

续表

编号	记号	模型说明	可选用的设备组合
6-3-2	C→B SAP/PM +B-sort	箱储存/单品取出 批量拣选后分类/"物至人"拣选设备/ 单品分类	水平旋转式货架 垂直旋转式货架 小件自动化立体仓库/单品分类系统
7-1-1	B→B SOP/MP	单品储存/单品取出 按单拣选/"人至物"拣选设备	储柜/台车 储柜/拣选篮（手提）
7-1-2	B→B SOP/PM	单品储存/单品取出 按单拣选/"物至人"拣选设备	水平旋转式货架 垂直旋转式货架
7-1-3	B→B SOP/AP	单品储存/单品取出 按单拣选/自动拣选设备	单品自动拣选系统 A型自动拣选机

5.2.4 集货作业区域的规划与设计

当物品经过拣选作业后，就被搬运到发货区。由于拣选方式和装载容积不同，发货区要有待发物品的暂存和发货准备空间，以便进行商品的清点、检查和准备装车等作业，这一作业区域称为集货作业区域。集货作业区域规划与设计主要考虑发货物品的订单数、时序安排、车次、区域、路线等因素。其发货单位可能有托盘、储运箱、笼车、台车等。集货作业区域划分遵循单排为主、按列排队原则。对于不同的拣货方式，相应集货作业也有所不同。

1. 按单拣选，订单发货

这种集货方式主要适合订货量大、使车辆能满载的客户。集货方式以单一订单客户为货区单位，单排按列设计集货作业区域以待发货。

2. 按单拣选，区域发货

这种集货方式主要适合订货量中等、单一客户不能使车辆满载的情况。集货方式以发往地区为货区单位，在设计时可分为主要客户和次要客户的集货作业区域。为了区分不同客户的商品，可能要进行拼装、组合或贴标签、标记等工作，这样有利于装车送货员识别不同客户的物品。这种集货方式要求有较大的集货作业区域。

3. 批量拣选，区域发货

这是多张订单、批量拣选的集货方式。这种集货方式在拣选后需要进行分类作业。为此需要有分类输送设备或者人工分类的作业空间。

集货作业区域货位设计时，一般以发往地区为货区单位进行码放，主要客户与次要客户有区别，同时考虑发货装载顺序和动线畅通性，在空间条件允许的情况下以单排为宜；否则，可能造成装车时在集货作业区域查找物品困难，影响搬运工作，降低装载作业效率。

4. 批量拣选，车次发货

这种集货方式适合订单量小、必须配载装车的情况。在批次拣选后，也需要进行分类作业。

由于单一客户的订货量小，一般以行车路线进行配载装车。集货作业区域货位设计也以此为货区单位进行码放，主要客户与次要客户有区别，按客户集货，远距离靠前，近距离靠后，在空间允许的情况下以单排为宜。

另外，在规划集货作业区域时，还要考虑每天拣选和出车工作的时序安排。例如，有的物品要求夜间发货，拣选时段则在白天上班时间完成；夜间发货物品则在下班前集货完毕。在不同的发车时序要求下，需要集货作业区域配合工作，方便车辆到达物流配送中心可以立即进行物品清点和装载作业，减少车辆等待时间。

对于规模较小的物流配送中心，也可以把集货作业区域放在发货平台。但是发货平台的空间常用于装载作业，如果拣选的物品需要等待较长时间才能装车，则有必要把发货平台和集货作业区域分开。

5. 存放托盘货的集货作业区域面积需求估算

存放托盘货的集货作业区域面积计算图如图 5-40 所示。

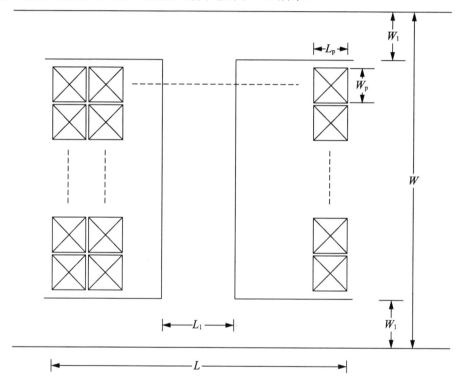

图 5-40 存放托盘货的集货作业区域面积计算图

设集货作业区域长度方向可放置 n_1 个托盘，宽度方向可放置 n_2 个托盘；叉车通道宽度分别为 L_1、W_1；托盘的长和宽分别为 L_p 和 W_p，则集货作业区域的面积需求（A）为

$$A = LW = (L_p n_1 + L_1) \times (W_p n_2 + 2W_1) \tag{5-23}$$

5.2.5 其他作业区域的规划与设计

1. 自动化立体仓库规划与设计

图 5-41 所示为自动化立体仓库面积计算图。

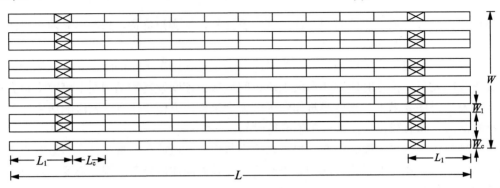

图 5-41　自动化立体仓库面积计算图

假设自动化立体仓库的货架有 M 排、N 列、H 层。其中,货格的长度为 L_c,宽度为 W_c;高层货架区与作业区衔接的长度为 L_1;巷道宽度为 W_1;共有 m 个巷道。规定一个货格存放两个单位(托盘或标准箱)的货物,则总货位数为

$$Q = MNH \tag{5-24}$$

自动化立体仓库的总长度(L)为

$$L = 2L_1 + \frac{N}{2}L_c \tag{5-25}$$

自动化立体仓库的总宽度(W)为

$$W = (2W_c + W_1)m \tag{5-26}$$

则自动化立体仓库的平面面积需求(A)为

$$A = LW = (2L_1 + \frac{N}{2}L_c) \times [(2W_c + W_1)m] \tag{5-27}$$

2. 分拣输送机所在的分拣区规划与设计

分拣输送机所在的分拣区面积计算图如图 5-42 所示。

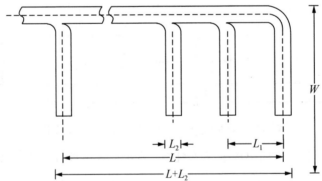

图 5-42　分拣输送机所在的分拣区面积计算图

假设分拣输送机的分拣口共计 N 个,相邻两个分拣口中心线之间的距离为 L_1,分拣口的宽度为 L_2,输送机每条分拣线的长度加上作业人员(作业设备)作业活动区域的宽度共计为 W,则分拣输送机所在的分拣区的面积需求(A)为

$$A = (L + L_2)W = [(N-1)L_1 + L_2]W \tag{5-28}$$

3. 流通加工区规划与设计

流通加工区每人作业面积计算图如图 5-43 所示。

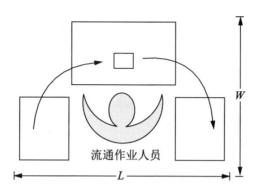

图 5-43　流通加工区每人作业面积计算图

设流通作业人员为 N，则流通加工区必要面积需求（A）为

$$A = LWN \tag{5-29}$$

4. 升降机前暂存区规划与设计

升降机前暂存区面积计算图如图 5-44 所示。

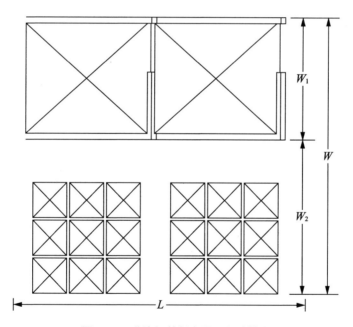

图 5-44　升降机前暂存区面积计算图

可通过升降机底面积、搭载台车或托盘数计算暂存区面积，则升降机暂存区必要面积需求（A）为

$$A = LW \tag{5-30}$$

5.2.6 通道的规划与设计

通道的规划与设计在一定程度上决定了物流配送中心内的区域分割、空间利用、运作流程及物流作业效率。通道设计主要是通道设置和宽度设计。

1. 通道设计的原则

（1）流向原则。在物流配送中心通道内，人员与物品的移动方向要形成固定的流通线。

（2）空间经济原则。以功能和流量为设计依据，提高空间的利用率。

空间经济原则对比说明

在一个宽 6m 的厂房内，需要设置一个宽为 1.5～2m 的通道，通道面积占有效地板面积的 25%～30%；而一个宽 180m 的大型或联合厂房可能有 3 条宽为 3.6m 的通道，通道面积只占有效地板面积的 6%，即使再加上一些次要通道，其面积也只占所有空间总面积的 10%～12%。

由此可见，大厂房在通道设计上可达到大规模空间经济性。

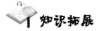

通道面积占有效地板面积的比例越低，仓储效率就越高。如果通道宽度太小，物料就不能有效移动，物流作业也就受到影响。因此，通道设计的目的就是以保证物流作业效率为前提，使通道的布局更合理，面积更经济。

（3）安全原则。通道必须随时保持通畅，若遇紧急情况，便于人员撤离和逃生。

（4）交通互利原则。各类通道不能互相干扰，辅助通道不能影响主通道的作业。

2. 通道设计的影响因素

影响通道设计的因素包括：①通道形式；②搬运设备，如形式、尺寸、产能、回转半径等；③储存物品的批量、尺寸；④与进出口及装卸区的距离；⑤防火墙的位置；⑥建筑物的柱网结构和行列空间；⑦服务区及设备的位置；⑧地面载荷能力；⑨电梯及坡道位置。

3. 通道的类型

物流配送中心的通道分为厂区通道和厂内通道两种。厂区通道一般称为道路，其主要功能是车辆和人员通行。而厂内通道简称通道，包括如下类型。

（1）工作通道：物流作业及出入物流配送中心作业的通道，又包括主通道及辅助通道。主通道通常连接物流配送中心的进出口至各作业区域，道路最宽，允许双向通行；辅助通道为连接主通道至各作业区域内的通道，通常垂直于主通道。

（2）人行通道：员工进出特殊区域的通道。

（3）电梯通道：提供出入电梯的通道。通常此通道宽度至少与电梯相同。

（4）服务通道：为存货和检验提供大量物品进出的通道。

（5）其他性质的通道：为公共设施、防火设备或紧急逃生所提供的进出通道。

4. 通道的布置

物流配送中心的通道布置是指通道位置设计。就一般物流配送中心的作业性质而言,通道采用中枢通道的布置形式,如图 5-45 所示,即主通道穿过物流配送中心的中央,这样可以有效地利用空间。同时要考虑使搬运距离最短、防火墙位置、行列空间和立柱间隔、服务区与设备的位置、地面承载能力、电梯和斜道位置及出入的方便性等。

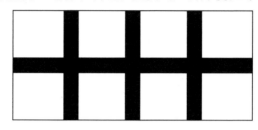

图 5-45 中枢通道的布置形式

进行通道设计的顺序如下:首先设计配合出入物流配送中心门口位置的主通道;其次设计出入部门及作业区域间的辅助通道;最后设计服务设施、参观走廊等其他性质的通道。

5. 通道宽度的计算

通道宽度的设计,需视不同作业区域的人员的行走速度或车辆的行驶速度,以及单位时间内通行人员、搬运物品体积等因素而定。

1) 叉车通道

影响叉车通道宽度的因素有叉车型式、规格尺寸及托盘规格尺寸等。在设计时,要根据所选厂家具体叉车产品的实际情况计算,余量尺寸以下列数据为参考。

叉车侧面余量尺寸(C_0):150~300mm。

会车时两车最小间距(C_m):300~500mm。

保管货物之间距离余量尺寸(C_p):100mm。

(1) 直线叉车通道宽度。直线叉车通道宽度取决于叉车宽度、托盘宽度和叉车侧面余量尺寸,分为单行道和双行道两种。

① 单行道直线叉车通道宽度计算图如图 5-46 所示,其直线叉车通道宽度(W)计算公式为

$$W = W_p + 2C_1 \tag{5-31}$$

$$W = W_B + 2C_2 \tag{5-32}$$

式中,W 为单行道直线叉车通道宽度;W_p 为托盘宽度;W_B 为叉车宽度;C_1、C_2 为叉车侧面余量尺寸。

当 W_p 大于 W_B 时,宽度用式(5-31)进行计算;反之,用式(5-32)进行计算。

【例 5-10】设托盘宽度 $W_p=1\,200$mm,起重能力为 1t 的叉车宽度 $W_B=1\,150$mm,叉车侧面余量尺寸 $C_0=280$mm。试求单行道直线叉车通道宽度。

解:在本例中,由于 $W_p > W_B$,用式(5-31)计算通道宽度,即通道宽度为

$$W = W_p + 2C_0 = 1\,200 + 2 \times 280 = 1\,760 \text{ (mm)}$$

即单行道直线叉车通道宽度为 1 760mm,可取 1 800mm。

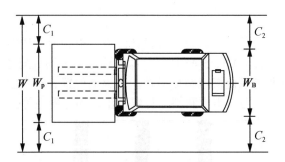

图 5-46 单行道直线叉车通道宽度计算图

② 双行道直线叉车通道宽度计算图如图 5-47 所示,其直线叉车通道宽度(W)计算公式为

$$W = W_{p1} + W_{p2} + 2C_1 + C_m \tag{5-33}$$

$$W = W_{B1} + W_{B2} + 2C_2 + C_m \tag{5-34}$$

式中,W 为双行道直线叉车通道宽度;W_{p1}、W_{p2} 为托盘宽度;W_{B1}、W_{B2} 为叉车宽度;C_1、C_2 为叉车侧面余量尺寸;C_m 为会车时两车最小间距。

宽度取式(5-33)计算结果与式(5-34)计算结果的大值。

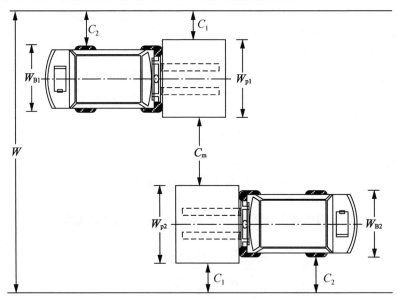

图 5-47 双行道直线叉车通道宽度计算图

(2)丁字形叉车通道宽度。丁字形叉车通道宽度计算图如图 5-48 所示。通道宽度取决于叉车宽度,但由于物流配送中心所选叉车可能有多种规格,在设计通道宽度时,应先确定在通道行驶的最大叉车型号,即规格尺寸。

丁字形叉车通道宽度(W_L)可表示为

$$W_L = R_f + X + L_p + C_0 \tag{5-35}$$

式中,W_L 为丁字形叉车通道宽度;R_f 为叉车最小转弯半径;X 为旋转中心到托盘距离;L_p 为托盘长度;C_0 为叉车侧面余量尺寸。

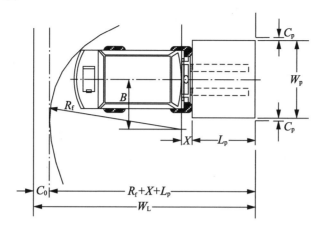

图 5-48 丁字形叉车通道宽度计算图

【例 5-11】设起重能力为 1t 的叉车,其最小转弯半径 R_f =1 800mm,旋转中心到托盘距离 X =400mm,托盘长度 L_p =1 000mm,叉车侧面余量尺寸 C_0 =300mm。试求丁字形叉车的通道宽度。

解: 根据式(5-35)计算丁字形叉车通道宽度为

$$W_L = R_f + X + L_p + C_0 = 1\,800 + 400 + 1\,000 + 300 = 3\,500 \text{(mm)}$$

即丁字形叉车通道宽度为 3 500mm。

(3)最小直角叉车通道宽度。最小直角叉车通道宽度计算图如图 5-49 所示。

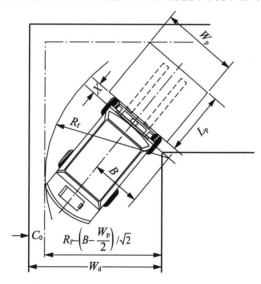

图 5-49 最小直角叉车通道宽度计算图

当叉车直角转弯时,必须保证足够的最小直角叉车通道宽度(W_d),可表示为

$$W_d = R_f - \left(B - \frac{W_p}{2}\right)/\sqrt{2} + C_0 \tag{5-36}$$

式中,W_d 为最小直角叉车通道宽度;R_f 为叉车最小转弯半径;B 为旋转中心到车体中心的距离;W_p 为托盘宽度;C_0 为叉车侧面余量尺寸。

当叉车型号确定后,可按式(5-36)计算最小直角叉车通道宽度。

【例 5-12】设起重能力为 1t 的叉车,其最小转弯半径 R_f =1 800mm,旋转中心到车体中心距离 B =640mm,托盘宽度 W_p =1 200mm,叉车侧面余量尺寸 C_0 =300mm。试求最小直角叉车通道宽度。

解:根据式(5-36)计算最小直角叉车通道宽度为

$$W_d = R_f - \left(B - \frac{W_p}{2}\right)/\sqrt{2} + C_0 = 1\,800 - (640 - 1\,200/2)/1.414 + 300 = 2\,071.71\;(\text{mm})$$

即最小直角叉车通道宽度为 2 071.71mm,可取 2 100 mm。

2)人行通道

人行通道除了正常情况下供员工通行,还用于人工作业、维修和紧急逃生等,其宽度主要由人流量来决定。

设人员行走速度为 v(m/min),每分钟通过人数为 n,两人前后最短距离为 dm,平均每人身宽为 wm,因此,通道宽度(W)计算公式如下

$$W = \frac{d}{v} n w \tag{5-37}$$

设两人行走时需要的前后最短距离 d=1m,平均每人身宽 w=0.76m,一般人行走速度 v=50m/min,每分钟通过 80 人,把这些数据代入式(5-37)

$$W = \frac{d}{v} n w = \left(\frac{1}{50}\right) \times 80 \times 0.76 = 1.22\;(\text{m})$$

一般情况下,人行通道宽度 W=0.8～0.9m;多人通行时,人行通道宽度 W=1.2m。

3)手推车通道

手推车通道宽度为车体宽度加上两倍的侧面余量尺寸。一般情况下,单行道时,W=0.9～1.0m;多行道时,W=1.8～2.0m。

表 5-11 为物流配送中心内的通道宽度参考值。

表 5-11 物流配送中心内的通道宽度参考值

物流配送中心内的通道种类	宽度/m	物流配送中心内的通道种类	宽度/m
主通道	3.5～6	侧面货叉型叉车	1.7～2
辅助通道	3	直线单行堆垛机	1.5～2
人行通道	0.8～1.2	直角转弯堆垛机	2～2.5
小型台车	车宽加 0.5～0.7	直角堆叠堆垛机	3.5～4
手动叉车	1.5～2.5	堆垛机(伸臂、跨立、转柱)	2～3
重型平衡叉车	3.5～4		
伸长货叉型叉车	2.5～3	转叉窄道堆垛机	1.6～2

5.3 物流配送中心建筑设施的规划与设计

物流配送中心建筑设施的规划与设计主要包括柱间距、梁下高度和地面承载能力的规划与设计等方面的内容。柱间距会直接影响物品的摆放、搬运车辆的移动、输送分拣设备的安

装；梁下高度会限制货架的高度和物品的码放高度；地面承载能力决定设备布置和物品码放数量。

5.3.1 建筑物的柱间距

对一般建筑物而言，柱间距主要是根据建筑物层数、层高、地面承载能力等来计算的。然而，对建筑成本有利的柱间距，对物流配送中心的储存设备不一定是最佳跨度。在最经济的条件下，合理确定最佳柱间距，可以显著提高物流配送中心的保管和作业效率。

影响物流配送中心建筑物柱间距的因素主要有运输车辆的种类、规格型号和车辆数；托盘尺寸和通道宽度；货架与柱之间的关系，等等。

1. 按运输车辆规格决定柱间距

一般要求运输车辆停靠在出入口，以便装卸货；在特殊情况下，还要求车辆驶入物流配送中心内部，此时就要根据车辆的规格尺寸来计算柱间距。图 5-50 所示为运输车辆驶入或停靠在物流配送中心的柱间距计算图。

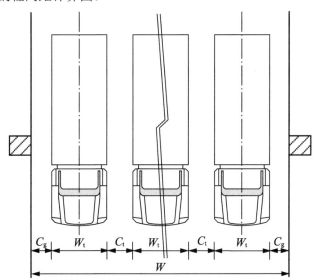

图 5-50 运输车辆驶入或停靠在物流配送中心的柱间距计算图

在图 5-50 中，W 为柱间距；W_t 为货车宽度；C_t 为相邻两辆货车之间的间距；C_g 为侧面余量尺寸；N 为货车数量，则柱间距的计算公式为

$$W = W_t N + (N-1)C_t + 2C_g \tag{5-38}$$

【例 5-13】设车辆宽度 $W_t = 2\,490$mm，车辆台数 $N = 2$，相邻两个车辆之间的间距 $C_t = 1\,000$mm，车辆与立柱间的余量尺寸 $C_g = 750$mm。试求柱间距。

解：根据式（5-38）计算柱间距

$$W = W_t N + (N-1)C_t + 2C_g = 2\,490 \times 2 + (2-1) \times 1\,000 + 2 \times 750 = 7\,480 \text{（mm）}$$

即柱间距为 7 480mm，可取 7 500mm。

2. 按托盘宽度决定柱间距

在以托盘为储存单元的保管区，为提高货物的保管利用率，通常按托盘尺寸来决定柱间距。图 5-51 所示为按托盘宽度决定柱间距的计算图。

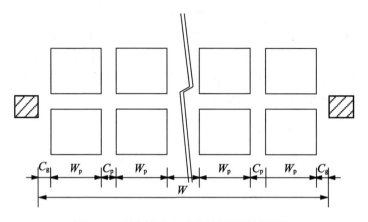

图 5-51 按托盘宽度决定柱间距的计算图

在图 5-51 中，W 为柱间距；W_p 为托盘宽度；C_p 为相邻两个托盘之间的间距；C_g 为侧面余量尺寸；N 为托盘数量，则柱间距的计算公式为

$$W = W_p N + (N-1)C_p + 2C_g \qquad (5\text{-}39)$$

【例 5-14】设托盘宽度 W_p =1 000mm，托盘数量 N =6，相邻两个托盘之间的间距 C_p =100mm，托盘与立柱间的余量尺寸 C_g =100mm。试求柱间距。

解：根据式（5-39）计算柱间距

$$W = W_p N + (N-1)C_p + 2C_g = 1\ 000\times 6+(6-1)\times 100+2\times 100=6\ 700\ (\text{mm})$$

即柱间距为 6 700mm。

3. 按托盘长度决定柱间距

图 5-52 所示为按托盘长度决定柱间距的计算图。

在图 5-52 中，W 为柱间距；L_p 为托盘长度；W_L 为通道宽度；C_r 为两列背靠背托盘货架间隙；N 为托盘货架的巷道数量，则柱间距的计算公式为

$$W = (W_L + 2L_p + C_r)N \qquad (5\text{-}40)$$

【例 5-15】设托盘长度 L_p =1 200mm，通道宽度 W_L =3 000mm，托盘货架的间距 C_r =50mm，托盘货架的巷道数 N =3。试求柱间距。

解：根据式（5-40）计算柱间距

$$W = (W_L + 2L_p + C_r)N = (3\ 000+2\times 1\ 200+50)\times 3=16\ 350\ (\text{mm})$$

即柱间距为 16 350mm。

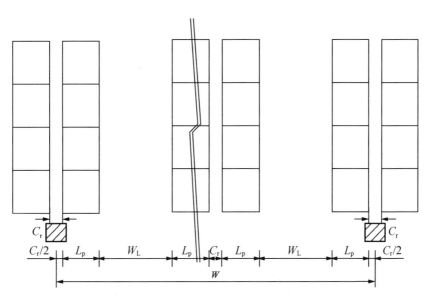

图 5-52 按托盘长度决定柱间距的计算图

4. 按立柱与自动化立体仓库关系决定柱间距

图 5-53 所示为根据自动化立体仓库与立柱间的关系来决定柱间距的计算图。

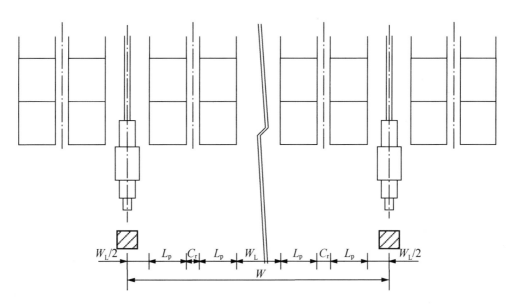

图 5-53 根据自动化立体仓库与立柱间的关系来决定柱间距的计算图

根据实际需求,当立柱位置在正对自动化立体仓库的出入库工作台的正面方向时,为了使出入库的电动台车和输送带正常工作,立柱必须设计在堆垛机运动方向的延长线上。在这种情况下,柱间距就要根据货架深度尺寸和堆垛机通道宽度进行计算。

在图 5-53 中,W 为柱间距;L_p 为托盘长度;W_L 为通道宽度;C_r 为两列背靠背托盘货架

间隙；N 为两个立柱间堆垛机的巷道数量，则柱间距的计算公式为

$$W = (W_L + 2L_p + C_r) \times N \tag{5-41}$$

【例 5-16】设托盘长度 L_p=1 200mm，堆垛机通道宽度 W_L=1 400mm，托盘货架的间距 C_r=50mm，两个立柱间的巷道数 N=4。试求柱间距。

解：根据式（5-41）计算柱间距

$$W = (W_L + 2L_p + C_r)N = (1\ 400 + 2 \times 1\ 200 + 50) \times 4 = 15\ 400\ (\text{mm})$$

即柱间距为 15 400mm。

5.3.2 建筑物的梁下高度

建筑物的梁下高度也称有效高度。从理论上来说，储存空间的梁下高度越高越好。但在实践中，梁下高度受货物所能堆码的高度、叉车的起升高度和货架高度等因素的限制，太高反而会增加成本，而且会降低保管效率。

物流配送中心内影响建筑物梁下高度的因素主要有保管物品的形态、保管形式、堆积高度、所使用的堆高搬运设备种类、所使用的储存设备高度等。通常要综合考虑各种制约因素，才能决定货物的最大堆积高度。

此外，为了满足建筑物内的电气、消防、通风、空调和安全等要求，在梁下还必须安装监控线路、消防器材、通风空调导管等设备。因此，在货物最大堆积高度和梁下边缘之间，还要有一定的间隙尺寸，用于布置此类设备。一般情况下，梁下间隙尺寸 α 取 500~600mm。

设物品最大堆积高度为 H_1，梁下间隙尺寸为 α，则梁下高度（H_e）为

$$H_e = H_1 + \alpha \tag{5-42}$$

1. 平托盘堆积

平托盘堆积时，一般选叉车作为作业设备，物品最大堆积高度计算图如图 5-54 所示。

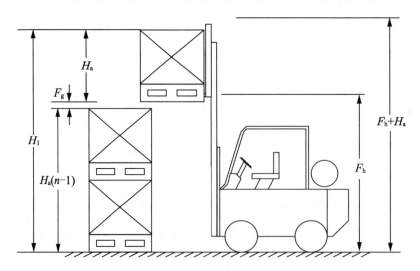

图 5-54 平托盘堆积时物品最大堆积高度计算图

（1）当叉车货叉最大升程 F_h 低于物品最大堆积高度 H_1 减去一个装载单元高度 H_a，即

$F_h<H_1-H_a$ 时，计算梁下高度以物品最大堆积高度 H_1 为计算依据。此时，物品最大堆积高度为

$$H_1 = H_a n + F_g \quad (5-43)$$

式中，H_a 为装载单元高度；n 为堆积层数；F_g 为货叉起升高度。

（2）当叉车货叉最大升程 F_h 高于物品最大堆积高度 H_1 减去一个装载单元高度 H_a，即 $F_h>H_1-H_a$ 时，计算梁下高度以货叉最大升程 F_h 为计算依据。此时，物品最大堆积高度为

$$H_1 = F_h + H_a \quad (5-44)$$

【例5-17】设装载单元高度 H_a=1 300mm，堆积层数 n=3，货叉最大升程 F_h=2 800mm，货叉起升高度 F_g=300mm，梁下间隙尺寸 α=500mm。试求梁下高度。

解：根据式（5-43）计算物品最大堆积高度

$$H_1 = H_a n + F_g = 1\ 300 \times 3 + 300 = 4\ 200\ (\text{mm})$$

根据式（5-44）计算物品最大堆积高度

$$H_1 = F_h + H_a = 2\ 800 + 1\ 300 = 4\ 100\ (\text{mm})$$

故取 H_1=4 200mm。而梁下高度

$$H_e = H_1 + \alpha = 4\ 200 + 500 = 4\ 700\ (\text{mm})$$

因此，梁下高度取 4 700mm。

2. 叉车存取货架

利用叉车在货架上进行存取作业时，物品最大堆积高度计算图如图 5-55 所示。

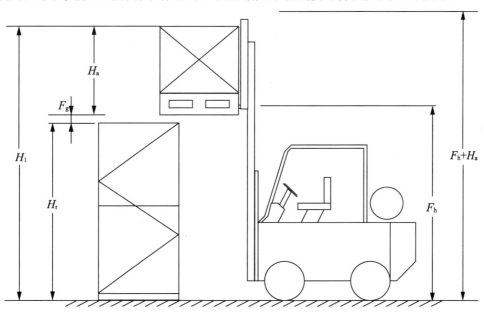

图 5-55 叉车在货架上进行存取作业时物品最大堆积高度计算图

由于将物品放置在货架上，因此物品最大堆积高度 H_1 决定于货架高度。设装载单元高度为 H_a，货叉起升高度为 F_g，货架高度为 H_r，则物品最大堆积高度

$$H_1 = H_r + H_a + F_g \quad (5-45)$$

注意：在此种情况下，叉车货叉工作时的最大高度 F_h+H_a 将高于物品最大堆积高度 H_1，这一点，应该在梁下间隙尺寸中考虑。

【例 5-18】设装载单元高度 H_a=1 300mm，货架高度 H_r=3 200mm，货叉最大升程 F_h=3 600mm，货叉起升高度 F_g=300mm，梁下间隙尺寸 α=500mm。试求梁下高度。

解：根据式（5-45）计算物品最大堆积高度

$$H_1 = H_r + H_a + F_g = 3\ 200 + 1\ 300 + 300 = 4\ 800\ (\text{mm})$$

梁下高度为

$$H_e = H_1 + \alpha = 4\ 800 + 500 = 5\ 300\ (\text{mm})$$

因此，梁下高度取 5 300mm。

3. 普通货架

利用普通货架存取物品时，主要是人工作业，且一般只有两层货架。因此，第二层货架高度要符合人机工程学原理，考虑人力作业高度，便于人员操作。普通货架存取物品时物品最大堆积高度计算图如图 5-56 所示。

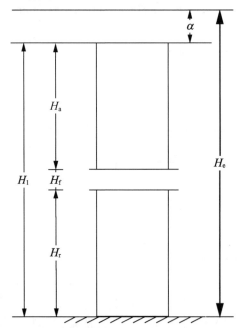

图 5-56 普通货架存取物品时物品最大堆积高度计算图

设每层货架高度为 H_r，隔板间隙尺寸为 H_f，则最上层货架高度为

$$H_1 = 2H_r + H_f \tag{5-46}$$

【例 5-19】设每层货架高度 H_r=800，隔板间隙尺寸 H_f=200mm，梁下间隙尺寸 α=500mm。试求梁下高度。

解：根据式（5-46）计算物品最大堆积高度

$$H_1 = 2H_r + H_f = 2 \times 800 + 200 = 1\ 800\ (\text{mm})$$

梁下高度为

$$H_e = H_1 + \alpha = 1\ 800 + 500 = 2\ 300\ (\text{mm})$$

因此，梁下高度取 2 300mm。

5.3.3 地面载荷

作用在物流配送中心建筑物地面上的垂直载荷有固定载荷和装载载荷两种。固定载荷是指长期不变的载荷，如建筑物自重、已安装到位的设备设施的自重等。装载载荷是指随时间在空间上可以移动的载荷，如所有货物、搬运工具和各种车辆等。

物流配送中心建筑物的载荷计算，主要包括地面承载能力、结构基础（如梁、柱、承重墙等）与地震动载等方面的强度刚度计算。由于结构基础和地震动载的计算涉及固体力学、结构力学、建筑结构学和振动力学等学科的专业理论，此处不做介绍。以下仅对地面承载的有关问题进行介绍。

一般来说，地面载荷是指地面构造设计用的装载载荷，包括放置在地面上的货架、物品、各种搬运工具和车辆等的载荷。

建筑规范规定的建筑物所能承受的装载载荷为法定载荷。建筑物用途不同，其法定载荷也不同。一般而言，办公场所载荷为 300kg/m²，服饰物品仓库载荷为 300～500kg/m²，杂货物品仓库载荷为 500～1 000 kg/m²，饮料物品仓库载荷为 2 000kg/m²。营业性仓库的物品是变化的，根据经验，要求地面能承受 400kg/m² 以上的载荷。

1. 托盘多层堆码

设托盘长度为 L_p，宽度为 W_p，托盘堆积层数为 N，每个托盘质量（包括托盘和物品）为 p，则托盘堆积的地面载荷为

$$P_1 = \frac{pN}{L_p W_p} \tag{5-47}$$

2. 搬运设备

叉车和无人台车是物流配送中心的重要搬运设备，为使其顺利运行，要求地面精度在 2 000mm 范围内误差不超过 ±20mm。此外，还要求地面有足够的承受搬运设备载荷的能力，即承受车轮的压力。设叉车自重 P_w=1.8～2.5t，货物最大质量 P_f=1t，安全系数取 1.4，则叉车轮压 P_v 为

$$P_v = \frac{P_w + P_f}{4} \times 安全系数 \tag{5-48}$$

若取 P_w=2t，则

$$P_v = \frac{(2+1) \times 10^3}{4} \times 1.4 = 1\,050 \text{（kg）}$$

3. 堆垛机

设堆垛机自重为 P_w，货物最大质量为 P_f，在存取货物时，极端情况下只有两个车轮受力，若安全系数取 S_f，则每个车轮所受轮压 P_v 为

$$P_v = \frac{P_w + P_f}{2} \times S_f \tag{5-49}$$

4. 运输车辆

地面装载载荷决定于车辆的总质量，设车辆自重为 P_w，货物最大质量为 P_f，安全系数取

S_f，按 4 个轮胎承重计算，则运输车辆每个车轮所受压力为

$$P_v = \frac{P_w + P_f}{4} \times S_f \tag{5-50}$$

5. 载荷不定的情况

在规划与设计阶段，由于仓储空间中作业空间和通道均不能明确分开，所以载荷无法确定。在这种情况下，一般采用平均载荷来设计地面承载能力。根据经验，对于叉车通道，平均载荷取 1 000～1 500 kg/m²；对于非叉车通道，平均载荷取 500～1 000 kg/m²。

5.4 行政区域与厂区的规划与设计

5.4.1 行政区域的规划与设计

行政区域的规划与设计主要是指非直接从事生产、物流、仓储或流通加工的部门的规划与设计，如办公室、接待室、休息室、餐厅等。下面分别进行说明。

1. 办公室

办公室分为一般办公室和现场办公室两种，其面积大小取决于人数和内部设备。一般设计原则如下：办公室通道宽度约为 0.9m，每人办公面积为 4.5～7m²，可用隔断进行隔离，两桌子间距离约为 0.8m，桌子与档案设备通道宽度为 1～1.5m，现场管理人员办公室面积为 6～18m²，主管领导办公室面积为 14～28m²，单位领导办公室面积为 28～38m²。

2. 档案室

档案室是保管文件的重要设施，除了档案架或档案柜空间，还应留出通道和档案的存取空间，为抽屉拉出方向留出 1.2～1.5m 的通道以便于工作。

3. 网络控制与服务器室

中等规模的网络控制与服务器室面积以 80m² 为宜。

4. 接待室

接待室面积以 28～38m² 为宜。

5. 会议室

会议室可采用长方形、U 形、H 形或环形排列。有办公桌的会议室可按 15～20 人设计，面积为 80～90m²；无办公桌的会议室按 50 人设计，面积为 90～100m²。

6. 休息室

休息室的面积根据员工人数和作息时间而定。

7. 驾驶员休息室

在入库和出库作业区附近可设立驾驶员休息室，以方便驾驶员等待装卸或表单。

8. 洗手间

一般情况下,对于男洗手间,大便器的设置条件为:10人以下1个,10~24人2个,25~49人3个,50~74人4个,75~100人5个,超过100人时每30人增加1个;小便器的设置条件为:每30人设置1个。对于女洗手间,大便器每10人1个。

对于洗面盆、整装镜,一般男洗手间每30人1个,女洗手间每15人1个。

9. 衣帽间

为了能使员工更换衣服和保管个人物品,一般在库存区外设衣帽间,每人1个格位,并配有格锁。

10. 餐厅

餐厅按高峰期人数考虑,每人 0.8~1.5m²。厨房面积为餐厅面积的 22%~35%。除了餐厅,还应另设小卖部等,为员工生活提供方便。

5.4.2 厂区的规划与设计

除了物流配送中心内的物流作业区域和行政区域进行规划与设计,大门与警卫室、厂区道路、停车场、绿化带等也要进行规划与设计。

1. 大门与警卫室

厂区大门要结合外连道路形式进行设计。如果出入共用一个大门,警卫室设置在大门一侧,进行出入车辆管理。如果出入口相邻并位于厂区同侧,出入道路较宽,可把出入动线分开,警卫室设于出入口中间,分别进行出入车辆管理。若出入口位于厂区同侧而不相邻,可分别设立警卫室,严格执行"一边进厂,一边出厂"的出入管理制度。图 5-57 所示为警卫室设于出入口中间。

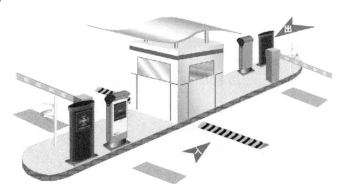

图 5-57 警卫室设于出入口中间

2. 厂区道路

厂区道路尺寸取决于主要运输车辆的规格尺寸。
1) 道路宽度
设道路宽度为 W,W 是在行车宽度 2.5m 的基础上增加一定的余量。
(1) 一般道路宽度的经验参考值:单行道时,$W=3.5~4m$;双行道时,$W=6.5~7m$。

（2）小型载货汽车的道路宽度推荐值：单行道时，$W=3.7m$；双行道时，$W=5.9m$。

（3）大型载货汽车的道路宽度推荐值：单行道时，$W=4.0m$；双行道时，$W=6.5m$。

2）转弯尺寸

为了减少道路用地和投资，在转弯处，道路的宽度应与直行时相同；为使对面来车容易通行，必须通过切角或弧线来增加转外道路的宽度，保证对面来车的行车宽度在 2.5m 以上。

3．停车场

停车场对物流配送中心来说也是十分重要的。停车的种类主要是运货车辆、来宾车辆和职工用车。应根据物流配送中心的现实状况和发展趋势，估计车辆的种类和停车台数，并留有余地。确定停车场大小一般考虑的因素有：企业人数、经常用户人数、有无公交车站、停车场与车站的距离、乘自备车的人数、公司有无接送员工的专车等。

1）停车方式设计

物流配送中心内的停车方式应以占地面积小、疏散方便、保证安全为原则。具体的停车方式有 3 种，即平行式、斜列式和垂直式，分别如图 5-58～图 5-60 所示。具体选用哪一种停车方式，应根据物流配送中心的实际情况及车辆的管理、进出车的要求等确定。

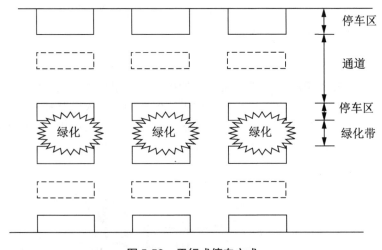

图 5-58 平行式停车方式

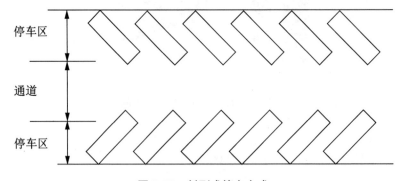

图 5-59 斜列式停车方式

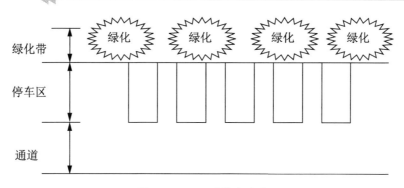

图 5-60　垂直式停车方式

图 5-61 给出了几种停车方式的俯视图。

图 5-61　几种停车方式的俯视图

2）停驶方式设计

物流配送中心场地及道路的情况是车辆停驶方式设计的根本依据之一。具体停驶方式有 3 种。

（1）前进停车，后退发车，如图 5-62 所示。

（2）后退停车，前进发车，如图 5-63 所示。

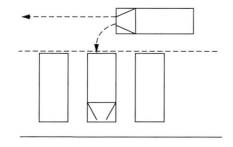

图 5-62　前进停车，后退发车

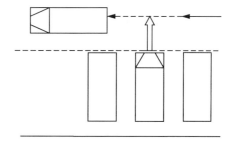

图 5-63　后退停车，前进发车

（3）前进停车，前进发车，如图 5-64 所示。

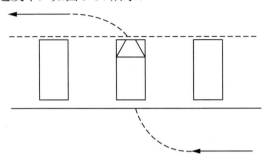

图 5-64　前进停车，前进发车

3）停车位宽度和长度设计

设停车位宽度为 W，车辆宽度为 W_t，车辆停车间距为 C_t，则

$$W = W_t + C_t \tag{5-51}$$

停车间距 C_t 根据车辆种类和规格的不同而不同，一般根据车门的开启范围取值。大型车辆 C_t=1.5m；中型车辆 C_t=1.3～1.5m；小型轿车 C_t=0.7～1.3m。

【例 5-20】设大型拖车的车宽 W_t=2.5m，车辆停车间距 C_t=1.5m；小型轿车的车宽 W_t=1.8m，车辆停车间距 C_t=0.7m。试分别计算大型拖车和小型轿车的停车位宽度。

解：根据式（5-51）分别计算大型拖车和小型轿车的停车位宽度。

（1）大型拖车的停车位宽度

$$W = W_t + C_t = 2.5+1.5 = 4（m）$$

（2）小型轿车的停车位宽度

$$W = W_t + C_t = 1.8+0.7 = 2.5（m）$$

因此，大型拖车和小型轿车的停车位宽度分别为 4m 和 2.5m。

停车位长度在车体长度的基础上，可适当增加余量。例如，车体长度为 5.2m 的小型车，其停车位长度一般取 6m。

4）运输车辆回转空间设计

在设计停车场时，必须对运输车辆回转空间进行分析。回转空间宽度 L 主要取决于车辆的长度 L_1 和倒车所需的路宽 L_2。车辆倒车路宽和车辆停车位宽度有关，停车位宽度越宽，倒车路宽就越窄。通常取车辆倒车路宽为车辆本身长度，即 $L_2=L_1$。因此，回转空间宽度等于车辆本身长度的两倍再加上余量 C，即

$$L = 2L_1 + C \tag{5-52}$$

式中，余量一般要能通过一辆车，对于载货汽车，余量 C 取 3m。

5t 车辆直角停放所需车辆回转空间宽度计算图如图 5-65 所示。

由于车辆本身长度 L_1=8m，因此，5t 车辆直角停放所需车辆回转空间宽度为

$$L = 2L_1 + C = 2×8+3 = 19（m）$$

同理，可计算出其他类型的车辆回转宽度，如 2t 车为 13m，4t 车为 16m，11t 车为 23m，21t 车为 27m。

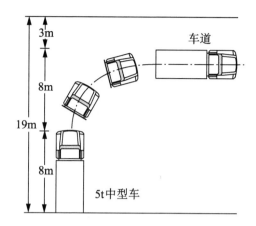

图 5-65　5t 车辆直角停放所需车辆回转空间宽度计算图

4. 绿化带

随着社会的发展，人们对环境的要求日益提高，保护、改善、美化环境越来越被重视。物流配送中心的绿化就是保护、改善、美化环境的重要措施之一。绿化可以净化空气，吸收二氧化碳及其他有害气体与灰尘，调节气候，降低噪声，减少水土流失和美化环境；绿化可以调节人们的情绪，使人心旷神怡，不但有利于人们的身心健康，而且能大大提高劳动生产率。所以，在条件允许的情况下，物流配送中心的空地都应该进行绿化。一般情况下，主要出入口及办公楼前、物流作业区域周围、交通运输线路一侧或双侧，都是绿化的重点。因此，在进行总平面布置时，应在上述区域留出绿化带。

办公楼前的绿化应与办公楼建筑相一致，可以设置花坛、绿地及建筑小品，形成优美的环境。在物流作业区的各实体作业区周围种植一些乔木或灌木树种，可以减少作业时产生的粉尘及噪声对其他部门的影响。道路绿化是带状绿化，能形成整个物流配送中心的绿化骨架。道路绿化的主要作用是给路面遮阴、分隔车道、吸收交通灰尘、减少交通噪声、引导视线、美化路容和整个环境。道路绿化一般采用高大乔木或矮小灌木树种，不同树种占用的空间是不一样的，因此，进行总平面布置时，应为绿化留出适当的平面面积。同时，还应确保树木与建筑物之间留有一定的距离，以避免树木与建筑物、铁路专用线、道路和地下管线之间的相互影响，具体数据见表 5-12，绿化用地及覆盖面积可根据表 5-13 进行计算。

表 5-12　树木与相邻建筑物之间的距离

建筑物和地下管线名称		最小水平间距/m	
		至乔木中心	至灌木中心
建筑物外墙	有窗	5.0	1.5～2.0
	无窗	2.0	1.5～2.0
围墙		2.0	1.0
栈桥的柱		2.0～3.0	不限
冷却池边缘		40.0	不限
标准轨距铁路中心线		5.0	3.5
道路路面边缘		1.0	0.5

续表

建筑物和地下管线名称	最小水平间距/m	
	至乔木中心	至灌木中心
人行道边缘	0.75	0.5
排水明沟边缘	1.0~1.5	0.5~1.0
给水管管壁	1.5	0.5
排水管管壁	1.5	0.5
热力管（沟）管（沟）壁	1.5	1.5
煤气管管壁	1.5	1.5
乙炔、氧气、压缩空气管管壁	1.5	1.0
电力电缆外缘	1.5	0.5
照明电缆外缘	1.0	0.5

表 5-13 绿化用地及覆盖面积计算

绿化种类	用地面积/m²	覆盖面积/m²
单株大乔木	2.25	16.0
单株中乔木	2.25	10.0
单株小乔木	2.25	6.0
单株乔木或行道树	1.5×长度	4.0×长度（株距4.0~6.0）
多行乔木	(1.5+行距总宽度)×长度	(4.0+行距总宽度)×长度
单株大灌木	1.0	4.0
单株小灌木	0.25	1.0
单行大灌木	1.0×长度	2.0×长度（株距1.0~3.0）
单行小灌木	0.5×长度	1.0×长度（株距0.3~0.8）
单行篱笆	0.5×长度	0.8×长度
多行篱笆	(0.5+行距总宽度)×长度	(0.8+行距总宽度)×长度
垂直绿化	不计	按实际面积
草坪、苗圃、小游园、水面、花坛	按实际面积	按实际面积

5.5 公用配套设施的规划与设计

在对物流配送中心进行规划与设计时，除了要规划与设计物流配送中心的作业区域、建筑设施、行政区域和厂区，也需要对物流配送中心的公用配套设施进行规划与设计。一般来讲，物流配送中心的公用设施包括电力设施、给水与排水设施、供热与燃气设施等。对公用设施进行规划与设计，除了考虑物流配送中心的实际需要，还要与物流配送中心所在地的市政工程规划保持一致。

5.5.1 电力设施

电力设施由供电电源、输配电网等组成，应遵循《城市电力规划规范》（GB/T 50293—2014）进行规划。在物流配送中心规划过程中，要求物流配送中心的电力设施应符合所在城市和地区的电力系统规划；应充分考虑电力设施运行噪声、电磁干扰及废水、废气、废渣"三废"排放对周围环境的影响，并应按国家环境保护方面的法律、法规的有关规定，提出切实可行的防治措施；电力设施应切实贯彻"安全第一、预防为主、防消结合"的方针，满足防火、防洪、抗震等安全设防的要求；电力系统应从所在城市全局出发，充分考虑社会、经济、环境的综合效应；电力系统应与道路交通、绿化及供水、排水、供热、燃气、通信等市政公用工程协调发展。

物流配送中心新建或改建的供电设施的建设标准、结构选型，应与城市现代化整体水平相适应；供电设施的规划选址，应充分考虑城市人口、建筑物密度、电能质量和供电安全可靠性的特点与要求；新建的供电设施，应根据其所处地段的地形、地貌条件和环境要求，选择与周围环境、景观相协调的结构形式与建筑外形。

为实现物流配送中心的各项功能，保证物流作业（冷库储存、机电设备运行）正常，避免或减少不必要的损失，供电系统的设计尤为重要。电力设施必须严格按照《供配电系统设计规范》（GB 50052—2009）的规定设计和施工，应注意以下几点。

（1）电力负荷应根据对供电可靠性的要求、中断供电所造成的损失或影响的程度进行综合确定。物流配送中心内的冷库、机电设备、通信设施等的中断供电将会造成较大的损失，属于一、二级负荷；物流配送中心的其他设施设备属于三级负荷。

（2）应急电源与正常电源之间必须采用防止并列运行的措施。

（3）供配电系统的设计，除了一级负荷中特别重要的负荷，不应按一个电源系统检修或故障的同时另一电源又发生故障进行设计。

（4）物流配送中心的供电电压应根据用电容量、用电设备特性、供电距离、供电线路的回路数、当地公共电网现状及其发展规划等因素，经技术经济比较后确定。

5.5.2 给水与排水设施

1. 给水设施

给水设施负责对物流配送中心生产、生活、消防等所需用水进行供给，包括原水的收集、处理及成品水的输配等各项工程设施。物流配送中心给水设施的规划，应根据物流配送中心的用水需求和给水工程设计规范，对给水水源的位置、水量、水质及给水工程设施建设的技术经济条件等进行综合评价，并对不同水源方案进行比较和选择。同时，给水设施规划要考虑所在区域给水系统整体规划，应尽量合理利用城市已建成的给水工程设施。给水设施不应设置在易发生滑坡、泥石流、塌陷等不良地质条件的地区及洪水淹没、内涝低洼地区。地表水取水构筑物应设置在河岸及河床稳定的地段，工程设施的防汛及排涝等级不应低于所在城市设防的相应等级。物流配送中心输配管线在道路中的埋没位置，应符合《城市工程管线综合规划规范》（GB 50289—2016）的规定。

2. 排水设施

排水设施负责收集、输送、处理和排放物流配送中心的污水（生活污水、生产废水）和雨水。污水和雨水的收集、输送、处理和排放等工程设施以一定的方式组成，并使用不同的管渠分别收集和输送污水、雨水，为使污水排入某一水体或达到再次使用的水质要求而对其进行净化。根据水资源的供需平衡分析，应提出保持平衡的对策，包括合理确定产业规模和结构，并提出水资源保护的措施。物流配送中心应更注重考虑水污染的防治，避免它的建设对所在地的环境造成不必要的污染。

对排水管道进行规划设计时，应严格遵守《给水排水管道工程施工及验收规范》（GB 50268—2008）的规定，尤其对管道的位置及高程设计，需要经过水力计算，并考虑与其他专业管道平行或交叉要求等因素后来确定。排水管道的管材、管道附件等材料，应符合国家现行的有关产品标准的规定，并具有出厂合格证。具体施工时应遵守国家和地方有关安全、劳动保护、防火、防爆、环境和文物保护等方面的规定。

5.5.3 供热与燃气设施

1. 供热设施

集中供热设施利用集中热源，通过供热等设施，向热能用户供应生产或生活用热能，包括集中热源、供热管网等设施和热能用户使用设施。供热设施在规划时应符合《城镇供热系统运行维护技术规程》（CCJ 88—2014）的规定，同时还应符合国家有关强制性标准的规定。

供热设施的热源应符合以下要求。

（1）新装或移装的锅炉必须向当地主管部门登记，经检查合格获得使用登记证后方可投入运行。

（2）重新启用的锅炉必须按国家现行《〈锅炉安全技术监察规程〉释义》（TSG G0001—2012）的要求进行定期的检验，办理换证手续后方可投入运行。

（3）热源的操作人员必须具有主管部门颁发的操作证。

（4）热源使用的锅炉应采用低硫煤，排放指标应符合《锅炉大气污染物排放标准》（GB 13271—2014）的规定。

供热设施的热力网运行管理部门应设热力网平面图、热力网运行水压图、供热调节曲线图表。热力网运行人员必须经过安全技术培训，经考核合格后方可独立上岗。他们应熟悉管辖范围内管道的分布情况、主要设备和附件的现场位置，掌握各种管道、设备及附件等的作用、性能、构造及操作方法。

供热设施的泵站与热力站要求基本同上，也要具备设备平面图等图样，管理人员也要经过培训考核。此外，供热设施的泵站与热力站的管道应涂有符合规定的颜色和标志，并标明供热介质的流动方向，安全保护装置要求灵敏、可靠。

供热设施的用热单位向供热单位提供热能用户、用热性质、用热方式及用热参数，提供热平面图、系统图、热能用户供热平面图。供热单位应根据热能用户的不同用热需要，适时进行调节，以满足热能用户的不同需求；用热单位应按供热单位的运行方案、调节方案、事故处理方案、停运方案及管辖范围，进行管理和局部调节；未经供热单位同意，热能用户不得私接供热管道和私自扩大供热负荷，热水取暖用户严禁从供热设施中取用热水，热能用户不得擅自停热。

2. 燃气设施

燃气设施是公用事业中的一项重要设施，燃气化是我国实现现代化不可缺少的一个方面。燃气系统向物流配送中心供应作为燃料使用的天然气、人工煤气或液化石油气等气体能源，由燃气供应源、燃气输配设施和用户使用设施组成。

（1）物流配送中心在选择燃气供应源时，应遵循以下原则。

① 必须根据国家有关政策，结合本地区的燃料资源情况，通过技术经济比较来确定气源选择方案。

② 应充分利用外部气源，当选择自建气源时，必须落实原材料供应和产品销售等问题。

③ 根据气源规模、制气方式、负荷分布等情况，在可能的条件下，力争安排两个以上的气源。

（2）物流配送中心在设计燃气输配设施时，应考虑以下原则。

① 燃气干线管路位置应尽量靠近大型用户。

② 一般避开主要交通干道和繁华街道，以免给施工和运行管理带来困难。

③ 管线不准铺设在建筑物下面，不准与其他管线平行、上下重叠。

④ 物流配送中心应向供气单位提供燃气负荷、用气性质、用气方式及必要的用气参数，提供供气平面图、系统图和用户供气平面位置图。供气单位应根据物流配送中心的需求，适时进行调节，以满足物流配送中心的需要；物流配送中心应按供气单位的运行方案、调节方案、事故处理方案、停运方案及管辖范围，进行管理和局部调节；未经燃气供应站及公安消防部门同意，未由这些相关部门进行施工监督和验收，物流配送中心不得私接供气管道，私自扩大供气负荷和擅自启用未经批准的燃气输配设施。

本 章 小 结

本章主要内容包括物流配送中心作业区域和设施规划与设计概述、作业区域的规划与设计、物流配送中心的建筑设施的规划与设计、行政区域与厂区的规划与设计、公用配套设施的规划与设计等。

在形成了总体平面布置方案后，需要详细对物流配送中心的作业区域与设施进行规划与设计。其中，物流配送中心的作业区域规划与设计主要是针对物流作业区域所进行的规划与设计，包括进出货作业区域、仓储作业区域、拣选作业区域、集货作业区域、其他作业区域、通道等相关区域的规划与设计；物流配送中心设施的规划与设计主要是针对建筑设施、行政区域与厂区、公用配套设施等相关设施与区域的规划与设计。物流配送中心建筑设施的规划与设计主要涵盖柱间距、梁下高度和地面载荷等三方面的规划与设计内容。行政区域的规划与设计涉及对非物流区域进行规划与设计，包括办公室、接待室、会议室、休息室、餐厅等相关区域的规划与设计。厂区的规划与设计主要包括大门与警卫室、厂区道路、停车场、绿化带等相关区域的规划与设计。公用配套设施的规划与设计主要是对物流配送中心的电力设施、给水与排水设施、供热与燃气设施等相关配套设施进行规划与设计。

本章需掌握与物流密切相关的作业区域、建筑设施的规划与设计内容，需了解行政区域与厂区、公用配套设施的规划与设计内容。其中，进出货作业区域、仓储作业区域、拣选作业区域、通道、柱间距、梁下高度等几个方面的规划与设计是本章的重点内容，要求能够结合物流配送中心的实际需求，完成方案的详细设计与评价。同时，为了有效地展示物流配送中心的相关作业区域、建筑设施的规划与设计方案，需要重点掌握作业区域详细布局图、建筑设施布局图的绘制技巧。并且，针对行政区域与厂区、公用配套设施，利用本章相关内容，能够合理评价其他专业机构的设计方案。

 关键术语

作业区域规划与设计	设施规划与设计	进出货平台
仓储作业区域	仓储系统	储位管理
储存策略	拣选作业区域	拣选系统
拣选策略	按单拣选	批量拣选
集货作业区域	自动化立体仓库	通道规划与设计
叉车通道	建筑设施	行政区域
公用配套设施		

习 题

1. 选择题

（1）进出货平台主要包括（　　）。
　　A．进货平台　　　　　　　　B．进出货共用平台
　　C．出货平台　　　　　　　　D．集货作业区域

（2）按照平台形状进行分类，进出货平台分为（　　）。
　　A．锯齿形　　　　　　　　　B．地面式
　　C．直线形　　　　　　　　　D．平台式

（3）进出货平台停车遮挡的基本形式包括（　　）。
　　A．内围式　　　　　　　　　B．齐平式
　　C．复合式　　　　　　　　　D．开放式

（4）储存策略包括（　　）。
　　A．定位储存　　　　　　　　B．随机储存
　　C．分类储存　　　　　　　　D．共同储存

（5）储位编码的方法包括（　　）。
　　A．区段方式　　　　　　　　B．品项类别方式
　　C．地址式　　　　　　　　　D．坐标式

（6）仓储空间由（　　）构成。
　　A．物理空间　　　　　　　　B．潜在可利用空间
　　C．作业空间　　　　　　　　D．无用空间

（7）物品储存方式包括（　　）。
　　A．物品直接堆码　　　　　　B．托盘平置堆码
　　C．托盘多层堆码　　　　　　D．托盘货架储存

（8）按人员的组合方式，可以将拣选作业分为（   ）。
   A．单独拣选   B．按单拣选
   C．批量拣选   D．接力拣选
（9）订单分批策略包括（   ）。
   A．总合计量分批   B．时窗分批
   C．固定订单量分批   D．智能型分批
（10）停车的基本方式包括（   ）。
   A．平行式   B．斜列式
   C．垂直式   D．混合式
（11）某进出货平台装卸货车厢最低高度为550mm，车厢最高高度为1 100mm，在满载条件下，车厢将下降150mm，计算出的进出货平台高度为（   ）。
   A．400mm   B．750mm
   C．950mm   D．1 100mm
（12）某拟建物流配送中心的仓储作业空间预计最高储存量为1 200t，单位面积储存定额为2t/m²，有效面积利用系数为0.4。据此推算拟建物流配送中心仓储作业区域的面积为（   ）。
   A．1 250 m²   B．1 500m²
   C．1 750 m²   D．2 000m²
（13）某物流配送中心新进了一批纸箱装的物品，每箱毛重为50kg，纸箱上标志显示允许承受的最大质量为200kg。若采用直接堆码形式，该批物品的可堆层数是（   ）。
   A．3   B．4
   C．5   D．6
（14）设某种型号叉车，其最小转弯半径为1 600mm，旋转中心到托盘距离为360mm，托盘长度为1 200mm，叉车侧面余量尺寸为200mm，则丁字形叉车通道宽度为（   ）。
   A．3 310mm   B．3 360mm
   C．3 560mm   D．3 720mm
（15）设托盘长度为1 200mm，堆垛机通道宽度为1 400mm，托盘货架的间距为100mm，两个立柱间的巷道数为5，则柱间距为（   ）。
   A．13 500mm   B．19 500mm
   C．20 100mm   D．27 000mm
（16）设装载单元高度为1 200mm，货架高度为2 800 mm，货叉最大升程为3 200mm，货叉起升高度为200mm，梁下间隙尺寸为600mm，则梁下高度为（   ）。
   A．4 200mm   B．4 800mm
   C．5 200mm   D．8 000mm

2．简答题

（1）物流配送中心作业区域和设施的规划与设计包括哪些内容？
（2）进出货平台的规划与设计包括哪些内容？
（3）仓储系统由哪些要素构成？

（4）物流配送中心仓储作业区域面积估算的方法有哪些？
（5）拣选作业的大体流程是什么？
（6）通道设计包括哪些原则？
（7）物流配送中心建筑设施的规划与设计包括哪些内容？
（8）物流配送中心公用配套设施的规划与设计包括哪些内容？

3. 判断题

（1）进出货平台也称收发站台、月台或码头。（　　）
（2）从有利于物流作业和进出货安排的角度来考虑，选择直线形进出货平台会更好一些。（　　）
（3）选择高站台还是低站台，主要取决于物流配送中心的环境、进出货的空间、运输车辆的种类和装卸作业的方法，一般选择低站台。（　　）
（4）良好的储存策略可以减少出入库移动的距离、缩短作业时间，甚至能够充分利用仓储空间。（　　）
（5）共同储存是指根据库存货物及储位使用情况，随机安排和使用储位，每种物品的储位可随机改变。（　　）
（6）潜在可利用空间是仓储空间中没有充分利用的空间，但潜在可利用空间的开发潜力不大，因为其所占仓储空间的比例较低。（　　）
（7）托盘多层堆码是指将物品码放在托盘上，然后以托盘为单位进行码放，托盘货上面继续码放托盘货（大于1层）的储存方式。（　　）
（8）拣选作业的效率直接影响物流配送中心的作业效率和经营效益，是物流配送中心服务水平高低的重要标志。（　　）
（9）按单拣选也称摘果式拣选。（　　）
（10）与按单拣选方式相比，批量拣选工艺难度较大，计划性强，拣选错误率相对较高。（　　）
（11）拣选标签拣选是将原始的客户订单信息输入计算机后，进行拣货信息处理，输出拣货单，在拣货单的指示下完成拣选。（　　）
（12）订单分批是为了提高拣选作业效率而把多张订单集合成一批，进行批次拣选作业，其目的是缩短拣选的平均行走搬运的距离和时间。（　　）
（13）拣选单位确定后，接下来要确定的是储存单位，一般储存单位必须大于或等于拣选单位。（　　）
（14）集货作业区域规划与设计主要考虑发货物品的订单数、时序安排、车次、区域、路线等因素。（　　）
（15）进行通道设计的顺序如下：首先设计配合出入物流配送中心门口位置的主要通道；其次设计出入部门及作业区域间的辅助通道；最后设计服务设施、参观走廊等其他通道。（　　）
（16）梁下高度受货物所能堆码的高度、叉车的起升高度和货架高度等因素的限制，太高不但会增加成本，而且会降低保管效率。（　　）
（17）在最经济的条件下，合理确定最佳柱间距，可以显著提高物流配送中心的保管效率和作业效率。（　　）

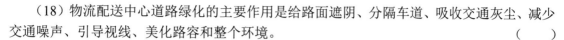

（18）物流配送中心道路绿化的主要作用是给路面遮阴、分隔车道、吸收交通灰尘、减少交通噪声、引导视线、美化路容和整个环境。（ ）

（19）对公用设施进行规划与设计时，除了考虑物流配送中心的实际需要，还要与物流配送中心所在地的市政工程规划相一致。（ ）

4．计算题

（1）某物流配送中心每天进货时间为2h，进货车辆数和卸货时间为：11t车，托盘进货，进货车10辆，每车的卸货时间为25min；11t车，散装进货，进货车5辆，每车的卸货时间为50min；4t车，托盘进货，进货车15辆，每车的卸货时间为15min；4t车，散装进货，进货车6辆，每车的卸货时间为28min。设进货峰值系数为1.4，每个车位宽度为4m。试计算需要的车位数和进货平台的长度。

（2）某物流配送中心的托盘尺寸为1.2m×1.0m，而其平均存货量为672箱，平均每个托盘可堆码24箱，可堆码2层，通道面积占30%～40%。试求存货所需的最大面积。

（3）某物流配送中心新进了一批纸箱装的物品350箱，每箱毛重30kg，箱底面积为0.5m^2，箱高为0.6m，纸箱上标志显示允许承受的最大质量为180kg，地坪承载能力为1.2t/m^2，仓储作业区域可用高度为6m。试求该批物品的最大可堆层数和货垛最小占地面积。

（4）设起重能力为1t的叉车，其最小转弯半径为2 000mm，旋转中心到车体中心距离为720mm，托盘宽度为1 000mm，叉车侧面余量尺寸为200mm。试求最小直角叉车通道宽度。

（5）设装载单元高度为1 200mm，堆积层数为3，货叉最大升程为3 000mm，货叉起升高度为200mm，梁下间隙尺寸为600mm。试求梁下高度。

5．思考题

（1）查阅相关文献、书籍或网络信息，了解两个不同类型的物流配送中心的作业区域和设施的详细规划与设计结果，并进行对比分析。

（2）查阅相关的物流案例，分析一个典型物流配送中心拣选系统的详细设计结果。

（3）查阅一家知名的物流设备提供商，选择一款典型的叉车，对其性能和相关参数进行汇总和分析。

实际操作训练

实训项目5-1：物流配送中心仓储作业区域规划与设计。

实训目的：锻炼学生进行物流系统规划与设计的思维；利用该实训项目，引导学生主动查阅相关资料，对知识进行汇总，并能对实际问题进行分析和求解；培养学生对仓储作业区域进行规划和设计的能力。

实训内容：假设某物流配送中心仓储作业区域需要储存2 000个托盘的货物，设计托盘货架、窄巷道托盘货架和重力式货架3种解决方案，并分别计算各方案的如下指标值：保管面积率、储位容积利用率、单位面积保管量。对这3种解决方案进行比较分析。

实训要求：首先，学生以个人为单位，仔细查阅物流配送中心仓储作业区域规划与设计的流程，熟悉设计步骤；其次，在查阅相关文献的基础上，合理补充方案设计所需要的相关数据；再次，利用所学的专业知识，完成各方案数据计算的工作；最后，利用AutoCAD完成单元货格的结构设计、物流设备的结构设计（或选型）及仓储作业区域的货架布局图的设计等工作，并形成完整的仓储作业区域的规划与设计报告。

京东物流亚洲一号西安智能产业园2期启动运营

2022年京东"双十一"前，京东物流亚洲一号西安智能产业园（以下简称"西安亚一"）2期正式启动运营，建成了西北地区首个全流程柔性生产物流园区，其应用北斗新仓模式。该园区具备支撑日均分拣超140万件包裹的能力，整个西安亚一日均快递分拣能力可突破240万件，成为西北地区分拣规模最大的智能物流园区。通过多种前沿技术和尖端设备的创新和集成，陕西省内95%的京东自营订单都可实现当日达或次日达，陕甘宁乃至青海、新疆的"不包邮区"的消费者也将因此受益。

二十大报告指出，要"促进区域协调发展"。随着西安亚一2期的正式投用，京东物流在西北地区的物流基础设施布局进一步完善。陕西西安亚一1期、2期，武功仓和宁夏银川智能仓，新疆乌鲁木齐亚一，伽师仓以及在建的甘肃兰州亚一7座智能仓形成北斗之势，与五省区的数百个中心仓、卫星仓和分拣中心，构成一体多面的物流仓配网络，助力当地商家转型升级，推动西北区域经济协同发展。

京东物流一方面，通过供应链基础设施的布局与京东快递、冷链等产品能力落地渗透，为西北地区好产品加持好服务；另一方面，大力推广直播带货等创新业态，充分发挥"物流+商流"一体化优势，推动当地商家实现品牌、效益双提升，助力区域经济高质量发展。

资料来源：https://www.headscm.com/Fingertip/videodetail/id/33789.html[2023-3-24]

问题：

（1）京东物流亚洲一号具有什么特色？

（2）京东物流亚洲一号西安智能产业园2期的处理能力如何？

（3）京东物流亚洲一号西安智能产业园2期应用了哪些新技术？

（4）京东物流在西北地区的物流网络布局情况如何？其对区域发展起到哪些积极作用？

第6章 物流配送中心配送运输系统规划与设计

【本章教学要点】

知识要点	掌握程度	相关知识
物流配送中心配送运输系统概述	了解	配送运输的概念、产生的原因及特点,配送运输的影响因素,物流配送中心配送运输系统作业流程
配送运输方式	掌握	基本配送运输方式,特殊配送运输方式,特殊货物的配送运输
配送计划与车辆调度	掌握	配送计划的组织与实施,车辆调度
配送积载技术	掌握	配送积载原则,配送积载方法
配送路线优化	重点掌握	配送路线优化的意义,配送路线优化的决策目标与约束条件、配送路线优化的方法

【本章技能要点】

技能要点	掌握程度	应用方向
物流配送中心配送运输作业流程	了解	在进行物流配送中心配送运输系统的规划与设计时,可以作为主要的参考步骤
配送运输方式	掌握	熟悉现有配送运输方式及其特点,在结合配送物品的特性和配送需求的情况下,能够合理选择有效的配送运输方式
配送积载技术	掌握	根据不同车厢装载标准、货物规格、包装要求等进行车辆装载,充分利用车辆的载运能力
配送路线的优化方法	重点掌握	降低物流配送中心成本、提高效益,掌握常用的路线优化方法,能够针对性地对配送路线进行优化

> **导入案例**

丰智云链路径优化系统与运输管理系统

2022年9月20日，"2022世界制造业大会"在安徽合肥举行，此次大会主题是"共创智造时代 共享智能成果"。顺丰作为参展的快递物流企业，重点展示了多项科技应用成果，以及顺丰与制造业融合发展的智慧供应链解决方案。

作为该领域的技术输出者和行业升级推动者，顺丰同城科技致力于用人工智能系统替代传统人工作业，推出了丰智云链路径优化系统（Road Optimization System，ROS）与运输管理系统（Transportation Management System，TMS），同时解决配载及路线优化的问题，大幅提升运输车辆段安排效率，尽可能地实现最大化装载率、最少化总成本的目标，成为供应链领域升级的首选解决方案，用技术实现客户的降本增效，得到了广大客户的好评。

丰智云链 ROS 以运筹优化算法为核心，采用自主研发方案框架，支撑个性化业务需求。可根据不同的业务场景和业务需求，生成合理的配载建议及排线调度结果。该系统拥有几大核心优势：首先，以机器学习算法为核心，借助顺丰同城科技自主研发的求解框架，支持指数级别的搜索空间，高性能平台可满足大量数据并行计算；其次，系统可定时更新货运地图，并支持自定义对禁限行区域进行修改和编辑；最后，该系统可结合各行业特性进行针对性的调整，保证满足多种类型的行业场景。该系统可支持单点对单点、单点对多点、多点对多点等多种复杂的模式。目前，该系统已应用在多种类型的行业中。在众多行业的实际应用中，ROS 能带来比人工优化平均高 20%~30% 的运输效率，显著降低运输成本。

与 ROS 相辅相成的是顺丰同城科技的丰智云链 TMS，该系统在为用户打造科学的运输路线方面发挥着重要作用，也是企业步入信息化管理的第一步。丰智云链 TMS 能够全程监控展示温度、位置、路由等多维度信息，并通过可视化大屏输出运营数据，助力分析决策；通过智能规划，制定规则分配承运商，实现降本增效；对供应商资质审核、招投标进行系统管理，把控服务质量，丰富服务运营场景。

通过丰智云链 ROS 和 TMS 的应用，企业将实现降本增效，在行业竞争中拥有更多优势。

资料改编自：https://baijiahao.baidu.com/s?id=1744574497773608753&wfr=spider&for=pc；
https://www.163.com/tech/article/FPV8132400099A7M.html[2023-3-24]

思考题：
（1）丰智云链 ROS 采用了哪些算法？这些算法与本章介绍的算法有哪些区别？
（2）丰智云链 ROS 有哪些优势？
（3）丰智云链 TMS 有哪些功能？
（4）丰智云链 ROS 与 TMS 的大规模应用会给物流业带来哪些变革？

配送运输作为一种新型的物流手段，伴随着生产的不断发展而日趋成熟。建立和发展配送运输系统，对于物流配送中心的发展、整个社会经济效益的提高，都具有重要的作用。

6.1 物流配送中心配送运输系统概述

6.1.1 配送运输的概念、产生的原因及特点

1. 配送运输的概念

配送运输是指将客户所需的货物使用汽车或其他运输工具从供应点送到客户手中的活动过程。配送运输通常是一种短距离、小批量、高频率的运输形式。它可能是从工厂等生产的

仓库直接送至客户手中，也可能通过批发商、经销商或由物流配送中心转送至客户手中。配送运输主要采用汽车运输，具有城市轨道货运条件的可以采用轨道运输，对于跨城市的地区配送可以采用铁路运输，或者在河道水域采用船舶运输。

严格来说，运输活动与配送活动之间既有差别又有联系。

运输活动只有通过运输工具在运输路线上移动才能实现物品的位置移动，是线活动。配送活动以送为主，属运输范畴，但它包含点活动，是线活动与点活动的结合。

同时二者又存在一种互补关系，即在物流系统中，运输在配送的前面，先实现物品长距离的位置转移，然后由配送完成短距离的输送。

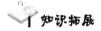

配送的经济里程

日本是物流业起步较早、较发达的国家，其物流业界的实践表明：配送的有效距离最好在半径50km以内；如果是国内物流配送中心，则经济里程在半径30km以内。

2. 配送运输产生的原因

配送源于"送货上门"。20世纪60年代初期，生产企业或中转仓库根据客户的需求，将货物准确送到客户手中，形成了配送的雏形——普通送货。随着客户对产品多样化和差异化的要求，原始的普通送货开始转向分拣、配货、送货一体化，配送由此产生。当前信息科技飞速发展，"全球买，全球卖"需求不断提高，配送运输的重要性也越来越高。表 6-1 列出了配送运输的产生原因和具体表现。

表 6-1 配送运输的产生原因和具体表现

产生原因	具体表现
消费行为的变化	客户消费行为个性化、多样化，要求小批量、多品种、快速化、柔性化
生产策略的转变	生产企业针对客户消费行为和需求的变化，并迫于竞争压力，转变生产策略，并强化物流管理
连锁经营发展的趋势	国外零售连锁巨头进入中国市场，本土企业也在与其竞争过程中不断学习借鉴，发展连锁经营模式
电子商务的兴起	随着信息技术的高速发展，各种网络贸易平台兴起，各种实体卖场纷纷建立自己的网上商城

1859年，第一家具有规模性的连锁商店是由吉尔曼和哈特福特在纽约创办的。

20世纪60—70年代，连锁经营以其特有的生命力，冲破贸易保护主义的樊篱，从美国向世界各地蔓延。

6-1
拓展知识

从 20 世纪 80 年代开始，全球连锁经营飞速发展，美国几乎每 6.5min 就有一家连锁店开业；马来西亚、新加坡的连锁经营已上升为这些国家的国策。

 小知识

连锁经营是一种商业组织形式和经营制度，是指经营同类商品或服务的若干个企业，以一定的形式组成一个联合体，在整体规划下进行专业化分工，并在分工基础上实施集中化管理，把独立的经营活动组合成整体的规模经营，从而实现规模效益。

中国知名连锁企业包括：苏宁云商集团股份有限公司、国美电器有限公司、华润万家有限公司、联华超市股份有限公司、百胜中国等。

3. 配送运输的特点

从运输角度分析，配送运输是对干线运输的一种补充和完善，属于末端运输、支线运输，因此具有不同于干线运输的特点。

1）时效性

快速及时，即确保客户在指定的时间内获取其所需要的货物，这是客户最重视的因素，也是配送运输服务性的充分体现。配送运输是从客户订货到交货的最后环节，也是最容易引起时间延误的环节。影响配送运输时效性的因素有很多，除了配送车辆故障，所选择的配送路线不当、中途客户卸货不及时及货款结算延时等，均会造成时间上的延误。因此，必须在认真分析各种因素的前提下，用系统化的思想和原则，有效协调，综合管理，合理选择配送路线、配送车辆、送货人员，使每位客户在其所指定的时间内能收到所期望的货物。

 小知识

企业在考核配送运输时效性时要设立两个指标：平均配送运输周期（衡量产品交货期的指标）和准时交货率（衡量产品交货是否可靠的指标），只有在两者之间找到平衡，才能最终让客户满意，增强企业的竞争力。

 小思考

若 A 物流配送中心的准时交货率是 100%，B 物流配送中心的准时交货率是 95%，A 物流配送中心的时效性一定就比 B 物流配送中心的好吗？若 A 物流配送中心的平均配送运输周期为 48h，B 物流配送中心的平均配送运输周期为 30h。综合来看，哪个物流配送中心的时效性好？

2）安全性

配送运输的宗旨是将货物完好无损地送到目的地。影响安全性的因素有货物的装卸作业，运送过程中的机械振动和冲击及其他意外事故，客户地点及作业环境，配送人员的素质等。因此，在配送运输管理中必须坚持安全性原则。

3）沟通性

配送运输是运输的末端服务，是与客户沟通最直接的桥梁。配送运输服务代表着公司的形象和信誉，在客户沟通中起着非常重要的作用。所以，必须充分利用配送运输活动中与客户沟通的机会，巩固和提高公司的形象和信誉，为客户提供更优质的服务。

4）方便性

配送运输以服务客户为目标，以最大限度地满足客户要求为优先。因此，应尽可能地让客户享受到便捷的服务。通过采用高弹性的送货系统，如紧急送货、顺道送货与退货，为客户提供真正意义上的便利服务。

5）经济性

实现一定的经济利益是企业运作的基本目标。因此，以较低的费用完成配送运输是合作双方建立双赢机制、加强合作的基础。所以不仅要完成高质量、及时方便的配送运输服务，还必须提高配送运输效率，加强成本控制与管理，为客户提供经济的配送服务。

查阅相关资料，了解国内外企业先进的配送运输技术，并思考国内企业的借鉴方式。

6.1.2　配送运输的影响因素

影响配送运输的因素有很多，包括动态因素和静态因素。表 6-2 为配送运输影响因素的举例说明。

表 6-2　配送运输影响因素的举例说明

影响因素	举例说明
动态因素	如车流量变化、道路施工、配送客户的变动、可供调动的车辆变动等
静态因素	如物流配送中心分布区域、客户的分布区域、道路交通网络、车辆通行限制等

除了表 6-2 列举的影响因素，影响配送运输的动态因素和静态因素还有哪些？

6.1.3　物流配送中心配送运输系统作业流程

各物流配送中心经营的产品和服务不同，规模不一，运作管理模式也存在差异，这些都导致了各自的配送运输系统存在一定的差别。配送运输系统作业流程，如图 6-1 所示。

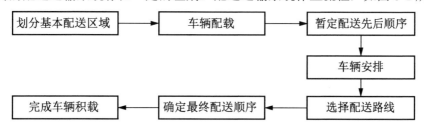

图 6-1　配送运输系统作业流程

1. 划分基本配送区域

对客户所在地的具体位置进行统计，并将客户位置做区域上的整体划分，把每个客户分配给不同的基本配送区域，以作为下一步决策的基本参考依据。例如，可按行政区域或交通条件划分不同的配送区域。

2. 车辆配载

在接到客户订单后，首先将货物依据品种、特性进行分类，分别针对不同品类采取不同的配送方式和运输工具。其次初步确定哪些货物可配载于同一辆车，哪些货物不能配载于同一辆车，做好车辆的初步配载工作。

3. 暂定配送先后顺序

做出确定的配送方案前，应先根据客户订单要求的送货时间预计配送的先后作业次序。暂定配送先后顺序既可以有效地保证送货时间，又可以尽可能地提高运作效率。

4. 车辆安排

车辆安排要解决的问题是安排什么类型、吨位的配送运输车辆进行最后的送货。首先，事先掌握有哪些车辆可供调派，并确定这些车辆的容量和额定载重量是否满足要求。其次，分析订单中货物的信息，如品种、体积、重量、数量及对于装卸的特殊要求等，综合考虑各方面因素的影响，做出最合理的车辆安排。

资料卡

一般物流配送中心拥有的车型有限，车辆数量也有限，当物流配送中心的车辆无法满足要求时，可使用外雇车辆。在保证配送运输质量的前提下，是组建自营车队，还是以外雇车辆为主，则需视经营成本而定。

小思考

外雇车辆或自有车辆的费用与运输量的关系如何？如何根据这种关系来选择车辆？

5. 选择配送路线

确定每辆车负责配送的具体客户后，应考虑如何选择配送距离短、配送时间短或配送成本低的路线完成货物配送。这需根据客户的具体位置、沿途的交通情况等做出选择和判断。除此之外，还必须考虑客户或其所在地点、环境对送货时间、车型等方面的特殊要求，如有些客户不在白天收货，有些道路在某高峰期实行特别的交通管制等。

6. 确定最终配送顺序

做好车辆安排及选择好最佳的配送路线后，依据各车辆负责配送的具体客户的先后顺序，即可确定最终配送顺序。

7. 完成车辆积载

明确了客户的配送顺序后，接下来就是如何将货物装车，以及以什么次序装车的问题，即车辆积载问题。原则上，确定了客户的配送顺序后，只要将货物依据"后送先装"的原则装车即可。但有时为了有效利用车辆容积，可能还要依据货物的性质、形状、体积及重量等做出弹性调整。

6.2 配送运输方式

影响配送运输的因素较多，为了在运输方式的选择上既有利于客户的便捷性、经济性，又利于货物的安全性，应尽量避免不合理运输。下面主要介绍不同的配送运输方式。

6.2.1 基本配送运输方式

现代运输主要有铁路、公路、水路、航空和管道 5 种基本运输方式，在这 5 种基本运输方式的基础上，还可以组成不同的综合配送运输方式。

1. 铁路运输

在我国，铁路运输是在干线运输中起主力运输作用的运输形式，是我国经济活动的大动脉，主要承担长距离、大批量的货运业务，是带动和促进整个交通运输网的关键。

优点：运输量大，长途运输成本低，安全，很少受天气影响，节能环保。

缺点：短距离货运运费高昂，运费没有伸缩性，不能实现"门到门"运输，车站固定，运输时间长，不适宜做紧急运输。

资料卡

中国第一条铁路吴淞铁路建于上海，由英国人兴建，后被清朝地方官员买回并拆毁。而正式使用的第一条铁路和蒸汽机车则是由李鸿章兴办的开滦公司煤矿所建。

2. 公路运输

公路运输是指以公路为运输线，利用汽车等陆路运输工具，完成货物位移的运输方式。公路运输是对外贸易运输和国内货物运输的主要方式之一。公路运输网密度大，分布面广。公路运输适应性强，各个环节之间衔接方便。

优点：提供"门到门"运输服务，可按运输要求随时起运，起运批量和汽车装载量一致，对运行场地和路线没有特殊要求，最大限度地满足货主的具体要求。

缺点：运输批量小，单位运价高，交通事故及公害问题多。

3. 水路运输

水路运输是目前各主要运输方式中兴起最早、历史最长的运输方式。它是以船舶为主要运输工具，以港口或港站为运输基地，以水域（包括海洋、河流和湖泊）为运输活动范围的一种运输方式。

优点：运量大、占地少、基本建设投资少、节省能源、运费低。

缺点：灵活性小、连续性差、速度低、受自然地理条件和气候条件的影响比较大。

知识拓展

水路运输在中国的发展历史

我国是世界上水路运输发展较早的国家之一,公元前 2500 年已经制造舟楫,商代就有了帆船。公元前 500 年前后中国开始开凿运河。公元前 214 年建成了连接长江和珠江两大水系的灵渠。隋代大运河则沟通了钱塘江、长江、淮河、黄河和海河五大水系。唐代对外运输丝绸及其他货物的船舶直达波斯湾和红海之滨,其航线被誉为海上丝绸之路。明代航海家郑和率领巨大船队七下西洋,历经亚洲、非洲等的 30 多个国家和地区。

资料来源:https://baike.baidu.com/item/水路运输/2471689[2023-3-24]

4. 航空运输

6-6 拓展视频

航空运输是在具有航空线路和飞机场的条件下,利用飞机作为运输工具的一种运输方式。在我国运输业中,航空运输目前主要是承担长途客运任务,但伴随着物流业的快速发展,航空货运将扮演重要的角色。

优点:速度快、机动性大、舒适、安全。

缺点:运费高、运量小,受经济波动和突发事件等的影响大。

小知识

航空公司发运货物时,必须进行严格的吨位控制与配载工作,以保证运行安全及提高载运率。

5. 管道运输

6-7 拓展视频

最初管道运输是以管道作为运输工具,专门由生产地向市场输送石油、天然气和化工产品的运输方式,是运输网中干线运输的特殊组成部分。现代管道运输还可运输矿石、煤炭、建材和粮食等。当前管道运输的发展趋势如下:管道直径不断增大,运输能力大幅度提高;管道的运距迅速增加;运输物资由石油、天然气、化工产品等流体逐渐扩展到煤炭、矿石等非流体。

优点:不受地面气候影响并可连续作业;运输的货物不需包装,节省包装费用;货损、货差率低;运量大、占地少;无回空运输问题,耗能少、成本低、效益好;建设周期短,经营管理比较简单。

缺点:运输货物过于单一,单向运输,不易扩展线路;机动性与灵活性小,一次性固定投资大;当运输量明显不足时,运输成本会显著增大。

资料卡

无人管道物流属于地下物流的一种,在 2018 年全球智能物流峰会上,京东物流向外界宣布将在雄安试运行一项由无人车、无人管道构成的新型物流计划。

按照京东物流的构想,未来城市空间将体现在空间层面立体化、基础设施层面智能化、数据层面实现互通互联。无人管道物流体系建成后,酷似胶囊般的无人运输设备将在雄安新区地下管道中来回穿梭,将物品直接配送到住宅、写字楼、商场、专业市场、仓库等末端,而且有回收功能。

资料来源:陈晓曦,2020. 数智物流:5G 供应链重构的关键技术及案例[M]. 北京:中国经济出版社.

铁路、公路、水路、航空和管道及其组成的不同综合运输方式，都有其特定的运输工具、运输技术、经济特性及合理的适用对象和范围。所以只有熟知各种运输方式的效能和特点，结合货物的特性、运输条件、市场需求才能合理地选择和使用各种运输方式。

影响配送运输方式选择的因素包括：货物性能特征、运输速度和路程、运输的可靠性、运输费用、货物需求缓急情况。

综合考虑各种运输方式的特点及选择的影响因素，可参考表6-3进行合理的选择。

表6-3 运输方式的合理选择

运输方式	种　　类
铁路运输	大宗货物、笨重货物、长距离运输，如矿产、金属、牲畜等工农业原材料和产品
公路运输	短距离、运量小的货物
水路运输	大宗、长距离、时间要求不高的货物
航空运输	紧急需求、价值高、数量不大的货物
管道运输	原油、成品油、天然气、煤浆及其他矿浆

6.2.2　特殊配送运输方式

1. 多式联运

根据《物流术语》（GB/T 18354—2021）的规定，多式联运是指货物由一种运载单元装载，通过两种或两种以上运输方式连续运输，并进行相关运输物流辅助作业的运输活动。

多式联运是根据实际运输要求，将不同的运输组合成综合性的一体化运输，通过一次托运、一次计费、一张单证、一次保险，由各运输区段的承运人共同完成货物的全程运输，即将全程运输作为一个完整的单一运输过程来安排。多式联运广泛应用于国际货物运输，称为国际多式联运。

2. 集装箱运输

集装箱运输是指以集装箱为基本运输单位，采用海、陆、空等运输方式将货物运往目的地的一种现代化运输方式。使用集装箱转运货物，可直接在发货人的仓库装货，运到收货人的仓库卸货，中途更换车、船时，无须将货物从箱内取出转载。集装箱运输在国际货物运输中是最主要的运输形式，是开展国际多式联运的重要条件。

6-8 拓展视频

3. 散装运输

散装运输是指货物不带包装的运输，是采用专用设备将货物直接由生产厂送至用户使用地的运输方式。大部分的化工产品及一些工业原材料，如煤炭、焦炭、水泥等都是采用散装运输的方式。

散装运输节省包装材料和包装费用，减少运输中的损失，提高运输质量和效率；装卸作业的自动化、机械化程度高，速度快，提高了运输工具的周转速度。

4. 托盘化运输

托盘化运输是指货物按一定要求成组装在一个标准托盘上组合成一个运输单位，使用叉车或托盘升降机进行装卸、搬运和堆放的一种运输方式。

托盘化运输是一种新兴的运输方式，它以托盘为单位运输，作业效率高；便于理货，减少货损、货差；与集装箱相比，制造成本低、时间短、收效快。

6-9 拓展视频

小知识

常用的托盘标准有长方形（1 200mm×1 000mm）托盘和正方形（1 100mm×1 100mm）托盘。

此外，还存在一些其他类型的特殊配送运输方式，如甩挂运输、联合运输等。

6.2.3 特殊货物的配送运输

1. 危险货物的配送运输

危险货物是指具有爆炸、易燃、毒害、腐蚀、放射性等性质，在运输、装卸和储存保管过程中，容易造成人身伤亡和财产损失而需要特别防护的货物。

6-10 拓展视频

危险货物的配送运输需要有资质凭证，包括由运政管理部门审批、发放的加盖"危险货物运输"字样的"道路运输经营许可证""道路营业运输证"或"道路非营运运输证""危险货物作业证"及危险货物运输车辆标志和消防工作合格文件等。

小知识

公路危险货物运输车辆标志，按国家规定是印有黑色"危险品"字样的三角形小黄旗。

6-11 拓展视频

2. 超限货物的配送运输

超限货物是指货物外形尺寸和重量超过（指超长、超宽、超重、超高）常规车辆、船舶装载规定的大型货物。

超限货物的配送运输组织要严格遵守相关要求，其基本作业流程为：选择合理车辆；做好装车前的准备工作；组织装车；装车后进行复测和检查，填写超限货物运输记录；加固货物；标画检查线、书写超限等级、安插车牌及标示牌。

3. 鲜活易腐货物的配送运输

鲜活易腐货物是指在配送运输过程中，需要采取一定措施，以防止死亡和腐烂变质的货物，如鲜鱼虾、鲜肉、瓜果、蔬菜、牲畜、观赏野生动物、花木秧苗、蜜蜂等。

鲜活易腐货物有别于其他货物的配送运输，如季节性强、运量变化大、运送时间要求紧迫、配送运输途中需要特殊照料等。

鲜活易腐货物的配送运输需要注意以下几点：及时运输，协调好仓储、配载、运送各个环节；配载运送时，认真检查货物的质量、包装和温度要求；鲜活易腐货物装车前，必须认真检查车辆及设备的完好状态，注意清洗和消毒；装车时应根据不同货物的特点，确定其装载方法。

小思考

查阅冷链物流的相关资料，并与同学讨论不同生鲜货物的配送运输方式。

6.3 配送计划与车辆调度

6.3.1 配送计划的组织与实施

1. 配送计划的定义

配送计划是指物流配送中心在一定时间内编制的生产计划。配送计划的主要内容应包括配送时间、车辆、配送积载、配送路线等的具体选择。配送计划包括配送主计划、每日配送计划和特殊配送计划。

1）配送主计划

配送主计划是指针对未来一定时期内，对已知客户需求进行前期的配送规划，便于对车辆、人员、费用等做统筹安排，以满足客户的需求。例如，为迎接家电行业每年3—7月空调销售旺季的到来，物流配送中心可以提前根据去年的销售情况，预计今年空调销售旺季的配送需求量，并据此制订配送主计划，提前安排车辆、人员等，以保证配送任务顺利完成。

2）每日配送计划

每日配送计划是指物流配送中心逐日进行实际配送作业的调度，如订单增减、订单取消、配送任务细分、时间安排、车辆调度等。与配送主计划相比，物流配送中心的每日配送计划更具体、频繁。

3）特殊配送计划

特殊配送计划是指物流配送中心针对突发事件或者不在配送主计划规划范围内的配送业务，或者不影响正常性每日配送业务所做的计划。它是配送主计划和每日配送计划的必要补充，如空调在特定商场进行促销活动，可能会导致短期内配送需求量突然增加，这就需要制订特殊配送计划，增强配送业务的柔性，提高服务水平。

知识拓展

配送需求计划与配送资源计划

配送需求计划（Distribution Requirements Planning，DRP）是依据市场需求、库存、生产计划信息来配置物流配送资源的一套技术方法，其是物料需求计划（Material Requirement Planning，MRP）原理与方法在物品配送中的运用。它主要解决分销物资的供应计划和调度问题，以达到有效地满足市场需求且使配置费用最经济的目的。

配送资源计划（Distribution Resource Planning，DRPⅡ）是指在配送需求计划的基础上提高配送各个环节的物流能力，达到系统优化运行目的的企业内物品配送计划管理方法。

2. 配送计划的制订依据

1）客户订单

客户订单对配送货物的品种、规格、数量、送货时间、送达地点、收货方式等都有明确要求。因此，客户订单是制订配送计划的最基本依据。

2）客户分布、配送路线、距离

客户分布是指客户的地理位置分布。客户位置离物流配送中心的距离长短，物流配送中心到达客户收货地点的路径选择，直接影响配送运输成本。

3）配送货物的体积、形状、重量、性能、配送要求

配送货物的体积、形状、重量、性能、配送要求是决定运输方式、车辆类型、载重量、容积、装卸设备的制约因素。

4）运输、装卸条件

运输道路交通状况、装卸货时间、运达地点及其地理环境、气候等对配送运输作业的效率也有较大的影响。

3. 配送计划的制订和实施

在充分掌握了制订配送计划所依据的必要信息后，利用计算机编制配送计划，最后形成配送计划表，或由计算机直接向具体执行部门下达配送指令。在不具备上述手段而由人工编制计划时，包括以下几个主要步骤。

（1）按日汇总各客户的需求资料。

（2）计算各客户送货所需时间，以确定起送提前期。

（3）确定每日各物流配送中心的配送计划。

（4）按计划的要求选择配送方式。

（5）以表格形式制订详细的配送计划。

配送计划的实施过程，通常分为如下 6 个阶段。

（1）下达配送计划，即通知客户和物流配送中心，以使客户按计划准备接货，使物流配送中心按计划组织送货。

（2）物流配送中心配货，即各物流配送中心按配送计划落实货物和运力，对数量、品种不符要求的货物，组织进货。

（3）下达配送任务，即物流配送中心向配送、仓储、分拣、包装及财务等部门下达配送任务，各部门组织落实任务。

（4）发送，即理货部门按要求将各客户所需的各种货物进行分拣、配货、配装，并将送货交接单交给驾驶员或随车送货人员。

（5）配达，即车辆按规定路线将货物送达客户，客户在回执上签章。

（6）结算，配送任务完成后，财务部门进行结算。

配送七要素

配送七要素是指货物、客户、车辆、人员（指驾驶员或者配送业务员）、路线、地点、时间这 7 项内容，也称配送的功能要素。

6.3.2 车辆调度

1. 车辆调度的含义

车辆调度是指制订行车路线，使车辆在满足一定约束条件下，有序地通过一系列装货点和卸货点，达到诸如路程最短、费用最低、耗时最短等目标。

2. 车辆调度的原则

车辆调度应遵循以下原则。

1）从全局出发，局部服从全局原则

在编制车辆调度计划和实施车辆调度计划过程中，要从全局出发，保证重点、统筹兼顾，运力安排应贯彻"先重点、后一般"的原则。

2）安全第一、质量第一原则

在配送运输过程中，要始终把安全工作和质量管理放在首要位置。

3）计划性原则

要根据客户订单要求认真编制车辆调度计划，并以该计划为依据，监督和检查运行计划的执行情况，按运行计划配送货物，送修、送保车辆。

4）合理性原则

根据货物的性能、车辆技术状况、道路桥梁通行条件、气候变化、驾驶员技术水平等因素合理调派车辆。在编制车辆调度计划时，应科学合理地安排车辆的运行路线，有效地降低配送的运输成本。

3. 车辆调度优化问题的分类

1）根据时间特性和空间特性分类

根据时间特性和空间特性，车辆调度优化问题分为车辆路径规划问题（Vehicle Routing Problem，VRP）和车辆调度问题（Vehicle Scheduling Problem，VSP）。

2）根据配送任务分类

根据配送任务，车辆调度优化问题分为纯装问题、纯卸问题及装卸混合问题。

3）根据车辆载货状况分类

根据车辆载货状况，车辆调度优化问题分为满载问题和非满载问题。

4）根据车辆类型分类

根据车辆类型，车辆调度优化问题分为单车型问题和多车型问题。

5）根据车辆是否返回物流配送中心分类

根据车辆是否返回物流配送中心，车辆调度优化问题分为车辆封闭问题和车辆开放问题。

6）根据优化目标分类

根据优化的目标，车辆调度优化问题分为单目标调度优化问题和多目标调度优化问题。

7）根据货物的种类要求分类

根据货物的种类要求，车辆调度优化问题分为同种货物调度优化问题和多种货物调度优化问题。

8）根据有无休息时间要求分类

根据有无休息时间要求，车辆调度优化问题分为有休息时间的调度优化问题和无休息时间的调度优化问题。

实际的车辆调度优化问题可能是以上分类中的一种或几种的综合。例如，某物流配送中心向其多个客户配送货物需要多辆车，且车型不一样，配送的货物种类包括食品、日用品和蔬菜等多类，调度优化时希望费用最经济，同时也希望时间最短，这样问题就变为一个多车型、多货种的送货满载车辆的多目标调度优化问题。

6.4 配送积载技术

配送积载是指对货物在运输工具上的配置与堆装方式做出合理的安排。配送积载技术要解决的主要问题就是在充分保证货物质量、外形和包装完好的情况下，尽可能地提高车辆的载重量和容积利用率，达到节约配送费用和运力的目的。

6.4.1 配送积载原则

（1）轻重搭配的原则。车辆装货时，必须将重货置于底部，轻货置于顶部，一则避免重货压坏轻货，二则使货物重心下移，从而保证配送安全。

（2）大小搭配的原则。货物包装的尺寸有大有小，为了充分利用车厢的内部容积，可在同一层或上下层合理搭配不同尺寸的货物，以减少车厢内的空隙。

（3）货物性质搭配原则。拼装在一个车厢内的货物，其化学性质、物理属性不能互相抵触。例如，不能将散发臭味的货物与具有吸附臭气特性的食品混装；不能将散发粉尘的货物与清洁货物混装。

（4）到达同一地点的适合配装的货物应尽可能一次积载。

（5）确定合理的堆码层次及方法。可根据车厢的尺寸、容积，货物外包装的尺寸来确定。

（6）装载时不允许超过车辆所允许的最大载重量。

（7）装载易滚动的卷状、桶状货物，要垂直摆放。

（8）货与货之间、货与车辆之间应留有空隙并适当衬垫，防止货损。

（9）装货完毕，应在门端处采取适当的稳固措施，以防开门卸货时，货物倾倒造成货损或伤人。

（10）装载时尽量做到"后送先装"。

模拟车辆积载训练

道具：货车厢（以适当规格纸箱代替）；不同规格的货物（以矿泉水瓶、香皂盒、牙膏盒等代替）。
任务：装载这些货物使得货车车厢的容积得到有效利用。
4~6人组成小组进行讨论：
（1）积载过程中出现了什么问题？
（2）积载过程中应该注意什么？
（3）各组汇报讨论结果。

6.4.2 配送积载方法

1. 提高车辆积载效率的具体方法

（1）研究各类车厢的装载标准，根据不同货物和不同包装体积的要求，合理安排装载顺序，努力提高装载技术和操作水平，力求装足车辆核定吨位。

（2）根据客户所需要的货物品种和数量，调派适宜的车型承运，这就要求物流配送中心根据经营商品的特性，配备合适的车型。

（3）凡是可以拼装配送的，尽可能拼装配送，但要注意防止差错。

2. 车辆积载的计算方法

设厢式货车的车厢容积为 V，车辆载重量为 W。现要装载质量体积分别为 R_a 和 R_b 的两种货物，且两种货物的装载量分别为 W_a 和 W_b，使得厢式货车的载重量和车厢容积均被充分利用。则

$$\begin{cases} W_a + W_b = W \\ W_a R_a + W_b R_b = V \end{cases} \quad (6\text{-}1)$$

解一元二次方程组，得

$$\begin{cases} W_a = \dfrac{V - WR_b}{R_a - R_b} \\ W_b = \dfrac{V - WR_a}{R_b - R_a} \end{cases} \quad (6\text{-}2)$$

【例 6-1】 某物流配送中心某次需运送 a 和 b 两种货物，a 的质量体积为 $0.9\text{m}^3/\text{t}$，b 的质量体积为 $1.6\text{m}^3/\text{t}$，计划使用的车辆的载重量为 11t，车厢容积为 15m^3。试问如何装载使车辆的载重量和车厢容积都被充分利用？

解： 设 a 的装载量为 W_a，b 的装载量为 W_b。其中：$V=15\text{m}^3$，$W=11\text{t}$，$R_a=0.9\text{m}^3/\text{t}$，$R_b=1.6\text{m}^3/\text{t}$，将其代入式（6-2）得

$$W_a = \frac{V - WR_b}{R_a - R_b} = \frac{15 - 11 \times 1.6}{0.9 - 1.6} \approx 3.71 \text{（t）}$$

$$W_b = \frac{V - WR_a}{R_b - R_a} = \frac{15 - 11 \times 0.9}{1.6 - 0.9} \approx 7.29 \text{（t）}$$

当 a 的装载量为 3.71t、b 的装载量为 7.29t 时，该车的载重量和车厢容积都被充分利用。

通过以上计算可以得出，两种货物的搭配使车辆的载重量和车厢容积都得到充分的利用。但是其前提条件是：车厢的容积系数介于所要配载货物的质量体积之间。如所需要装载的货物的质量体积都大于或小于车厢容积系数，则只能是车厢容积不满或者不能满足载重量。当存在多种货物时，可以将货物质量体积与车辆容积系数相近的货物先配装，剩下两种最重和最轻的货物进行搭配配装；或者对需要保证数量的货物先足量配装，再对不定量配送的货物进行配装。

资料卡

积载作业时，货物在横向不得超出车厢宽度，前端不得超出车身，后端不得超出车厢的长度为：大货车不超过 2m；载重量在 1 000kg 以上的小型货车不得超过 1m；载重量在 1 000kg 以下的小型货车不得超过 50cm。

看图学物流

图 6-2 反映了什么现象？它会带来哪些危害？每 5 人为一小组，进行讨论。

图 6-2 配送运输

6.5 配送路线优化

在配送运输过程中，配送路线合理性，对配送速度、成本、效益影响很大。设计合理、高效的配送路线不仅可以减少配送时间，降低作业成本，提高物流配送中心的效益，而且可以更好地为客户服务，提高客户的满意度，维护物流配送中心良好的形象。

配送路线优化是指对一系列的发货点和收货点，组织适当的行车路线使车辆有序地通过它们，在满足一定的约束条件下（车辆载重量和容积限制，行驶里程限制），力争实现一定的目标（行驶里程最短，使用车辆尽可能少）。由于配送作业情况复杂多变，不仅存在配送点多、货物种类多、路网复杂、路况多变等情况，而且服务区域内需求网点分布不均匀，使得该类问题是一个无确定解的多项式难题，需要利用启发式算法来求得近似最优解。

6.5.1 配送路线优化的意义

对物流配送中心来说，配送路线优化具有以下意义。
（1）减少配送时间和配送里程，提高配送效率，提高车辆利用率，降低配送成本。
（2）提高物流速度，能准时、快速地把货物送到客户的手中，提高客户的满意度。
（3）提高物流配送中心作业效率，有利于物流配送中心提高竞争力与效益。

配送路线优化可以节省配送车辆，降低车辆空载率，降低社会物流成本，对整个社会的经济发展具有重要意义。与此同时，配送路线优化还能缓解交通紧张状况，减少噪声、尾气排放等运输污染，对民生和环境也有不容忽视的作用。

6-12 拓展视频

 资料卡

致力于打造智慧物流的顺丰地图是"一站式"地图服务解决方案。在客户下单、智能调度、中转分拣、规划运输、末端配送等环节积累大量的数据，沉淀多种物流解决方案，提供货车和骑行场景的高效路线规划服务，为业务赋能。

6.5.2 配送路线优化的决策目标与约束条件

通常，不同的配送路线优化模型有不同的决策目标与约束条件。常用的配送路线优化模型的决策目标与约束条件如表 6-4 所示。

表 6-4　常用的配送路线优化模型的决策目标与约束条件

决策目标	约束条件
以效益最高为目标 以成本最低为目标 以路程最短为目标 以吨公里数最小为目标 以准确性最高为目标 以运力利用最合理为目标 以劳动消耗最低为目标	满足所有收货人对货物品种、规格、数量的要求 满足收货人对送达时间范围的要求 在允许通行的时间段内进行配送 满足最大行驶里程限制 各配送路线的货物量不得超过车辆容积和载重量的限制 在物流配送中心现有运力允许的范围内

知识拓展

吨公里数

吨公里（t·km）是货物运输的计量单位，表示 1t 货物运输距离为 1km，通常用于计算运输费用。例如，100 吨公里表示所运输货物的吨数与公里数的乘积为 100，可以表示 100t 货物运输距离为 1km，也可以表示 1t 货物运送了 100km 等。假如某公司的运输收费标准是每吨公里 2 元，那么委托运送 2t 货物，路程是 100km，需要支付的运输费用就是 400 元。

6.5.3 配送路线优化的方法

1. 单回路运输——TSP 模型及求解

单回路运输问题是指在配送路线优化中，对于存在的节点集合 D，选择一条合适的路线遍历所有节点，并且要求路径闭合。单回路运输模型主要用于单一车辆的路线安排，目的是使配送运输车辆在遍历所有客户节点的同时，行驶距离达到最短。

旅行商问题（Traveling Salesman Problem，TSP）模型是单回路运输问题中最典型的一种模型，它是指：一个旅行商从某一城市出发，到 n 个城市去售货，要求访问每个城市各一次且仅一次然后回到原城市，问这个旅行商应该走怎样的路线才能使走过的总里程最短（或旅行费用最低）。TSP 是一个典型的 NP-Hard 问题。对于大规模的配送线路优化问题，无法获得最优解，只能通过启发式算法获得近似解。启发式算法不仅可用于大规模复杂 TSP 的求解，对于小规模的问题也同样适用。它的不足是：只能保证得到可行解，而且不同的启发式算法所得到的结果也不完全相同。下面介绍两种相对简单的启发式算法用于 TSP 模型的求解。

6-13 拓展视频

1) 最近邻点法

最近邻（Nearest Neighbor）点法是由 Rosenkrantz 和 Stearns 等人在 1977 年提出的一种解决 TSP 模型的算法。该算法十分简单，因此得到的解并不十分理想，有很大的改善余地，但常用来构造优化的初始解。

最近邻点法可以通过如下步骤完成。

（1）将起始节点定为整个回路的起点。

（2）找到离刚加入线路中的那个节点最近的且未加入该线路中的节点，并将其加入线路中。

（3）重复步骤（2），直到集合中所有节点都加入线路中。

（4）将最后加入的节点和起始节点连接起来，形成回路。

（5）按流线线形的要求调整回路的形状。如果调整后的结果小于步骤（4）所得的解，将该解定为 TSP 的解；否则，将步骤（4）的解定为 TSP 的解。

【例 6-2】现有一个连通图，共有 6 个节点。它们之间的距离如表 6-5 所示，单位为 km，它们的相对位置关系如图 6-3（a）所示，利用最近邻点法求通过各节点的最短的封闭回路，假设节点 V_1 为起始节点。

表 6-5　距离矩阵

项目	V_1	V_2	V_3	V_4	V_5	V_6
V_1	—	10	6	8	7	15
V_2		—	5	20	15	16
V_3			—	14	7	8
V_4				—	4	12
V_5					—	6
V_6						—

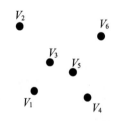 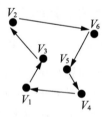

(a) 6 个节点相对位置关系　　(b) 形成闭合回路　　(c) 调整后的闭合回路

图 6-3　最近邻点法的求解过程

解： 按照最近邻点法的求解步骤进行求解，具体包括以下过程。

（1）因为节点 V_1 为起始节点，且与节点 V_1 最近的节点为 V_3，故将节点 V_3 加入线路中。

$$T_1 = \{V_1,\ V_3\}$$

（2）与节点 V_3 最近的且未加入线路中的节点为 V_2，故将节点 V_2 加入线路中。

$$T_2 = \{V_1,\ V_3,\ V_2\}$$

（3）与节点 V_2 最近的且未加入线路中的节点为 V_5，故将节点 V_5 加入线路中。
$$T_3=\{V_1, V_3, V_2, V_5\}$$
（4）与节点 V_5 最近的且未加入线路中的节点为 V_4，故将节点 V_4 加入线路中。
$$T_4=\{V_1, V_3, V_2, V_5, V_4\}$$
（5）将最后一个未加入线路中的节点 V_6 插入线路中，并将起始节点 V_1 加入节点 V_6 之后，形成闭合回路，如图 6-3（b）所示。
$$T_5=\{V_1, V_3, V_2, V_5, V_4, V_6, V_1\}$$
（6）计算闭合回路 T_5 的总行驶里程。
$$S_5=S_{13}+S_{32}+S_{25}+S_{54}+S_{46}+S_{61}=6+5+15+4+12+15=57（km）$$
（7）按流线线形的要求，对回路进行调整得图 6-3（c）所示的图形。
$$T=\{V_1, V_3, V_2, V_6, V_5, V_4, V_1\}$$
（8）计算闭合回路 T 的总行驶里程。
$$S=S_{13}+S_{32}+S_{26}+S_{65}+S_{54}+S_{41}=6+5+16+6+4+8=45（km）$$
（9）因为 $S<S_5$，故得最终的闭合回路。
$$T=\{V_1, V_3, V_2, V_6, V_5, V_4, V_1\}$$

2）最近插入法

最近插入（Nearest Insertion）法是 Rosenkrantz 和 Stearns 等人在 1977 年提出的另一种解决 TSP 模型的算法，它比最近邻点法复杂，但可得到相对满意的解。

最近插入法可以通过如下步骤完成。

（1）从起始节点 V_1 出发，找到距离 V_1 最近的节点 V_k，形成子回路，$T=\{V_1, V_k, V_1\}$。

（2）在余下的节点中，寻找一个距离子回路 T 中的某个节点最近的节点 V_k。

（3）在子回路中找到一条弧 (i, j)，计算子回路 T 的距离增加值 $\Delta C_{ij}=C_{ik}+C_{kj}-C_{ij}$，使 ΔC_{ij} 达到最小，然后将节点 V_k 插入节点 V_i 与 V_j 之间，用两条新弧 (i, k)，(k, j) 代替原来的弧 (i, j)，形成新的子回路 T。

（4）重复步骤（2）和步骤（3），直到所有节点都加入子回路中。此时，子回路就演变成一个 TSP 的解。

【例 6-3】表 6-6 给出 5 个节点的距离矩阵，试用最近插入法求其对应闭合回路 T，并计算相对应的总行使距离 S，假设节点 V_1 为起始节点。

表 6-6 距离矩阵

项目	V_1	V_2	V_3	V_4	V_5
V_1	—	6	10	5	14
V_2		—	8	7	15
V_3			—	4	12
V_4				—	18
V_5					—

解：按照最近插入法的求解步骤进行求解，具体包括以下过程。

（1）与 V_1 距离最近的节点为 V_4，则形成初始子回路 T。
$$T=\{V_1, V_4, V_1\}$$

（2）计算离 V_1 和 V_4 距离最近的节点，并计算应该插入的位置，形成新的子回路。
$$C_{12}=6; \quad C_{13}=10; \quad C_{15}=14; \quad C_{42}=7; \quad C_{43}=4; \quad C_{45}=18$$
则与 V_1 和 V_4 距离最近的节点为 V_3。

将 V_3 插入 V_1 和 V_4 之间，得到的子回路距离增加值为
$$\Delta C_{14}=C_{13}+C_{34}-C_{14}=10+4-5=9$$
将 V_3 插入 V_4 和 V_1 之间，得到的子回路距离增加值为
$$\Delta C_{41}=C_{43}+C_{31}-C_{41}=4+10-5=9$$
因为 $\Delta C_{14}=\Delta C_{41}=9$，则可将 V_3 插入 V_1 和 V_4 之间，也可插入 V_4 和 V_1 之间，此处将 V_3 插入 V_1 和 V_4 之间，此时形成新的子回路 T。
$$T=\{V_1,V_3,V_4,V_1\}$$

（3）计算离 V_1、V_3 和 V_4 距离最近的节点，并计算应该插入的位置，形成新的子回路。
$$C_{12}=6; \quad C_{15}=14; \quad C_{32}=8; \quad C_{35}=12; \quad C_{42}=7; \quad C_{45}=18$$
则与 V_1、V_3 和 V_4 距离最近的节点为 V_2，将 V_2 插入子回路中。

将 V_2 插入 V_1 和 V_3 之间，得到的子回路距离增加值为
$$\Delta C_{13}=C_{12}+C_{23}-C_{13}=6+8-10=4$$
将 V_2 插入 V_3 和 V_4 之间，得到的子回路距离增加值为
$$\Delta C_{34}=C_{32}+C_{24}-C_{34}=8+7-4=11$$
将 V_2 插入 V_4 和 V_1 之间，得到的子回路距离增加值为
$$\Delta C_{41}=C_{42}+C_{21}-C_{41}=7+6-5=8$$
因为 $\Delta C_{13}<\Delta C_{41}<\Delta C_{34}$，则将 V_2 插入 V_1 和 V_3 之间，此时可形成新的子回路 T。
$$T=\{V_1,V_2,V_3,V_4,V_1\}$$

（4）将 V_5 插入子回路中。

将 V_5 插入 V_1 和 V_2 之间，得到的子回路距离增加值为
$$\Delta C_{12}=C_{15}+C_{52}-C_{12}=14+15-6=23$$
将 V_5 插入 V_2 和 V_3 之间，得到的子回路距离增加值为
$$\Delta C_{23}=C_{25}+C_{53}-C_{23}=15+12-8=19$$
将 V_5 插入 V_3 和 V_4 之间，得到的子回路距离增加值为
$$\Delta C_{34}=C_{35}+C_{54}-C_{34}=12+18-4=26$$
将 V_5 插入 V_4 和 V_1 之间，得到的子回路距离增加值为
$$\Delta C_{41}=C_{45}+C_{51}-C_{41}=18+14-5=27$$
因为 $\Delta C_{23}<\Delta C_{12}<\Delta C_{34}<\Delta C_{41}$，则将 V_5 插入 V_2 和 V_3 之间，此时可形成回路 T。
$$T=\{V_1,V_2,V_5,V_3,V_4,V_1\}$$

此时对应的行驶距离 $S=S_{12}+S_{25}+S_{53}+S_{34}+S_{41}=6+15+12+4+5=42$（km）

2. 多回路运输——VRP 模型及求解

由于客户的需求总量和配送运输车辆能力有限之间存在的矛盾，使得配送运输成为一个多回路的运输问题，解决此类问题的核心是 VRP 模型。

VRP 一般是指对一系列发货点和收货点，组织调用一定的车辆，安排适当的行车路线，使车辆有序地通过，在满足指定的约束条件下（货物的需求量与发货量、交货发货时间、车辆载重量限制、行驶里程限制、行驶时间限制等），力争实现一定的目标（如车辆空驶总里程最短、运输总费用最低、车辆按一定时间到达、使用的车辆数量少等）。下面介绍两种启发式算法用于 VRP 模型的求解。

1）节约里程法

（1）节约里程法的核心思想和条件。

节约里程法是用来解决配送车辆数目不确定的 VRP 模型。节约里程法的核心思想是将配送输问题中存在的两个回路 $T_1=\{0,\cdots,i,0\}$ 和 $T_2=\{0,j,\cdots,0\}$ 整合成一个回路 $T^*=\{0,\cdots,i,j,\cdots,0\}$。回路整合后，运距减少，相应的变化值称为节约里程，其大小为

$$\Delta C_{ij} = C_{i0} + C_{0j} - C_{ij} \qquad (6\text{-}3)$$

使用节约里程法应满足以下条件。

① 满足所有客户的要求。

② 不使任何一辆车超载。

③ 每辆车每天的总运行时间或行驶里程不超过规定的上限。

④ 满足客户到货时间要求，不得超过规定时间。

（2）节约里程法求解的基本步骤。

① 按钟摆直送方式，构建初始配送路线方案。

② 计算节约里程量，按降序排列节约里程量，并合并回路。

③ 因 ΔC_{ij} 最大值的存在，i 和 j 两个客户目前尚不在同一条配送路线上，在 i 和 j 两个客户的需求量之和小于车辆的额定载重量时，删除回路 $T_1=\{0,i,0\}$ 和 $T_2=\{0,j,0\}$，按新回路 $T^*=\{0,i,j,0\}$ 同时向 i 和 j 送货，可最大限度地节约配送里程，由此形成第一个修正方案。

④ 在余下的 ΔC_{ij} 中，选出最大的，只要 i 和 j 两个客户目前还不在同一条配送路线上，合并回路 $T_1=\{0,\cdots,i,0\}$ 和 $T_2=\{0,j,\cdots,0\}$，修正原修正方案，构成新的回路 $T^*=\{0,\cdots,i,j,\cdots,0\}$，直至该回路中配送车辆的运力得到满足。

⑤ 按 ΔC_{ij} 的降序排列顺序继续迭代，直至所有的节约里程量都得到处理。

（3）使用节约里程法进行配送路线优化时需要注意的事项。

① 适用于客户需求稳定的物流配送中心。

② 应充分考虑交通和道路情况。

③ 应充分考虑在客户点的停留时间。

④ 应考虑驾驶员的作息时间及客户要求的交货时间。

⑤ 当需求量大时，求解变得复杂，需要借助计算机辅助计算，直接生成合适的结果。

小思考

节约里程法的计算机辅助计算是如何实现的？试找一些实例。

【例 6-4】设某物流配送中心 P_0 向 7 个客户 P_i 配送货物,物流配送中心 P_0 与客户的距离及客户之间的距离(单位:km)如表 6-7 所示,这 7 个客户的需求量如表 6-8 所示。若物流配送中心有两台 4t 卡车和两台 6t 卡车可供使用。

(1)试用节约里程法计算最优配送路线,并求各配送路线的运输量和行驶里程。

(2)设物流配送中心在向客户配送货物过程中单位时间平均支出成本为 450 元,卡车行驶的平均速度为 25km/h。试比较优化后的方案比单独向各客户配送可节约多少费用?

表 6-7 距离矩阵

项目	P_0	P_1	P_2	P_3	P_4	P_5	P_6	P_7
P_0	—							
P_1	8	—						
P_2	4	5	—					
P_3	11	9	4	—				
P_4	12	16	11	7	—			
P_5	5	13	9	13	10	—		
P_6	15	22	18	22	19	9	—	
P_7	19	27	23	30	30	20	11	—

表 6-8 客户需求量

客户编号	1	2	3	4	5	6	7
需求量/t	2.8	1.7	0.8	1.4	2.5	1.6	1.8

解:(1)制订最优的配送方案。

第一步,根据距离矩阵(表 6-7),按式(6-3)求出相应的节约里程数,如表 6-9 所示。

表 6-9 节约里程表

项目	P_1	P_2	P_3	P_4	P_5	P_6	P_7
P_1	—						
P_2	7	—					
P_3	10	11	—				
P_4	4	5	16	—			
P_5	0	0	3	7	—		
P_6	1	1	4	8	11	—	
P_7	0	0	0	1	4	23	—

第二步,按降序排列节约里程数,得到节约里程排序表,见表 6-10。

表 6-10 节约里程排序表

序号	路线	节约里程数	序号	路线	节约里程数
1	P_6P_7	23	9	P_2P_4	5
2	P_3P_4	16	10	P_3P_6	4
3	P_2P_3	11	11	P_1P_4	4
4	P_5P_6	11	12	P_5P_7	4
5	P_1P_3	10	13	P_3P_5	3
6	P_4P_6	8	14	P_1P_6	1
7	P_4P_5	7	15	P_2P_6	1
8	P_1P_2	7	16	P_4P_7	1

第三步，按节约里程法求解的基本步骤，计算最优的配送方案。

① 按钟摆直送方式，构建初始配送路线，如下：

$T_1=\{P_0—P_1—P_0\}$、$T_2=\{P_0—P_2—P_0\}$、$T_3=\{P_0—P_3—P_0\}$、$T_4=\{P_0—P_4—P_0\}$

$T_5=\{P_0—P_5—P_0\}$、$T_6=\{P_0—P_6—P_0\}$、$T_7=\{P_0—P_7—P_0\}$。

② 选出最大的节约里程数 $\Delta C_{67}=23$，判断配送路线 T_6 和 T_7 能否合并。

因为客户 6 和客户 7 的需求量之和=1.6+1.8=3.4<4，未超过 4t 卡车的最大载重量；因此，配送路线 T_6 和 T_7 可以合并。合并后的新配送路线 $T_8=\{P_0—P_6—P_7—P_0\}$。

③ 选出第二大的节约里程数 $\Delta C_{34}=16$，判断配送路线 T_3 和 T_4 能否合并。

因为客户 3 和客户 4 的需求量之和=0.8+1.4=2.2<4，未超过 4t 卡车的最大载重量；因此，配送路线 T_3 和 T_4 可以合并。合并后的新配送路线 $T_9=\{P_0—P_3—P_4—P_0\}$。

④ 选出第三大的节约里程数 $\Delta C_{23}=11$，判断配送路线 T_2 和 T_9 能否合并。

因为客户 2、3 和 4 的需求量之和=1.7+2.2=3.9<4，未超过 4t 卡车的最大载重量；因此，配送路线 T_2 和 T_9 可以合并。合并后的新配送路线 $T_{10}=\{P_0—P_2—P_3—P_4—P_0\}$。

⑤ 选出第三大的节约里程数 $\Delta C_{56}=11$，判断配送路线 T_5 和 T_8 能否合并。

因为客户 5、6 和 7 的需求量之和=2.5+3.4=5.9<6，未超过 6t 卡车的最大载重量；因此，配送路线 T_5 和 T_8 可以合并。合并后的新配送路线 $T_{11}=\{P_0—P_5—P_6—P_7—P_0\}$。

⑥ 分别选出较大的节约里程数 ΔC_{13} 和 ΔC_{46}，发现相应的配送路线不具备合并条件，故不进行配送路线的合并。

⑦ 选出较大的节约里程数 $\Delta C_{45}=7$，判断配送路线 T_{10} 和 T_{11} 能否合并。

因为客户 2、3、4、5 和 7 的需求量之和=3.9+5.9=9.8>6，超过了 6t 卡车的最大载重量；因此，配送路线 T_{10} 和 T_{11} 不可以合并。

⑧ 选出较大的节约里程数 $\Delta C_{12}=7$，判断配送路线 T_1 和 T_{10} 能否合并。

因为客户 1、2、3 和 4 的需求量之和=2.8+3.9=6.7>6，超过了 6t 卡车的最大载重量；因此，配送路线 T_1 和 T_{10} 不可以合并。

⑨ 选出较大的节约里程数 ΔC_{24}，发现客户 2 和客户 4 已在同一条配送路线中，不需要再进行配送路线的合并；选出较大的节约里程数 ΔC_{36}，发现相应的配送路线不具备合并条件，故不进行配送路线的合并；选出较大的节约里程数 ΔC_{14}，发现超过了 6t 卡车的最大载重量，

故不进行配送路线的合并；选出较大的节约里程数 ΔC_{57}，发现客户 5 和客户 7 已在同一条配送路线中，不需要再进行配送路线的合并；选出较大的节约里程数 ΔC_{35}，发现相应的配送路线不具备合并条件，故不进行配送路线的合并；选出较大的节约里程数 ΔC_{16}，发现超过了 6t 卡车的最大载重量，故不进行配送路线的合并；选出较大的节约里程数 ΔC_{26}，发现相应的配送路线不具备合并条件，故不进行配送路线的合并；选出较大的节约里程数 ΔC_{47}，发现超过了 6t 卡车的最大载重量，故不进行配送路线的合并。

⑩ 至此，所有的节约里程数都得到了处理，故迭代到此结束。

最终获得的配送路线如图 6-4 所示。

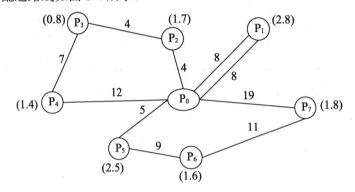

图 6-4　采用节约里程法求解的配送路线

最优配送方案如下：

① $T_1=\{P_0—P_1—P_0\}$，总行驶里程为 16km，运输量为 2.8t，使用一台 4t 卡车。

② $T_{10}=\{P_0—P_2—P_3—P_4—P_0\}$，总行驶里程为 27km，运输量为 1.4+0.8+1.7=3.9（t），使用一辆 4t 卡车。

③ $T_{11}=\{P_0—P_5—P_6—P_7—P_0\}$，总行驶里程为 44km，运输量为 2.5+1.6+1.8=5.9（t），使用一辆 6t 卡车。

（2）计算节省的费用。

第一步，计算节约里程。

① 配送路线 T_{10} 节约里程数 $\Delta C_{34}+\Delta C_{23}=16+11=27$（km）。

② 配送路线 T_{11} 节约里程数 $\Delta C_{67}+\Delta C_{56}=23+11=34$（km）。

③ 节约的总里程数 $\Delta S=34+27=61$（km）。

第二步，计算节省的配送时间。

$$\Delta t=\Delta S/V=61/25=2.44\,(h)$$

第三步，计算节省的费用。

$$TC=\Delta t\times T=2.44\times 450=1\,098\,(元)$$

2）旋转射线法

旋转射线法（扫描算法）是 Gillert 和 Miller 在 1974 年首先提出的求解 VRP 的方法。旋转射线法求解 VRP 模型时分以下几步完成。

（1）建立极坐标系。以起始点作为极坐标的原点，使射线的初始位置不与任意客户的位置相交，建立一个极坐标系。然后对所有的客户所在的位置进行坐标系的变换，全部都转换为极坐标。

（2）分组。建立一个客户组，从最小角度的客户开始，按逆时针方向，将客户逐个加入该组中，直到客户的需求总量超出了负载限制；然后建立一个新的客户组，继续按逆时针方向将客户加入新的客户组中，直到新客户组中客户的需求总量超出了负载限制；如此重复，直到所有的客户都被分类。

（3）路线优化。各个客户组内的客户点就是一个个单独的 TSP 模型的路线优化问题，可以使用前面介绍的 TSP 模型的方法对结果进行优化，确定合适的配送路线。

【例 6-5】现有一个物流配送中心 P_0，需要对 8 个客户供应货物，它们的需求量与极坐标的角度值如表 6-11 所示，距离矩阵如表 6-12 所示，位置关系如图 6-5 所示。设每辆卡车的运输能力是 14 个单位的货物，现有足够多的车辆。试用旋转射线法对该问题进行求解。

表 6-11 需求量与极坐标的角度值

客户	P_1	P_2	P_3	P_4	P_5	P_6	P_7	P_8
需求量/单位	6	4	5	3	6	2	3	4
角坐标/°	130	50	90	280	210	250	330	310

表 6-12 距离矩阵

距离	P_0	P_1	P_2	P_3	P_4	P_5	P_6	P_7	P_8
P_0	—	11	10	10	7	12	13	11	13
P_1		—	15	8	16	14	15	16	15
P_2			—	6	15	16	18	8	12
P_3				—	12	13	13	12	11
P_4					—	7	5	4	8
P_5						—	2	10	9
P_6							—	11	10
P_7								—	4
P_8									—

解：（1）建立极坐标系。本例题中直接给出客户与物流配送中心的极坐标系，如图 6-5 所示。

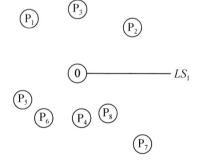

图 6-5 客户与物流配送中心的极坐标系

（2）分组。从角度为零沿逆时针方向旋转射线 LS_1，第一个被分组的是客户 2，此时 $Load_1=4$；继续旋转射线 LS_1，下一个被分组的是客户 3，此时 $Load_1=4+5=9$；由于负载还没有超过限制 Load Limit=14，继续转射线 LS_1，下一个被分组的是客户 1，此时 $Load_1=4+5+6=15>14=$Load Limit；按照分组规则，第一组只包含客户 2 和客户 3。客户 1 需要分到第二组中，此时 $Load_2=6$；继续旋转射线 LS_2，下一个被分组的是客户 5，此时 $Load_2=6+6=12$；继续旋转射线 LS_2，下一个被分组的是客户 6，此时 $Load_2=6+6+2=14=$Load Limit；按照分组规则，第二组包含客户 1、客户 5 和客户 6。继续旋转射线 LS_3，下一个被分组的是客户 4，此时 $Load_3=3$；继续旋转射线 LS_3，下一个被分组的是客户 8，此时 $Load_3=3+4=7$；继续旋转射线 LS_3，下一个被分组的是客户 7，此时 $Load_3=3+4+3=10$；此时，所有客户都已被分类，则第三组包含客户 4、客户 8 和客户 7。

（3）路线优化。对于上面的三组，每个组都是一个单回路运输问题，可用 TSP 模型进行路线优化。利用最近插入法进行求解，求解结果为：$\{P_0—P_2—P_3—P_0\}$、$\{P_0—P_6—P_5—P_1—P_0\}$、$\{P_0—P_4—P_7—P_8—P_0\}$。三条配送路线的行驶里程数分别为：26、40 和 28，总行驶里程为 94，三条路线的运输量分别为：9、14 和 10。

采用旋转射线法和最近插入法求解的配送路线如图 6-6 所示。

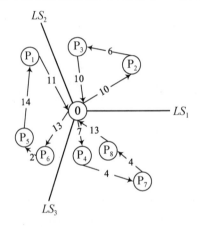

图 6-6　采用旋转射线法和最近插入法求解的配送路线

资料卡

无人配送正在吸引越来越多的电商和创业企业入局。京东、美团等成为国内首批获得无人配送车车辆编码的企业，率先实现无人配送车"持证上路"。与此同时，阿里巴巴、苏宁等企业也在这一领域加快布局。

截至 2021 年 4 月，京东自动驾驶团队已经采购超过 250 台第四代无人车。京东计划 2021 年无人车达到千台规模，2022 年达到 5000 台以上，后续三年实现 5 万台规模。

美团最新款无人配送车魔袋 20 与骑手协同承担外卖等即时配送工作。据了解，美团无人配送车能适应全天 24 小时运营需求，城市道路续驶里程达 120 公里。

阿里巴巴方面，2020 年天猫"双十一"期间，阿里物流机器人"小蛮驴"进入浙江大学紫金港校区，共完成 5 万多件包裹的配送。2021 年 4 月 15 日，菜鸟驿站联合天猫淘宝在北京、上海、杭州 3 个城市的社区站点开通无人配送上门服务。2021 年 5 月 31 日，天猫淘宝联合菜鸟驿站宣布率先在全国 1000 所高校的校园站点开通免费预约无人配送上门服务。

2018年4月,苏宁物流推出的"卧龙一号"无人配送车在南京实测成功。2019年8月,苏宁物流开放末端5G无人配送车路测实况,并在818购物节期间成功落地。2020年2月,苏宁物流5G卧龙无人车在苏州送出第一单商品。此后,苏宁在北京、南京、苏州三地相继完成末端无人配送部署。

然而,无人配送并不能真正代替人工。未来很长时间内,都会是人车混送的方式。无人配送车是对人工配送的有效补充,它可以持续工作,比如承担更多夜间配送的工作;而配送员更为灵活,可以处理一些较为复杂的场景,无人配送车与配送员可以发挥各自优势,提升配送效率与优化用户体验。

资料改编自:https://baijiahao.baidu.com/s?id=1702141204902235291&wfr=spider&for=pc
魏学将,王猛,张庆英,2020. 智慧物流概论[M]. 北京:机械工业出版社.

本 章 小 结

物流配送中心配送运输系统的规划与设计是物流配送中心规划与设计的重要内容,其规划与设计方案对客户满意度会产生极其重要的影响。因此,本章主要从构成配送运输系统的配送运输作业流程、配送运输方式、配送计划与车辆调度、配送积载技术和配送路线优化等方面展开介绍。

在明晰配送运输的概念、产生原因、特点以及影响因素的基础上,归纳得到配送运输系统的作业流程。该作业流程详细展示了配送运输系统的作业环节及相互关系,为配送运输系统的规划与设计明确了范围。针对配送运输方式,需熟悉现有配送运输方式的类型、特点,能综合配送运输物品的特性、客户需求特征,选择合理的配送运输方式。在明确了运输配送方式的前提下,能够制订囊括配送时间、车辆选择、配送积载、配送路线等内容的科学合理的配送运输计划。配送积载技术与配送路线优化方法是制订配送运输计划的关键技术手段。因此,本章重点介绍配送积载技术与配送路线优化方法。首先,在明确配送积载原则、掌握配送积载方法的基础上,能够根据车厢积载标准、货物规格、包装要求等进行积载方案设计,达到提高车辆载重量和容积利用率、节约运输费用和运力的目的。其次,明确配送路线优化的重要意义,掌握典型的路线优化方法,能够针对配送路线优化的典型问题,建立合理的配送路线优化模型,并利用本章的方法对问题进行求解,形成科学合理的配送路线优化方案。

本章需重点掌握配送运输系统作业流程、配送运输方式、配送计划的制订与实施方法、配送积载方法、最近邻点法与最近插入法等TSP模型的求解方法、节约里程法与旋转射线法等VRP模型的求解方法。同时,为了有效地对配送路线优化模型进行计算求解,需要重点拓展配送路线优化模型求解算法的设计能力。

 关键术语

配送运输系统	多式联运	配送计划
配送需求计划	车辆调度问题	配送积载
配送路线	单回路运输	多回路运输
最近邻点法	最近插入法	节约里程法
旋转射线法		

习 题

1. 选择题

（1）配送运输的特点包括（   ）。
　　A．时效性　　　　　　　B．安全性
　　C．方便性　　　　　　　D．经济性

（2）配送运输的影响因素包括（   ）。
　　A．动态因素　　　　　　B．自然因素
　　C．社会因素　　　　　　D．静态因素

（3）配送运输系统的作业流程包括的作业环节有（   ）。
　　A．划分基本配送区域　　B．车辆配载
　　C．车辆安排　　　　　　D．选择配送线路

（4）现代运输的基础运输方式包括（   ）。
　　A．铁路运输　　　　　　B．公路运输
　　C．水路运输　　　　　　D．航空运输

（5）配送车辆积载的原则包括（   ）。
　　A．轻重搭配的原则
　　B．装载时不允许超过车辆所允许的最大载重量
　　C．装载时尽量做到"后送先装"
　　D．大小搭配的原则

（6）配送计划包括（   ）。
　　A．配送主计划　　　　　B．特殊配送计划
　　C．配送能力需求计划　　D．每日配送计划

（7）根据时间特性和空间特性，车辆调度优化问题分为（   ）。
　　A．车辆路线规划问题　　B．满载问题
　　C．非满载问题　　　　　D．车辆调度问题

（8）配送路线优化方法包括（   ）。
　　A．节约里程法　　　　　B．最近邻点法
　　C．最近插入法　　　　　D．旋转射线法

（9）使用节约里程法进行配送路线优化时需要注意的事项包括（   ）。
　　A．适用于客户需求稳定的物流配送中心
　　B．应充分考虑交通和道路情况
　　C．要考虑驾驶员的作息时间及客户要求的交货时间
　　D．充分考虑在客户点的停留时间

2. 简答题

（1）简述配送运输的含义。
（2）简述特殊货物配送运输的类型及含义。

(3) 如何理解配送计划?
(4) 配送计划的实施过程包括哪几个阶段?
(5) 什么是车辆调度?
(6) 车辆调度的原则包括哪些内容?
(7) 如何理解车辆积载?
(8) 什么是配送路线优化?配送路线优化的意义是什么?

3. 判断题

(1) 配送运输只能采用汽车运输方式进行。( )
(2) 配送运输是对干线运输的一种补充和完善,属于末端运输、支线运输,因此具有不同于干线运输的特点。( )
(3) 各种运输方式都有其特定的运输技术、经济特性及合理的适用对象和范围。( )
(4) 在条件允许的情况下,大宗货物的长距离运输可以采用铁路或水路的运输方式。( )
(5) 多式联运广泛应用于国际货物运输,称为国际多式联运。( )
(6) 仅考虑最佳路线就能达到合理配送的目的。( )
(7) 在货物的装卸过程中要做到省力、节能、减少损失、快速、低成本。( )
(8) 一般情况下,最近邻点法比最近插入法求解的结果理想。( )
(9) 节约里程法是求解单回路运输问题的启发式算法。( )
(10) 利用旋转射线法求解多回路 VRP 模型时,在划分初始配送区域阶段,要使每一辆配送工具的货运量尽可能做到100%。( )

4. 计算题

(1) 某物流配送中心接受某电子商务公司的委托,为其提供配送服务。现有 A、B 两种货物需向客户送货。其中,货物 A 的单件质量为 10kg,质量体积为 $3m^3/t$,货物 B 的单件质量为 10kg,质量体积为 $4m^3/t$。送货车辆的载重量为 4t,有效容积为 $14.36m^3$。问 A、B 两种货物应如何配装达到最优容积利用率?

(2) 表 6-13 给出 5 个节点的距离矩阵,试用最近邻点法和最近插入法分别求其对应回路的 T_1 和 T_2,并计算相对应的总行驶距离 S_1 和 S_2,并根据计算的结果比较两种方法的优劣。

表 6-13 5 个节点的距离矩阵

项 目	V_1	V_2	V_3	V_4	V_5
V_1	—	6	10	5	14
V_2		—	8	7	15
V_3			—	4	12
V_4				—	16
V_5					—

(3) 某物流配送中心配置的车辆的载重量一次最多只能为 4 个客户服务。表 6-14 给出了该物流配送中心与 10 个客户的距离矩阵。由于配送时间的要求,每车配送的运距不超过 160km。试用节约里程法给出相应的配送路线。

表 6-14　10 个客户的距离矩阵　　　　　　　　　　　　　　　　　　（单位：km）

项目	0	1	2	3	4	5	6	7	8	9	10
0	—										
1	41	—									
2	22	32	—								
3	50	57	32	—							
4	42	73	41	36	—						
5	22	60	32	45	22	—					
6	51	90	61	64	28	30	—				
7	51	92	67	78	45	36	20	—			
8	32	64	54	81	63	41	57	45	—		
9	36	32	45	76	78	58	85	81	41	—	
10	61	28	58	85	98	82	112	110	73	32	—

5．思考题

（1）如何提高配送车辆的容积利用率？

（2）查阅相关文献资料，总结配送路线优化方法的种类及各自的适用范围。

实训项目 6-1：配送路线优化辅助系统的开发。

实训目的： 掌握最近邻点法、最近插入法、节约里程法的求解过程；提高学生的程序分析、设计和开发的能力。

实训内容： 利用本章学习的单回路运输问题模型和多回路运输问题模型的求解原理和步骤，设计一个配送路线优化辅助系统，要求至少实现最近邻点法、最近插入法、节约里程法等子系统的设计与开发。

实训要求： 学生可以以小组的方式完成该配送路线优化辅助系统的开发，每小组最多 5 人；分析该配送路线优化辅助系统应该包括的功能模块，并进行详细的功能界定，形成需求分析报告；在详细研究单回路运输问题模型和多回路运输问题模型求解过程的基础上，设计该系统各功能模块的算法流程，选定合适的开发工具，完成该配送路线优化辅助系统设计与开发工作，并以本章的例题作为测试用例完成该系统的测试工作。

UPS：道路优化与导航系统

UPS 已在全美推广使用了其自主研发的道路优化与导航（On-Road Integrated Optimization and Navigation，ORION）系统。ORION 系统的应用有效地提升了 UPS 的运营效率，且更加环保，同时也使 UPS 在客户服务方面更上一层楼。

ORION 是 UPS 多年来致力于科研投入的成果，与 UPS 坚持科学技术改进密不可分。为了收集必要的数据，UPS 的科研人员早在 2008 年就开始试用远程信息处理技术，为 UPS 货车安装了 GPS 追踪设备和车辆传感器。这些技术的应用使得 UPS 能够获取配送车辆的当前行驶路线、车辆性能以及驾驶员的安全信息等情况。

一个UPS驾驶员平均每天承担120件的快件交付量,可供他们选择的配送路线不计其数,ORION系统会实时评估路径情况,直到确定出一条最佳线路。驾驶员手中的移动终端设备、远程信息处理技术、自定义地图数据与ORION系统的智能导航系统协同对接,最终有效地为UPS驾驶员提供更为快捷、便利的行驶路线。

从ORION系统开始投入应用至今,累计分析超过2.5亿个配送地址和配送路线,实现了每条配送路线减少6~8英里的道路优化。毫无疑问,该系统的应用有效地减少了配送的总里程数,降低了配送时间和油耗,进一步促进UPS的可持续发展。

UPS对外透露,到2017年前,UPS将会把55 000条美国境内配送路线纳入ORION系统,同时,全球范围内的部署工作也在进行之中。

UPS全面使用该系统,预计每年可节省:1.6亿公里行驶里程,10万吨二氧化碳排放,1 000万加仑燃料。

资料改编自:http://www.lihang.net/news/detail/39、中国邮政快递报以及第二届中国(杭州)国际快递业大会内部交流资料等。

思考题:
(1)UPS的道路优化与导航系统可以获取和分析哪些信息?
(2)ORION系统的应用将为UPS带来哪些优势?
(3)ORION系统的大规模应用将对物流业产生哪些影响?
(4)针对国内物流业的现状,应如何借鉴UPS的ORION系统?主要难点和障碍是什么?

第7章 物流配送中心的设备选用

【本章教学要点】

知识要点	掌握程度	相关知识
物流设备的选用原则	了解	系统化原则、适用性原则、技术先进性原则、经济合理性原则、可靠性原则、安全性原则、一机多用原则
储存设备的选用	掌握	托盘、货架
装卸搬运设备的选用	掌握	手推车、叉车、巷道堆垛机、自动导引车
输送设备的选用	掌握	带式输送机、辊子输送机、链式输送机、斗式提升机、螺旋输送机
分拣设备的选用	掌握	滑块式分拣机、交叉带式分拣机、斜导轮式分拣机、摆臂式分拣机、翻盘式分拣机、基于智能分拣机器人的自动分拣系统
其他类型设备的选用	了解	流通加工设备、DWS系统、集装单元器具、站台登车桥、无人机

【本章技能要点】

技能要点	掌握程度	应用方向
储存设备的选用	掌握	在了解储存设备结构、特点、适用场合的情况下,可在物流配送中心的规划过程中正确选择和配置储存设备
装卸搬运设备的选用	掌握	在了解装卸搬运设备结构、特点、适用场合的情况下,可在物流配送中心的规划过程中正确选择和配置装卸搬运设备
输送设备的选用	掌握	在了解输送设备结构、特点、适用场合的情况下,可在物流配送中心的规划过程中正确选择和配置输送设备
分拣设备的选用	掌握	在了解分拣设备结构、特点、适用场合的情况下,可在物流配送中心的规划过程中正确选择和配置分拣设备
其他类型设备的选用	了解	在了解其他类型设备结构、特点、适用场合的情况下,可在物流配送中心的规划过程中正确选择和配置相应类型的物流设备

导入案例

最好才合适，还是合适才最好

对于物流配送中心作业而言，收货作业、装卸搬运作业、拣选作业及增值服务作业是有机联系的，应该从总体优化的角度把握物流设备的规划与选用，以实现作业高效率和节省成本的总体目标。

在优秀企业的物流配送中心中，如 BIG-W（澳大利亚）物流配送中心、沃尔玛（中国）物流配送中心、联华超市公司上海物流配送中心（曹杨路），物流设施与设备的选择是迥异的。BIG-W 物流配送中心的高速分拣机占了其平面布局的一半；在沃尔玛深圳的物流配送中心中，大量的无线射频设备则使其物流运作非常灵活。究其原因，是物流配送中心的作业需求决定了物流设备的选择结果。这就引出物流设备规划与选择的最重要前提：最好的物流设备不一定是最适合企业作业需求的，但是，最适合企业作业需求的物流设备就是最好的。

思考题：
（1）物流设备的选用要遵循哪些原则？
（2）物流配送中心常用的物流设备包括哪些？
（3）物流配送中心会用到哪些分拣设备？常用的分拣机有哪些？适合哪种物品？

本章主要从物流设备的选用原则、储存设备的选用、装卸搬运设备的选用、输送设备的选用、分拣设备的选用、其他类型设备的选用等几个方面进行详细介绍。

7.1 物流设备的选用原则

物流设备具有投资大、使用期限长的特点，在选用时，一定要进行科学决策和统一规划。正确选择与配置物流设备，可以使有限的投资发挥最大的技术经济效益。通常，物流设备的选用应遵循以下原则。

1. 系统化原则

系统化就是在物流设备配置与选择中用系统的观点和方法，对物流设备运行所涉及的各个环节进行系统分析，将各个物流设备与物流系统总目标、物流系统各要素有机地结合起来，从而使物流设备发挥最大的效能，并使物流系统整体效益最优。

2. 适用性原则

适用性是指物流设备满足使用要求的能力，包括适应性和实用性。在配置与选择物流设备时，应确保物流设备与当前物流系统的需要和发展规划相适应；应满足货物的特性、货运量的需要；应适应不同的工作条件和多种作业性能要求。

3. 技术先进性原则

技术先进性是指配置与选择的物流设备能够反映当前科学技术先进成果，在主要技术性能、自动化与智能化程度、操作条件、现代新技术的应用、环境保护等方面具有技术上的先进性，并在时效性方面能满足技术发展的要求。

4. 经济合理性原则

经济合理性是指所选择的物流设备应是费用最低、综合效益最好的。应将生产上适用、技术上先进和经济上合理三者结合起来，全面考查物流设备的价格和运行费用，选择整个生命周期费用低的物流设备，以取得良好的经济效益。

5. 可靠性原则

可靠性是指物流设备在规定的使用时间和条件下，完成规定功能的能力。物流设备的可靠性与物流设备的经济性是密切相关的。从经济上看，物流设备的可靠性高就可以避免因发生故障而造成的停机损失与维修费用支出。

6. 安全性原则

安全性是指物流设备在使用过程中保证人身和货物安全及环境免遭危害的能力。它主要包括设备的自动控制性能、自动保护性能，以及对错误操作的保护和警示功能等。

7. 一机多用原则

一机多用是指物流设备具有多种功能和能适应多种作业的能力。配置和选择一机多用的物流设备，可以实现一机同时适应多种作业环境的连续作业，有利于提高作业效率，减少物流设备台数，充分发挥物流设备的潜能，确保以最低投入获得最大的效益。

7.2 储存设备的选用

7.2.1 托盘

根据《物流术语》（GB/T 18354—2021）的规定，托盘是指在运输、搬运和存储过程中，将物品规整为货物单元时，作为承载面并包括承载面上辅助结构件的装置。

托盘是最基本的物流器具，通常与叉车配合使用，在现代物流中发挥着重要的作用。托盘给现代物流业带来的效益主要体现在：可以实现物品包装的单元化、规范化和标准化，保护物品，方便物流和商流。托盘的结构如图 7-1 所示。

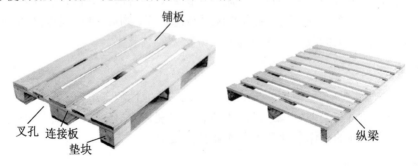

图 7-1 托盘的结构

1. 平托盘

由于平托盘的应用范围最广，使用数量最大，通用性最好，因此平托盘几乎成了托盘的代名词。平托盘可以有不同的分类方式。

（1）按台面进行分类，平托盘包括单面型平托盘、单面使用型平托盘、双面使用型平托盘和翼型平托盘四种。

（2）按叉车叉入方式进行分类，平托盘包括单向叉入型平托盘、双向叉入型平托盘、四向叉入型平托盘三种。

（3）按制造材料进行分类，平托盘包括木制平托盘、金属制平托盘、塑料制平托盘、复合材料制平托盘及纸制平托盘五种。

其中，木制平托盘有许多结构样式，如图 7-2 所示。

7-1
拓展视频

样式1　　　　　　　　样式2

样式3　　　　　　　　样式4

样式5　　　　　　　　样式6

图 7-2　木制平托盘的结构样式

2. 箱式托盘

箱式托盘是在平托盘基础上发展起来的，这种托盘的下部可叉装、上部可吊装，可使用托盘搬运车、叉车、起重机等作业，也可进行码垛，码垛时可相互堆叠多层。箱式托盘的基本结构是沿托盘四个边有板式、栅式、网式等挡板和下部平面组成的箱体，有的箱体上有顶板，有的没有顶板。箱板有固定式、折叠式、可卸下式 3 种。四周挡板为栅式的箱式托盘也称笼式托盘或仓库笼。箱式托盘如图 7-3 所示。

箱式托盘防护能力强，可防止塌垛和货损；可装载异型不能稳定堆码的货物，应用范围广。

3. 柱式托盘

柱式托盘是在平托盘的四个角安装四根立柱后形成的，立柱可以是固定的，也可以是可拆卸的。这种托盘进一步又可发展为将立柱上端用横梁连接，使立柱成为框架型。柱式托盘因立柱的顶部装有定位装置，所以堆垛容易，可防止托盘上放置的货物在运输和装卸过程中发生塌垛现象，而且多层堆码时，因上部托盘的载荷通过立柱传递，下层托盘货物可不受上层托盘货物的挤压。柱式托盘按柱子固定与否可分为固定式柱式托盘、可拆装式柱式托盘、可套叠式柱式托盘、折叠式柱式托盘等。柱式托盘如图7-4所示。

图7-3　箱式托盘　　　　　　　　　　图7-4　柱式托盘

柱式托盘多用于包装件、桶装货物、棒料和管材等的集装，还可以作为可移动的货架、货位。柱式托盘不用时可叠套存放，以节约空间。

4. 轮式托盘

轮式托盘是在平托盘、箱式托盘或柱式托盘的底部装上脚轮而成的，不但具有一般箱式托盘或柱式托盘的优点，而且可利用脚轮做短距离运动，可不需要搬运设备实现搬运。因此，轮式托盘用途广泛，适用性强。轮式托盘如图7-5所示。

图7-5　轮式托盘

5. 特种专用托盘

特种专用托盘是根据物品特殊要求专门设计、制造的托盘。针对特殊物品而言，其装载效率更高、装运更方便。下面介绍几种特种专用托盘。

1）平板玻璃集装托盘

平板玻璃集装托盘也称平板玻璃集装架，种类较多，如L形单面装放平板玻璃单向进叉式、A形双面装放平板玻璃双向进叉式、吊叉结合式和框架式等。在运输过程中，托盘起支撑和固定作用，平板玻璃一般都立放在托盘上，并且玻璃放置的方向与车辆的前进方向一致，以保持托盘和玻璃的稳固。平板玻璃集装托盘如图7-6所示。

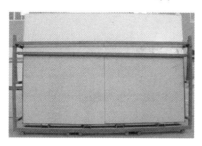

图 7-6　平板玻璃集装托盘

2）轮胎专用托盘

轮胎专用托盘较好地解决了轮胎怕挤、怕压的问题。利用轮胎专用托盘，可多层码放，不挤不压，大大提高了装卸和储存的效率。轮胎专用托盘如图 7-7 所示。

图 7-7　轮胎专用托盘

3）油桶专用托盘

油桶专用托盘是专门存放、装运标准油桶的托盘。油桶专用托盘具有波形沟槽或侧板，可以稳定油桶，防止滚落。其优点是可多层堆码，提高仓储和运输能力。油桶专用托盘如图 7-8 所示。

图 7-8　油桶专用托盘

4）航空托盘

航空托盘是专门用于航空货运或行李托运的托盘，一般采用轻质材料制造，为适应各种飞机货舱及舱门的限制，一般制成平托盘，托盘上所载物品以网络防护罩固定。航空托盘如图 7-9 所示。

图 7-9　航空托盘

知识拓展

托盘循环共用体系的企业实践

二十大报告强调，要"推进各类资源节约集约利用"。托盘循环共用是资源节约集约利用的有效方式。托盘循环共用体系是指多个客户间实现托盘共享、交换、重复使用的综合性物流服务系统。

在第 16 届中国托盘国际会议暨 2021 全球托盘企业家年会上，普拉托提出了托盘循环共用体系，将"托盘共享"模式及"共享经济"模式进行创新，运用互联网+物流的理念，与智能托盘相结合，依托自主研发普托 E 享数字化系统，通过"普托云厂、普托云仓、普托云签"三位一体的网络覆盖方式，结合线上线下模式，提高托盘的管理效率；通过智能托盘结合 RFID、GPS 芯片、二维码以及 GS1 电子标签，实现上下游之间信息的及时传递和货物追踪，实现"随租随还""通租通还""上门服务""无障碍流通"，为企业上下游客户提供托盘循环共享服务，解决了广大工商贸易企业因托盘行业痛点而导致物流成本居高不下的实际问题，实现了低碳循环，开启了降本增效之路。

普拉托打破了传统的供应链模式，以循环中的托盘为点，带托运输为线，新型供应链为面，运用"托盘循环共用体系"立足全产业链及托盘生命周期，在原材料改性、托盘生产、托盘运营、配送回收、物联网及信息系统等层面与行业伙伴共建共享低碳物流之路。

7.2.2　货架

储存设备主要是指货架。根据《物流术语》（GB/T 18354—2021）的规定，货架是指由立柱、隔板或横梁等结构件组成的储物设施。货架是物流配送中心必不可少的组成部分。

由于物流配送中心储存物品的形状、重量、体积、包装形式等不同，因此其使用的货架形式种类繁多。下面对主要的货架类型进行介绍。

1. 横梁式货架

横梁式货架（也称托盘式货架或货位式货架，图 7-10）主要由立柱、横梁等组成，是以托盘为储存单元的货架。

特点：大多为装配式结构，具有刚性好、自重轻、层高可调节、运输及安装便利、货物存取方便等优点，是使用最广泛的一种货架。

适用范围：常规品种的批量储存，出入库不受先后顺序的影响，一般叉车即可完成存入、取出等操作。

图 7-10　横梁式货架

选择横梁式货架时，要考虑储存单元的尺寸、重量、堆垛高度、物流配送中心实际空间、叉车实际起升高度等，由此确定横梁式货架的立柱与横梁的尺寸。横梁式货架通常取 6m 以下的 3~5 层为宜，但也有单根立柱高度达 12m 的横梁式货架。

2. 重力式货架

重力式货架（也称流动式货架或滑移式货架或流利式货架，图 7-11）是在货架每层的通道上都安装有一定坡度、带有轨道的导轨，入库的单元货物在重力的作用下，由入库端流向出库端的货架。重力式货架通常可分为托盘重力式货架和箱式重力式货架两类。

7-2 拓展视频

图 7-11　重力式货架

特点：货架的一侧通道用于存货，另一侧通道用于取货，实现了货物的"先进先出"，并可实现一次补货，多次拣货；储存密度大，空间利用率高；可配以电子标签实现货物的信息化管理。

适用范围：适合少品种、大批量同类货物的短期储存；多品种、小批量货物的短期储存和拣选，其储存功能小于拣选功能，常用于物流配送中心的拣选作业、装配线（汽车行业）两侧的工序转换等场所。

重力式货架的深度及层数可按需而定。但重力式货架的总深度（即导轨长度）不宜过长，否则不可利用的上下"死角"会较大，降低空间利用率；导轨过长，下滑的可控性较差，下滑的冲力较大，容易引起下滑不畅、货物倾翻等问题。重力式货架不宜过高，否则其可靠性和可操作性会降低；一般托盘重力式货架的高度在 6m 以内，单托货物质量一般在 1000kg 以内；箱式重力式货架的高度在 2.5m 以内，方便人工操作。

3. 贯通式货架

贯通式货架（也称驶入式货架或通廊式货架或牛腿式货架，图 7-12）是可供叉车（或带货叉的无人搬运车）驶入并存取单元托盘货物的货架。

图 7-12 贯通式货架

特点：作业通道与货物储存场所为同一位置，储存密度大，空间利用率高；存取性较差；由于作业设备需要在货架中行走，因此要求操作者必须小心作业。

适用范围：少品种、大批量的货物储存，储存单元为托盘。

贯通式货架在单面取货的情况下，建议不超过 8 个货位深度，并可根据实际需要选择和配置导向轨道。由于贯通式货架的稳定性是所有货架类型中较为薄弱的，因此货架不宜过高，通常以 4 层为宜，高度一般控制在 10m 以内。为了加强贯通式货架的稳定性，还需要增加拉固装置。

4. 移动式货架

移动式货架（也称动力式货架，图 7-13）是指通过安装在其底部的电动机驱动装置，实现在水平直线轨道上移动的货架。移动式货架一般安装了控制装置与开关，在 30s 内使货架移动，叉车可进入作业通道存取货物。此外，这种货架有变频控制功能，可控制驱动和停止时的速度，以防止货架上的货物抖动、倾斜或倾倒。在移动式货架适当的位置还安装了定位用的光电传感器和可制动的齿轮电动机，提高了货架的定位精度。

图 7-13 移动式货架

特点：通常只需要一个作业通道，储存密度大，空间利用率高；安全可靠，移动方便；可直接存取货物，不受先进先出的限制；设计难度稍大，制造成本稍高；机电装置较多，维护较为困难。

适用范围：品种多但出入库频率较低的货物储存；出入库频率较高，但可按巷道顺序出入库的货物。

移动式货架通常取 4~6 层为宜，但也有高度达 12m 的移动式货架。

5. 悬臂式货架

悬臂式货架是在立柱上装设悬臂而构成的货架，如图 7-14 所示。

7-5
拓展视频

图 7-14　悬臂式货架

特点：结构轻巧、自重轻、造价低、装配简单；结构稳定、载重能力好；空间利用率不高，为 35%~50%。

适用范围：长物料、环形物料、板材、管材及不规则货物等的储存；若要放置圆形货物，在其臂端需要装设阻挡块以防止货物滑落；多应用于机械加工、建材超市等行业。

悬臂式货架高度一般控制在 6m 以下为宜。

6. 阁楼式货架

阁楼式货架（也称积层式货架，图 7-15）是利用货架做楼面支撑将物流配送中心高度分为 2~3 层空间的一种独特货架，装有楼梯和货物提升电梯等。人工存取货物时，货物通常由叉车、液压升降台或楼梯送至二楼、三楼，再由轻型小车或液压托盘搬运车送至某一位置。

特点：一般上层储存较轻的货物（如箱、包和散件），底层储存较重的货物（如托盘）；提高了储存高度、增加了空间利用率。

图 7-15　阁楼式货架

适用范围：建筑物的梁下高度较高、货物较小、人工存取、储存量较大的情况；适用于电商、汽配、电子器件等企业。

7. 穿梭式货架

穿梭式货架（也称穿梭车货架，图7-16）是以托盘为储存单元，穿梭车为存取设备的高密度储存货架。

特点：工作效率高、安全性高、空间利用率高、作业方式灵活、货物的存取可以先进先出或后进先出。

适用范围：数量大、品种少、物品相对单一的行业，如食品、饮品、化工、烟草等行业。

选用穿梭式货架时，可以根据物流配送中心仓储区的尺寸，利用穿梭式货架的纵深堆垛优势，一端设计为入库端，另一端设计为出库端，即可实现货物的先进先出，进一步提高货物的出入库效率；可根据不同的批次、品类实现货物大批量的有序储存，方便管理。

图 7-16　穿梭式货架

8. 旋转式货架

旋转式货架（也称回转式货架）主要由货物储存、货物存取和传送、控制和管理三大系统组成，还有与之配套的供电系统、空调系统、消防报警系统、称重计量系统、信息通信系统等。旋转式货架沿着由两个直线段和两个曲线段组成的环形轨道运行；存取货物时，利用控制盘按钮输入货物所在货格的编号，该货格就以最近的距离自动旋转至拣货点停止，等待拣货。

按旋转方式分类，旋转式货架可分为垂直旋转式货架和水平旋转式货架两类。

（1）垂直旋转式货架。

垂直旋转式货架属于拣选型货架，在两端悬挂有成排的货格，货架可正转，也可反转。垂直旋转式货架如图7-17所示。

特点：占地空间小，储存货物品种多；货格可拆卸，方便储存各种尺寸的货物；在货架的正面及背面均可设置拣选面，方便安排存取作业；货层可经最短路线送至指定拣选面。

适用范围：多品种、拣选频率高的货物；如果取消货格，用支架代替，也可用于成卷货物的存取。

垂直旋转式货架的高度一般取2～6m，正面宽2m左右，单元货位承载100～400kg，回转速度6m/min左右。

（2）水平旋转式货架。

① 多层水平旋转式货架。多层水平旋转式货架是一种拣选型货架，如图 7-18 所示。

特点：各层可以独立旋转，每层都有各自的轨道，用计算机操作时，可以同时执行不同的指令，使各层货物从近到远、有序地到达拣选面，拣选效率很高。

适用范围：出入库频率高、多品种拣选的物流配送中心。

多层水平旋转式货架的最佳长度为 10～20m，高度为 2～3.5m，单元货位承载为 200～250kg，回转速度为 20～30m/min。

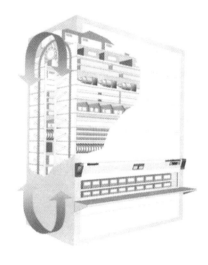

图 7-17　垂直旋转式货架　　　　图 7-18　多层水平旋转式货架

② 整体水平旋转式货架。整体水平旋转式货架由多排货架连接，每排货架又有多层货格，货架做整体水平式旋转，每旋转一次，便有一排货架达到拣货面，可对这一排进行拣货，如图 7-19 所示。整体水平旋转式货架主要是拣选型货架，也可以作为拣选—分货一体化货架。

特点：每排可放置同种货物，也可以一排货架不同货格放置互相配套的货物，一次拣选可在一排货架上将相关的货物拣出；还可作为小型分货式货架，每排货架的不同货格储存同种货物，旋转到拣选面后，按各客户的分货要求将货物分放到指定的货位；储存容量大。

适用范围：出入库频率不太高、集装单元货物的拣选或分货。

9. 自动化立体仓库

自动化立体仓库（也称立体仓库或高层货架仓库或自动存储取货系统，图 7-20）是由高层货架、巷道堆垛机、入出库输送机系统、自动化控制系统、计算机仓库管理系统及其周边设备组成的，可对集装单元货物实现机械化自动存取和控制作业的仓库。

7-8
拓展视频

特点：空间利用率高，存取效率高；可实现动态储存，便于形成先进的物流系统，提高物流配送中心的管理水平。

适用范围：广泛应用于工业生产、物流、商品制造、军事应用等多个领域。

图 7-19　整体水平旋转式货架

图 7-20　自动化立体仓库

知识拓展

自动化立体仓库在中国的应用

我国建设自动化立体仓库始于 1975 年。目前，自动化立体仓库在我国的应用非常广泛，主要包括如下领域。

1. 工业生产领域

（1）医药生产：是较早应用自动化立体仓库的领域之一。1993 年，广州羊城制药厂建成了国内首个医药生产用自动化立体仓库。此后，吉林敖东药业、东北制药、扬子江制药、石家庄制药、上海医药集团等数十家企业成功应用了自动化立体仓库。

（2）汽车制造：是国内较早应用自动化立体仓库的领域之一。东风汽车公司（中国二汽）是首个应用自动化立体仓库的企业。目前，国内主要汽车制造企业都应用了自动化立体仓库。

（3）机械制造：是广泛应用自动化立体仓库的领域之一，如三一重工等。

（4）电子制造：联想等从 2000 年开始采用自动化立体仓库。

（5）烟草制造：是国内采用自动化立体仓库最普遍的行业，而且大量采用进口设备。典型的如红河卷烟厂、湖南中烟工业有限责任公司长沙卷烟厂等。

2. 商品制造领域

（1）服装：广泛应用自动化立体仓库。

（2）酒：洋河、牛栏山等酒类企业较早开始应用自动化立体仓库。

（3）牛奶：蒙牛、伊利等乳制品企业是自动化立体仓库的早期用户。

（4）化工：是较早应用自动化立体仓库的行业之一。

（5）印刷、出版、图书：是广泛应用自动化立体仓库的行业之一。

3. 物流领域

物流领域使用自动化立体仓库的场景如下。

（1）机场货运：是较早采用自动化立体仓库的领域。各主要机场均采用自动化立体仓库完成行李处理。

（2）地铁：随着我国地铁建设的蓬勃兴起，自动化立体仓库应用大面积展开。

4. 电商领域

电商仓库大量使用自动化立体仓库，满足其集货、储存、发货需求。

5. 军事应用领域

后勤、装备等应用自动化立体仓库尤为普遍。

根据前瞻产业研究院发布的《2017—2022 年中国自动化立体仓库行业投资需求与发展前景分析报告》数

据，我国每年建成的各类自动化立体仓库已经超过400座，截至2016年我国自动化立体仓库保有量在3300座以上，其中，烟草、医药、零售是主要应用领域，合计占到需求量的40%左右。

相关数据显示，2018年我国自动化立体仓库行业市场规模为556亿元，预计未来5年保持18%~20%的增速，到2023年市场规模约为1317亿元。

资料来源：https://baike.baidu.com/item/自动化立体仓库/812295?fr=aladdin
https://www.qianzhan.com/analyst/detail/220/170720-72abf466.html[2023-3-24]

知识拓展

使用货架安全小常识

（1）防超载：每层存放的货物重量不得超过货架设计的最大承载量。
（2）防超高、超宽：由于货架层高受到限制，货物的尺寸应略小于净空间100mm。
（3）防撞击：叉车在运行过程中，应尽量避免撞击货架。
（4）防头重脚轻：应遵循高层放轻货，低层放重货的原则。
（5）货架上方摆放有货物时，操作人员尽量不要直接进入货架底部。
（6）发现货架的横梁和立柱有严重损坏，应及时通知厂家更换。

10. 无人仓

对于无人仓的概念，目前业内并没有统一的认识。单从字面理解，无人仓是指货物从入库、上架、拣选、补货，到包装、检验、出库等物流作业流程全部实现无人化操作，是高度自动化、智能化的仓库。还有观点认为，基于高度自动化、信息化的物流系统，在仓库内即便有少量工人，实现人机高效协作，仍然可以视为无人仓。京东、菜鸟目前打造的无人仓便是如此。甚至有部分人认为，在货物搬运、上架、拣选、出库等主要环节逐步实现自动化作业，也是无人仓的一种表现形式。综合以上观点，无人仓的发展方向是明确的，即以自动化设备替代人工完成仓库内部作业。无人仓如图7-21所示。

7-9 拓展视频

图7-21 无人仓

其实，并不是所有仓库都要实现自动化，无人仓是有适用条件的。究竟为什么要发展无人仓？哪些因素促进无人仓落地？

首先，从市场需求来看，一方面随着以智能制造为代表的制造业物流升级发展，以及电商行业海量订单处理对更高效率自动化系统的需求越来越大、要求越来越高，传统的物流系统已经很难满足需要；另一方面，随着土地成本以及人工成本的不断上涨，"机器换人""空间换地"成为趋势,仓库无人化成为必然趋势。

其次,从物流技术本身的发展来看,仓储系统自动化、信息化、智能化程度的不断提高,不仅大幅降低了物流作业人员的劳动强度,而且替代人工实现更加准确、高效的作业,因此无人仓的作业效率、准确性优势不断凸显。同时,以设备大量替代人工,使得物流作业成本大幅降低,并且随着无人仓技术越来越成熟、应用越来越广泛,物流成本也将得到有效降低,投资回报率不断提高。

智能制造特别是电商企业的需求直接推动了无人仓技术的发展升级,无人仓是市场需求和物流技术发展双重作用的结果,是供需双方联合创新的典范。

事实上,目前无人仓里的大部分物流技术设备早就开始应用,并非无人仓专属或为其专门研发的,而是基于已有的物流设备、物流软件及系统的功能增强、拓展或补充。无人仓所需技术主要包括以下几个方面。

(1) 自动化立体仓库。

一套集储存和拣选功能于一体的自动化立体仓库是无人仓的主要组成部分,实现自动存取和拣货。目前,以 Miniload、多层穿梭车技术为代表的"货到人"(包括机器人)技术是最为高效、成熟的自动化仓储解决方案。在京东展示的无人仓中,采用的是多层穿梭车自动化立体仓库,库内穿梭车速度达到 6m/s,吞吐量高达 1 600 箱/小时。多层穿梭车又分为单通道作业的单向穿梭车系统和可以多通道同时作业的四向穿梭车系统。由于可以跨通道作业,解决了作业节奏不均衡等问题,四向穿梭车系统应用越来越多。

(2) 机器人。

在无人仓中,各种类型、不同功能的机器人将取代人工成为主角,如 AGV 自动搬运机器人、码垛机器人、拣选机器人、包装机器人等。就连自动化立体仓库中的穿梭车也可以看作搬运机器人的一种。这些机器人以极高的效率、昼夜不歇地在无人仓内作业,完成货物搬运、拣选、包装等作业。以近几年备受关注的类 Kiva 机器人为例,因其自动化程度高、实施周期短、灵活性强等特点成为越来越多无人仓自动化仓储解决方案的选择;替代人工作业效果最为显著的码垛机器人,也得到越来越广泛的应用。

(3) 输送系统。

输送系统如同整个无人仓的血管,连通着机器人、自动化立体仓库等物流系统,实现货物的高效自动搬运。与自动化立体仓库和机器人系统相比,输送系统技术更趋成熟。只不过在无人仓中,输送系统需要与拣选机器人、码垛机器人等进行有效的配合,同时为了保证作业的准确性,输送线也需要配备更多的自动检测、识别、感知技术。例如,京东公开的无人仓中,输送线的末端、拣选机器人的前端增加了视觉检测工作站,通过信息的快速扫描和读取,为拣选机器人提供拣货指令。

除此之外,还有输送线两侧的开箱、打包机器人等,这些新增加的智能设备都需要与输送系统进行有效的衔接和配合。

(4) 人工智能算法与自动感知识别技术。

人工智能算法与自动感知识别技术是无人仓的大脑与神经系统。前面多次强调机器人之间、机器人与整个物流系统之间、机器人与工人之间的紧密配合、协同作业,必须依靠功能强大的软件系统操纵与指挥。其中,自动感知识别技术和人工智能算法可谓重中之重。因为,在无人仓模式下,数据将是所有动作产生的依据,自动感知识别技术如同为机器安装了"眼睛",通过将所有的商品、设备等信息进行采集和识别,并迅速将这些信息转化为准确有效的数据上传至系统,系统再通过人工智能算法、机器学习等生成决策和指令,指导各种设备自动完成物流作业。基于数据的人工智能算法需要在货物的入库、上架、拣选、补货、出库等各个环节发挥作用,同时还要随着业务量及业务模式的变化不断调整优化作业。因此,可以说算法是无人仓技术的核心与灵魂所在。

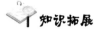 知识拓展

无人仓实现难点

国内最早公开无人仓细节的京东认为,与传统仓储或者仅在单个环节实现自动化的仓储模式相比,无人仓最大的特点是机器人融入生产,改变生产模式,以及人工智能算法指导生产。

机器人的融入,使得传统仓储物流作业方式发生了变革,而人工智能算法则无疑使得这种变革更加智能、精准。但是,越有独特过人之处,越是说明其实现难度非比寻常。正因如此,机器人技术、人工智能算法、海量商品的精准识别成为实现无人仓的主要技术瓶颈。

(1)机器人技术。

对应用于无人仓的搬运机器人、码垛机器人、拣选机器人、包装机器人的技术要求均高于普通仓库。在完全无人化的环境下,不仅要求机器人完全代替人进行高效的作业,还要保证精度和准确性,即作业质量。相比较而言,无人仓对于拣选机器人的挑战更大,既要保证读取信息的及时准确,又要适用于不同包装、不同大小、不同材质的海量商品,对机器人拣货技术是个巨大的挑战。德马泰克的机器人虽然可以准确地识别商品进行拣货作业,但其针对的仅为硬表面包装商品。京东无人仓内的 Delta 拣货机器人虽然装载有针对不同规格商品的三个端拾器,但仍难以将所有商品类型囊括。单从这一点来看,要想以合适的成本解决机器人自动识别和准确抓取的技术,使其在无人仓内大规模应用,无疑还有一段路要走。

(2)人工智能算法。

无人仓的实现并不仅仅是各种自动化物流设备的应用,更重要的是信息技术的应用。尤其是人工智能算法,它贯穿于无人仓整个物流作业的始末,从商品如何布局、拣选区如何分布、机器人如何调度和定位都需要有先进的算法。例如,基于海量的数据,通过算法分析、判断商品拣选区和储存区的布局,应该配备的商品以及配置的数量等;通过调度算法和定位算法为搬运机器人规划最优路线指导,机器人可以进行高效的作业。此外,当成百上千台 AGV 智能搬运机器人同时作业时,如何依赖优化的算法避免拥堵和碰撞也是一大技术难点。

(3)精准的自动识别技术。

由于无人仓的一切作业都需要依赖数据,因此商品信息的快速、准确识别和读取至关重要,但这是最难实现的,特别是在海量商品的运动过程中准确读取。例如,一瓶普通的矿泉水,它有大、中、小不同型号,不同型号的条码可能相差甚微,当商品条码出现污损、褶皱、光线反射等情况时,读取难度进一步加大。这样的局面与传统人工作业的优势正好相反:对于人工作业而言,商品的识别非常容易,难点在于搬运;机器人很好地解决了搬运问题,却难以准确读取信息。或许,依赖现有的技术也可以做到海量商品的准确识别,但是其成本自然不低。如何以最低的成本达到同样的效果,成为无人仓要突破的技术瓶颈。

京东表示,对海量商品的精准识别需要通过深度学习的方式,不断地对系统进行训练、迭代和优化升级。换句话说,需要庞大的商品规模进行支持。而这一点,也正是亚马逊、京东、菜鸟这样拥有庞大业务规模的企业能够在无人仓布局中先人一步的重要原因。

(4)标准化。

除了以上三个无人仓面临的技术瓶颈,要真正实现无人仓,还需要解决物料标准化问题。德马泰克有关

负责人表示，如今的商品包装千奇百怪，只有当所有进入无人仓的商品都是标准化的物件或包装时，无人仓才有可能实现并高效率地运行。

当然，与传统物流系统相比，尽管无人仓技术具备无可比拟的优势，但目前业内还并没有真正意义上的无人仓，短期内也较难实现。因为对于需求方而言，选择一套适合的自动化物流系统需要综合考虑并平衡效率、质量、成本三大方面。尽管无人仓技术在作业效率与质量方面独具优势，但从建设与运维成本来看，无人仓的高投入并不是一般企业能够负担得起的。

资料来源：http://blog.sina.com.cn/s/blog_8a1ba04b0102ww03.html[2023-3-24]

7.3 装卸搬运设备的选用

装卸搬运作业是物流配送中心的主要作业之一，装卸搬运设备的技术水平是装卸搬运作业现代化的重要标志。根据物流配送中心的实际需要，设计和生产的装卸搬运设备品种繁多，规格多样。下面对物流配送中心使用的主要装卸搬运设备进行介绍。

7.3.1 手推车

手推车是以人力进行推或拉的搬运工具。手推车有独轮手推车、两轮手推车、三轮手推车和四轮手推车之分。独轮手推车可在狭窄通道上行驶，能够原地转向，倾卸货物十分便利。常用的两轮手推车有搬运成件物品的手推搬运车、架子车和搬运散状物料的斗车等。三轮手推车中有一个、四轮手推车中有两个可绕铅垂轴回转的回转脚轮。这种回转脚轮在运行中能随着车辆运动方向的改变而自动调整到运行阻力最小的方向。四轮手推车如图7-22所示。

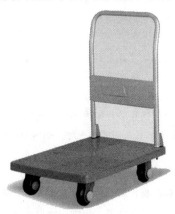

图 7-22　四轮手推车

手推车的广泛应用是因为它造价低廉、维护简单、操作方便、自重轻，能在机动车辆不便使用的场所工作，且在短距离搬运较轻的货物时十分方便。

在世界范围内，手推车的应用非常广泛，在欧洲、北美等国家和地区手推车主要应用于花园，而在非洲手推车主要应用于矿山，中东国家主要应用于建筑工地。中国青岛胶南的手推车制造基地较为有名，如青岛泰发集团股份有限公司和青岛华天车辆有限公司。

7.3.2 叉车

根据《物流术语》（GB/T 18354—2021）的规定，叉车是指具有各种叉具及属具，能够对物品进行升降和移动以及装卸作业的搬运车辆。

叉车广泛应用于物流配送中心、港口、机场、车站、工厂等部门，是机械化装卸、堆垛和短距离搬运的高效设备。

自行式叉车出现于 1917 年。20 世纪 50 年代初，我国开始制造叉车。大连叉车总厂于 1958 年生产制造了中国第一台 5t 内燃叉车，命名为"W5-卫星号"。1959 年 10 月 1 日，中国第一台 5t 内燃叉车作为中国机械工业的新产品，随国庆游行队伍通过天安门广场。中国第一台内燃叉车的诞生，在中国叉车制造史上画下了重重的一笔，大连叉车成为中国叉车的先驱，并由此开创了中国叉车制造业历史。

根据动力装置的不同，叉车通常分为内燃叉车和电动叉车两类。

1. 内燃叉车

内燃叉车分为普通内燃叉车、重型叉车、集装箱叉车和侧面叉车。

（1）普通内燃叉车（图 7-23），一般采用柴油、汽油、液化石油气或天然气发动机作为动力，承载能力为 1.2～8.0t，作业通道宽度一般为 3.5～5.0m。考虑到尾气排放和噪声等问题，普通内燃叉车通常用于室外、车间或其他对尾气排放和噪声没有特殊要求的场所。由于燃料补充方便，因此普通内燃叉车可实现长时间的连续作业，而且能胜任在恶劣的环境下（如雨天）工作。

（2）重型叉车（图 7-24），采用柴油发动机作为动力，承载能力为 10.0～52.0t，一般用于货物较重的码头、钢铁等行业的户外作业。

（3）集装箱叉车（图 7-25），采用柴油发动机作为动力，承载能力为 8.0～45.0t，用于集装箱搬运，如集装箱堆场或港口码头作业。

（4）侧面叉车（图 7-26），采用柴油发动机作为动力，承载能力为 3.0～6.0t。在不转弯的情况下，具有直接从侧面叉取货物的能力，因此主要用来叉取长条形的货物，如木条、钢筋等。

7-10 拓展视频

图 7-23　普通内燃叉车

图 7-24　重型叉车

图 7-25　集装箱叉车

图 7-26　侧面叉车

2. 电动叉车

电动叉车以电动机为动力，蓄电池为能源，广泛应用于室内操作和其他对环境要求较高的工况，如医药、烟草、食品等行业的物流配送中心。由于每组电池一般在工作约 8h 后需要充电，因此多班制的工况需要配备备用电池。

电动叉车分为电动搬运车、电动托盘堆垛车、电动前移式叉车和电动拣选式叉车。

（1）电动搬运车，承载能力为 1.6～3.0t，作业通道宽度一般为 2.3～2.8m，货叉起升高度一般在 210mm 左右，主要用于物流配送中心内的水平搬运及货物装卸。电动搬运车又分为步行式电动搬运车、站驾式电动搬运车和坐驾式电动搬运车 3 种（图 7-27 至图 7-29），可根据效率要求进行选择。

图 7-27　步行式电动搬运车

图 7-28　站驾式电动搬运车

图 7-29　坐驾式电动搬运车

（2）电动托盘堆垛车（图 7-30），承载能力为 1.0～2.5t，作业通道宽度一般为 2.3～2.8m，在结构上比电动搬运车多了门架，货叉起升高度一般在 4.8m 内，主要用于物流配送中心内的货物堆垛及装卸。

（3）电动前移式叉车（图 7-31），承载能力为 1.0～2.5t，门架可以整体前移或缩回，缩回时作业通道宽度一般为 2.7～3.2m，起升高度最高可达 11m，常用于物流配送中心内中等高度的堆垛、取货作业。

7-11 拓展视频

图 7-30　电动托盘堆垛车

图 7-31　电动前移式叉车

（4）电动拣选式叉车，是操作台上的操作者可以与装卸装置一起上下运动，并拣选储存在两侧货架内货物的叉车。按起升高度，电动拣选式叉车可分为低位拣选式叉车和高位拣选式叉车。

低位拣选式叉车用于车间内各个工序间加工部件的搬运，操作者可乘立在上下车便利的平台上，驾驶搬运车并完成上下车拣选物料，以减轻操作者搬运、拣选作业的强度，如图 7-32 所示。低位拣选式叉车乘立平台一般离地高度仅为 200mm，支撑脚轮直径较小，仅适用于在车间平坦路面上行驶。按承载平台（货叉）的起升高度，低位拣选式叉车分为微起升拣选式叉车和低起升拣选式叉车两种，可根据拣选物品的需要进行选择。

高位拣选式叉车用于多品种、少量入出库特性的高层货架仓库，如图 7-33 所示。起升高度一般为 4～6m，最高可达 13m，可以大大提高仓储区空间的利用率。为保证安全，操作台起升时，只能微动运行。

7-12 拓展视频

图 7-32　低位拣选式叉车

图 7-33　高位拣选式叉车

3. 叉车的选型

叉车的基本作业功能分为水平搬运、堆垛/取货、装货/卸货和拣选等。根据所要实现的作业功能可以从上面介绍的车型中初步确定。另外，特殊的作业功能会影响叉车的具体配置，如搬运的是纸卷等，需要叉车安装属具来完成特殊的作业功能。

叉车的作业要求包括托盘或货物规格、起升高度、作业通道宽度、爬坡度等，同时还需要考虑作业效率、作业习惯（如习惯坐驾还是站驾）等方面的要求。

如果企业需要搬运的货物或环境对噪声和尾气排放等环保方面有要求，在选择车型和配置时应有所考虑。如果是在冷库中或是在有防爆要求的环境中，叉车的配置也应该是冷库型或防爆型的。仔细考察叉车作业时需要经过的地点，设想可能的问题。例如，出入库时门高对叉车是否有影响；在进出电梯时，电梯高度和承载对叉车的影响；在楼上作业时，楼面承载是否达到相应要求。

在选择叉车类型和确定配置时，要向叉车供应商详细了解工况，并实地勘察，以确保选购的叉车完全符合物流配送中心的需要。在完成以上步骤的分析后，可能仍然有几种车型能同时满足上述要求，此时需要注意以下几个方面。

（1）不同的车型，工作效率不同，需要的叉车数量、驾驶员数量也不同，会导致一系列成本发生变化。

（2）如果叉车在物流配送中心内作业，不同车型所需的通道宽度不同，起升能力也有所差异，物流配送中心布局也会发生变化，如货物储存量的变化。

（3）车型及其数量的变化，会对管理等诸多方面产生影响。

（4）不同车型的市场保有量不同，其售后保障能力也不同。例如，低位驾驶三向堆垛叉车和高位驾驶三向堆垛叉车同属窄通道叉车系列，都可以在很窄的通道内（1.5～2.0m）完成堆垛、取货。但低位驾驶三向堆垛叉车的驾驶室不能提升，因而操作视野较差，工作效率较低；高位驾驶三向堆垛叉车能完全涵盖低位驾驶三向堆垛叉车的功能，且性能更出众，因此在欧洲高位驾驶三向堆垛叉车的市场销量比低位驾驶三向堆垛叉车高出 4～5 倍，在中国则达到 6 倍以上。大部分供应商都推广高位驾驶三向堆垛叉车，而低位驾驶三向堆垛叉车只是用于小吨位、起升高度低（一般在 6m 以内）的场合。当某型号叉车的市场销量很少时，该叉车供应商的售后服务的工程师数量、工程师经验、配件库存水平等服务能力就会相对较弱。

因此，要对以上的影响综合评估后，选择最合理的叉车型号。

【例 7-1】某物流配送中心每月（30 天）的装卸搬运作业量 48 000t，现欲购买某型号的叉车进行作业，该叉车的生产定额为 50t/（台·h），每天工作 8h，每天的保养时间为工作时间的 20%，求该物流配送中心应购买几台该型号叉车？

解：（1）每天的总作业量为

$$Q=48\,000\div30=1\,600\,（t）$$

（2）一台叉车每天的作业量为

$$50\times8\times(1-20\%)=320\,（t）$$

（3）所需叉车数量为

$$1\,600\div320=5\,（台）$$

【例 7-2】在例 7-1 中，若每台该型号叉车市场售价为 5 万元，且该物流配送中心目前购买设备的可用资金只有 20 万元的话（含各种途径借款所得），若采用加班的方式如何保证每天的作业量需求？

解：（1）可购买叉车数量为

$$M=20÷5=4（台）$$

（2）每小时的总作业量为

$$50×4=200（t）$$

（3）所需有效工作时间为

$$1\ 600÷200=8（h）$$

（4）所需工作时间为

$$8÷(1-20\%)=10（h）$$

因此，为了保证每日的作业量，需要叉车运行 10h，即加班 2h。

7.3.3 巷道堆垛机

巷道堆垛机的主要用途是在高层货架的巷道内来回穿梭运行，将位于巷道口的货物存入货格，或者取出货格内的货物运送到巷道口。巷道堆垛机如图 7-34 所示。

巷道堆垛机具有以下特点。

（1）电气控制方式包括手动、半自动、单机自动及计算机控制。

（2）大多数巷道堆垛机采用变频调速、光电认址，调速性能好、停车准确度高。

（3）采用安全滑触式输电装置，保证供电可靠。

（4）运用过载松绳、断绳保护装置确保工作安全。

（5）巷道堆垛机的机架重量轻，抗弯、抗扭刚度高，起升导轨精度高，耐磨性好，可精确调位。

（6）可伸缩式货叉减小了对巷道的宽度要求，提高了物流配送中心的空间利用率。

巷道堆垛机的类型、特点和适用范围如表 7-1 所示。

图 7-34 巷道堆垛机

表 7-1 巷道堆垛机的类型、特点和适用范围

项目	类 型	特 点	适用范围
按结构分类	单立柱型巷道堆垛机	（1）机架结构是由一根立柱、上横梁和下横梁组成的一个工字形框架； （2）结构刚度比双立柱差	适用于起重量在 2t 以下，起升高度在 16m 以下的自动化立体仓库

续表

项目	类型	特点	适用范围
按支撑方式分类	双立柱型巷道堆垛机	（1）机架结构是由两根立柱、上横梁和下横梁组成的一个矩形框架； （2）结构刚度较好； （3）重量比单立柱型巷道堆垛机大	（1）适用于各种起升高度的自动化立体仓库； （2）一般起重量可达 5t，必要时还可以更大； （3）可用于高速运行
	地面支承型巷道堆垛机	（1）支承在地面铺设的轨道上，用下部的车轮支承和驱动； （2）上部导轮用来防止堆垛机倾倒； （3）机械装置集中布置在下横梁，易保养和维修	（1）适用于各种高度的自动化立体仓库； （2）适用于起重量较大的自动化立体仓库
	悬挂型巷道堆垛机	（1）在悬挂于自动化立体仓库屋架下弦装设的轨道下翼沿上运行； （2）在货架下部两侧铺设下部导轨，防止堆垛机摆动； （3）便于转巷道	（1）适用于起重量和起升高度较小的小型自动化立体仓库； （2）使用较少
	货架支承型巷道堆垛机	（1）支承在货架顶部铺设的轨道上； （2）在货架下部两侧铺设下部导轨，防止堆垛机摆动； （3）货架应具有较大的强度和刚度	（1）适用于起重量和起升高度较小的小型自动化立体仓库； （2）使用较少
按用途分类	单元型巷道堆垛机	（1）以托盘单元或货箱单元进行出入库作业； （2）自动控制时，堆垛机上无驾驶员	（1）适用于各种控制方式； （2）可用于"物至人前"拣选作业
	拣选型巷道堆垛机	（1）在堆垛机上的操作人员从货架内的托盘单元或货物单元中取少量货物，进行出库作业； （2）堆垛机上设置司机室	（1）一般为手动或半自动控制； （2）可用于"人至物前"拣选作业

7-14 拓展视频

7.3.4 自动导引车

根据《物流术语》(GB/T 18354—2021) 的规定，自动导引车（Automatic Guided Vehicle，AGV）是指在车体上装备有电磁学或光学等导引装置、计算机装置、安全保护装置，能够沿设定的路径自动行驶，具有物品移载功能的搬运车辆，如图 7-35 所示。

图 7-35　自动导引搬运车

AGV 控制系统是一套复杂的系统，加之不同项目对系统的要求不同，更增加了系统的复杂性。通常，AGV 控制系统分为地面控制系统、车载控制系统及导航/导引系统。地面控制系统即 AGV 上位控制系统，是 AGV 控制系统的核心，主要功能是对系统中的多台 AGV 单机进行任务分配、车辆调度、路线管理、交通管理、通信管理、自动充电等。车载控制系统即 AGV 单机控制系统，在收到 AGV 上位控制系统的指令后，负责 AGV 单机的导航计算、导引实现、路线选择、车辆驱动、装卸操作等作业。导航/导引系统为 AGV 单机控制系统提供绝对或相对位置及航向。常用的导航/导引技术包括：直接坐标导引、电磁导引、磁带导引、光学导引、激光导引、惯性导航、视觉导航、GPS 导航等。

与其他装卸搬运设备相比，AGV 的活动区域无须铺设轨道、支座架等固定装置，不受场地、道路和空间的限制，具有导向柔性、可控性强、空间利用率高、安全性好等优势，可实现智能路线规划和多机调度。因此，在自动化物流系统中，最能充分体现 AGV 的自动性和柔性。

资料卡

2017 年 8 月 2 日，菜鸟网络对外宣布，由菜鸟网络打造的中国最大的机器人仓库日前已经在广东惠阳投入使用。

这个机器人仓库占地 3 000m²，库内有上百台 AGV 移动机器人从容有序地"工作"，它们既相互协作执行同一个订单的拣货任务，又能独自执行不同订单的拣货任务。与以往一些智慧仓库只有几十台搬货机器人不同的是，这个仓库内有上百台机器人，它们既协同合作又要独立运行，代表着中国机器人仓库的最高水平，助力天猫超市高效完成商品的送达。

根据机器人制造商快仓的说法，AGV 移动机器人 7 月开始在仓库工作，帮助仓库将拣选量提高了 3 倍。这些机器人名叫朱雀，是中国神话中的精灵。

仓库内的 AGV 移动机器人接到指令后，会自行到存放相应商品的货架下，将货架顶起，随后将货架拉到拣货员跟前。完成拣货之后，AGV 移动机器人再将货架拖到货架区存放。

菜鸟负责人介绍说，货架的位置会根据订单动态调整，调动机器人就近调配，最大限度地保证了仓库内的运作效率。

资料来源：https://www.sohu.com/a/162172086_562020[2023-3-24]

资料卡

京东物流在 2022 年中国国际服务贸易交易会展示了自主研发的第五代智能快递车，最大可载重 200kg，可续航 100km，集成了高精地图生产、融合感知、行为预测、仿真、智能网联等 10 大核心技术，可以实现 L4 级别自动驾驶，提供物流"最后一公里"的基础运力服务。作为将自动驾驶应用到物流配送实际场景中的企业，京东物流目前已在北京、天津、常熟等全国超 25 个城市常态化运营 400 余辆智能快递车。

资料来源：https://mp.weixin.qq.com/s/o-DsVgdZMn43CSOnY_s81A[2023-3-24]

7.4 输送设备的选用

根据《物流术语》（GB/T 18354—2021）的规定，输送机是指按照规定路线连续地或间歇地运送散状物品或成件物品的搬运机械。输送设备是物流配送中心必不可少的重要搬运设备。按动力源划分，输送设备可分为重力式输送设备和动力式输送设备两种。重力式输送设备就是利用输送物品本身的重量为动力，在倾斜的输送设备上由上往下滑动。动力式输送设备就是以电动机为动力的输送设备。下面对物流配送中心使用的主要输送设备进行介绍。

7.4.1 带式输送机

带式输送机是一种摩擦驱动、以连续方式运输物料的机械，主要由机架、输送带、托辊、滚筒、张紧装置、传动装置等组成，如图 7-36 所示。带式输送机除了进行纯粹的物料输送，还可以与各工业企业生产流程中的工艺过程相配合，形成有节奏的流水作业运输线。带式输送机可分为普通带式输送机、钢绳芯带式输送机和钢绳牵引带式输送机。

特点：输送量大、结构简单、维修方便、成本低、通用性强、使用方便等。

适用范围：碎散物料的输送，成件物品的输送；水平输送或倾斜输送；冶金、煤炭、交通、水电、化工、建材、电力、轻工、粮食、港口、船舶等部门，如矿山的井下巷道、矿井地面运输系统、露天采矿场及选矿厂。

7.4.2 辊子输送机

辊子输送机是指利用架设在由若干个直线或曲线分段拼接成的固定支架上的间距均匀的众多辊子进行成件物品输送的机械，如图 7-37 所示。辊子输送机可以单独使用，也可在流水线上与其他输送机或工作机械配合使用。辊子输送机按布置形式进行分类，可分为水平输送辊子输送机、倾斜输送辊子输送机和转弯输送辊子输送机三类。

辊子输送机可以实现直线、曲线、水平、倾斜运行，并能完成分流、合流等要求。

特点：结构简单、工作可靠、安装拆卸方便、易于维修、线路布置灵活等。

适用范围：各类箱、包、托盘等件货的输送；散料、小件物品或不规则的物品需放在托盘上或周转箱内输送；单件重量很大的物料的输送。

物流配送中心的设备选用 第 7 章

图 7-36 带式输送机

图 7-37 辊子输送机

7.4.3 链式输送机

7-17
拓展视频

链式输送机是利用链条牵引、承载，或由链条上安装的板条、金属网带、辊道等承载货物的输送机，如图 7-38 所示。链式输送机常与其他输送机、升降装置等组成各种功能的生产线。根据链条上安装的承载面的不同，可分为链条式、链板式、链网式、板条式、链斗式、托盘式或台车式等不同链式输送机。

图 7-38 链式输送机

特点：输送能力大、能耗低、安全性高、使用寿命长、工艺布置灵活、费用低、维修少等。

适用范围：罐头、药品、饮料、化妆品、洗涤用品、纸制品、调味品、乳业及烟草等行业。

7.4.4 斗式提升机

7-18
拓展视频

斗式提升机是指在带或链等挠性牵引构件上均匀地安装一系列的料斗，竖向提升物料的连续输送机械，主要由料斗、驱动装置、顶部和底部滚筒（或链轮）、胶带（或牵引链条）、张紧装置和机壳等组成，如图 7-39 所示。斗式提升机可分为环链斗式提升机、板链斗式提升机和皮带斗式提升机三类。

特点：提升范围大、无效功率少、可靠性高、使用寿命长等。

适用范围：食品、医药、化学工业品、螺钉、螺母等物品的提升上料。

7-19
拓展视频

7.4.5 螺旋输送机

螺旋输送机是一种利用电动机带动螺旋叶片回转，推动物料以实现输送的机械，如图7-40所示。

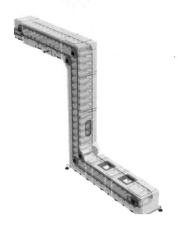

图7-39 斗式提升机　　　　　图7-40 螺旋输送机

特点：性能好、运行平稳可靠；可多点装料和卸料，操作安全，维修简便；防尘、耐高温、故障率低。

适用范围：水平或倾斜输送粉状、粒状和小块状物料，如煤矿、灰、渣、水泥、粮食等；建材、化工、电力、冶金、煤矿、粮食等行业。

7.5　分拣设备的选用

随着消费需求的多元化，物品品种的多样化，多品种、多批次的物品分拣作业得到了迅速发展。按分拣的手段和发展历程，分拣可以分为人工分拣、机械分拣和自动分拣三类。自动分拣系统是目前广泛应用的拣选系统，一般由输送装置、控制装置、分拣道口、分拣装置和计算机控制系统组成。

输送装置的主要组成部分是传送带或输送机，其主要作用是使待分拣物品通过控制装置、分类装置；在输送装置的两侧一般要连接若干分拣道口，使分好类的物品滑下主输送机（或主传送带）以便进行后续作业。

控制装置的作用是识别、接收和处理分拣信号，根据分拣信号的要求指示分类装置按物品品种、送达地点或按货主的类别对物品进行自动分类。分拣信号可以通过不同方式，如条码扫描、键盘输入、重量检测、语音识别、高度检测及形状识别等，输入自动分拣系统。自动分拣系统对这些分拣信号进行判断，来决定某一种物品应进入哪一个分拣道口。

分拣道口是已分拣物品脱离主输送机（或主传送带）进入集货作业区域的通道，一般由钢带、皮带、滚筒等组成滑道，使物品从主输送装置滑向集货站台，由工作人员将该分拣道口的所有物品集中后或入库储存，或组配装车并进行配送作业。

分拣装置的作用是根据控制装置发出的分拣指示，当具有相同分拣信号的物品经过该装置时，该装置动作，使物品改变在输送装置上的运行方向进入其他输送机或进入分拣道口。

以上 4 部分装置通过计算机网络和计算机控制系统联结在一起，配合人工控制及相应的人工处理环节构成一个完整的自动分拣系统。

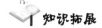

自动分拣系统的使用条件

自动分拣系统是先进物流配送中心所必需的设备之一，具有很高的分拣效率，通常每小时可分拣物品 6 000～12 000 箱。可以说，自动分拣系统是提高物流配送效率的一项关键因素。

在引进和建设自动分拣系统时一定要考虑以下因素。

1. 一次性投资巨大

自动分拣系统本身需要建短则 40～50m，长则 150～200m 的输送装置，还有配套的机电一体化控制系统、计算机网络及通信系统等。这一系统不仅占地面积大，动辄 20 000m^2 以上，而且都建在自动化主体仓库中，这样就要建 3～4 层楼高的立体仓库；库内需要配备各种自动化的搬运设备，其投资不低于建立一个现代化工厂所需要的硬件投资。这种巨额的先期投入需要 10～20 年才能收回，因此需要有可靠的货源做保证。

2. 对物品外包装要求高

自动分拣系统只适用于分拣底部平坦且具有刚性的包装规则的物品。袋装物品、包装底部柔软且凹凸不平、包装易变形和破损，以及超长、超薄、超重、超高、不能倾覆的物品不能使用普通的自动分拣系统进行分拣。为了使大部分物品都能用机械进行自动分拣，可以采取两种措施：一是推行标准化包装，使大部分物品的包装符合国家标准；二是根据所分拣的大部分物品的统一包装特性定制特定的分拣系统。但要让所有物品的供应商都执行国家的包装标准是很困难的，定制特定的分拣系统又会使硬件成本上升。因此，要根据经营物品的包装情况来确定是否建或建什么样的自动分拣系统。

分拣设备主要有滑块式分拣机、交叉带式分拣机、斜导轮式分拣机、摆臂式分拣机、翻盘式分拣机和基于智能分拣机器人的自动分拣系统等。

7.5.1 滑块式分拣机

滑块式分拣机的表面由多个金属条板构成，每个条板上有一枚用硬质材料制成的导向滑块，通过计算机控制，滑块能沿条板有序地自动向输送机的对面一侧滑动，因而物品就能被引出主输送机，如图 7-41 所示。滑块式分拣机是将物品侧向逐渐推出，并不冲击物品，故物品不易损伤。滑块式分拣机适用范围广，可适用于不同大小、重量、形状物品的快速分拣。

图 7-41　滑块式分拣机

7.5.2 交叉带式分拣机

交叉带式分拣机由主驱动带式输送机和载有小型带式输送机的台车构成，当物品输送到所规定的分拣位置时，台车上的小型带式输送机的皮带转动，将物品强制卸落到左侧或右侧的格口中；因主驱动带式输送机与台车上的小型带式输送机呈交叉状，故将其称为交叉带式分拣机，如图 7-42 所示。交叉带式分拣机技术性能优越、机型及布局形式丰富多样。其中，环形布局的交叉带式分拣机在生产实际中应用较广，绝大多数物品可实现一次分拣到位。交叉带式分拣机适合纸板箱、小型包裹、带衬垫信封、食品、化妆品、多媒体产品、服装等物品的快速分拣。

图 7-42 交叉带式分拣机

7.5.3 斜导轮式分拣机

斜导轮式分拣机主要是利用斜导轮的导向作用进行物品分拣；斜导轮可以在输送设备上进行上下浮动，实现与分拣物品的接触与分离，当物品到达预定的分拣位置时，斜导轮浮起与物品接触，改变物品的移动方向，实现物品分拣，如图 7-43 所示。斜导轮式分拣机对物品冲击力小、分拣轻柔、分拣快速准确。斜导轮式分拣机可广泛用于具有硬平底面的各类物品的快速分拣。

7.5.4 摆臂式分拣机

摆臂式分拣机的核心结构是在主输送机侧边安装"摆臂"，当物品在主输送机上运行至目标格口后，系统执行"摆臂"动作，将物品推下格口，完成分拣，如图 7-44 所示。摆臂一般安装在主输送机的一侧，不与主输送机的上平面接触，即使在分拣时也只接触物品而不触及主输送机的输送表面，因此它对大多数形式的输送机都适用。摆臂式分拣机按结构分为板式摆臂分拣机、带式摆臂分拣机。板式摆臂分拣机通过直板摆臂的摆动将拟分拣物品送到格口滑槽即可完成分拣。带式摆臂分拣机在摆臂上增加了一台小型皮带机，在摆臂摆动时，皮带机会运行以辅助推动物品的分拣。摆臂式分拣机适用于纸箱/塑料箱等底面平整的物品，质量较轻的软包装及不规则包装物品中高速分拣。

图 7-43 斜导轮式分拣机

图 7-44 摆臂式分拣机

7.5.5 翻盘式分拣机

翻盘式分拣机是由托盘、倾翻装置、底部框架等组成的，利用托盘倾翻的方式进行物品分拣的，如图 7-45 所示。托盘倾翻方式分为机械结构倾翻和电动机驱动结构倾翻两种。翻盘式分拣机具有结构简单、可靠耐用、易维修保养等特点。翻盘式分拣机适用于大批量物品的分拣，如报纸捆、米袋等。

7.5.6 基于智能分拣机器人的自动分拣系统

基于智能分拣机器人的自动分拣系统一般是由输送装置、物品放置装置、智能分拣机器人以及智能控制系统等构成的，如图 7-46 所示。基于智能分拣机器人的自动分拣系统具有分拣速度快、分拣准确率高、智能化程度高等特点。基于智能分拣机器人的自动分拣系统广泛应用于电商、快递等领域。

7-23 拓展视频

图 7-45 翻盘式分拣机

图 7-46 基于智能分拣机器人的自动分拣系统

知识拓展

不同企业的分拣设备应用实践

分拣人员一天弯腰次数在 3000 次左右，由于体能消耗较大，一般工作 4 小时后效率便直线下降。为解决这一运作痛点，京东物流、苏宁物流尝试应用外骨骼机器人，用于辅助分拣搬运，将员工的高效工作延长至 8 小时以上，提高了产出效率。

申通逐步在浙江义乌、山东临沂、河南郑州等地推行包含分拣机器人、自动化扫描、自动化称重、自动化计包等在内的自动化分拣设备。无论是EMS、京东、还是申通，纷纷使用基于智能分拣机器人的自动分拣系统进行快件分拣。顶部装有自动翻转托盘的分拣机器人，采用相机+二维码进行精确定位，由分拣机器人调度系统进行指挥，依靠智能算法进行避障，将快件准确投放到对应位置，有条不紊地对快件进行分拣作业。

资料改编自：陈晓曦, 2020. 数智物流: 5G供应链重构的关键技术及案例[M]. 北京：中国经济出版社.
魏学将，王猛，张庆英, 2020. 智慧物流概论[M]. 北京：机械工业出版社.

7.6 其他类型设备的选用

7.6.1 流通加工设备

流通加工设备根据其实现的功能不同，可分为包装设备、计量设备、分割设备、组装设备、冷冻设备、精加工设备等。

其中，包装设备有填充机、装箱机、液体灌装机、裹包机、拆箱机、封口机、装盒机等。常见的包装设备如图7-47至图7-49所示。

图7-47 填充机

图7-48 全自动装箱机

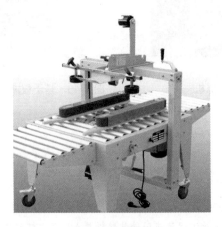

图7-49 拆箱机

知识拓展

全链路智能包装系统

2019年6月26日,京东物流宣布,京东依托智能耗材系统——"精卫推荐",包括磁悬浮打包机、气泡膜打包机、枕式打包机、对折膜打包机等18种智能设备,实现了针对气泡膜、对折膜、纸箱等各种包装材料的统筹规划和合理使用,形成了软件硬件一体化的智能打包系统的解决方案。以目前的应用规模、处理场景来看,"精卫推荐"在国内电商行业中尚属首例。

智能包装系统是京东物流自主打造的,集软件硬件于一体,覆盖几乎所有品类,提供360°全场景、全链路、闭环式的物流业解决方案,是继竖亥、外骨骼机器人、IoT分拣等系统之后的又一次创新成果。智能包装机能够严格地执行"精卫推荐"发出的耗材使用指令。

"精卫推荐"是京东物流在包装耗材推荐方面的一项创新,可以根据不同订单类型自动计算与商品最匹配的耗材及型号,确保纸箱、手提袋的精确使用。数据显示,2019年3月,北京某3C仓库,通过"精卫推荐"进行的耗材推荐准确率在96.5%以上,切实实现了包装材料的降本增效。

资料来源:https://www.sohu.com/a/323273461_343156[2023-3-24]

7.6.2 DWS系统

DWS(Dimension Weight Scanning,体积、称重、扫码)系统是一种对物品进行体积测量、称重、条码扫描的全流程一站式服务智能设备。一个完整的DWS系统是由数据采集系统(软件)、体积重量条码采集头(硬件)、输送设备及控制综合集成的一个系统。DWS广泛应用于快递、物流、电商、航空、食品、医药等行业的物流配送中心。DWS系统如图7-50所示。

图7-50 DWS系统

7.6.3 集装单元器具

集装单元器具是指承载物品的一种载体,可把各种物品组成一个便于储运的基础单元。集装单元器具包括托盘、集装箱、集装袋、周转箱等。集装箱如图7-51所示。

图 7-51 集装箱

集装单元化是以集装单元为基础,组织装卸、搬运、储存、运输等物流作业的方式。集装单元化是物流现代化的标志。集装单元化的实质就是要形成集装单元化系统。集装单元化系统是由货物、集装单元器具、装卸搬运设备和输送设备等组成的,是高效、快速地进行物流服务的系统。

集装单元化技术是适合于机械化大生产,便于采用自动化管理的一种现代科学技术。它是随着物流管理技术的发展而发展起来的。采用集装单元化技术后,可使物流费用大幅度降低,同时可使传统的包装方法和装卸搬运工具发生了根本变革。在推广应用集装单元化技术的过程中必须注意以下 3 个问题。

(1) 要注意集装单元化系统中必须具有配套的装卸搬运设备和运送设备。

(2) 要注意集装箱和托盘等集装单元器具的合理流向及回程货物的合理组织。

(3) 要注意实行集装单元器具的标准化、系列化和通用化。

7.6.4　站台登车桥

由于进出货平台(也称收发站台)的高度固定,而来往运输车辆的车厢高度不一,运输车辆与进出货平台之间总是会形成一定的高度落差或间隙,造成叉车不能进出运输车辆,因此物流配送中心的进出货平台需要设置站台登车桥配合作业,同时运输车辆也需要固定防撞装置。物流配送中心进出货平台的主要辅助设备示意图如图 7-52 所示。

7-24
拓展视频

站台登车桥(也称进出货平台高度调节板或升降平台)提供可靠的连接,使叉车能够安全、快速地进出运输车辆内部进行装卸货作业。

站台登车桥的长度直接影响使用过程中升降板的坡度,这一坡度要小于装卸设备能达到的最大爬坡坡度。站台登车桥所需的长度由进出货平台和运输车辆车厢底板之间的最大高度差决定。

站台登车桥的宽度有 1.8m、1.95m 和 2.1m 三种,最常用的是 1.8m,它适用于大多数托盘货物运输车辆的装卸货作业。

站台登车桥前端有一个登车桥活页搭板,当运输车辆靠泊时,它必须伸进运输车辆内部足够的长度,以保证提供牢固可靠的支撑。大多数情况下,登车桥活页搭板需要伸出防撞胶外 30cm。

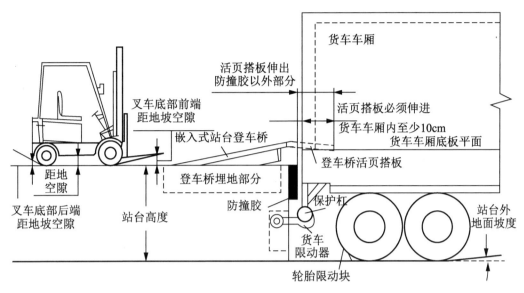

图 7-52　物流配送中心进出货平台的主要辅助设备示意图

站台竖直边上还要设置运输车辆限动器。在运输车辆靠泊站台后，限动器与运输车辆尾部的保护杠钩在一起，以保证在装卸货作业过程中，运输车辆不会发生意外离开站台。尤其是叉车驶入车厢内部时，由于有冲击力，若运输车辆意外前移，站台又高的话，会造成车毁人亡的严重事故。因此在进出货平台设计时，要考虑是否设置运输车辆限动器或采用简单的轮胎限动块。

站台登车桥分为嵌入式登车桥、台边式登车桥和移动式登车桥等三种类型。

1. 嵌入式登车桥

嵌入式登车桥是指嵌入进出货平台中的登车桥，如图 7-53 所示。安装好的登车桥主板面与进出货平台的上平面呈水平，完全与平台融合；在不进行装卸货作业时，不会影响到平台上的其他作业任务。该类型登车桥的应用最为广泛，也是相对最为快捷的一种登车辅助设备。它的设计通常在建筑物结构设计时已规划在内。嵌入式登车桥调节范围大，承载能力强，使用寿命长，升降板长度为 1.8～3.6m，调节的范围为站台水平面以上 30～45cm。

图 7-53　嵌入式登车桥

2. 台边式登车桥

台边式登车桥直接安装于进出货平台前端的边沿位置，无须在进出货平台上开挖或预留坑位，对建筑结构基本无改动，如图 7-54 所示。若在建筑施工时没有考虑登车装卸作业因素，台边式登车桥可作为一种补救方案，同样能够达到驶入运输车辆车厢进行装卸货作业的要求。台边式登车桥根据不同现场情况设计有多种结构形式，可以在一定范围内向上（站台以上）或是向下（站台以下）调节，能够满足大多数进出货平台的安装使用。

3. 移动式登车桥

移动式登车桥（也称地面登车桥）相当于一个移动的、可调节自身高度的钢结构斜坡，手动操作液压杆可轻松实现登车桥的坡度调整，达到灵活地搭接不同高度的运输车辆车厢，叉车同样能直接驶入运输车辆车厢内部进行装卸货作业，如图 7-55 所示。该类型登车桥主要用于现场无进出货平台或需要流动装卸货物的作业场所。如果现场没有既定的进出货平台，作为补救措施，移动式登车桥是非常适用的解决方案。

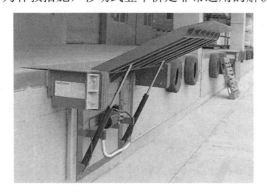

图 7-54 台边式登车桥

图 7-55 移动式登车桥

7.6.5 无人机

无人机（Unmanned Aerial Vehicle）是利用无线电遥控设备和自备的程序控制装置操纵的不载人飞行器，是无人驾驶飞行器的简称。目前在物流领域，无人机在末端"最后一公里"配送环节应用最广。无人机如图 7-56 所示。

图 7-56 无人机

京东、顺丰、苏宁、饿了么等已经应用无人机配送，无人机配送作为现有配送方式的一种有益补充。

 知识拓展

顺丰无人机

基于解决各种特殊场景（特色经济、医疗冷链、应急配送、特种物流等）下物流运输的末端配送问题，顺丰已成功研发出满足不同运营需求的多款机型和相关配套软硬件，包括多旋翼无人机、垂直起降固定翼无人机、运营管控系统、通信系统、无人机快递接驳柜等。顺丰无人机于2018年3月27日获得国内首张无人机航空运营许可证，致力于为跋山涉水、陆路交通不便的广大偏远地区提供高质量的物流配送服务，为特定行业提供通用或定制化的无人机产品和综合解决方案。

7-25
拓展视频

资料来源：https://www.sf-tech.com.cn/product/uav[2023-3-24]

本 章 小 结

物流设备的选用是物流配送中心规划与设计的重要内容，正确选择与配置物流设备，可以使有限的投资发挥最大的效益。因此，本章主要从物流设备的选用原则、储存设备的选用、装卸搬运设备的选用、输送设备的选用、分拣设备的选用、其他类型设备的选用等方面展开介绍，以便为物流配送中心选用各种类型物流设备提供科学依据。

首先，从整体视角提炼物流设备选用的具体原则，即系统化原则、适用性原则、技术先进性原则、经济合理性原则、可靠性原则、安全性原则、一机多用原则等七个原则。其次，针对储存设备、装卸搬运设备、输送设备、分拣设备、其他类型设备等不同类型的物流设备，分别从设备类型、含义、结构、特点、适用场景等不同视角详细地展开介绍；通过对物流设备所进行的详细剖析，使规划与设计人员能够针对物流配送中心规划与设计的实际需求，在物流设备选用决策中正确选择和配置各类物流设备。在储存设备的选用中，详细介绍了选用托盘和货架等内容。在装卸搬运设备选用中，详细介绍了选用手推车、叉车、巷道堆垛机、自动导引车等内容。在输送设备选用中，详细介绍了选用带式输送机、辊子输送机、链式输送机、斗式提升机、螺旋输送机等内容。在分拣设备选用中，详细介绍了选用滑块式分拣机、交叉带式分拣机、斜导轮式分拣机、摆臂式分拣机、翻盘式分拣机和基于智能分拣机器人的自动分拣系统等内容。在其他类型设备的选用中，主要聚焦于选用流通加工设备、DWS系统、集装单元器具、站台登车桥、无人机等内容。同时，本章提供了大量物流设备选用的典型案例，供规划与设计人员在物流设备选用决策时参考。

 关键术语

储存设备	托盘	货架	横梁式货架
重力式货架	穿梭式货架	旋转式货架	无人仓
装卸搬运设备	叉车	巷道堆垛机	自动导引车

输送设备　　　　　分拣设备　　　　　　自动分拣系统　　　　流通加工设备
无人机　　　　　　集装单元化技术

习　题

1. 选择题

（1）物流设备选用原则包括（　　）。
　　A．系统化原则　　　　　　B．适用性原则
　　C．经济合理性原则　　　　D．超前性原则

（2）托盘中使用量最大的是（　　）。
　　A．平托盘　　　　　　　　B．箱式托盘
　　C．柱式托盘　　　　　　　D．轮式托盘

（3）可以实现货物"先入先出"的货架是（　　）。
　　A．阁楼式货架　　　　　　B．旋转式货架
　　C．悬臂式货架　　　　　　D．重力式货架

（4）物流配送中心内部常用的叉车类型包括（　　）。
　　A．内燃叉车　　　　　　　B．电动叉车
　　C．集装箱叉车　　　　　　D．拣选式叉车

（5）输送设备的类型包括（　　）。
　　A．带式输送机　　　　　　B．辊子输送机
　　C．链式输送机　　　　　　D．螺旋输送机

（6）不能用于输送颗粒状货物的设备包括（　　）。
　　A．带式输送机　　　　　　B．辊子输送机
　　C．斗式提升机　　　　　　D．螺旋输送机

（7）自动分拣系统包括（　　）。
　　A．输送装置　　　　　　　B．分拣装置
　　C．分拣道口　　　　　　　D．控制装置和计算机控制系统

（8）站台登车桥的类型包括（　　）。
　　A．嵌入式登车桥　　　　　B．台边式登车桥
　　C．固定式登车桥　　　　　D．移动式登车桥

2. 简答题

（1）平托盘是如何进行分类的？
（2）贯通式货架的特点和适用范围是什么？
（3）叉车是如何进行分类的？
（4）巷道堆垛机的特点是什么？
（5）分拣设备是如何进行分类的？

3. 判断题

（1）配置和选择一机多用的物流设备，可以实现一机同时适应多种作业环境的连续作业。（　　）

（2）按叉车叉入方式进行分类，叉车主要包括单向叉入型叉车、双向叉入型叉车、四向叉入型叉车等。（　　）

（3）用托盘装载货物，当各个托盘装载不同货物时，可以堆垛，以提高库容率。（　　）

（4）与搬运设备相比，输送设备的能耗、运行成本高，但制造、维修成本低。（　　）

（5）自动化立体仓库是由高层货架、巷道堆垛机、入出库输送机系统、自动化控制系统、计算机仓库管理系统及其周边设备组成的。（　　）

（6）集装单元器具主要是指集装箱。（　　）

4. 计算题

某物流配送中心每月（按22天计）的装卸搬运作业量为35 200t，现欲购买某型号的叉车来作业，该叉车的生产定额为50t/（台·h），每天工作8h，每天等待保养的时间为工作时间20%。求该物流配送中心应购买几台该型号叉车？若每台该型号叉车市场售价为8万元，且公司目前购买设备的可用资金只有32万元（含各种途径借款所得），若采用加班的方式则如何保证每天的作业量需求？

5. 思考题

（1）在物流配送中心规划与设计时，主要考虑哪些典型设备，各类设备如何选用呢？
（2）列举物流配送中心常见的流通加工设备。
（3）为什么需要发展集装单元化技术？

 实际操作训练

实训项目7-1：某物流配送中心物流设备应用情况调研。
实训目的：了解物流配送中心物流设备的应用情况，分析物流设备的应用给企业带来的优势。
实训内容：调研当地的一家物流配送中心，了解该物流配送中心物流设备的应用情况。
实训要求：首先，学生以小组的方式开展工作，每5人一组；然后，各组成员自行联系，并调查当地的一家物流配送中心，了解该物流配送中心物流设备的应用情况，分析物流设备的应用给该物流配送中心带来的优势；最后形成一个完整的调研分析报告。

 案例分析

京东全流程无人仓中的物流设备

京东全流程无人仓坐落在上海市嘉定区，属于京东上海亚洲一号整体规划中的第三期项目，建筑面积40 000平方米，主体由收货、储存、订单拣选、包装等四个作业系统构成。

在货物入库、打包等环节，京东无人仓配备了3种不同型号的六轴机械臂6-AXIS，应用于入库装箱、拣货、混合码垛、供包等4个场景。

储存系统由8组穿梭车立体仓库系统组成，可同时储存商品6万箱。其中，SHUTTLE穿梭车在货架间的速度可达到6m/s，每小时可以处理商品高达1 600箱。

在分拣场内，京东引进了3种不同型号的智能搬运机器人执行任务，即智能分拣机器人、滚筒式智能搬运机器人、履带式智能搬运机器人。

在京东无人仓的整个流程中，应用了多种不同功能和特性的机器人，而这些机器人不仅能够依据系统指令处理订单，还可以完成自动避让、路径优化等工作。在无人仓中，京东分别使用了2D视觉识别、3D视觉识别，以及由视觉技术与红外测距组成的2.5D视觉技术，为这些智能机器人安装了"眼睛"，实现了机器与环境的主动交互。

京东无人仓集成了视觉验收、自动码垛、自动分拣、耗材智能算法推荐等领先技术。

问题：
（1）京东全流程无人仓使用了哪些物流设备？
（2）支撑京东全流程无人仓的关键技术有哪些？
（3）京东全流程无人仓中的储存系统使用的物流设备具有哪些特征？
（4）京东全流程无人仓为电商、快递领域的物流设备带来了哪些变革？

第8章 物流配送中心管理信息系统规划与设计

【本章教学要点】

知识要点	掌握程度	相关知识
物流配送中心管理信息系统概述	掌握	物流配送中心管理信息系统的含义、信息分类、功能
物流配送中心管理信息系统设计与开发	掌握	系统设计目的和结构层次,系统设计原则,系统设计的影响因素,系统体系结构,系统开发步骤
物流配送中心管理信息系统的模块设计及其描述	重点掌握	物流配送中心管理信息系统的功能结构和联系,各子系统的功能描述
物流配送中心管理信息系统的基础技术	了解	电子自动订货系统,条形码技术,无线射频识别技术,电子数据交换技术,物流信息追踪技术,大数据技术,云计算技术,人工智能技术,区块链技术,物联网技术

【本章技能要点】

技能要点	掌握程度	应用方向
物流配送中心管理信息系统的分类	了解	在后续物流配送中心管理信息系统设计时,作为系统获取和处理各种信息的主要依据
物流配送中心管理信息系统开发步骤	掌握	在深入了解物流配送中心管理信息系统各开发阶段主要工作的基础上,利用各阶段的分析与设计方法和工具进行物流配送中心管理信息系统的开发
物流配送中心管理信息系统的功能模块设计及其描述	重点掌握	作为物流配送中心管理信息系统典型功能模块设计的主要参考标准
物流配送中心管理信息系统的基础技术	了解	针对物流配送中心的管理现状,分析物流配送中心管理信息系统可以采用的关键技术

城市末端全链协同的快件物流资源共享服务平台

1. 城市末端全链协同的快件物流资源共享服务平台架构

快件物流资源共享体系具有参与主体多样化、功能板块丰富的特征，同时又要体现技术应用和业务场景结合的紧密度，借助图谱技术形象地展示平台的共享生态关系，能够更直观地呈现全链协同的价值和业务流程。结合全链协同的快件物流共享的需求，开发面向共享经济的快件物流综合服务平台，为参与企业提供一个信息门户，在企业之间实现资源信息共享与调度运营。快件物流资源共享服务平台整体采用五层的架构，分别为应用层、网关层、服务层、中间件层、数据库层。

其中，应用层包括"易栋通"共配App、物流资源共享平台营运门户、自动化操作应用、物流资源共享平台官网门户、物流资源共享平台数据监控大屏和数据开放平台。

（1）"易栋通"共配App。服务于共享网点，面向网点操作业务员，达到操作一体化。在同一个操作App中，实现共享网点多个快递公司平台的核心的业务操作：下车操作、派件操作、发往操作、签收操作。从而使其达到不同快递公司平台业务员共享、操作应用共享的目标。

（2）物流资源共享平台营运门户：服务于加盟网点的营运管理，提供业务员管理、运力管理、操作数据管理、操作数据统计、财务结算、三段码管理等功能模块，同时集成对接第三方系统，作为统一营运门户。

（3）自动化操作应用。为了更高效地服务共享网点，实现不同快递公司平台自动化设备的整合以及操作一体化。

（4）物流资源共享平台官网门户。作为对外的官宣门户系统，物流资源共享平台官网门户包含核心产品系统的介绍、经典案例分析、新闻内容公告、合作加盟意向信息采集、商业模式/共享经济定价模型测算等。

（5）物流资源共享平台数据监控大屏。对不同共享网点的营运情况进行实时的数据监控，包括核心操作业务数据：下车操作量、派件操作量、发往操作量、签收操作量、签收率、业务员派件监控等。

（6）数据开放平台。物流资源共享平台对外信息对接平台，对接其他第三方应用模块，实现操作数据、业务数据的出口统一，并实现数据鉴权。同时，作为平台统一的数据入口，实现业务数据交互。

2. 城市末端全链协同的快件物流资源共享服务平台服务功能创新

面向共享经济的快件物流资源共享平台突破单一企业快件物流资源共享的局限，实现快件物流资源在多参与主体之间的全链条协同共享，有效解决快件物流资源碎片化、非集约化的问题。围绕快递企业、众包公司、快递用户等不同参与主体对数据存取、分析、展示的具体需求，形成能够有效支撑仓运转配、人车货场多场景、多资源共享服务的面向共享经济的快件物流综合服务平台。

资料来源：韩方方，吴卫华，颜晔栋，2021.城市末端全链协同的快件物流资源共享平台研究[J].物流技术与应用，26（5）:142-147.

思考题：

（1）城市末端全链协同的快件物流资源共享平台主要解决快件物流业的哪些问题？

（2）城市末端全链协同的快件物流资源共享平台的架构由几部分组成？

（3）物流资源共享平台官网门户的主要功能包括哪些？

（4）城市末端快件物流资源共享平台服务功能创新包括哪些内容？

（5）城市末端快件物流资源共享平台使用了管理信息系统的哪些基础技术？

本章主要对物流配送中心管理信息系统概述、物流配送中心管理信息系统设计与开发、物流配送中心管理信息系统的模块设计及其描述、物流配送中心管理信息系统的基础技术等内容进行详细介绍。

8.1 物流配送中心管理信息系统概述

1. 物流配送中心管理信息系统的含义

物流配送中心管理信息系统是一个充分利用计算机硬/软件、网络通信设备及其他外部设备，进行信息的采集、处理、分析、储存和传输，以提高物流配送中心的效益和效率为目的，并支持物流配送中心高层决策、中层控制和基层运作的集成化人机交互系统。

2. 物流配送中心管理信息系统的信息分类

信息是管理信息系统的处理对象，是管理信息系统得以运行的基础。物流配送中心管理信息系统的信息通常可以按信息领域、信息作用、信息加工程度和信息应用领域进行分类，如图8-1所示。

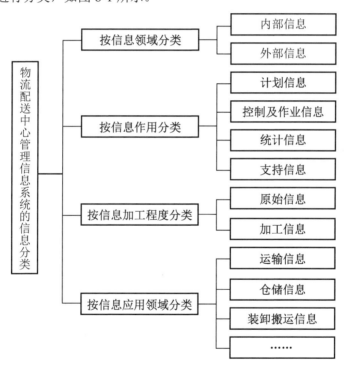

图 8-1 物流配送中心管理信息系统的信息分类

3. 物流配送中心管理信息系统的功能

由于物流配送中心的规模、设施条件、客户群体、服务功能等方面的差异，导致支持物流配送中心业务开展的管理信息系统的功能有所不同。通常，物流配送中心管理信息系统应该具备的典型功能包括入库管理功能、出库管理功能、库存管理功能、运输配送管理功能、运营绩效管理功能、财务管理功能、决策支持功能等。

8.2 物流配送中心管理信息系统设计与开发

信息化、自动化、智能化是物流配送中心的发展趋势，管理信息系统设计是物流配送中心规划的重要组成部分。物流配送中心管理信息系统的设计与开发，既要考虑满足物流配送中心内部作业的要求，以提高各个环节的作业效率；又要考虑与外部管理信息系统的对接，以便及时获取和处理各类经营信息。

8.2.1 物流配送中心管理信息系统的设计目的和层次结构

1. 物流配送中心管理信息系统的设计目的

物流、商流、资金流和信息流是维系物流配送中心运作的"四流"。其中，物流、商流和资金流是以信息的方式"流动"于物流配送中心的，信息流则是物流配送中心运作顺畅的关键因素。物流配送中心管理信息系统就是以提高物流配送中心作业效率、保证信息传输的及时性与正确性，提高物品的流通效率，提升企业的竞争力为设计目的。物流配送中心管理信息系统的设计目的具体体现在以下几个方面。

（1）时间方面，如缩短采购时间、订单处理时间、配送时间等。

（2）成本方面，如提高货物周转率、降低信息传输成本、减少人员成本等。

（3）质量方面，如降低拣选错误率、减少配送错误率、降低信息输入的错误等。

（4）其他方面，如增加货物管控能力、扩大信息共享范围、提升企业形象等。

2. 物流配送中心管理信息系统的层次结构

按信息系统的作用与使用的目的不同，物流配送中心管理信息系统可分为业务操作层、管理控制层、分析决策层和战略规划层 4 个层次。一般来说，下层的信息处理量要大于上层的信息处理量，因而就形成了一个金字塔形的层次结构，如图 8-2 所示。

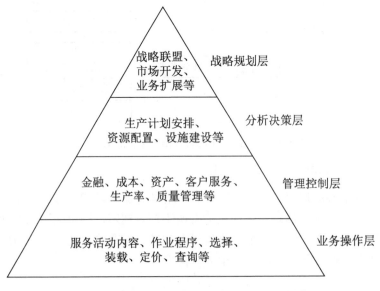

图 8-2 物流配送中心管理信息系统的层次结构

（1）业务操作层，主要包括日常经营和管理活动所必需的信息，一般来自具体的业务部门或操作现场，由基层管理者提供，供控制业务进度及调整作业计划时使用。

（2）管理控制层，主要包括管理人员进行经营与管理活动以及控制过程所需要的信息，其目的是使配送业务活动符合经营目标要求，并监督、控制各分目标的实现。

（3）分析决策层，该层的信息是经过加工、分析、提炼后，作为资源配置、设施建设等决策支持系统的基础数据。

（4）战略规划层，主要包括供企业管理决策层制订相关活动的目标、方针、计划和发展战略等使用的信息。

8.2.2 物流配送中心管理信息系统的设计原则

物流配送中心管理信息系统的设计必须遵循以下原则。

1. 领导参与原则

物流配送中心管理信息系统的设计与开发是一个政策性强、技术要求高、环境复杂的庞大的系统工程，它涉及物流配送中心日常管理工作的方方面面，所以高层领导出面组织力量、协调各方面的关系是系统成功设计与开发的首要条件。

2. 可用性原则

物流配送中心管理信息系统所储存的信息必须具有可用性，即管理信息系统应在第一时间向供应商和客户提供最新的信息，向信息需求方提供简易、快捷的信息获取方式，且不受时空限制。

3. 精确性原则

物流配送中心管理信息系统提供的信息不仅要精确地反映物流配送中心处理货物的当前状况，还要能衡量物流配送中心整体业务的运作水平。所谓精确性是指管理信息系统报告与实际业务运作状况的吻合程度。例如，平稳的物流作业要求实际的存货与物流配送中心管理信息系统报告的存货相吻合的精确度最好在99%以上。当实际存货和物流配送中心管理信息系统报告之间存在较低的一致性时，就有必要采取安全的方式来处理这种不确定性。

4. 及时性原则

物流配送中心管理信息系统必须提供及时、快速的信息反馈。及时性是指一种活动的发生与物流配送中心管理信息系统处理该活动之间的时间差。显然，实时更新或立即更新物流配送中心管理信息系统的存货状况更具有及时性。

5. 处理异常情况的能动性和主动性原则

物流配送中心管理信息系统应能针对异常情况及时做出预警，帮助物流配送中心的管理者识别需要引起注意的决策，使管理者能够把精力集中在最需要重点关注的问题上，或者能提供最佳机会来改善物流服务或降低物流成本。

6. 灵活性原则

物流配送中心管理信息系统必须有能力提供符合特定客户需求的数据，如有的客户需要把订货发票跨地域或跨部门界限进行汇总，有的客户需要每一种物品的发票，而有的客户需要所有物品的总发票。这就要求物流配送中心管理信息系统能够根据客户的不同需求提供定制功能，并具有持续不断的更新和升级能力。

7. 易操作性原则

物流配送中心管理信息系统必须易操作，提供的信息要有正确的结构和顺序，能有效地向管理人员和客户提供相关的信息。

8. 实用性和先进性相结合原则

在物流配送中心管理信息系统的设计与开发过程中既要避免低水平的重复，又要避免片面地追求实用价值不高的先进硬件设备。在物流配送中心管理信息系统的设计与开发过程中，始终要把实用性放在第一位，然后突出系统在技术和管理上的先进性。

8.2.3 物流配送中心管理信息系统设计的影响因素

不同类型的物流配送中心，其管理信息系统的功能和结构会有很大区别。影响物流配送中心管理信息系统设计的主要因素有物流配送中心的业务职能定位、所具备的功能与作业流程、组织结构及作业内容、作业管理制度等。其中，物流配送中心的业务职能定位直接影响着系统边界的划分；物流配送中心所具备的功能与作业流程对系统结构有重要的影响；物流配送中心组织结构与作业内容影响着系统模块的划分；物流配送中心的作业管理制度影响着系统的详细设计、分析方法及实用性。物流配送中心管理信息系统设计的影响因素如图8-3所示。

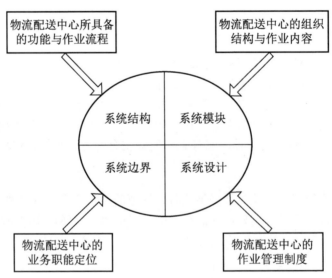

图8-3 物流配送中心管理信息系统设计的影响因素

1. 物流配送中心的业务职能定位

物流配送中心管理信息系统边界的划分确定了系统的服务范围、所覆盖的功能范围及接口边界。物流配送中心的业务职能定位不同，服务的流通渠道不同，则管理信息系统设计时的系统边界也会有所不同。例如，直销型物流配送中心在管理信息系统的设计上应注重销售、采购、库存、配送系统的一体化设计与开发。

小知识

所谓直销型物流是指直销企业在出售商品时,商品直接在供方与需方之间的实体流动。直销(Direct Marketing)是指以面对面且非定点的方式,销售商品和服务,又称门对门销售(Door to Door Selling)或人对人销售(People to People Selling)。直销是没有中间商的,直销者绕过传统批发商或零售商通路,直接从客户手中接收订单。

2. 物流配送中心所具备的功能与作业流程

不同类型的物流配送中心在流通渠道中所扮演的角色与定位不同,其具有的功能也不同。物流配送中心需要采用不同的作业环节及其组合实现不同的功能,所以,物流配送中心所提供的功能和相应的作业流程决定了物流配送中心管理信息系统的系统结构。

3. 物流配送中心的组织结构与作业内容

一个完整的物流配送中心管理信息系统必须覆盖物流配送中心的各项作业。因此,在进行系统设计时,可将作业内容相关性较大者或所需数据相关性较大者划分为同一个模块,以作为物流配送中心管理信息系统的基本组成模块。

4. 物流配送中心的作业管理制度

为顺利高效地完成物流配送中心的各项基本职能,其间各项作业活动的执行必须遵循一定的作业策略与管理制度,如服务策略、库存策略、仓储管理策略、人员与设备管理制度等。这些策略与制度的建立会成为物流配送中心管理信息系统详细设计时遵循的规则与约束。

8.2.4 系统体系结构

软件系统体系结构的发展大致经历了以下 3 个阶段:文件/服务器(F/S)体系结构、客户机/服务器(C/S)体系结构、浏览器/服务器(B/S)体系结构。当前,绝大多数管理信息系统均采用 C/S 体系结构或者 B/S 体系结构。下面,分别对 C/S 体系结构与 B/S 体系结构进行说明,并对物流配送中心管理信息系统的体系结构进行设计。

1. C/S 体系结构

C/S 体系结构是 20 世纪 80 年代开始使用的一种系统开发体系结构。在这种结构中,网络中的计算机分为两部分,即客户端和服务器端,如图 8-4 所示。

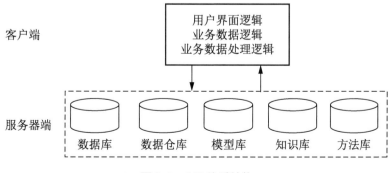

图 8-4 C/S 体系结构

1）C/S 体系结构的原理

（1）客户端。客户端一般是一台计算机，可以直接运行客户的需求，也可以通过网络向服务器输入信息或从服务器获取信息。

（2）服务器端。服务器端由数据库服务器来实现，其功能是提供数据库服务；服务器端在获取客户端的信息后，分析处理并存储，或向客户端提供应用软件、数据资料等服务，并执行客户端看不见的后台功能。

2）C/S 体系结构的优点

（1）客户端与数据库服务器直接相连，响应速度快。

（2）个性化程度较高，功能扩展不受网络制约，可满足个性化要求。

（3）C/S 体系结构的管理信息系统具有较强的事务处理能力，能实现复杂的业务流程。

（4）客户端承担部分数据计算，服务器端计算压力较小。

3）C/S 体系结构的缺点

（1）客户端需在每个终端安装，分布功能弱，不能实现快速部署。

（2）客户端兼容性差。

（3）开发及二次开发的成本较高，对开发人员的技术水平要求较高。

（4）只适合局域网的应用环境。

（5）系统的性能随客户的增加而下降。

2. B/S 体系结构

B/S 体系结构是将两层体系结构中的客户端分离为用户界面层和业务逻辑层，服务器端作为数据库访问层，即该结构中包括用户界面层、业务逻辑层和数据访问层，如图 8-5 所示。

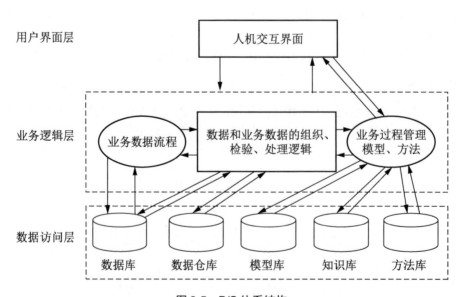

图 8-5　B/S 体系结构

1）B/S 体系结构的原理

（1）用户界面层。用户界面层是用户直接操作的界面，由界面外观、表单控件、框架及其他部分构成。用户界面层负责使用者和整个系统的交互。同时，用户界面层还负责用户录入数据的获得和校验，并传送给业务逻辑层。

（2）业务逻辑层。业务逻辑层是核心，负责处理用户界面层提交的请求，即按照业务逻辑提取、过滤和处理数据，并将处理完的数据包返回给用户界面层进行显示。

（3）数据访问层。数据访问层的结构是最复杂的，负责系统数据和信息的存储、检索、优化、自我故障诊断与恢复。它根据业务逻辑层的要求，从数据库中提取或修改数据。访问数据库是系统中最频繁、最消耗资源的操作，所以要优化对数据库的访问，提高系统的性能和可靠性。

2）B/S 体系结构的优点

（1）跨平台、分布性较强，对地域及操作系统的要求较低，可以随时、随地进行查询、浏览等业务处理。

（2）功能模块扩展方便，通过增加相应的网页模块即可增加服务功能。

（3）系统升级和维护简单方便，只需要升级和维护服务器端应用即可达到对全系统的升级和维护，提高了系统的运行维护效率。

（4）系统开发较简单，后期再次开发难度相对较低，源代码利用率较高，共享性强。

3）B/S 体系结构的缺点

（1）功能个性化不强，无法为不同用户定制具有个性化需求的功能。

（2）交互方式较单一，多数以鼠标为主，键盘快捷键利用率低。

（3）页面刷新速度受带宽、服务器响应时间限制，与服务器数据交互量大。

（4）数据计算多集中在服务器端，因此服务器端数据库访问压力较大。

（5）特殊功能需求难以实现。

3. 物流配送中心管理信息系统的体系结构设计

典型的物流配送中心管理信息系统的体系结构如图 8-6 所示。

1）应用端以 B/S 体系结构为主

因为 B/S 体系结构具有跨平台、分布性较强、系统升级和维护简单方便等特点，所以在物流配送中心管理信息系统的应用端使用 B/S 体系结构，即将物流配送中心与上游供应商及下游客户的订单、采购、进货、库存、出货等相关模块依照 B/S 体系结构进行设计与开发。

2）管理端以 C/S 体系结构为主

系统的管理端一般位于物流配送中心，其部署安装较快，用户数量有限，主要负责管理数据库及物流配送中心管理信息系统。因为 C/S 体系结构的管理信息系统具有较强的事务处理能力，所以在物流配送中心管理信息系统的管理端采用 C/S 体系结构，即物流配送中心的设备管理、财务会计、营运绩效及决策相关管理模块依照 C/S 体系结构进行设计与开发。

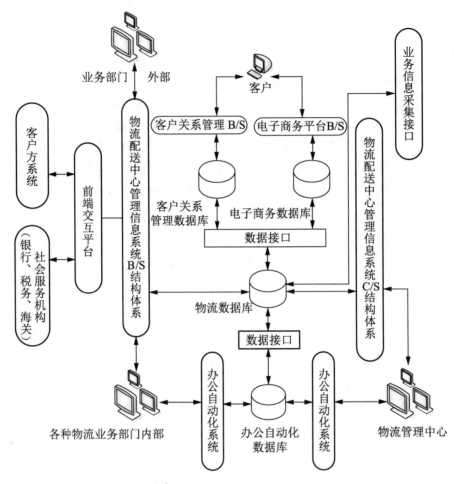

图 8-6　物流配送中心管理信息系统的体系结构

8.2.5　系统开发步骤

物流配送中心管理信息系统可参照系统生命周期法（System Development Life Cycle，SDLC）进行开发。SDLC 的基本思想是采用结构化、模块化的方法，自顶向下进行系统分析设计和自底向上逐步实施的建立管理信息系统的过程，是组织和管理 MIS 开发的一种基本框架。

SDLC 的开发步骤包括系统规划、系统分析、系统设计、系统实施、系统运行与维护，如图 8-7 所示。

（1）系统规划。系统规划主要是根据客户的需求，进行初步调查，明确问题，然后进行可行性研究。针对管理信息系统的开发，需要确定管理信息系统的总体目标，给出系统功能、性能、可靠性及所需接口方面的设想，完成该系统的可行性分析，探讨解决方案，并且对可供使用的计算机硬件、人力资源和开发进度进行预估，制订完成开发任务的实施计划。如果规划不满意，则要反馈修正这一过程；如果规划不可行，则取消项目；若方案可行但不满意，则修改此方案；若方案可行并满意，则进入下一个阶段的工作。

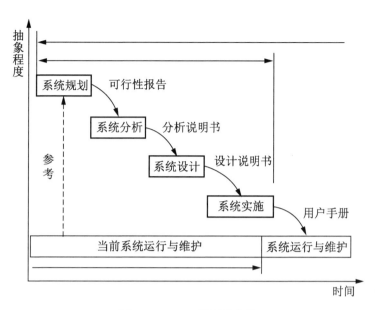

图 8-7　SDLC 的开发步骤

（2）系统分析。系统分析主要是对开发的系统进行业务调查和分析，充分理解客户的需求，明确这些需求的逻辑结构并进行确切的描述。系统分析的主要任务是：分析业务流程、数据与数据流程；分析功能与数据之间的关系，提出新系统的逻辑方案（逻辑模型）。若方案不可行，则停止项目；若方案可行但不满意，则修改此方案；若方案可行且满意，则进入下一个阶段的工作。

8-2
拓展知识

简化的商业自动化系统

建立一个简化的商业自动化系统。其中，售货员负责录入销售的商品，包括商品名称、编号、单价和数量，必要时要根据特定情况对销售的商品进行修改或删除；收款员负责收取现金，并将多交的款项退还给客户；销售经理需要随时查询整个部门的销售情况，包括时间、商品编号、销售额，并在日结时统计各类商品的销售金额。简化的商业自动化系统顶层的数据流程图如图 8-8 所示。

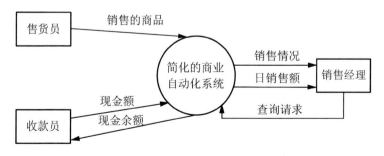

图 8-8　简化的商业自动化系统顶层的数据流程图

首先，按照人或部门的功能要求，将加工分解，同时在分解过程中给每个加工添加一个编号；其次，分解数据流，要根据特定的加工要求进行分解，在分解时，要保持与顶层数据流的一致，可以不引入数据源；最后，引入存储，使之形成一个有机的整体。上述简化的商业自动系统第 1 层的数据流程图如图 8-9 所示。

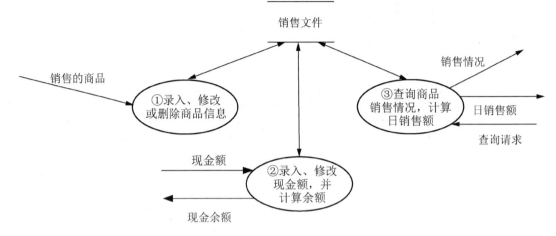

图 8-9 简化的商业自动化系统第 1 层的数据流程图

资料来源：王世文，2010．物流管理信息系统[M]．2 版．北京：电子工业出版社．

（3）系统设计。系统设计的主要任务是依据系统分析说明书进行新系统的物理设计，提出一个由一系列物理设备构成的新系统设计方案。系统统计通常分为总体设计和详细设计。其中，总体设计包括系统空间布局设计、系统模块结构设计、系统软硬件结构设计；详细设计包括数据库设计、编码设计、输入/输出模块结构设计与功能设计。

8-3 拓展知识

（4）系统实施。系统实施的主要任务包括：购置计算机硬件、系统软件，并安装测试；程序设计、程序及程序系统的调试；系统试运行；编写用户手册；人员培训等。

（5）系统运行和维护。系统运行和维护的主要任务是同时进行系统的日常运行管理、评价、监理。在系统运行过程中要逐日记录，发现问题要及时对系统进行修改、维护或局部调整。

知识拓展

物流配送中心管理信息系统的其他开发方法

物流配送中心管理信息系统的其他开发方法包括原型法、面向对象方法、计算机辅助开发方法、敏捷软件开发方法。各种方法都有其适用范围，在系统开发的不同侧面和不同阶段为管理信息系统的开发提供有益的帮助或明显提高开发的质量及效率。因此，不能对开发人员进行必须采用何种方法从事系统的开发工作的硬性规定，而只能因地制宜，具体问题具体分析。

1. 原型法

为了弥补 SDLC 开发周期长的不足，1977 年，出现了一种在思想、工具和手段上都是全新的开发方法——原型法。

原型法的主要思想是由客户与系统分析设计人员合作,在短期内根据客户的要求首先建立一个能反映客户主要需求的原型,然后与客户反复协商改进,最终建立完全符合客户要求的新系统。它既可以单独作为一种开发方法,又可以作为 SDLC 的辅助方法和工具。

原型法的开发过程包括4个基本阶段:确定需求的基本信息、建立初始模型、对初始模型运行和评价、修正和改进模型——原型迭代。

2. 面向对象方法

面向对象方法是从20世纪80年代各种面向对象的程序设计方法中逐步发展而来的,起初用于程序设计,后来扩展到了系统开发的全过程,出现了面向对象分析和面向对象设计。

面向对象方法开发的工作过程大致分为以下4个阶段:系统调查和需求分析、分析问题的性质和求解问题(面向对象分析)、整理问题(面向对象设计)、程序实现(面向对象编程)。

3. 计算机辅助开发方法

计算机辅助开发方法于20世纪80年代末提出,是运用人们在系统开发过程中积累的大量宝贵经验,让计算机来辅助进行管理信息系统的开发和实现,集图形处理技术、程序生成技术、关系型数据库技术和各类开发工具于一体的方法。

计算机辅助开发方法可以进行各种需求分析,生成各种结构化图表(数据流程图、结构图、E-R 图、层次化功能图、矩阵图等),并能支持系统开发的全生命周期。

严格地说,计算机辅助开发方法只是一种开发环境而不是具体的开发方法,具体开发时,还需要与其他方法相结合。典型的计算机辅助开发方法通常包括下列工具:图形工具、原型化工具、代码生成器、测试工具和文件生成器。

4. 敏捷软件开发方法

敏捷软件开发方法是从20世纪90年代开始逐渐引起广泛关注的新型软件开发方法。敏捷软件开发方法强调适应性而非预测性,强调沟通和反馈,更加强调团队的高度协作。这里的团队不仅包括开发人员,还包括管理人员和客户。它鼓励团队成员的相互交流,通过反馈机制尽早纠正软件中的错误,提高开发效率,同时为需求的调整提供更多机会,保证软件向正确的方向发展。

8.3 物流配送中心管理信息系统的模块设计及其描述

8.3.1 物流配送中心管理信息系统的功能结构和联系

对于物流配送中心而言,管理信息系统的功能不再只是处理作业信息,而是进一步向辅助决策支持和运营绩效管理等高层次发展。根据典型物流配送中心的业务和功能需求,按照功能之间的相关性、涉及作业内容的相关性及作业流程的相关性,将物流配送中心管理信息系统划分为若干相互联系的子系统。这些子系统主要包括:销售出库管理、采购入库管理、库存管理、运输配送管理、运营绩效管理、财务管理、决策支持等,如图 8-10 所示。

每个子系统又由若干模块组成,它们协同运作,实现物流作业的各种功能,完成物流配送中心的系统目标。各子系统的信息关联图如图 8-11 所示。

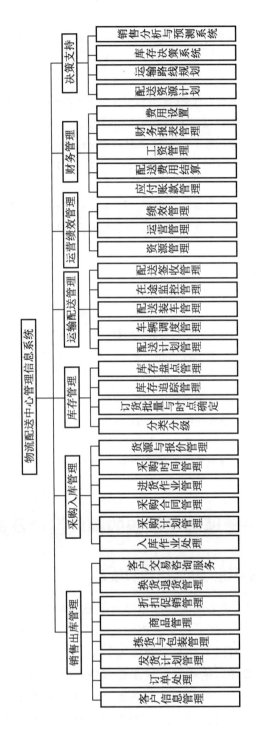

图 8-10 物流配送中心管理信息系统的功能结构

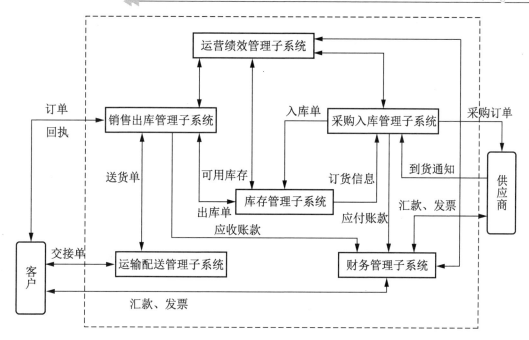

图 8-11 物流配送中心管理信息系统各子系统的信息关联图

8.3.2 各子系统的功能描述

1. 销售出库管理子系统

销售出库管理子系统包括：客户信息管理、订单处理、发货计划管理、拣货与包装管理、商品管理、折扣促销管理、换货退货管理和客户交易咨询服务等模块。

（1）客户信息管理。

客户信息管理以客户基本资料的管理为主，并根据作业需求，建立以下相关的客户信息。

① 客户配送区域划分。根据地理和交通路线特性，将客户分类到不同的配送区域。
② 配送车辆选派。根据客户所在地点和交通限制状况，选派合适的配送车辆类型。
③ 卸货特征说明。说明客户的建筑环境和设施不足造成卸货困难的情况。
④ 收货时间说明。说明有无收货时间上的特别要求。

（2）订单处理。

订单处理包括自动报价和接收订单，自动报价系统需要输入客户名称、询问商品的名称、商品的详细规格、商品等级等数据，根据这些数据系统调用商品明细数据库、客户交易此商品的历史数据库、对此客户报价的历史数据库、客户数据库、生产厂商采购报价等，以取得此项商品的报价历史资料、数量折扣、客户以往交易记录及客户折扣、商品供应价等数据，再由物流配送中心按其所需净利润与配送成本、保管成本等来制定定价公式并计算销售价格。接着由报价单制作系统打印报价单，经销售主管核实后发给客户，报价单经客户签回后成为正式订单。

在订单信息输入计算机之后，如何有效地汇总和分类，是拣货作业和车辆选派的关键。其中有一些必须掌握的重要信息，主要包括以下几个方面。

① 预定送货日期信息。确认客户对送货时间的要求，并将之作为订单处理批次分类的依据。

② 订单状态信息。订单进入物流配送中心后，其处理状态将一直随着作业流程的移动而发生变化，因此，必须掌握订单处理的状况。一般可将订单处理状态分为输入、确认、批次汇总、发货指令、拣货、装车、客户验收签字和完成确认等。

③ 订单汇总信息。物流配送中心具有订单数量多、客户类型等级多、每天配送次数多的特点，通常需进行订单的分类和汇总以确保最佳的作业效率。

订单分类汇总按不同的作业要求，可分为单一订单处理，按客户路线特性分批处理，按配送区域路线分批处理，按流通加工要求分批处理，按车辆型号分批处理，以及按批量拣货条件分批处理等处理方式。

订单处理应具有以下功能要点。

① 所需输入的数据为客户资料、货品规格资料、货品数量等。

② 订单号码、日期、报价单号码由系统自动生成并填写。

③ 具备按客户名称和编号、货品名称和编号、订单号码、订货日期、出货日期等查询订单内容的功能。

④ 具备客户的多个出货地址记录，可根据不同的交货地点开具发票。

⑤ 可查询客户信用、库存数量、设备工具的使用状况、人力资源分配。

⑥ 满足单一订单或批次订单不同需求的功能。

⑦ 具备客户最近报价日期、最近订货数据等查询功能，具备该客户的报价历史、订购出货状况和付款状况等信息，作为对客户进行购买力分析与信用评估的依据。

（3）发货计划管理。

发货计划管理是指以客户预定送货日期为主要依据，综合库存量和紧急发货情况，进行商品库存分配及配送资源和车辆的分配。

（4）拣货与包装管理。

拣货与包装管理是根据客户订购内容做出货前的准备工作，通常由仓库管理员或生产工作规划人员来使用。在拣选人员或包装流通人员领取分派工作单或拣货单后，其可根据分派工作单或拣货单进行作业，完毕后将实际作业进度及其他修正数据输入各数据库，作为拣货流通加工数据库、包装流通加工数据库及订单数据库中拣货、包装流通加工需求、库存量的减项，并打印各类实际工作报表。商品经拣取、包装、流通加工后即可集中在出货区内准备装车配送。

（5）商品管理。

商品管理是协助销售主管了解客户对商品的偏好趋势。常用的商品管理报表包括商品销售排行表、畅销品及滞销品分析表、商品周转率分析表、商品获利率分析表等。

（6）折扣促销管理。

物流配送中心根据下游零售商的销售策略进行的折扣、促销管理。

（7）换货/退货管理。

换货/退货的功能是对满足换货、退货条件的商品进行换货、退货管理。在进行该功能模块设计时，应注意换货/退货原因的分类、换货/退货客户的统计、换货/退货的分类处理及再入库等问题。

（8）客户交易咨询服务。

管理人员或客户可利用该功能模块进行订单执行状态及相关订单信息的查询。

2. 采购入库管理子系统

采购入库管理子系统包括：入库作业处理、采购计划管理、采购合同管理、进货作业管理、采购时间管理、货源与报价管理等模块。

（1）入库作业处理。

入库作业处理包括预定入库数据处理、实际入库和采购管理作业。

（2）采购计划管理。

采购计划管理主要用来生成商品采购计划（包括商品规格数量、交易条件和预定交货日期等基本信息），其主要功能包括计划编制和选择、计划审核、查询修改及报表打印等。

（3）采购合同管理。

采购合同管理主要用来管理物品和设备的采购合同，其主要功能有合同生成、合同录入、查询修改、合同审核、合同处理及报表打印等。

（4）进货作业管理。

进货作业管理包括按采购单进行进货验收、管理商品入库等工作。

（5）采购时间管理。

采购时间管理的主要任务是对采购商品、交货时间和预定交货期的准确性进行管理。

（6）货源与报价管理。

货源与报价管理的主要任务是对商品来源、替代品和厂商报价等记录做定期维护管理。

3. 库存管理子系统

库存管理子系统包括：分类分级、订购批量与时点确定、库存追踪管理、库存盘点管理等模块。

（1）分类分级。

分类分级主要是以商品为主体生成各种排序报表。其中，可以按商品类别统计其库存量，并按库存量进行排序和分类，作为仓储区域规划布置、商品采购、人力资源、工具设备选用的参考；还可按商品单价或实际库存金额进行排序。

（2）订购批量与时点确定。

由于采购时间和采购数量会影响资金的调用及库存成本，因此采购前就需要系统访问商品数据库、厂商报价数据库、库存数据库、采购数据库等来获得商品名称、单价、现有库存量、采购提前期及运送成本等数据，这些数据用于计算并制订经济订购批量及订购时点。此外，也可通过诸如安全库存量、经济采购量等其他方法来完成。

（3）库存追踪管理。

库存追踪管理主要是延续入库作业处理中货位的管理，该模块主要是从现有的数据库中调用现有库存的储存位置、储存区域及分布状况，或由库存数据库中调用现有库存数据查核库存量等。库存追踪管理模块主要生成的报表包括商品库存量查询报表、商品货位查询报表、积压货存量或货位报表等。

(4)库存盘点管理。

库存数量的管理与控制及货位的管理等作业依赖于库存数据和货位数据的正确性，因此需要进行库存盘点管理。库存<u>盘点管理</u>主要包括定期打印各类商品报表，待实际盘点后输入实际库存数据并打印盘盈盘亏报表、库存损失率分析报表等。

8-5 拓展知识

4. 运输配送管理子系统

运输配送管理子系统包括：配送计划管理、车辆调度管理、配送装车管理、在途监控管理、配送签收管理等模块。

（1）配送计划管理。

配送计划管理主要包括代运管理、配送路线规划、订单整合和装车计划等功能。

① 代运管理。该功能模块主要完成代运委托单据、货运提单、到货记录、客户取货记录的管理。

② 配送路线规划。配送路线规划功能模块的一般设计思想是：以最快速度送达目的地为原则设计路线，即根据各点的位置关联性及交通状况来做路线的选择规划。除此之外，还必须考虑某些客户或其所在环境有送达时间的限制，如某些客户只在特定时间收货，或是某些城市个别道路在高峰时段不准货车进入等，这些在选择路线时应尽量避开。

③ 订单整合。为让整个配送有一个可遵循的基础，物流配送中心通常会根据订单中客户所在地的远近、关联状况做区域上的基本划分，如华北、华东、华南、华中等。当订单中商品性质差异很大，有必要分批配送时，则需根据各订单中商品的特性做优先级的划分，如生鲜食品与一般食品使用不同的运输工具，需分批配送；另外，客户订单下达时间的先后顺序也是考虑因素之一。

④ 装车计划。该功能模块包括两个基本部分：车辆的安排，即分配何种车型，使用自备车辆还是使用外单位车辆等；车辆的装载方式。

（2）车辆调度管理。

该模块完成对车辆和驾驶员的任务分配，主要包括生成派车单、车辆编组、驾驶员配置、生成监控计划等功能。

① 生成派车单。客户的订单在最终确认之后，承运人就要按照客户的要求进行派车。派车单是由客户订单的相关信息、运送货物信息及车辆信息经过匹配加工组合而成的，其与订单之间是多对多的关系。生成派车单的主要功能有派车单录入、修改、查询。

② 车辆编组。按订单整合的结果对配送计划进行手工调整。在车辆指派的基础上根据配送路线、配送优先顺序等条件对其进行编组，并记录编组信息。

③ 驾驶员配置。根据当前的驾驶员信息指派空闲的驾驶员给已确定的配送车辆，并记录指派结果。驾驶员的调派需要考虑驾驶员的工作能力、体力、以往的工作量及配送的区域范围。

④ 生成监控计划。在配送业务中，为了能使货物及时、完好地运抵目的地，除了在派车环节进行合理的车辆调度，货物在途的监控也必不可少。因此，拟订一个合理有效的监控计划是整个监控环节的首要任务。目前，一些先进的科技手段已应用于配送业务，使得实时监控成为可能。根据派车单上的信息，如起始城市/地点、终点城市/地点、运输方式，结合GIS

提供的路线建议，拟订监控计划（即预计什么时间，到达什么地点）。配送业务员可以基于系统推荐的监控计划拟订最终的监控计划。监控计划的拟定方式有两种：按地点监控和按时间点监控。

8-6 拓展知识

（3）配送装车管理。

根据物流配送中心的出库单，生成货物装车明细清单，并投运输保险。配送装车管理主要包括货物装车和运输投保两大模块。

① 货物装车。派车单和拟订的监控计划下达后，承运人就要根据客户的要求和具体情况装车，在出库单上记录货物装车明细信息。同时，记录实际装货数量，作为到达卸货点交割的依据；记录提送费、装卸费、搬运费、运输费、保险费及其他费用，作为与客户结算的依据。

② 运输投保。根据实际装货数量和单价填写投保单明细，为客户货物代投保。投保单的内容主要包括投保人、保险人、投保项目、投保货物信息、投保金额、保险费率、保单状态、经办人、投保日期、回复日期等信息。

（4）在途监控管理。

在途监控管理环节主要包括在途监控、事故处理、在途货物装卸等。

① 在途监控。根据监控计划中设定的沿途监控点，对一个车次进行全方位追踪，记录每个路段的具体信息，包括计划到达时间、实际到达时间、实际行驶里程、路段费用情况。在系统中，可以根据需要增加新的监控点，记录运输过程中的各种情况。

② 事故处理。在运输过程中，如果发生意外，需要拖运或者换车，驾驶员应及时向总部调度或配送业务员反馈情况以决定下一路段是否能继续运输。当中途发生意外（指车祸、雨雪等不可预知的情况）时，该系统记录发生的时间、地点，并记录货物破损的明细。当中途需要拖运时，该系统记录拖运车辆的车牌号、开始时间、结束时间、起点、终点、费用、里程。当中途需要换车时，后续运输有两种方式，一是本车次的运输人自己组织替换车辆，支付替换车辆的运费，将货物运达卸货点后，记录换车后的车牌号、驾驶员姓名及各车货物的明细，到货交接的仍是原运输人；二是向承运人求援，由承运人重新组织车辆，完成剩余的运输任务。其中，第二种方式要结束原运输人的运输车次，记录扣款金额；承运人重新组织的车辆，按新派车单的要求，到中途接管全部出库单，清点货物，运输到约定卸货点；如果新组织的车辆是多台，则要在派车单中分割原来装在一台车上的货物，但出库单号不变，出库单的实发数量是实际从故障车上分装的数量。

③ 在途货物装卸。沿途有装货和卸货时，记录沿途所发生的装货与卸货的起止时间。

（5）配送签收管理。

运输车辆按派车单要求，将货物运至目的地，收货人核查实际到货数量，确认并签收。签收单是收货人对所到货物的实际情况进行验收记录的单据，同时也是运输人向承运人出示的货物运抵凭证。

签收单记录卸车货物名称及其数量，如果收货数量少于出库单的实发数量，一般由运输人赔偿，能确认在下一次运输时补齐的，可以在货物补齐后，再更新相关单据的完成标志；如果收货数量大于出库单的实际数量，要将多余货物退回给货主，或由货主补开出库单，也可以用于补齐以往的拖欠数量。

在进行联运时，货物只是交给下一运输人，由下一运输人或其后的运输人根据承运人新派车单的要求交给收货人。

5. 运营绩效管理子系统

运营绩效管理子系统包括：资源管理、运营管理和绩效管理等模块。

（1）资源管理。

在物流配送系统中，运输配送是涉及影响因素最多的环节，包括客户、合同、运输人、车辆、驾驶员、道路、货物、保险、运费等信息。该模块实现对上述资源的统一管理。

（2）运营管理。

运营管理通常由物流配送中心较高层的管理人员进行，主要用来制订各类管理方案，如车辆设备租用、采购计划、销售策略计划、配送成本分析、运费、外车管理等，偏向于投资分析与预算预测。

（3）绩效管理。

物流配送中心的经营状况是否良好，除了取决于各项运营管理策略制订的正确性、计划的实际执行效果，更在于有良好的信息反馈机制来作为制订、管理及实施方法修正的依据，这也是绩效管理模块存在的主要原因。该模块的主要内容包括：业务人员管理、客户管理、订单处理绩效分析、存货周转率评估、库存保管情况分析、运输绩效分析等。

6. 财务管理子系统

财务管理子系统主要由财务会计部门使用，利用商品入库信息来确认应付账单，并据此向供应商付款；利用销售部门的出货单来确认应收账单，并向客户收取账款。财务结算系统也可自动生成各种财务报表，作为运营绩效管理子系统调整运营政策的参考。财务管理子系统与其他子系统的关系如图 8-12 所示。

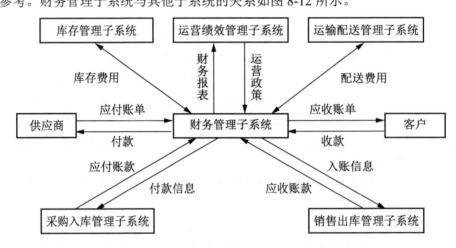

图 8-12　财务管理子系统与其他子系统的关系

财务管理子系统主要包括：应付账款管理、配送费用结算、工资管理、财务报表管理和费用设置等模块。

（1）应付账款管理。

当采购商品入库后，采购信息即由采购数据库转入应付账款数据库，财务人员在供应商开立发票及清款单时即可调用该模块,按供应商进行应付账款统计与核对。账款支付后可由财务人员将付款信息录入系统并更新应付账款表。管理人员可使用该模块制作应付账款一览表、应付账款已付款统计报表等。

（2）配送费用结算。

当商品配送出库后,订购数据即由订单数据库转入应收账款数据库,财务人员于结账日将应收账款按客户进行统计,并打印催款单及发票。其中,可以将统计账款总数开成一张发票,或以订单为基础开具多张发票。收到的账款可由财务人员确认并登记,作为应收账款的销项并转为会计收支系统的进项。

（3）工资管理。

工资管理模块包含人事信息维护、工资统计报表管理、工资单管理。其中,从运营绩效管理子系统获得业务部门各岗位工作人员工作量统计及绩效考核信息,作为工资单管理和编制的依据。

（4）财务报表管理。

财务报表管理模块负责各类财务报表的生成和打印,包括资产负债表、损益表两大财务报表,可以查看任意会计期间的报表或跨年度查询报表。

（5）费用设置。

根据业务需要定制各项费用的名称及计价方式,使得费用名称可与业务单据自由绑定。

7. 决策支持子系统

决策支持子系统主要包括：配送资源计划、运输路线规划、库存决策系统、销售分析与预测系统等模块。

（1）配送资源计划。

在物流配送作业及接单过程中,应对库存量、人员、设备和运输车辆等资源进行确认,必须掌握人员数、车型、载重量、各车辆的可调度时间和车辆运输时间等信息,从而进行最有效的调度,实现最佳决策支持。

（2）运输路线规划。

根据客户对送货的时间要求、客户的地理位置、卸货条件、车辆型号、物流配送中心位置、可用交通路线和各时段的交通状况等因素,进行配送车辆指派和运输路线规划。其中,实现配送车辆指派和路线规划的最优化过程可应用 GPS 与 GIS 等技术。

（3）库存决策系统。

库存决策系统以降低库存量为目标,分类分项对物品进行管理,分析制订最佳订货时点、经济订货批量、安全库存量水平和库存周转率,尽量缩短交货提前期,并根据品项数据、发货规模和货物性质计算库存量管理水平,实现在有限成本内发挥最佳的管理效益。

（4）销售分析与预测系统。

销售分析与预测系统能够分析订单增长趋势、订单季节变化趋势,并对客户的地区、阶层和订购习惯等进行销售分析。此外,还可对未来的需求变化、库存需求、物流成本和投资成本等进行预测分析,从而向经营管理者提供决策用的参考信息和依据。

8-10
拓展知识

"京东亚洲一号"上海智慧物流配送中心管理信息系统

"京东亚洲一号"上海智慧物流配送中心管理信息系统全部由京东自主研发。该系统主要由 WMS（仓储管理系统）、青龙系统、WCS（设备控制系统）组成。

1）WMS

京东仓储管理的核心系统名为"WMS 5.0 玄武系统"，主要由收货、出库、复合、打包、盘点等模块组成。该系统能够支撑丰富的商品类别，包括食品、百货、图书、医药、生鲜等；支持多种灵活的库内作业模式，如标签拣选、爆品生产、边拣边分等；支持多种自动化设备接入，如智能指环、货到人、AS/RS 自动化立体仓库等；支持丰富策略配置，如上架策略、生产波次策略、定位策略等。

2）青龙系统

整个青龙系统由一套复杂的核心子系统搭建而成，在各个环节中有相应的技术进行配合。

（1）终端系统。

京东的快递员手中持有一台 PDA 一体机，这台一体机实际上是青龙终端系统的组成部分。在分拣中心、配送站都能看到它的身影。此外，像配送员 App、自提柜系统也在逐步覆盖，用来完成"最后一公里"物流配送业务的操作、记录、校验、指导、监控等，极大地提高了配送员的作业效率。

（2）运单系统。

这套系统是保证客户能够查询到货物运送状态的系统，它既能记录运单的收货地址等基本信息，又能接受来自接货系统、PDA 系统的操作记录，实现订单全程追踪。同时，运单系统对外提供状态、支付方式等查询功能，供结算系统等外部系统调用。

（3）质控平台。

为了避免因为运输造成的损坏，质控平台针对在业务系统操作过程中发生的物流损坏等异常信息进行现场汇报收集，由质控人员进行定责。质控平台保证了对配送异常商品的及时追踪，同时为降低运输损耗提供质量保证。

（4）GIS 系统。

青龙系统将 GIS 系统分为企业应用和个人应用两部分。企业方面利用 GIS 系统可以实现站点规划、车辆调度、GIS 预分拣、北斗应用、配送员路径优化、配送监控、GIS 单量统计等功能。对于个人来说，能够获得 LBS 服务、订单全程可视化、预测送货时间、基于 GIS 的 O2O 服务、物联网等诸多有价值的物流服务。

3）WCS

WCS 作为 WMS 和设备的中间层，成功调度各类设备，统一监控，框架灵活可扩展，支持关键设备的可视化，统一协调自动化设备系统正常运作。

资料改编自：国家发展和改革委员会经济贸易司，中国物流与采购联合会，2018. 国家智能化仓储物流示范基地创新发展报告[M]. 北京：中国财富出版社.

魏学将，王猛，张庆英，2020. 智慧物流概论[M]. 北京：机械工业出版社.

圆通为亚运会量身打造了物流运作及控制信息系统——亚运物流数字管理系统。该系统由订单管理、运输管理、仓储管理和主配送计划 4 个子系统构成，目前已通过杭州亚组委验收。

资料来源：https://mp.weixin.qq.com/s/o-DsVgdZMn43CSOnY_s81A[2023-3-24]

8.4 物流配送中心管理信息系统的基础技术

8.4.1 电子自动订货系统

1. 电子自动订货系统的含义

电子自动订货系统（Electronic Ordering System，EOS）是一套订货作业和订货信息交换的系统，是将批发商、零售商场所发生的订货数据输入计算机，即通过计算机通信网络连接的方式将信息传送至总公司、物流配送中心、商品供应商或制造商处。

EOS 是许多零售商、物流配送中心及供应商之间的整体运作系统，其在零售商、物流配送中心及供应商之间建立了一条高速通道。

2. 电子自动订货系统的特点

（1）商业企业内部计算机网络应用功能完善，能及时产生订货信息。
（2）销售终端（Point of Sale，POS）与 EOS 高度相结合，产生有效的信息。
（3）满足零售商和供应商之间的信息传递。
（4）通过网络传输信息来订货。
（5）信息传递及时、准确。
（6）缩短订货周期，保障商品及时供应，加速资金周转，实现了零库存战略。

3. 电子自动订货系统的种类

（1）连锁体系内部的网络型。连锁门店有电子订货配置，连锁总部或连锁公司内部的物流配送中心有接单计算机系统，并用即时、批次或电子信箱等方式传输订货信息。这是"多对一"（即众多的门店对连锁总部）与"一对多"（即连锁总部对众多的供应商）相结合的初级形式的电子自动订货系统。

（2）供应商对连锁门店的网络型。其具体形式有两种：一是直接的"多对多"，即多个连锁体系下属的门店对多个供应商，由供应商直接接单发货至门店；二是一个连锁体系内部的物流配送中心为中介的间接的"多对多"，即连锁门店直接向供应商订货，并告知物流配送中心有关的订货信息，供应商按商品类别向物流配送中心发货，并由物流配送中心按门店进行组配和送货，这是中级形式的电子自动订货系统。

（3）众多零售系统共同使用的标准网络型。其特征是使用标准化的传票和社会配套的管理信息系统完成订货作业，具体形式有两种：一是地区性社会配套的管理信息系统网络，即成立众多的中小型零售商、批发商构成的区域性社会配套的管理信息系统营运公司，为本地区的零售业服务，支持本地区 EOS 的运行；二是专业性社会配套管理信息系统网络，即按商品的性质划分专业，如食品、医药品、运动用品、玩具、衣料等，从而形成各个不同专业的信息网络，这是高级形式的电子自动订货系统，必须以统一的商品代码、统一的企业代码、统一的单据和订货规范标准的建立为前提条件。

4. 电子自动订货系统的作用

（1）有利于降低库存水平，提高库存管理效率，同时也能防止商品特别是畅销商品缺货现象的出现。

（2）提高物流配送中心管理信息系统的效率，减少信息重复输入、传递，各个子系统之间交换数据的能力大大增强，也提高了信息处理速度。

（3）系统内的企业还可以通过对历史数据进行分析和挖掘，分析订货规律，制订有效的应对计划。

5. 电子自动订货系统的应用要点

（1）订货业务的标准化。EOS对订货业务要有严格的标准，否则信息处理和传递就无法进行。

（2）商品代码的设计。商品代码的设计是应用EOS的基础条件。每类商品必须对应一个唯一的商品代码，商品代码一般采用国家标准统一规定的，对于国家标准中未规定的则采用系统内规定的商品代码。

（3）必须制作和及时更新订货商品目录手册。订货商品目录手册的设计和运用是EOS成功的重要保证。

（4）保障EOS运行的硬件和软件条件。

（5）加强相关员工培训，深入熟悉订货业务，熟悉EOS的使用。

6. 电子自动订货系统的操作流程

（1）在零售商的终端利用条形码阅读器获取准备采购的商品条形码，并在终端机上输入订货信息，利用通信网络传输给批发商。

（2）批发商开出提货单据，并根据提货单据开出的拣货单实施拣货，然后根据送货单据进行商品发货。

（3）送货单据上的信息是零售商店的应付账款信息及批发商的应收账款信息，应汇总为批发商的应收账款，并传输给零售商。

（4）零售商对送到的货物进行检验后，就可以陈列出售了。

7. 物流配送中心电子自动订货系统的配置

物流配送中心电子自动订货系统的配置包括硬件设备配置与确立电子订货方式两个方面。

（1）在硬件设备配置方面，一般由3部分组成。

① 电子订货终端机。其功能是将所需订货的商品和条形码及数量以扫描和键入的方式，暂时储存在记忆体中，当订货作业完成时，再将终端机与后台计算机连接，取出储存在记忆体中的订货信息，存入计算机主机。电子订货终端机与手持式扫描器的外形有些相似，但功能却有很大差异，主要区别是：电子订货终端机具有储存和传输等计算机基本功能，而扫描器只有阅读及解码功能。

② 数据机。它是传递订货主信息与接单主信息的主要通信装置，功能是将计算机内的数据转换成线性脉冲信息，通过专有数据线路，将订货信息从门店传递给商品供应方，供应方以此作为发送商品的依据。

③ 其他设备。如计算机、价格标签及店内条形码的印制设备等。

（2）在确立电子订货方式方面，常用的电子订货方式有3种。

① 电子订货簿。电子订货簿是记录包括商品代码/名称、供应商代号/名称、进/售价等信

息的书面表格。利用电子订货簿订货就是由订货者携带订货簿及电子订货终端机直接在现场巡视缺货状况，在电子订货簿中寻找商品，对条形码进行扫描并输入订货数量，由数据机通过通信网络传输订货信息。

② 电子订货簿与货架卡并用。货架卡就是装设在货架槽上的一张信息记录卡，显示内容包括：商品名称、商品代码、条形码、售价、最高订货量、最低订货量、厂商名称等。利用货架卡订货，不需携带电子订货簿，而只要手持电子订货终端机，一边巡货一边订货，订货手续完成后由数据机将订货信息传输出去。若有日配品或不规则形状的商品难以设置货架卡，可借助于电子订货簿来辅助订货。

③ 低于安全库存量订货法。将每次进货数量输入计算机，销售时计算机会自动从库存量扣减，当库存量低于安全库存量时，会自动打印订货单并传输出去。

8.4.2 条形码技术

条形码技术（Bar Code Technology）是以计算机、光电技术和通信技术为基础的综合性技术，其主要目的是实时而准确地获取相关信息。条形码技术包括编码技术、条形符号设计技术、快速识别技术和计算机管理技术。

1. 条形码概述

1）条形码的概念及种类

条形码是由一组规则排列的条、空及其对应的字符组成的，用以表示一定信息的标识，如图 8-13 所示。条形码中的条、空和相应的字符代表相同的信息，条空图形用于机器识读，数字供人直接识读或通过键盘向计算机输入数据使用。

图 8-13 条形码示例

目前，国际广泛使用的条形码种类（码制）有 EAN 码、UPC 码、Code39 码等。其中，EAN 码是当今应用最广的商品条形码。

2）物流系统常用的几种码制

国际上常用的物流条形码包括 EAN 码、UCC/EAN-128 码。另外，二维条形码在物流系统中也有广泛的应用。

（1）EAN 码。EAN 码是国际上通用的商品条形码，我国通用的商品条形码标准也采用 EAN 码结构。EAN 码包含 EAN-13 码（标准版）和 EAN-8 码（缩短版）两种类型。

EAN-13 码标准版由 13 位数字码及相应的条形码符号组成，包括前缀码、厂商代码、商品代码和校验码 4 部分。

① 前缀码。前缀码由 2～3 位数字组成，是国家或地区代码，是由国际物

品编码协会统一分配和管理的。如 00~13 代表美国、加拿大；45~49 代表日本；690~699 代表中国。另外，图书和期刊作为特殊的商品也采用了 EAN-13 码表示 ISBN 和 ISSN，如图书的前缀码为 978~979，期刊为 977。我国图书被分配使用 7 开头的 ISBN，因此我国出版社出版的图书条形码全部是以 9787 开头。

② 厂商代码。厂商代码由接下来的 4~6 位数字组成，一厂一码，在中国注册的厂商代码由中国物品编码中心统一分配和管理。

③ 商品代码。商品代码由 3~5 位数字组成，表示每个制造商的商品，由厂商确定。

④ 校验码。校验码是最后一位数字，用于校验前面各码的正误。

EAN-13 码（标准版）的结构如表 8-1 所示。

表 8-1　EAN-13 码（标准版）的结构

前缀码	厂商代码	商品代码	校验码
690~691	$X_{13}X_{12}X_{11}X_{10}X_9X_8X_7$	$X_6X_5X_4X_3X_2$	X_1
692~696	$X_{13}X_{12}X_{11}X_{10}X_9X_8X_7X_6$	$X_5X_4X_3X_2$	X_1
697	$X_{13}X_{12}X_{11}X_{10}X_9X_8X_7X_6X_5$	$X_4X_3X_2$	X_1

资料卡

EAN-13 码的校验码计算方法如下。

（1）将 EAN-13 码按照从右向左逐个递增的顺序编码，其编码结果为 1，2，3，…，13。

（2）按下面的算法进行计算。

① 将所有偶数位上的数值求和，并将结果乘以 3，赋值给变量 a。

② 除去校验码所在的码位，将奇数位上的数值求和，并将结果赋值给变量 b。

③ 将 a 和 b 两个变量对应的数据求和，并赋值给变量 c。

④ 取大于或等于变量 c 的且为 10 的最小整数倍的数值，赋值给变量 d。

⑤ 用变量 d 对应的数值减去变量 c 对应的数值，所得的结果即为所求校验码的值。

其计算过程如图 8-14 所示。

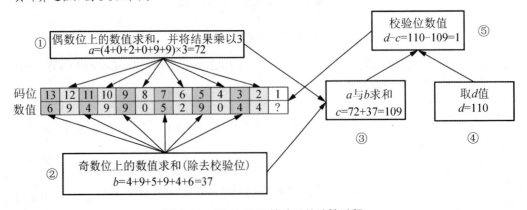

图 8-14　EAN-13 码校验码的计算过程

（2）UCC/EAN-128 码。UCC/EAN-128 码是由国际物品编码协会、美国统一代码委员会和自动识别制造商协会制定的一种连续型、非定长条形码，其能更多地标识贸易单元中需表示的信息,如产品批号、数量、规格、生产日期、有效性、交货地等。

UCC/EAN-128 码由应用标识符和数据两部分组成。因为其携带大量的信息,所以应用领域非常广泛,包括制造业的生产流程控制,物流业或运输业的仓储管理、车辆调度、货物追踪等,是使信息伴随货物流动的全面、系统、通用的重要商业手段。

(3)二维条形码。二维条形码是用某种特定的几何图形按一定的规律在平面(二维方向)上分布的黑白相间的图形符号信息。二维条形码不仅可以作为数据库信息的引用,还可以起到数据库的作用。目前,二维条形码有两类,即堆叠式和矩阵式。

二维条形码具有信息容量大,编码范围广,保密、防伪性好,可靠性高,纠错能力强等优点。二维条形码示例如图 8-15 所示。

图 8-15 二维条形码示例

一维条形码和二维条形码的特点对比见表 8-2。

表 8-2 一维条形码和二维条形码的特点对比

一维条形码	二维条形码
可直接显示内容为英文、数字、简单符号	可直接显示英文、中文、数字、符号、图形
储存数据不多,主要依靠数据库	储存数据量大,是一维条形码的几十到几百倍
保密性不高	保密性高(可加密)
损污后可读性差	安全级别最高,损污 50%仍可读取完整信息
译码错误率约为百万分之二	误码率不超过千万分之一,可靠性极高

2. 条形码在物流中的应用

条形码在物流中有较为广泛的应用,主要表现在以下几个方面。

(1)销售信息系统。

在商品上贴上条形码就能快速、准确地利用计算机进行销售管理。其过程如下:对销售商品进行结算时,通过光电扫描仪器读取商品信息并将信息输入计算机和收款机,收款后开出收据,同时,通过计算机处理,掌握进、销、存的数据。

(2)库存系统。

在库存物品上应用条形码技术,尤其是规格包装、集装、托盘货物上,入库时自动扫描并输入计算机,由计算机处理后形成库存信息,并输出入库区位、货架、货位的指令,出库程序和 POS 条形码应用一样。

(3)拣选系统。

物流配送中心出货时,采用拣选方式,需要快速处理大量的货物,利用条形码技术便可自动进行拣选,并实现有关的管理。其过程如下:物流配送中心接到若干个配送订货要求,将订货的每一品种汇总成批后,按批发出所在条形码的拣货标签,拣货人员到库中将标签贴于每件商品上并取出,使用自动分拣机分货。自动分拣机始端的扫描器对处于运动状态的自动分拣机上的货物进行扫描,一方面确认所拣出货物是否正确;另一方面识读条形码上的客户标记,指导商品进入确定的分支分流,到达各客户的配送货位,完成分货作业。

8.4.3 无线射频识别技术

1. RFID 系统及其工作原理

无线射频识别(Radio Frequency Identification,RFID)技术是在自动识别领域应用中较具体的技术。RFID 系统的组成一般至少包括两部分:电子标签(Tag)和阅读器(Reader)。

电子标签中一般保存有约定格式的电子数据,在实际应用中,附着在待识别的物体上。阅读器又称读出装置,可无接触地读取并识别电子标签中所保存的电子数据,达到自动识别物体的目的,进一步通过计算机及计算机网络实现对物体识别信息的采集、处理及远程传送等管理功能。

RFID 系统所采用的技术称为微波反射技术,它基于电子标签内微波天线的负载阻抗随储存的电子数据而变化的特点,实现对电子标签内电子数据的读取。其工作原理如图 8-16 所示,当 RFID 装置发出微波查询信号时,安装在被识别物体上的电子标签将接收到的部分微波能量转换为直流电,供电子标签内部电路工作,而将另外部分微波通过自己携带的天线反射回电子标签读出装置。由电子标签反射回的微波信号携带了电子标签内部储存的数据信息,反射回的微波信号经读出装置进行数据处理后,得到电子标签内储存的识别代码信息。

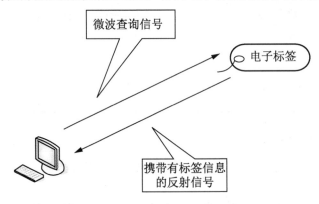

图 8-16 RFID 系统的工作原理

2. RFID 系统的分类

(1)根据 RFID 技术所采用的频率不同,RFID 系统可分为低频率系统和高频率系统两类。低频率系统的工作频率一般小于 30MHz,典型的工作频率有 125kHz、225kHz、13.56MHz 等,这些频段应用的 RFID 系统一般都有相应的国际标准予以支持。其基本特点是电子标签的成本较低、标签内保存的数据量少、阅读距离较短(无源情况典型阅读距离为 10cm)、电子标签外形多样(卡状、环状、纽扣状、笔状)、阅读天线方向性不强等。高频率系统一般指其工作频率大于 400MHz,典型的工作频段有 915MHz、2 450MHz、5 800MHz 等。高频率系统在这些频段上也有众多的国际标准予以支持。其基本特点是电子标签及阅读器成本均较高,标签内保存的数据量较大,阅读距离较远(可达几米至十几米),适应物体高速运动性能好,外形一般为卡状,阅读天线及电子标签天线均有较强的方向性。

(2)根据电子标签内是否装有电池为其供电,又可将 RFID 系统分为有源系统和无源系统两大类。有源系统的电子标签内装有电池,一般具有较远的阅读距离,不足之处是电池的寿命有限(3~10年);无源系统的电子标签内无电池,它接收到阅读器发出的微波信号后,将部分微波能量转化为直流电供自己工作,一般可做到免维护。与有源系统相比,无源系统在阅读距离及适应物体运动速度方面略受限制。

(3)根据电子标签内保存信息的注入方式,可将 RFID 系统分为集成电路固化式、现场有线改写式和现场无线改写式 3 大类。集成电路固化式电子标签内的信息一般在集成电路生产时将信息以 ROM 工艺模式注入,其保存的信息是一成不变的;现场有线改写式电子标签一般将电子标签保存的信息写入其内部的 E2 存储区,改写时需要专用的编程器或写入器,改写过程中必须为其供电;现场无线改写式电子标签一般适用于有源电子标签,具有特定的改写指令,电子标签内保存的信息也位于其内部的 E2 存储区。一般情况下,改写电子标签数据所花费的时间远大于读取电子标签所花费的时间。通常,改写所花费的时间为秒级,阅读所花费的时间为毫秒级。

(4)根据读取电子标签数据的技术实现手段,可将 RFID 系统分为广播发射式、倍频式和反射调制式 3 大类。广播发射式 RFID 系统实现起来最简单,电子标签必须采用有源方式工作,并实时将其储存的标志信息向外广播,阅读器相当于一个只收不发的接收机。这种系统的缺点是电子标签因需不停地向外发射信息,导致自身费电,且对环境造成电磁污染,同时系统不具备安全保密性。倍频式 RFID 系统实现起来有一定难度。一般情况下,阅读器发出射频查询信号,电子标签返回的信号载频为阅读器发出射频的倍频。这种工作模式对阅读器接收处理回波信号提供了便利,但是,对无源电子标签来说,电子标签将收到的阅读器发来的射频能量转换为倍频回波载频时,能量转换效率较低,提高转换效率需要较高的微波技巧,这就意味着更高的电子标签成本。反射调制式 RFID 系统可解决同频收发问题。在系统工作时,阅读器发出微波查询(能量)信号,电子标签(无源)收到微波查询能量信号后将其一部分整流为直流电源供电子标签内的电路工作,另一部分微波能量信号被电子标签内保存的数据信息调制后反射回阅读器。阅读器接收反射回的幅度调制信号,从中提取出电子标签中保存的标志性数据信息。在系统工作过程中,阅读器发出微波信号与接收反射回的幅度调制信号是同时进行的。反射回的信号强度较发射信号要弱得多,因此同频接收是技术实现上的难点。

3. RFID 技术在物流配送中心的应用

1)在物流追踪方面的应用

RFID 标签可以唯一地标识物品,通过与计算机技术、网络技术、数据库技术等的结合,可以在物流的各个环节上追踪货物,实时地掌握货物处于物流的哪个节点上。应用该技术,可以实现如下目标,从而获得预期的经济效益。

(1)缩短作业时间。由于物流配送中心的出入库作业在平时作业中占比很大,因此在每个托盘、周转箱或货物上都设置电子标签,在物流配送中心出入库口处安放阅读器,在出入库时利用叉车将货物送入(出)物流配送中心,在出入口处无须停车进行扫描,可以直接在流程中获取数据,系统可以根据货位信息来安排入库位置。阅读器可以远距离、动态地同时识别多个标签,计算机根据获取的信息,将托盘或周转箱上的货物信息与电子标签捆绑输入数据库,并记录相应的数据,这大大节省了出入库的作业时间。

(2)降低运转费用。由于 RFID 技术具有可以动态地同时识别多个标签且识别距离较大的特点,所以在出入库的作业过程中,不再需要像以前一样先将货物堆放在收货区中等待验货,而是直接可以入库和拣货后出库,两者几乎同时完成,降低了搬运所带来的设备费用和人工费用。

(3)增加吞吐量。当出入库的作业效率提高以后,物流配送中心对货物的处理能力将大大提高,这样就可以增加每日货物的吞吐量,从而获得更大的经济效益。

2)在进货验收方面的应用

当供应商货车在站台进行卸货时,物流配送中心验收人员以 RF 终端机(以下简称 RF 车机)将暂时堆放于站台的各托盘待验收货物进行相关的进货验收程序,而仓储管理人员将从 MIS 所接收的预计进货数据通过 RF 车机进行双向传输,将相关的货物验收条件与信息,实时传给作业人员,以便完成各项验收稽核工作。

此外,物流配送中心的堆高机若配备车用型 RF 车机,可协助作业人员进行相关作业。其任务是将已完成验收的货物,进行上架作业,当作业人员由 RF 车机输入已验收货物信息后,系统会自动提示建议上架储位及其他备用储位,作业人员可遵循系统的建议,或选择其他的备用储位,并由 RF 车机所配备的长距离扫描器,依照系统作业指示完成货物的上架作业。

3)在拣货方面的应用

物流配送中心拣选区安装识别系统,把拣选完的货物信息读/写入周转箱上的电子标签。物流配送中心分拣区安装识别系统,在进行货物分流的同时,实现自动复核出库。叉车车体安装识别系统,识别托盘上电子标签所携带的相关信息,并根据信息做出相应的操作。

4. 物流配送中心采用 RFID 技术的优点

(1)托盘、周转箱一次贴标可重复使用。

(2)优化调整物流配送中心流程,RFID 系统的信息防冲撞功能,能读取多个标签,实现出库的自动复核,大大提升了出库速度,降低了物流配送中心的劳动力成本。

(3)精准的库存管理,增强物流配送中心的计划、周转、分配能力,降低货物的损耗和调节成本。

(4)应用 RFID 技术能使物流配送中心的效率提高 10%~20%,而库存和发货精度则能达到 100%。

小知识

第二次世界大战期间,英国发明了一种能够辨别敌我飞机的技术,将其取名为 RFID 技术,即射频识别技术。在射频识别技术的帮助下,战斗中的飞机能够真正做到瞄准敌人了。

直到20世纪60年代,射频识别技术才开始投入商用,企业用其识别或追溯产品信息。在零售业,沃尔玛、麦德龙等大型超市率先引入了这一技术,给商品贴上了射频识别标签。不过,射频识别标签价格较高,增值服务还没有得到完全开发,因此在几十年时间里并没有被大规模应用。

直到近年来,随着技术成本的降低,以及各行各业的发展,射频识别技术才渗透到更多领域,得到了广泛的应用。例如:在电商物流领域,利用射频识别技术可以追踪货架上与运送中的货物,也可以监控库存量,实现不缺货的状态。在运送一些保鲜食品的过程中,射频识别技术可以监测路线周围温度,保证食品安全并能将问题及时告知。

资料来源:张立民,2018. 最后一公里的哲学:电商物流全链条运营管理[M]. 北京:中信出版社.

8.4.4 电子数据交换技术

1. EDI 的概念

电子数据交换(Electronic Data Interchange,EDI)是计算机与计算机之间结构化的事务数据的交换。它将数据和信息规范化、标准化后,在计算机应用系统之间直接以电子方式进行数据交换。EDI 是目前较为流行的商务信息、管理业务信息的交换方式。EDI 就是一类电子邮包,按一定规则进行加密和解密,并以特殊标准和形式进行传输,使业务数据自动传输、自动处理,大大提高了工作效率。

EDI 是一套报文通信工具,它利用计算机的数据处理与通信功能,将交易双方彼此往来的商业文档(询价单或订货单)转换成标准格式,并通过通信网络传输给对方。由于报文结构与报文含义有公共标准,交易双方所往来的数据能够由对方的计算机系统识别处理,因此可大幅度提高数据传输与交易的效率,也避免了重复输入。

2. EDI 的系统模型

EDI 包含 3 个方面的内容,即计算机应用、通信网络和数据标准化。其中,计算机应用是 EDI 的条件,通信网络是 EDI 应用的基础,数据标准化是 EDI 的特征。EDI 信息的最终用户是计算机应用软件系统,它自动处理传递来的信息,因而这种传输是机-机、应用-应用的传输。EDI 系统模型如图 8-17 所示。

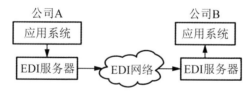

图 8-17　EDI 系统模型

3. EDI 系统的工作流程

世界通用的 EDI 通信网络是建立在信报处理系统数据通信平台上的信箱系统,其通信机制是信箱信息的存储和转发。其具体实现方法是在数据通信网上加挂大容量信息处理计算机,在计算机上建立信箱系统,通信过程是把报文传到通信双方各自的信箱中。文件交换由计算机自动完成,在发送报文时,用户只需进入自己的邮箱系统即可。EDI 系统的工作流程如图 8-18 所示。

4. EDI 的类型

(1)直接型的 EDI。直接型的 EDI 是通过用户与用户之间直接相连而构成的。EDI 的用户开发各自的应用系统,这样开发的应用系统只与自己的客户相联系,不与其他的系统相联系,即所谓的专用 EDI。

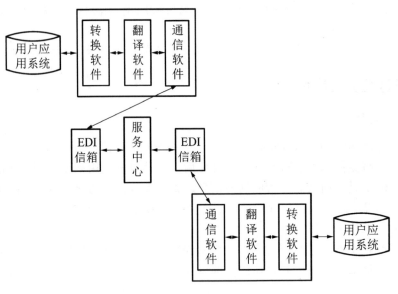

图 8-18 EDI 系统的工作流程

（2）基于增值网的 EDI。所谓增值网是指能提供额外服务的计算机网络系统。增值网可以具有协议的更改、检错和纠错等功能。基于增值网的 EDI 的单证处理过程包括以下几个步骤。

① 生成 EDI 平面文件。EDI 平面文件是通过应用系统将用户的应用文件或数据库文件中的数据映射成一种标准的中间文件，这是一种普通的文本文件，用于生成 EDI 电子单证。

② 翻译成 EDI 标准格式文件。翻译器按照 EDI 标准将 EDI 平面文件翻译成 EDI 标准格式文件，即 EDI 电子单证。EDI 电子单证具有法律效力。

③ 通信。用户通过计算机系统由通信网络接入 EDI 信箱，将 EDI 电子单证投递到对方的信箱中，具体过程由 EDI 信箱系统自动完成。

④ EDI 文件的接收和处理。用户接入 EDI 系统，打开信箱接收来函，经过格式校验、翻译、映射之后还原成应用文件，并对应用文件进行编辑、处理和回复。

（3）基于 Internet 的 EDI。Internet 的发展提供了一个费用更低、覆盖面更广且服务更好的系统，使中小型公司和个人都能使用 EDI。随着 Internet 安全性的提高，基于 Internet 的 EDI 已表现出部分取代基于增值网的 EDI 的趋势。

8.4.5 物流信息追踪技术

物流信息追踪技术是利用信息技术及时获取有关物流状态或位置的实时信息，辅助决策，对物流各个环节进行指挥、调度等控制，同时服务于用户的技术。物流信息追踪技术是物流企业用来追踪内部物品流向的一种手段，也是向用户免费开放任其查询的一种增值服务。在物流信息追踪系统中用到的主要技术是全球导航卫星系统（Global Navigation Satellite System，GNSS）技术和地理信息系统（Geographic Information System，GIS）技术。

8-13 拓展知识

1. GNSS 技术

GNSS 技术是指利用卫星播发的无线电信号进行定位导航的技术，目前移动目标的定位追踪越来越多地采用这种技术。它的优点是具有海、陆、空全方位实时三维导航定位能力，在海、陆、空移动物体的导航、制导、定位等方面得到了广泛应用。目前，世界有四大全球导航卫星系统及若干服务于本国或周边区域的区域导航卫星系统。

GNSS 主要由空间部分、地面监控部分和用户设备部分组成。空间部分一般由若干颗导航卫星组成，卫星上搭载高精度原子钟，用于测算信号发射时间；地面监控部分一般由地面运控站和地面检测站组成；用户设备部分是指用户接收机。GNSS 的工作原理可描述为：首先，空间部分的各颗卫星向地面发射信号，地面监控部分的地面监控站通过接收、测量各个卫星信号，将信号发送至主控站，主控站确定卫星的运行轨道信息；其次，通过监控站或者主控站本身将信息注入卫星，让卫星在其发射的信号上转播这些卫星运行轨道信息；最后，用户设备通过接收、测量各颗卫星的信号，并从信号中获得卫星的运行轨道信息，进而确定自身的空间位置。

GNSS 技术在物流中的应用体现在对车辆行驶状态的管理，以及货物流动的查询。用户只需在每辆长途运输车辆上安装 GNSS 接收设备，便可实现实时追踪、管理的功能。物流配送中心可以通过 GNSS 了解车辆的工作状态，如查询车辆是否按预定轨迹接送货物、中间有无停车、在哪里停的车、停了多长时间等。对于货物的委托用户，可以进行网上查询，及时了解货物的运转状态。利用 GNSS 的防爆反劫功能，将为货主、物流配送中心提供更多的安全保障，尤其是对贵重物品和特殊物品的运输管理。

2. GIS 技术

GIS 技术是以地理空间数据库为基础，在计算机软/硬件的支持下，对空间相关数据进行采集、储存、管理、分析、显示和应用的计算机系统，是分析和处理海量地理数据的技术。

8-14 拓展视频

GIS 包含了处理空间或地理信息的各种基础功能和高级功能。基础功能包括数据采集与编辑、数据处理与存储、空间查询与分析以及制图展示；高级功能包括空间分析、模型分析、网络分析等。

在物流管理中应用 GIS 技术主要是指利用 GIS 强大的地理数据功能来完善物流分析技术。目前，已开发出利用 GIS 技术为物流提供专门分析的工具软件。完整的 GIS 物流分析软件集成了车辆路线模型、网络物流模型、分配集合模型和设施定位模型等。

8.4.6 大数据技术

1. 大数据的概念

大数据（Big Data）是指无法在一定时间范围内用常规软件工具进行捕捉、管理和处理的数据集合，是需要新处理模式才能使其具有更强的决策力、洞察发现力和流程优化能力的海量、高增长率和多样化的信息资产。

大数据技术（Big Data Technology）是指通过对大数据的提取、交互、整合和分析，为政府、企业或其他机构的管理层提供决策信息，发现隐藏在数据背后的信息，挖掘数据信息的价值。

2. 大数据的关键技术

大数据的关键技术主要包括：大数据捕捉技术、大数据预处理技术、大数据存储与管理技术、大数据分析与挖掘技术以及大数据可视化技术。

（1）大数据捕捉技术。

大数据捕捉技术通过不断发展的数据收集方法及技术获取各种数据类型的海量数据，其中最常见的数据类型有普通文本、照片、视频等，还有位置信息、链接信息等 XLM 类型的数据。

（2）大数据预处理技术。

大数据预处理技术主要完成对已接收数据的辨析、抽取、清洗等操作。大数据预处理技术通过辨析获得有价值的数据，并将复杂的数据转化为单一的或者便于处理的结构，从而达到快速分析处理的目的。

（3）大数据存储与管理技术。

大数据存储与管理技术通过存储器把采集的数据存储起来，按照特定的业务需求，建立相应的数据库，对数据进行提取、操作和分析，形成企业所需要的目标数据，并对数据进行管理和调用。

（4）大数据分析与挖掘技术。

大数据分析与挖掘技术是指从大量的、不完全的、有噪声的、模糊的、随机的实际应用数据中，提取隐含在其中的、人们事先不知道的、但又是潜在有用的信息和知识的过程。

（5）大数据可视化技术。

大数据可视化技术是指从大数据中解析到模式，根据对模式的观察，选取一定的可视化方法，把表达模式的数值关系通过图形图像空间或色度空间影射到人的视觉空间，实现数据的可视化。

3. 大数据技术在物流配送中心中的应用

大数据技术在物流配送中心中的应用主要包括四个方面，具体如下。

（1）准确反映市场动态。

每一种商品都有其生命周期，比如，一种畅销产品不可能总保持最高销量，随着时间的推移，用户的需求和行为均会发生变化，这就需要物流配送中心对用户的需求和变化有准确的预测和把握。大数据技术能够帮助物流配送中心完全、精准地描述用户的需求信息，通过真实而有效的数据反映市场动态，从而对商品进入市场后的各个阶段做出预判，这对合理控制物流配送中心的库存和科学安排运输方案意义重大。

（2）利于物流配送中心选址。

物流配送中心要根据自身的经营特点、物品特点、用户分布特点及交通运输状况等因素，选择最优化的位置，使总物流成本实现最低。通过分类的数据处理分析方法，叠加各个环节的总成本，就能实现物流配送中心选址的科学化。

（3）实现配送路线的优化。

选择配送路线一直是物流配送中心比较头疼的问题之一，路线选择不当会直接影响配送效率和配送成本。物流配送中心可以运用大数据技术来解决这一问题，通过对物品特性、客户需求及交通状况等分析，并综合各方面的因素，选出最优的配送路线。而且在配送的过程中，物流配送中心还可以利用新产生的数据，快速地分析配送路线的交通状况，对事故频发的路段做出提前预警。通过精准分析整个配送过程的信息，实现配送的智能化管理。

（4）合理安排储位。

安排储位对于仓储利用率和分拣效率有着极为重要的意义。特别是那些物品种多、出货频率快的物流配送中心，储位优化意味着工作效率和企业效益。比如，为了节省仓储空间，提高仓储利用率，那些多品种的物品中有哪些可以存放在一起，既便于分拣又能节省空间；哪些物品储存的时间较短，需要及时出货等，都可以通过大数据技术的关联模式分析法来合理安排储位。

知识拓展

"前置仓+即时配送"模式下的大数据技术应用实践

在"前置仓+即时配送"模式下，对消费需求的感知与了解显得尤为重要。这为大数据技术的应用创造了条件。

叮咚买菜利用大数据技术，根据周围商圈、用户画像、菜谱特征以及用户实时意图等参数，预测某个前置仓的销售情况，将单仓SKU压缩至1 500个，实现更精细、精准的运营管理。目前，消费者下单后，叮咚买菜可确保30分钟内将商品配送到家。为了确保证每个前置仓的配送时效，当叮咚买菜单仓日订单超过1 500单时，便会裂变为两个仓。

资料来源：陈晓曦，2020. 数智物流：5G供应链重构的关键技术及案例[M]. 北京：中国经济出版社.

知识拓展

顺丰企业一站式大数据平台

8-15
拓展视频

顺丰企业一站式大数据平台基于业内主流技术，由顺丰科技自主研发，一站式提供从数据接入数据服务的大数据管理平台。此平台不仅能为用户提供数据采集、储存、计算、搜索、管理、治理等功能，还能帮助企业完成智能数据构建与管理。

（1）大数据平台——数据湖。

企业大数据湖是支撑企业业务分析及决策的数据底盘，是面向各行各业的大数据管理及应用诉求解决方案，消除企业内数据孤岛问题，打通各业务底层数据，增强企业的数据管理能力。

（2）大数据平台——产品服务。

一站式大数据平台降低了传统企业数字化转型成本，为企业提供低人力、低时间、低开发门槛的可拓展技术应用的大数据支撑。使用企业一站式大数据平台，不仅可以不断提升数据开发效率，还可显著降低数据开发周期及成本。

资料来源：https://www.sf-tech.com.cn/product/sf-one-stop-corporate-big-data-platform[2023-3-24]

8.4.7 云计算技术

1. 云计算的概念

云计算是网格计算、分布式计算、并行计算、效用计算、网络存储、虚拟化、负载均衡等传统计算机和网络技术发展融合的产物。其是将基础设施、数据、应用等IT资源以服务的方式，通过网络提供给用户的商业模式，具有资源规模化、资源虚拟化、服务扩展化、服务通用化、成本低廉化等特点。

8-16 拓展视频

云计算服务包括以下三个层次。

（1）基础设施即服务（Infrastructure as a Service，IaaS）。IaaS 是指用户通过 Internet 可以从完善的计算机基础设施获得服务。

（2）软件即服务（Software as a Service，SaaS）。SaaS 是一种通过 Internet 提供软件的模式，用户无须购买软件，而是向提供商租用基于 Web 的软件来管理企业的经营活动。

（3）平台即服务（Platform as a Service，PaaS）。PaaS 是指将软件研发的平台作为一种服务，以 SaaS 的模式提交给用户。因此，PaaS 也是 SaaS 模式的一种应用。但 PaaS 的出现可以加快 SaaS 的发展，尤其是加快 SaaS 应用的开发速度。

2. 云计算的关键技术

云计算涉及从计费、调度、资源管理到计算、储存、通信等不同方面，其涵盖的技术也十分广泛，核心技术主要包括：虚拟化技术、并行编程模型和大规模分布式存储。

（1）虚拟化技术。虚拟化技术将计算机的各种实体资源予以抽象、转换后呈现出来，提高底层硬件资源的效率。它可以根据用户需求的变化动态地调整资源的分配，迅速敏捷地部署资源。

（2）并行编程模型。并行编程模型是高效的任务调度模型，主要实现大规模数据的并行运算，是云计算中被大量应用的编程方式。

（3）大规模分布式存储。大规模分布式存储是云计算中储存数据的一种方式。它在储存过程中将一份数据复制多份储存，具备传输速率高和吞吐速率高的特点。

3. 云计算的部署模式

（1）公有云。公有云通常是指第三方提供商为用户提供的能够使用的云。公有云一般可通过 Internet 使用，可能是免费或成本低廉的。公有云的核心属性是共享资源服务。这种云有许多实例，可在整个开放的公有网络中提供服务。

（2）私有云。私有云是为一个客户单独使用而构建的，因而提供对数据、安全性和服务质量的最有效控制。私有云可部署在企业数据中心的防火墙内，也可以将它们部署在一个安全的主机托管场所。私有云的核心属性是专有资源。

（3）混合云。混合云是公有云和私有云的结合。企业出于安全和控制方面的考虑，将私有信息和公开信息分别放置在私有云和公有云中，既利用公有云的资源，又借助私有云来保证自身的安全。

4. 云计算技术在物流配送中心管理信息系统中的应用

借助云计算技术，物流配送中心可进一步完善管理信息系统，实现高效的管理、私密的服务和精准的配送等。

（1）基于 GIS/GPS 的云物流系统。该系统的架构包含云通信层、云配置层、云逻辑层、云工具层和云存储层。该系统可有效地实现物流信息的集成、图形化的显示，可对货物流转的各个环节进行可视化管理，特别是对运输路线的选择、配送车辆的调度等问题可进行有效的管理和决策分析，有助于降低物流配送中心的成本，提高运营效率。

（2）提供个性化的物流服务。在云计算技术的支撑下，可实现软件服务和资源服务的互通，促使物流配送中心管理信息系统实现计算机资源的虚拟化，使客户及物流配送人员对货物信息的掌握更加精准，从而减少人力、物力的浪费。

8.4.8 人工智能技术

1. 人工智能的概念

定义1：人工智能（学科）。人工智能（Artificial Intelligence，AI）是以计算机科学为基础，由计算机、心理学、哲学等多学科融合的交叉学科、新兴学科，是研究、开发用于模拟、延伸和扩展人的智能的理论、方法、技术及应用系统的一门新的技术科学。该领域的研究包括机器人、语言识别、图像识别、自然语言处理和专家系统等。

定义2：人工智能（能力）。人工智能是智能机器所执行的通常与人类智能有关的智能行为，这些智能涉及学习、感知、思考、理解、识别、判断、推理、证明、通信、设计、规划、行动和问题求解等活动。

2. 人工智能的基本研究内容

人工智能学科有着十分广泛和极其丰富的研究内容。不同的人工智能研究者从不同的角度对人工智能的研究内容进行分类。下面综合介绍一些得到诸多学者认同并具有普通意义的人工智能的基本研究内容。

（1）认知建模。

人类的认知过程是非常复杂的。作为研究人类感知和思维信息处理过程的一门学科，认知科学就是要说明人类在认知过程中是如何进行信息加工的。认知科学是人工智能的重要理论基础，涉及认知建模相关的研究课题。人工智能不仅研究逻辑思维，而且还深入研究形象思维和灵感思维。认知建模正是客观刻画人类的逻辑思维、形象思维和灵感思维的有效手段，其为智能系统的开发提供新思想和新途径。

（2）知识表示。

知识表示、知识推理和知识应用是传统人工智能的三大核心研究内容。其中，知识表示是基础，知识推理实现问题求解，而知识应用是目的。知识表示是把人类知识概念化、形式化或模型化。一般情况下，就是运用符号知识、算法和状态图等来描述待解决的问题。

（3）知识推理。

推理是从一些已知判断或前提推导出一个新的判断或结论的思维过程。几乎所有的人工智能领域都离不开推理。要让机器实现人工智能，就必须赋予机器推理能力。知识推理包括不确定性推理和非经典推理等，其已是人工智能的重要研究课题，仍有很多尚未发现和解决的问题值得研究。

（4）知识应用。

人工智能能否获得广泛应用是衡量其生命力和检验其生存力的重要标志。20世纪70年代，正是专家系统的广泛应用，使人工智能走出低谷，获得快速发展。后来的机器学习和近年来的自然语言理解应用研究取得重大进展，又促进了人工智能的进一步发展。当然，应用领域的发展是离不开知识表示和知识推理等基础理论以及基本技术进步的。

（5）机器感知。

机器感知是使机器具有类似于人的感觉，包括视觉、听觉、力觉、触觉、嗅觉、痛觉、接近感和速度感等。其中，机器视觉（计算机视觉）和机器听觉应用最广。机器视觉要能够识别与理解文字、图像、场景以及人的身份等；机器听觉要能够识别与理解声音和语言等。机器感知是机器获取外部信息的基本途径。要使机器具有感知能力，就要为它安上各种传感器。机器视觉和机器听觉已催生了人工智能的两个研究领域——模式识别和自然语言理解。

（6）机器思维。

机器思维是对传感信息和机器内部的工作信息进行有目的的处理。要使机器实现思维，需要综合应用知识表示、知识推理、认知建模和机器感知等方面的研究成果。

（7）机器学习。

机器学习就是使机器（计算机）具有学习新知识和新技术，并在实践中不断改进和完善的能力。机器学习就是使机器具备向文献资料学习、与人交互或观察环境的能力，以便使机器自动获取知识。

（8）机器行为。

机器行为是指智能系统具有的表达能力和行动能力，如对话、描写、刻画以及移动、行走、操作和抓取物体等。机器行为与机器思维密切相关，机器思维是机器行为的基础。

（9）智能系统构建。

智能系统构建离不开对新理论、新技术和新方法以及系统的硬件和软件支持。需要开展对模型、系统构造与分析技术、系统开发环境和构造工具以及人工智能程序设计语言的研究。

3. 人工智能技术在智慧物流中的应用

人工智能技术是加速物流业向智慧物流时代迈进的新引擎。人工智能技术在物流业的影响主要聚焦在以下几个方面。

1）智慧仓储环节

人工智能技术在智慧仓储环节的具体应用如下。

（1）选址决策。人工智能技术通过收集与选址任务和目标相关的历史数据及采用大数据技术挖掘对仓储选址决策有指导意义的知识，建立一个基于大数据的人工智能选址决策系统，在系统中输入选址目标与相关参数，便可以得到最接近最优目标，且不受人的主观判断与利益纠纷影响的选址结果。

（2）无人仓。人工智能技术的出现使得无人仓的构想得以实现。得益于机器视觉、进化计算等人工智能技术，自动化仓库中的搬运机器人、货架穿梭车、分拣机器人、堆垛机器人、六轴机器人、无人叉车等一系列物流机器人可以对仓库内的物流作业实现自感知、自学习、自决策、自执行，实现更高程度的自动化。通过机器视觉技术，不同的摄像头和传感器可以抓取实时数据，继而通过品牌标识、标签和 3D 形态来识别物品，从而可以使拣选机器人对移动传送带上的可回收物品进行分类和挑拣，以替代传统人工仓库中的传送机器、扫描设备、人工处理设备和工作人员一道道的分拣作业，大大提高了仓库的运作效率。

（3）库存管理。人工智能技术基于海量的历史消费数据，通过深度学习、宽度学习等算法建立库存需求量预测模型，对历史数据进行解释并预测未来的数据，形成一个智能仓储需求预测系统，以实现系统基于事实数据自主生成最优的订货方案，实现对库存水平的动态调整。随着订单数据的不断增多，预测结果的灵敏性与准确性能够得到进一步提高，使企业在保持较高物流服务水平的同时，还能持续降低企业的库存成本。

2）智慧运输环节

使用人工智能技术进行预测性运输网络管理可显著提高物流业务的运营能力。DHL 开发了一种基于机器学习的工具来预测空运延误状况，以预先采取缓解措施。通过对其内部数据的 58 个不同参数进行分析，机器学习模型能够提前一周对特定航线的日平均通行时间进行预测。

3）智慧配送环节

随着无人驾驶等技术的成熟，未来的配送将更加快捷和高效。通过实时追踪交通信息，以及调整配送路线，配送的时间精度将逐步提高。

（1）配送机器人。配送机器人根据目的地自动生成合理的配送路线，并在行进途中避让车辆、过减速带、绕开障碍物，到达配送机器人停靠点后，向客户发送短信提醒通知收货，客户可直接通过验证或人脸识别开箱取货。

（2）无人机投递。利用无线电遥控设备和自备的程序控制装置，操纵无人机运载物品到达目的地。无人机投递可以解决偏远地区的配送问题，提高配送效率，同时减少人力成本。

4）其他环节

（1）智能测算。对物品数量、体积等基础数据进行分析，对各个环节如包装、运输车辆等进行智能调度。例如，测算百万 SKU（库存量单位）商品的体积数据和包装箱尺寸，利用深度学习算法技术，由系统智能地计算并推荐耗材和打包排序，从而合理地安排箱型和物品摆放方案。

（2）图像识别。计算机视觉技术的卷积神经网络可用于手写识别，与人工识别相比，计算机视觉技术可有效提高准确率，减少工作量和出错率。另外，计算机视觉技术也可用于仓内机器人的定位导航，以及无人驾驶时识别远处的车辆位置等。

（3）决策辅助。利用机器学习等技术自动识别物流运行场景内的人、车、货、场的状态，学习优秀的管理和操作人员的指挥调度经验和决策等，逐步实现辅助决策和自动决策。

顺丰人工智能

顺丰科技通过业务积累和技术创新，融合人工智能到实际业务场景中，打通各个流程，进一步推动物流全链路的信息互联互通。通过机器学习、计算机视觉、运筹学和全局优化等人工智能技术，可以实现物流系统状态感知、实时分析、科学决策和精准执行，构建顺丰物流体系的"智慧大脑"。

AI Argus 视频结构化分析平台可实现如下功能：①实时监测各场地各类暴力违规操作，有效降低破损件和丢失件概率；②为全网提供车辆装载率、车辆调度、运力监测和场地人员能效等基础数据；③持续反馈各场地实时装载率数据，优化运力成本；④实现全网标准化业务管理、6S 管理，消除管理黑洞。

8-17 拓展视频

资料来源：https://www.sf-tech.com.cn/product/ai-argus[2023-3-24]

8.4.9 区块链技术

1. 区块链的概念

区块链（Blockchain）是利用块链式数据结构验证与储存数据、利用分布式共识算法生成和更新数据、利用密码学的方式保证数据传输和访问的安全、利用由自动化脚本代码组成的智能合约编程和操作数据的一种全新的分布式基础架构与计算范式。

2. 区块链的类型

区块链按网络范围不同,可分为公有链、私有链和联盟链。

(1) 公有链。

公有链是指任何人都可以进入系统中进行数据的读取和维护,而不受中央机构的控制,数据完全公开透明的区块链。比特币系统就是一种典型的公有链。

(2) 私有链。

私有链是指写入权限由某个组织和机构控制的区块链,参与节点的资格会被严格限制。私有链具备极快的交易速度、更好的隐私保护、更低的交易成本,不容易被恶意攻击。

(3) 联盟链。

联盟链是指由若干个机构共同参与管理的区块链。联盟链通常应用在多个相互已知身份的组织之间,如多个企业之间的物流供应链管理、政府部门之间的数据共享等。

3. 区块链技术在物流中的应用

(1) 商品追溯。

通过赋予每一个商品"独一无二"的数字身份证,串联商品品牌生产商、仓储、物流、经销商到客户的全过程信息,通过区块链联盟链账本的形式在多主体中加密共享,客户收到货后一键扫码,可清晰地看到每一件商品的来源和品质信息,提升了对商品品质的了解和信赖。

(2) 物流单证。

区块链技术应用于物流单证具备较多的优势,联盟链上的单证数据可以实现全程追溯、实时监控物流单证的数据状态,有助于物流单证的溯源与防伪。同时,基于区块链技术和电子签名技术实现物流单证的无纸化,可利用区块链的共识机制和分布式架构等特性,关联包括法院、公证处、司法鉴定中心等多方权威机构,进一步提升物流单证的公信力,提升认证结果的可信程度。将物流单证上的运价信息、履约信息编写成智能合约,由智能合约自动完成整个付款流程,可有效降低对账成本和结算周期。

(3) 物流信用。

打造基于区块链的物流征信信息平台,为供应链参与方(个体、组织、智能设备)提供多角色的分布式可信身份服务。基于国家/行业/团体联盟的征信评级标准,构建物流快递征信评级体系。利用数字钱包作为激励载体,构建个人征信类数据资产,并在区块链网络进行确权流通。实现数字经济的价值链超越单个公司的边界,而演变成一个价值网络,让客户自主选择放心的服务人员,让企业留用能力、职业道德高的服务人员,也让综合素质强的服务人员有自己的用武之地。同时利用积分体系建立激励机制,提升一线的服务质量。

(4) 供应链金融。

通过互联网、物联网和区块链技术的联合使用,结合供应链金融的具体场景,可以交叉验证诸如主体信用、采购数据、物流数据、订单数据、仓储数据、贸易数据的可靠性。区块链主要在其中承担整个链上交易的验证工作,记录不同数据、交易节点和时序关系及变更历史,提高整体交易网络的真实性。以企业公开信息、交易信息、交易凭证信息、存证信息为抓手,从智能合约、履约等适合区块链赋能的角度推进供应链金融业务,推动与政府部门、征信部门、核心企业、供应商、资金方各方实现信息标准化和线上化,以此来推动整个供应链体系的区块链赋能,最大限度地实现贸易真实性、可追溯。打破信息孤岛,增强各方信任,降低资金方对贸易真实性不信任的问题,从而从根本上解决中小微企业融资难融资贵的现状。

智臻链防伪追溯平台

智臻链防伪追溯平台记录商品从原产地到客户全生命周期每个环节的重要数据，通过物联网和区块链技术，建立科技互信机制，保障数据的不可篡改和隐私保护性，为企业提供产品流通数据的全流程追溯能力。

智臻链防伪追溯平台具有追溯管理、赋码管理、一物一码营销、数据分析等功能。

（1）追溯管理。根据追溯商品的特殊性，支持完全自定义的追溯环节设置、个性化扫码展示模板、一物一码的全程追溯。

（2）赋码管理。提供多种方式的赋码解决方案，提供各种二维码防伪方案、RFID 标签方案，满足多场景所需。

（3）一物一码营销。基于商品一物一码，支持各类营销方式，包括红包、优惠券、实物、积分等奖励发放，同时支持内容营销及调查有奖等用户互动营销。

（4）数据分析。基于用户扫码情况，进行大数据分析，呈现用户扫码及用户画像分析报告，帮助进行精准数据下的科学决策。

产品架构如图 8-19 所示。

图 8-19　产品架构

资料来源：https://blockchain.jd.com/solutions/zhuisu/[2023-3-24]

8.4.10 物联网技术

1. 物联网的概念

物联网（Internet of Things，IoT）是利用条形码、射频识别、传感器等设备，按约定的协议，在任何时间、任何地点都能实现人与人、人与物、物与物的连接，并进行信息交换和通信，从而实现智能化识别、定位、追踪、监控和管理的庞大网络系统。

2. 物联网的特征

物联网的基础是互联网，即物联网是在互联网的基础上延伸和扩展的网络。其客户端可以延伸、扩展到任何物与物之间，并在它们之间进行信息交换和通信。

一般认为，物联网具有以下三大特征。

（1）全面感知。物联网利用射频识别、二维码、无线传感器等，感知技术、捕获技术、测量技术随时随地对物体进行信息获取和采集。

（2）可靠传递。物联网通过无线网络与互联网的融合，将物体的信息实时准确地传递给用户。

（3）智能处理。物联网利用大数据、云计算、人工智能等技术，对海量的数据和信息进行分析、处理，对物体实施智能化的控制。

在物联网中，传感是前提，计算是核心，安全是保障，网络是基础，应用服务是牵引。

3. 物联网技术在物流中的应用

（1）仓储管理。

在仓储环节应用物联网技术，构成能够提高货物基础效率的智能仓储管理系统，可实时显示、监控货物的进出量，提高发货精度，完成收货入库、盘点和调拨、拣货出库，以及全系统数据查询、备份、统计、报表制作、报表管理等工作。

（2）运输管理。

基于物联网技术的物流车辆管理系统可实时监测运输车辆和货物，完成车辆和货物的实时定位追踪，监控货物状况和温湿度状况；同时，可监控运输车辆的运行状况、胎温、胎压、燃油消耗、车速、制动次数等驾驶行为。

（3）配送管理。

物流配送中心可利用物联网技术，实现货物进出、库存、配送的一体化管理。进入库门后，系统自动读取货物信息，并将信息通过网络传输到数据库与订单比对，清点无误后即可入库，系统信息随之更新。在进行日常清点工作时，可使用固定式或手持式读写器实现自动扫描，大大提高了工作效率。在配送过程中，智能软件系统根据客户需求自动安排货物出库计划，可在物联网中实现智能码垛机器人、无人搬运车等智能物流终端设备与操作软件相结合，进一步提高物流配送中心的智能化程度。

（4）供应链管理。

在供应链管理中，利用物联网技术实时获得物品的当前状态，并通过物联网的网络层与销售商、制造商和原料供应商进行沟通。利用物联网技术对供应链中的智能物流系统进行信息化管理，可以提高客户需求预测的准确性，促进供应链上下游企业之间的紧密合作，实现整体效益的最大化。

知识拓展

顺丰物流 IoT 大数据应用与实践

顺丰科技表示，目前已经形成了一套完整的 IoT 大数据应用体系架构，该架构具有感知层、平台层、计算层、应用层四个层面。首先，感知层会对人、车、货、场进行数据收集感知，再通过平台层对收集的数据进行整理上传，上传的数据到达计算层也就是大数据平台后会进行分析处理，分析处理的结果将分发到应用层进行执行。

这种智能化的 IoT 大数据应用体系架构带来了人、车、货、场全物流场景的提质增效效果。在"人"这个场景中，通过物联设备采集快递工作人员的位置信息，给快递工作人员最优的收派调度建议并给出疲劳健康状况分析，另外实时监测与管理收派、中转过程中的驾驶员违规驾驶行为，降低物流事故率；对于"车"这个场景，该架构可以对数十万辆车共建实景动态感知能力，在海量数据的基础上实现路径优化和驾驶员动态调度，并且还能构建以驾驶员画像为核心的评价体系进行人员管理；在"货"这个场景中，实现了为客户提供货物全流程监控服务，以及冷链运输全链路温湿度的监控；对于"场"的情况，则实现了数字化管理、远程管理、提前计划管理的新模式，并通过 IT 和 OT 数据融合的深度应用，实现分拣计划先于件量抵达，让分拣全面实现数字化运作方式。

顺丰科技能在较短的时间内将 IoT 从理念到落地，其关键是背后有大数据、人工智能、区块链组成的 IoT 大数据技术的加持。具体而言，当面对数据量大、数据种类多、实时性高、时序性强、数据链路长等 IoT 应用场景需求时，顺丰科技通过利用大数据、区块链等技术构建起顺丰物联网平台，将每时每刻产生的数据流上传到 IoT 云端，并进行深度学习与大数据分析，再将分析结果和控制指令传达到应用端，为系统每日的高强度运作保驾护航，全方位解决不同场景的特性需求。同时，该平台还实现了 IoT 数据资产管理、一站式批流一体化开发 IDE 和数据可视化分析的功能，方便行业客户对不同应用场景进行实时的分析与管理，帮助企业进行物流决策以及产品优化。

资料来源：https://baijiahao.baidu.com/s?id=1678952629585572026&wfr=spider&for=pc[2023-3-24]

本 章 小 结

为了有效支撑物流配送中心的战略规划、分析决策、管理控制、业务运作，需要对物流配送中心的管理信息系统进行有效的规划与设计。因此，本章主要对物流配送中心管理信息系统的含义、信息分类、功能、设计与开发、系统模块设计及其描述、基础技术等方面展开介绍。

首先，在明确物流配送中心管理信息系统含义的基础上，归纳物流配送中心管理信息系统的信息分类与功能。其次，为了有效开展物流配送中心管理信息系统的设计工作，明确物流配送中心管理信息系统的设计目的与设计原则，详细分析影响物流配送中心管理信息系统设计的关键因素，并对目前主流的系统体系结构与系统开发步骤进行总结。再次，为了给物流配送中心管理信息系统规划与设计人员提供参考标准，依据物流配送中心的典型业务和功能需求，按照功能之间的相关性、涉及作业内容的相关性及作业流程的相关性，将物流配送中心管理信息系统划分为销售出库管理子系统、采购入库管理子系统、库存管理子系统、运输配送管理子系统、运营绩效管理子系统、财务管理子系统、决策支持子系统等相互联系的子系统，归纳了物流配送中心管理信息系统的功能结构图，并详细描述各子系统所需完成的功能。最后，针对物流配送中心管理信息系统设计与开发过程中用到的基础技术进行介绍，主要涉及电子自动订货系统、条形码技术、无线射频识别技术、电子数据交换技术、物流信息追踪技术、大数据技术、云计算技术、人工智能技术、区块链技术、物联网技术等。掌握这些基础技术，物流配送中心管理信息系统规划与设计人员可结合物流配送中心的管理现状，确定物流配送中心管理信息系统可采用的关键技术。

配送信息	管理信息系统	客户机/服务器
浏览器/服务器	电子自动订货系统	条形码技术
无线射频识别	电子数据交换	全球导航卫星系统
地理信息系统	大数据	云计算
人工智能	区块链	物联网

习　题

1. 选择题

（1）按信息的作用进行分类，物流配送中心管理信息系统主要包括（　　）。
　　A．计划信息　　　　　　　　B．控制及作业信息
　　C．加工信息　　　　　　　　D．统计信息

（2）按信息系统的作用与使用目的不同，物流配送中心管理信息系统可以分为（　　）。
　　A．业务操作层　　　　　　　B．管理控制层
　　C．分析决策层　　　　　　　D．战略规划层

（3）物流配送中心管理信息系统设计必须遵循的原则包括（　　）。
　　A．可用性原则　　　　　　　B．精确性原则
　　C．灵活性原则　　　　　　　D．易操作性原则

（4）对物流配送中心管理信息系统的体系结构表述正确的有（　　）。
　　A．应用端以 B/S 体系结构为主
　　B．管理端以 C/S 体系结构为主
　　C．应用端以 C/S 体系结构为主
　　D．管理端以 B/S 体系结构为主

（5）物流配送中心管理信息系统的开发方法主要包括（　　）。
　　A．面向对象方法　　　　　　B．计算机辅助开发方法
　　C．结构化生命周期法　　　　D．原型法

（6）结构化生命周期法的开发步骤主要包括（　　）。
　　A．系统规划　　　　　　　　B．系统实施
　　C．系统设计　　　　　　　　D．系统分析

（7）电子自动订货系统的硬件配置包括（　　）。
　　　A．电子订货终端机　　　　　B．数据机
　　　C．计算机　　　　　　　　　D．价格标签及店内条形码的印制设备
（8）与一维条形码相比，二维条形码具有的特点包括（　　）。
　　　A．储存数据量大　　　　　　B．保密性高
　　　C．安全级别高　　　　　　　D．译码错误率约为百万分之二
（9）EDI 软件主要包括（　　）。
　　　A．通信软件　　　　　　　　B．翻译软件
　　　C．EDI 服务中心　　　　　　D．转换软件
（10）大数据的关键技术包括（　　）。
　　　A．大数据捕捉技术　　　　　B．大数据分析与挖掘技术
　　　C．大数据存储与管理技术　　D．大数据可视化技术
（11）按网络范围不同，区块链分为（　　）。
　　　A．公有链　　　　　　　　　B．测试链
　　　C．私有链　　　　　　　　　D．联盟链
（12）物联网的特征包括（　　）。
　　　A．全面感知　　　　　　　　B．智能处理
　　　C．可靠传递　　　　　　　　D．并行编程

2．简答题

（1）物流配送中心管理信息系统的信息可以从哪些角度进行分类？
（2）简述物流配送中心管理信息系统的作用。
（3）分析 B/S 体系结构的优点。
（4）分析典型物流配送中心管理信息系统的主要子系统。
（5）简述条形码技术和射频识别技术的区别。
（6）简述云计算的部署模式。

3．判断题

（1）配送信息仅包括伴随配送活动而发生的信息。　　　　　　　　　　　　（　　）
（2）在制订配送战略计划、进行配送管理、开展配送业务等方面都不能缺少配送信息。
　　　　　　　　　　　　　　　　　　　　　　　　　　　　　　　　　　（　　）
（3）在物流配送中心管理信息系统的开发过程中，始终要把先进性放在第一位，然后突破系统在技术上和管理上的实用性。　　　　　　　　　　　　　　　　　　　　（　　）
（4）影响物流配送中心管理信息系统设计的主要因素有物流配送中心的业务职能定位、所具备的功能与作业流程、组织结构与作业内容、作业管理制度等。　　　　　（　　）
（5）B/S 体系结构比 C/S 体系结构好。　　　　　　　　　　　　　　　　（　　）
（6）系统规划主要是对开发的系统进行业务调查和分析，充分理解客户的需求，明确这些需求的逻辑结构并且加以确切的描述。　　　　　　　　　　　　　　　　（　　）

（7）计算机辅助开发方法是所有开发方法中最好的方法。 （ ）

（8）EAN 标准码由 13 位数字码及相应的条形码符号组成，它包括前缀码、厂商代码、商品代码和后缀码 4 部分。 （ ）

（9）根据电子标签内是否装有电池为其供电，又可将其分为有源系统和无源系统两大类。
 （ ）

（10）EDI 是一套报文通信工具，它利用计算机的数据处理与通信功能，将交易双方彼此往来的商业文档（询价单或订货单）转成标准格式，并通过通信网络传输给对方。 （ ）

（11）人工智能是智能机器所执行的通常与人类智能有关的智能行为，这些智能涉及学习、感知、思考、理解、识别、判断、推理、证明、通信、设计、规划、行动和问题求解等活动。
 （ ）

（12）在物联网中，传感是前提，计算是核心，安全是保障，网络是基础，应用服务是牵引。 （ ）

4. 思考题

（1）物流配送中心管理信息系统的不同开发方法适合哪种类型系统的开发？

（2）目前全面使用 RFID 技术有哪些障碍？

（3）信息管理技术在物流各个环节的重要性是什么？

（4）大数据、云计算、人工智能、区块链、物联网等技术如何在物流配送中心中进行综合应用？

 实际操作训练

实训项目 8-1：小型物流配送中心管理信息系统的设计。

实训目的：掌握物流配送中心管理信息系统设计原则、过程和设计中所使用的分析方法与工具。

实训内容：调研当地的一家小型物流配送中心，根据该物流配送中心的实际业务需求，为其设计一个较为实用的管理信息系统。

实训要求：首先，学生以小组的方式开展系统的分析与设计工作，每 5 人一组；各组成员自行联系，并调查当地的一家小型物流配送中心（或仓库），分析其业务运作的相关流程，了解该物流配送中心对管理信息系统的需求；然后，应用管理信息系统开发方法帮该物流配送中心设计一个较为实用的管理信息系统；系统设计过程中要包括完整的数据库设计、详细的业务流程图、数据流程图、系统功能结构图，并设计合适的测试用例，完成该系统的测试工作；最后，形成一个完整的系统使用说明书。

实训项目 8-2：大型物流配送中心管理信息系统和信息技术的应用情况调研。

实训目的：了解该物流配送中心管理信息系统和信息技术的应用情况，分析管理信息系统和信息技术的应用给该物流配送中心带来的益处。

实训内容：调研当地的一家大型物流配送中心，了解该物流配送中心管理信息系统和信息技术的应用情况。

实训要求：首先，学生以小组的方式开展工作，每 5 人一组；然后，各组成员自行联系，并调查当地的一家大型物流配送中心，了解该物流配送管理信息系统和信息技术的应用情况，分析管理信息系统和信息技术的应用给该物流配送中心带来的益处，包括分析该物流配送中心管理信息系统的功能、体系结构，信息技术应用的种类和应用范围；最后，形成一个完整的调研分析报告。

案例分析

京东物流长沙"亚洲一号"百余台 5G"地狼"AGV 投用

2022年618期间,京东物流长沙"亚洲一号"智能物流园区(以下简称长沙亚一)内,百余台应用5G技术的"地狼"AGV正式投用,标志着行业首次实现上百台5G"地狼"AGV的大规模并发作业。长沙亚一有京东物流单仓货物操作量最大的一个"地狼"智能仓库,在5G技术加持下,"地狼"AGV作业效率得到大幅提升,据了解,2022年京东618期间,长沙亚一仅"地狼仓"的单日峰值拣货件数就超过11万件。

目前,京东物流已经在国内运营43座"亚洲一号"大型智能物流园区,形成了世界范围内规模领先的智能物流仓群。作为技术驱动的供应链解决方案及物流服务商,京东物流率先建设了全国首个5G智能物流园区,并相继实现了规模化5G智能仓储机器人的生产落地,形成标准化的仓库、园区等5G智能物流产品和解决方案,构建起包裹、场地、车辆、人员和设备全面高效连接的"智能物流世界",率先将5G技术融合应用到实际场景之中,全面提升物流运营效率,打造智能物流发展的标杆。

京东物流自研5G管理系统,在长沙亚一打通5G通信模块与5G物流融合终端、5G专网和5G应用系统;系统依托开放的5G网络生态接口对接生态伙伴5G网络数据,配合自研的5G"地狼"AGV控制器埋点和5G自适应控制,可实现5G全链路质量可视化管理、及时化异常报警和敏捷运维,以及效率持续优化提升,并支持全国推广复制。

"地狼"AGV是京东物流自主研发并具有自主知识产权的搬运机器人,通过多种创新场景应用,提高了仓储作业效率,目前已广泛部署在国内外物流仓储自动搬运场景,而5G技术对"地狼"AGV的加持,则极大提高了其运营效率。除了"地狼"货到人自动化拣选,京东物流还将5G技术应用到园区内智能搬运、智能储存、智能物流视觉追溯、可视化管理等更多环节,基于5G端边云协同平台建设,带动园区运管效率大幅提升。

此外,京东物流5G智能物流园区还聚焦更多场景,全面推动物流业务的数字化与智能化。结合人工智能、大数据及增强现实等技术,京东物流实现了5G网络通信与物流应用的深度融合创新,面向智能园区、智能运配、智能搅件等多种智能物流应用场景,能够支持物流信息的高效自动感知、数据的精准采集、资源的优化调度、运营的智能决策,构建起物流园区的智能化管控系统、数字化生产系统、无人化安防系统等,助力园区数智化升级。

资料来源:https://mp.weixin.qq.com/s/UWDNxBxfaOZ4UaO-zfxqbg[2023-3-24]

问题:

(1)京东物流自研5G管理系统有什么特点?

(2)5G技术在长沙"亚洲一号"智能物流园区发挥了哪些作用?

(3)京东物流利用人工智能、大数据、增强现实、5G等技术在哪些方面与物流应用进行了深度融合?

第9章 物流配送中心运营管理系统规划与设计

【本章教学要点】

知识要点	掌握程度	相关知识
物流配送中心客户服务管理	了解	客户服务的概念和特点，客户服务内容，客户服务策略
物流配送中心配送合同管理	了解	配送合同的订立，配送合同的主要内容，配送合同当事人的权利和义务
物流配送中心成本管理与控制	熟悉	物流配送中心成本的含义、分类、特征、影响因素、管理意义、管理方法、控制

【本章技能要点】

技能要点	掌握程度	应用方向
物流配送中心客户服务的内容与策略	掌握	为物流配送中心设计客户服务内容提供参考，并针对物流配送中心不同类型的客户给出不同的服务策略，帮助管理人员实施重点管理
配送合同的主要内容	掌握	作为了解订立配送合同主要内容的基础知识，为配送合同的成功订立提供框架支撑
物流配送中心成本的分类	掌握	提供物流成本计算的几种不同视角，物流配送中心可以根据自己的业务需要加以选择
物流配送中心成本的控制	掌握	提供几类成本控制的策略，物流配送中心可以将其作为进行物流成本控制的参考

导入案例

蒙牛物流成本控制实践

为了在最短的时间内,用最有效的方法将产自草原的牛奶以最低的成本运输到全国各地,甚至东南亚等国家和地区,蒙牛在物流成本方面做了很多优化。

首先,在运输线路上,蒙牛缩短了运输半径。为了将酸奶等低温产品及时运往目的地的商超,蒙牛开始将生产线布局由内蒙古迁移至黄河流域,甚至迁移到长江中下游区域,这使得产品更接近市场,低温产品能够及时进入销售渠道。

其次,合理选择运输方式,蒙牛在保证产品质量的前提下,尽量选择运输成本低的运输方式。而对于路途较远的低温产品,蒙牛一般使用汽车运输,虽然这种方式价格昂贵,但是可以保证货物及时送达。

最后,蒙牛尽量将每一笔单子做大,在运输方面,订单达到一定数量即可享受运输的折扣优惠;而且还要高效利用运输车辆,如去程是货物运输,返程是产品包装物的运输。

资料来源:周野,2021. 一本书读懂物流管理[M]. 北京:中国华侨出版社.

思考题:
(1)蒙牛物流成本控制的主要措施有哪些?
(2)蒙牛生产线布局考虑的主要影响因素是什么?
(3)从蒙牛物流成本控制实践的案例中,可以得到哪些启示?

物流配送中心运营管理系统的规划与设计是物流配送中心规划与设计的重要内容。本章主要介绍物流配送中心运营管理系统中的客户服务管理、配送合同管理、成本管理和控制等内容。

9.1 物流配送中心客户服务管理

9.1.1 客户服务的概念和特点

1. 客户服务的概念

物流配送中心客户服务就是物流配送中心围绕客户而进行的一系列服务。除了储存、运输、包装、流通加工、装卸搬运等基本服务,更强调物流配送服务的恰当定位与不断完善以及系列化,强调进行市场调查与预测、采购及订单处理,并延伸至物流配送咨询、物流配送方案规划、库存控制策略设计、货款回收与结算、教育培训等增值服务。

9-1 拓展知识

通常把支持大多数客户从事正常生产经营和正常生活的服务称为基本服务,而针对少数具体客户进行的独特的、超出基本服务范围的服务称为增值服务。

客户服务水平是衡量为客户创造时间和空间效用能力的尺度。在物流配送中心,客户服务贯穿从接受订单到将产品配送到客户手中的全部过程。做好客户服务既可以留住老客户,保持和发展客户忠诚度与满意度,又可以树立良好的形象而赢得新客户。

小知识

增值服务的内容一般可归纳为以下 5 个方面：①以客户为核心的增值服务；②以促销为核心的增值服务；③以制造为核心的增值服务；④以时间为核心的增值服务；⑤以成本为核心的增值服务。

2. 客户服务的特点

（1）从属性。

客户企业的物流服务需求是以商流的发生为基础的。物流服务需求具有从属于货主企业物流系统的特征。其主要表现是：处于需方的客户企业，能够选择和决定配送的货物种类、时间以及方式等。

（2）无形性。

物流服务是伴随着销售和消费同时发生的即时服务，它具有即时性和非储存性的特点。

（3）移动性与分散性。

物流服务对象具有不固定且分布广泛的特征，因此物流服务具有移动性与分散性的特点。

9-2 拓展视频

（4）波动性。

物流企业在经营上经常出现劳动率低、费用高的问题，这主要是由物流服务对象不固定且客户需求方式和数量又存在较强的波动性造成的。

（5）替代性。

企业一般都具有自营物流能力，可进行物流服务，即物流服务从供给能力方面来看具有替代性。

9.1.2 客户服务内容

以物流配送中心和其客户之间发生服务的时间为依据，可把客户服务分为交易前服务、交易中服务和交易后服务 3 类，如图 9-1 所示，每个阶段都包括不同的服务内容。

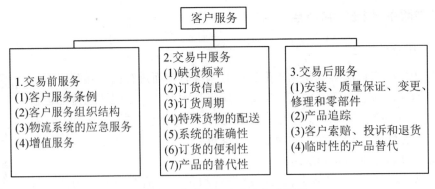

图 9-1 客户服务内容的构成要素

1. 交易前服务

交易前服务是指交易发生之前，物流配送中心为了促使交易的发生而提供的一系列相关服务。这部分要素直接影响客户对物流配送中心及产品或服务的初始印象。

（1）客户服务条例。

客户服务条例以正式文字说明的形式表示，其内容包括：如何为客户提供满意服务，客户服务标准，每个职员的职责和业务等。服务条例可以增进客户对物流配送中心的信任。

9-3 拓展视频

（2）客户服务组织结构。

物流配送中心应建立完善的组织结构来负责客户服务工作。客户服务组织机构要明确职责范围，保障和促进各职能部门之间的沟通与协作，最大限度地提供优质化的服务，提高客户满意度。

（3）物流系统的应急服务。

为了使客户得到满意服务，在缺货、自然灾害、劳动力紧张等突发事件出现时，必须有应急措施来保证物流系统正常且高效的运作。

（4）增值服务。

增值服务是为了巩固与客户的合作伙伴关系，向客户提供管理咨询及培训服务等。具体方式包括发放培训材料、举办培训班、面对面或利用通信工具进行管理咨询等。

2. 交易中服务

交易中服务是指在从物流配送中心收到客户订单到把产品送到客户手中这段时间内，物流配送中心提供的相关服务。这些服务直接决定着客户服务质量的优劣，对于客户满意度的影响最大。

（1）缺货频率。

缺货频率是产品现货供应比率的衡量尺度。当出现缺货时，物流配送中心可以通过安排合适的替代产品或加速发货来维持与客户的良好关系。妥善地处理缺货问题的目的是维护客户的忠诚度，留住客户。

（2）订货信息。

订货信息是指为客户提供关于库存情况、订单状态、预期发货和交付日期及延期交货情况的准确信息。

（3）订货周期。

订货周期是指从客户开始发出订单到产品交付给客户的总时间。订货周期包括下订单、订单传输、订单处理、订单分拣、货物包装、交付等时间要素。客户通常更加关心订货周期的稳定性而非绝对时长，因此监控和管理好订货周期的各个组成要素是物流配送中心的主要任务。

（4）特殊货物的配送。

有些货物需采用特殊的配送方式，提供特殊配送服务的成本比较高，但为了能够与客户长期合作，这一服务也是非常必要的。

（5）系统的准确性。

系统的准确性主要指订购产品的型号、订货数量和发票的准确性，这对于物流配送中心和客户来说都是非常重要的。

（6）订货的便利性。

订货的便利性是指一个客户在下订单时的便利程度。订货的便利与否会影响客户的满意度。一个比较合适的绩效衡量指标是与便利性有关的问题数占订单总数的百分比。

（7）产品的替代性。

产品的替代性是指一个客户所订购的产品被同一种但不同尺寸的产品或另一种具有同样性能或性能更好的产品所替代。

3. 交易后服务

交易后服务是指在产品运达客户手中之后的相关服务，这些服务包括：产品使用时的服务支持，保护客户利益不受缺陷产品的损害；提供包装（可返还的瓶子、托盘等）返还服务；处理索赔、投诉和退货。这些因素对于提高客户的忠诚度来说至关重要，但必须在交易前和交易阶段就做好计划。

（1）安装、质量保证、变更、修理和零部件。

为了执行这些功能，物流配送中心需要做到：协助确保产品在客户开始使用时其性能与期望的要求相符；客户可及时获得零部件和修理人员的支持；保证有效的质量管理职能。

（2）产品追踪。

为避免发生诉讼，物流配送中心必须做到一旦发现问题，就收回存在潜在危险的产品。

（3）客户索赔、投诉和退货。

物流配送中心应明确规定如何处理索赔、投诉和退货，保留有关索赔、投诉和退货方面的数据，从而为物流配送中心的职能部门提供有价值的信息。

（4）临时性的产品替代。

临时性的产品替代是指当客户在等待采购的物品和等待先前采购的产品被修理时，为客户提供临时性的替代产品。

"211 限时达" 的由来

2010年2月底，京东物流配送副总裁张立民在广州第一次提出"物流大提速"的设想，刘强东毫不迟疑地给予了肯定和支持。一周后，张立民写了一封邮件给刘强东，报告了具体的实施方案。其中提到上午10点之前的订单下午送达，晚上11点之前的订单次日上午送达。刘强东认为上午10点恰恰是用户下单的高峰期，如果不能满足他们当日送达的需求，用户体验会大打折扣。于是改成了上午11点之前的订单当日送达。这样，就明确了两个11点的时间节点，刘强东把这个时限命名为"211限时达"。仅用了一周时间，方案就在上海顺利实施，到2010年4月10日已在全国范围内上线完毕。

"211限时达"等时效产品和上门服务，重新定义了物流服务标准，使京东的客户体验持续领先行业。截至2022年6月30日，京东物流运营超1400个仓库，含云仓生态平台的管理面积在内，京东物流仓储总面积约2600万平方米。同时，在全球运营近90个保税仓库、直邮仓库和海外仓库，总管理面积近90万平方米。

资料改编自：张立民，2018. 最后一公里的哲学：电商物流全链条运营管理[M]. 北京：中信出版社. https://www.jdl.com/profile[2023-3-24]

9.1.3 客户服务策略

1. 抓大放小的策略

为使客户分类更加规律化，可以把客户划分为关键、重点、一般、维持、无效等几类，以分别制定不同的销售和服务政策并进行差异化管理。客户构成结构如图9-2所示。

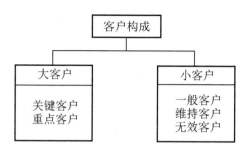

图 9-2 客户构成结构

在"提供利润能力"这个中心下,将客户数量和利润提供联系起来,并进行整合,会得到如图 9-3 所示的结果,即创造利润的客户数量金字塔和客户利润提供能力倒金字塔,其体现了客户类型、数量分布和创造利润能力之间的关系。

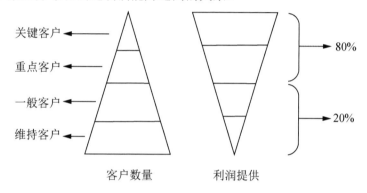

图 9-3 创造利润的客户数量金字塔和客户利润提供能力倒金字塔

从图 9-3 可以看到,物流配送中心 80%的利润来自 20%的大客户,大客户是影响物流配送中心生存的关键,是市场上最具战略意义的客户,也是客户管理应高度重视的客户群体,所以在客户分类管理中就要掌握"抓大放小"的策略。

实施客户管理"抓大放小"策略,要防止走两个极端:不要因为客户"大"就丧失管理原则,也不要因为客户"小"就盲目抛弃。

2. 大客户管理的策略

物流配送中心的大客户管理应该是完全动态的,在快速变化的市场上,上一年的大客户未必是下一年的大客户,原来的小客户如果做得成功也会成为大客户。在界定大客户时,既要关注现在,又要考虑未来,两者同样重要。

同时,在界定大客户时强调"忠诚度"而非"客户满意度"。权威研究结论表明:有 66%~85%的客户虽然已经流失但仍对企业"满意",这绝对不是"忠诚"。因此,需要把"忠诚度"作为衡量大客户的因素,看清谁才是自己真正的"上帝"。

9-4 拓展视频

小知识

作为一种营销理念,"顾客就是上帝"应追溯到 19 世纪中后期的菲尔德百货公司。在 19 世纪服务业还不甚发达的时代,这种营销手段自然大获成功,甚至被服务业接纳成为一种新的准则。

3. 客户关系管理的策略

客户关系管理（Customer Relationship Management，CRM）是开发并且加强客户购买关系的商业流程。要实施以客户为导向的 CRM 策略，物流配送中心必须首先对 CRM 项目进行可行性评估。

可行性评估并不仅仅是一种技术评估，更是一种文化评估。从全球实施 CRM 的经验可以看出，企业成败的原因主要在于企业文化的变革。决定实施 CRM 的物流配送中心首要的问题不是去购买软件，而是要聘请专业咨询公司对其进行评估，明确问题的关键所在，即哪些问题可以通过技术解决，哪些问题需要通过策略调整来解决，哪些问题需要通过转变观念、重塑文化来解决。物流配送中心必须明确一点，CRM 不是万能钥匙，也并非所有的物流配送中心都适宜实施 CRM 项目。

CRM 的 5 个要素：①物流客户的管理相关者；②物流客户关系管理的途径；③物流客户的信息技术工具；④物流客户关系管理数据库；⑤物流客户关系管理的合作关系。

4. 客户满意管理的策略

物流配送中心想要真正做到客户满意，就必须制定和实施切实可行的有效策略。

（1）满足客户需要。

为了更好地满足客户的需要，物流配送中心必须具有很强的物流运作能力，而为了实现这个目标必须建立快速的存货补给系统。存货补给系统主要包括 3 个部分：高效率的物流配送中心、快速的运输系统和先进的信息支持系统。

（2）关注细节。

假设一个员工的可靠性是 99%，那么当 3 人一组时，可靠性就会降到 97%。可见服务的可靠性是递减的，这一规律被称为"客户满意度递减原理"。递减的比率到了一定的界限，客户满意度就会下降。因此，物流配送中心在进行客户满意管理时一定要关注细节。

（3）处理好客户投诉。

对待客户的投诉要有良好的态度，要认识到客户投诉不一定是坏事。从一定意义上讲，客户的投诉往往比客户的赞美对物流配送中心的帮助更大，它可以让物流配送中心认识到问题出在什么地方，并及时加以改进。如果客户的投诉得到了回应，他们就会产生信任感，物流配送中心的服务水平也会因此得到提升。

松下电器公司的创始人松下幸之助非常重视客户投诉问题。在松下幸之助创业之初，他规定每周六上午 9~12 点是总经理接待时间，并将这一规定广泛地告知松下电器公司的客户。公司许多部门的经理对这一规定不理解，认为解决客户服务的问题是客户服务部门的事情和职责，作为总经理，不应该在最终客户方面花费大量的时间，同时认为松下幸之助的规定实际上是一个越权行为，使职能部门的工作受到影响。但松下幸之助对部门经理的怨言并不认同。

松下幸之助认为，作为公司的总经理，首先要了解公司的产品在哪些方面不足，而只有接触大量的最终客户，才能对自己的产品了如指掌，才能知道产品的设计存在怎样的问题，怎样才能满足客户的要求。其次，总经理亲自接待投诉客户，可以使客户感受到与众不同的受尊重感，而这一点是部门经理和服务人员都不能做到的。同时，总经理对待投诉的批示，更能督促职能部门完成相应的工作。正是松下幸之助的与众不同，才创造了松下电器的辉煌。

资料来源：王淑娟，吴蔚，万力军，2011. 物流客户关系管理与服务[M]. 北京：清华大学出版社.

5. 巩固物流客户的策略

物流配送中心一般可采用以下方法和途径来巩固客户，培养客户的忠诚度。

（1）建立物流服务品牌。

建立物流服务品牌是具有战略意义的物流配送中心巩固客户的方法，是实现利润增长、保证长期发展的有效途径。服务品牌能使客户对品牌产生极大的忠诚度，从而巩固客户。

（2）提高客户的满意度。

提高客户的满意度是巩固客户的关键。物流配送中心所做的一切都是为了提高客户的满意度。

（3）开发物流服务新项目。

服务项目的开发决定着客户管理是否成功，可以说巩固客户应从服务项目的开发开始，物流配送中心应着力开发核心服务项目，为客户提供优质服务以达到巩固客户的目的。

（4）强化内部客户的管理。

物流配送中心的最终客户并不是唯一的客户，员工也是客户。通过强化内部客户的管理，使内部客户满意，进而提高外部客户的满意度，以维系和巩固外部客户。

（5）改进物流服务质量。

客户的需求在不断发展，对服务质量的追求也在不断提高。在这一动态的发展过程中，怎样改进并保持优质服务，让客户满意，是物流配送中心必须考虑的主要问题。

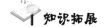

速度与客户感知

对客户感知的物流服务体验而言，其与绝对速度弱相关，与相对速度强相关，与感知速度强正相关，与响应速度极强正相关。那么，到底什么样的速度才是最好的呢？

这个问题的答案在客户那里。

（1）适度超出客户期望。为了让客户满意，企业就必须适度超出客户预期，给他以惊喜，才能获得更好的客户体验。比如，客户在电商平台下完订单以后，一般只要第二天收到商品就已经很满意了；但如果上午10点下的订单，下午就收到商品，客户会更激动和惊喜。

（2）要符合客户的需求，快到客户的心里。快到客户心里有两个基本原则：第一，在客户希望时出现，包括稳定、快速、及时；第二，满足客户心理感知的需求（让客户知晓、遵守承诺等）。

下面补充一下速度的四个维度，即绝对速度、相对速度、感知速度和响应速度。

绝对速度：从接收客户订单到将商品交付至客户手中所消耗的纯作业时间，即绝对的作业时间。绝对速度的优化与商业模式、网络架构、业务流程、战略定位等密切相关。绝对速度的提升能带动相对速度、响应速度和感知速度的提升。

相对速度：也叫竞争速度，是相对于同行业企业而言，本企业的物流服务速度。相对速度由企业战略决定，并决定与主要竞争对手或行业平均水平之间相对值的大小。

响应速度: 是服务补救的速度,是指对客户需求,包括咨询、订单变更、异常处理、客户投诉等的反应时间。响应速度有一个重要的内涵,即响应的同步与跟进。第一时间做出回复,给出解决问题的方法是必要的,但后续的跟进和支持更重要。

感知速度: 是客户主观感受到的从下单到收到商品,以及逆向等消耗的全部时间。感知速度是核心,是服务和业务管理的集成。

资料改编自:张立民,2018. 最后一公里的哲学:电商物流全链条运营管理[M]. 北京:中信出版社.

9.2 物流配送中心配送合同管理

配送合同是配送服务经营人与配送委托人之间有关确定配送服务权利和义务的协议。具体地说,配送合同是配送服务经营人收取费用,将配送委托人委托的物品,在约定的时间和地点交付给收货人而订立的合同。配送合同一经签订就具有法律效力,合同中的委托人可以是物品的所有人或占有人,在法律主体上可以是企业、组织或者个人。

9.2.1 配送合同的订立

配送合同应依据《中华人民共和国民法典》(简称《民法典》)及相关规定订立。经过要约和承诺过程,承诺生效,合同订立。现阶段,我国配送合同的订立往往需要配送服务经营人先进行要约,向客户提供配送的整体方案,指明配送业务对客户产生的利益和配送实施的办法,以便客户选择和接受配送服务并订立合同。

配送合同的要约和承诺可用口头形式、书面形式或其他形式。同样地,配送合同也可采用口头形式、书面形式或其他形式。由于配送时间长,配送服务所涉及的计划管理性强,配送服务过程受环境因素的影响较大,为了便于双方履行合同,利用合同解决争议,采用完整的书面合同最为合适。

9.2.2 配送合同的主要内容

配送合同主要包括以下内容。

(1) 合同当事人。合同当事人是合同的责任主体,是所有合同都必须明确表达的项目。

(2) 配送合同的标的。配送合同的标的就是将配送物品有计划地在确定的时间和地点交付收货人,配送合同的标的是一种行为,因而配送合同是行为合同。

(3) 配送方法。配送方法(或配送要求)是双方协商同意配送所要达到的标准,是合同标的完整细致的表述,根据配送委托人的需要和配送服务经营人的能力协调确定。

(4) 标的物。被配送的对象可以是生产资料或生活资料,但必须是动产或有形的财产。配送物品的种类、包装、单重、体积及性质等决定了配送的操作方法和难易程度,必须在合同中明确。

(5) 当事人的权利和义务。这是在合同中明确双方当事人需要履行的义务或者不作为的约定。

(6) 违约责任。违约责任即约定任何一方违反合同约定时需向对方承担的责任。

(7) 补救措施。补救措施本身是违约责任的一种,但由于配送合同的未履行可能产生极其严重的后果，为了避免损失的扩大，合同约定发生一些可能产生严重后果时的违约补救方法，如紧急送货、就地采购等措施的采用条件和责任承担等。

（8）配送费和价格调整。配送费是配送服务经营人订立配送合同的目的。配送费应该弥补其开展配送业务的成本支出和获取可能得到的利益。合同中须明确配送费的计费标准和计费方法，或者总费用及费用支付的方法。由于配送合同持续时间长，在合同执行期间因为构成价格的成本要素发生变化（如劳动力价格、保险价格、燃料电力价格、路桥费等变化），为了使物流配送中心不至于因成本提高而产生亏损，或者配送委托人也能分享由于成本降低而带来的利益，允许对配送价格进行适当调整，在合同中订立价格调整条件和调整幅度的约定。

（9）合同期限和合同延续条款。对于按时间履行的配送合同，必须在合同中明确合同的起止时间。起止时间用明确的日期表达。配送关系建立后，会出现合同不断延续的情况。为了使延续合同不发生较大的变化，简化延续合同订立程序，往往须在合同中确定延续合同的订立方法和基本条件要求，如提出续约的时间、没有异议时自然续约等约定。

（10）合同解除的条件。配送合同都需要持续较长的时间，为了使在履约中的一方不因另一方能力的不足或没有履约诚意而招致损害，或者出现合同没有履行必要和履行可能时，又不至于发生违约，在合同中须约定解除合同的条件和解除合同的程序。

（11）不可抗力和免责。不可抗力是指由于自然灾害和当事人不可抗拒的外来力量所造成的危害。不可抗力是《民法典》规定的免责条件，但《民法典》没有限定不可抗力的具体内容。人们对一般认可的不可抗力虽已形成共识，但专门针对配送行为影响的特殊不可抗力的具体情况，如道路塞车等以及需要在合同中陈述的、当事人认为必要的免责事项仍须在合同中明确。不可抗力条款还包括发生以上不可抗力的通知、协调方法等约定。

9-5 拓展知识

（12）其他约定事项。配送物品种类繁多，配送方法多样，当事人在订立配送合同时应充分考虑到可能发生的事件和合同履行的需要，并达成一致意见，这是避免发生合同争议的最彻底的方法。特别是涉及成本、行为的事项，更需要事先明确。

（13）争议处理。配送合同须约定发生争议的处理方法，主要是约定仲裁、仲裁机构，或者约定管辖的法院。

（14）合同签署。配送合同由双方的法定代表人签署，并加盖企业合同专用章。私人订立合同时，由其本人签署。配送合同签署的时间为合同订立时间；若双方签署的时间不同，以后签署的时间为订立时间。

9.2.3　配送合同当事人的权利和义务

配送合同双方应该按照合同的约定严格履行合同，任意一方不得擅自改变合同的约定，这是双方的基本合同义务。此外，依据合同的目的，可确定双方当事人还需要分别承担一些责任，尽管合同上并没有约定。

（1）配送委托人需要保证配送物品适宜配送和配送作业。对配送物品进行必要的包装或定型；标注明显的标识，并保证能够与其他物品相区别；保证配送物品可以按配送要求进行分拆、组合；配送物品能用约定的或者常规的作业方法进行装卸、搬运等；配送物品不是法规禁止运输和仓储的禁品；对于限制运输的物品，须提供准予运输的证明文件等。

（2）配送服务经营人采取合适的方法履行配送义务。配送服务经营人所使用的物流配送中心可以对配送物品进行仓储、保管及分拣等作业；采用合适的运输工具、搬运工具及作业工具，使用避免损害货物的装卸搬运方法，大件货物使用起重机及拖车作业；对运输工具进行妥善装载，使用必要的装载衬垫、绑扎及遮盖；采取合理的配送路线；使用公认的或者习惯的理货计量方法。

（3）配送人提供配送单证。配送服务经营人在送货时必须向收货人提供配送单证。配送单证一式两联，详细列明配送物品的名称、等级、数量等信息。经收货人签署后，收货人与配送人各持一联，以备核查和汇总。配送人须按一定的时间间隔向收货人提供配送汇总单。

（4）收货人收受货物。委托人保证所要求配送的收货人正常地接收货物，不会出现无故拒收；收货人提供合适的收货场所和作业条件。收货人对接受的配送物品有义务进行查验，并签收配送单和注明收货时间。

（5）配送人向委托人提供存货信息和配送报表。配送人需要在约定的时间（如每天）向委托人提供存货信息，并随时接受委托人的存货查询，定期交配送报表、收货人报表、货物残损报表等汇总材料。

（6）配送人接收配送物品并承担仓储和保管业务。配送服务经营人须按配送合同的约定接收委托人送达的配送物品，承担查验、清点、交接、入库登记及编制报表的义务；安排合适的库位存放货物，妥善堆积或上架；对库存货物进行妥善保管，防止存货受损。

（7）配送人返还配送剩余物，委托人处理残料。配送期满或者配送合同履行完毕，配送服务经营人须将剩余的物品返还给委托人，或者按委托人的要求交付给指定的其他人。配送服务经营人不得无偿占有配送剩余物。同样，委托人有义务处理配送剩余物或残损废品、回收物品及加工废料等。

9.3　物流配送中心成本管理与控制

9.3.1　物流配送中心成本的含义

在物流过程中，为了提供有关服务、开展各项业务活动，必然要消耗物流成本。物流成本包括物流各项活动的成本，涉及货物包装、储存、装卸搬运、流通加工、配送、信息处理等各个方面的成本。物流配送中心成本涉及的环节如图9-4所示。

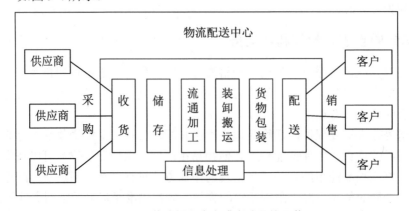

图9-4　物流配送中心成本涉及的环节

9.3.2 物流配送中心成本的分类

1. 按物流配送中心的费用支付形式分类

按费用的支付形式进行物流配送中心成本分类的方法也就是通常所说的财务会计统计方法。这种分类方法将物流成本分为本企业支付的物流费用和其他企业支付的物流费用两大模块。这两大模块中的物流费用又可以进一步细分为7个部分。

（1）材料费，包括因包装材料、燃料、工具材料等物品的消耗而产生的费用。

（2）人工费，包括因物流从业人员劳务的消耗而产生的费用，如工资、奖金、退休金、福利费等。

（3）水电费，包括水费、电费、煤气费等。

（4）维持费，是指土地、建筑物及各种设施设备等固定资产的使用、运转和维护保养所产生的费用，包括维修费、消耗材料费、房租、保险费等。

（5）管理费，包括组织在物流过程中花费的各项费用，如差旅费、教育费、会议费、书报资料费、上网费、杂费等。

（6）特别经费，是指与存货有关的物流费用支付形态，如折旧费等。

（7）委托物流费，包括包装费、运费、保管费、入出库费、手续费等委托外部承担物流业务支付的费用。

2. 按物流配送中心的活动发生范围分类

按物流配送中心的活动发生范围分类也就是按物流流动过程进行分类，物流配送中心成本包括供应物流成本、生产物流成本、销售物流成本、回收物流成本、废弃物物流成本。

小知识

有些废弃物对该企业已没有再利用的价值，如炼钢生产中的钢渣、工业废水、废弃的计算机、废弃的电池及其他各种无机垃圾等。如果不妥善处理这些废弃物，就地堆放，会妨碍生产甚至造成环境污染。对这类废弃物的处理就产生了废弃物物流。

3. 按物流配送中心活动所发生的功能类别分类

按物流配送中心活动所发生的功能类别分类，物流配送中心成本主要包括物流环节成本、信息流通成本、物流管理成本等。

（1）物流环节成本，包括运输费、仓储费、包装费、装卸搬运费、流通加工费等。

（2）信息流通成本是指处理物流相关信息发生的费用，包括库存管理、订单处理、客户服务等相关费用。

（3）物流管理成本是指物流计划、组织、领导、控制、协调等管理活动方面发生的费用。

4. 按物流配送中心成本的可见性分类

按物流配送中心成本的可见性分类，物流配送中心成本可分为物流显性成本和物流隐性成本。

（1）物流显性成本，包括仓库租金、运输费用、包装费用、装卸搬运费用、流通加工费用、订单清关费用、人员工资、管理费用、办公费用、应交税金、设备折旧费用、设施折旧费用、物流软件费用等。

（2）物流隐性费用，包括库存资金占用费用、库存积压降价处理、库存呆滞产品费用、回程空载成本、产品损坏费用、退货损失费用、缺货损失费用、异地调货费用、设备设施闲置费用等。

5. 物流配送中心成本的其他分类

按物流配送中心成本是否具有可控性，物流配送中心成本分为可控成本和不可控成本；按物流配送中心成本的性态特征，物流配送中心成本分为变动成本和固定成本。

9.3.3 物流配送中心成本的特征

1. 复杂性

物流配送中心成本不仅涉及多个部门与多个环节，而且各个环节中费用组成多样化，既有人工费、管理费、材料费、信息处理费，又有设施、设备、器具的折旧费和利息等。

2. 效益背反

物流配送中心成本具有效益背反的特征。物流配送中心成本的效益背反主要是指物流配送中心在运作过程中物流各功能环节成本高低以彼此为基础，且各功能环节成本彼此间存在着损益的特性。物流成本与服务水平的效益背反关系可用图 9-5 表示。

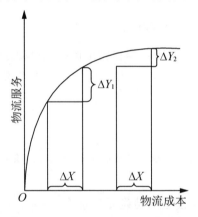

图 9-5　物流成本与服务水平的效益背反关系

由图 9-5 可见，物流服务如处于较低水平，追加物流成本 ΔX，物流服务水平可上升 ΔY_1；物流服务如处于较高水平，同样追加物流成本 ΔX，物流服务水平仅上升 ΔY_2，但 $\Delta Y_2 < \Delta Y_1$。

3. 系统性

物流配送中心是一个系统，物流配送中心成本同样也具有系统性。在确定物流配送中心总成本时，应该从系统整体出发。

9.3.4 物流配送中心成本的影响因素

物流配送中心成本的高低与下面 5 个因素相关。

1. 时间

配送时间延后带来的后果是占用了物流配送中心的库存，进而消耗了大量的物流配送中心固定成本。而这种成本往往表现为机会成本，使物流配送中心配送服务水平降低、收益减少，以致需要增加额外成本来弥补；或者影响了其他配送服务，在其他配送服务上增加了不必要的成本。

小思考

由于交通拥堵，无法按时给 4S 店提供商品车，有何补救措施？

2．距离

距离是影响配送运输成本高低的关键因素，距离越远意味着消耗的成本越高，同时会造成运输设备增加、配送员增加。

3．货物种类及作业过程

不同种类货物的配送难度决定了配送作业要求的高低，因而对成本会产生较大影响。不同的配送作业过程直接影响配送成本，如采用原包装配送的成本要比配送配装低。

4．货物的数量和重量

数量和重量增加会增大配送作业量，大批量的作业可提高配送效率。配送的货物数量越多和重量越大，委托人获得的折扣也就越多，物流配送中心的收益就会降低。

5．外部成本

配送经营涉及面广，有时需要使用物流配送中心以外的资源，例如，有时装卸搬运需要使用起吊设备，物流配送中心就需要租用起吊设备从而增加额外的成本支出。又如，当地的路桥收费站普遍多且无相应的管制措施，则必然导致增加额外的配送成本。

9.3.5　物流配送中心成本管理的意义

物流配送中心成本管理是为了在提高物流配送效率和服务水平的同时，不断降低物流配送中心成本，对原材料、半成品、成品及相关的信息流动做到 6R（正确的产品、正确的质量、正确的客户、正确的地方、正确的时间和正确的成本）。这也是现代物流管理的实质。加强成本管理对社会和物流配送中心均具有重要意义。

小思考

现代物流被称为"电子物流"，请列出几个实际例子加以说明，并具体分析现代物流管理的实质。

从微观的角度来说，加强物流配送中心成本管理是提高物流配送中心核心竞争力的重要手段。对于物流配送中心而言，通过加强成本管理，不断降低成本，在买方市场的条件下，可以最大限度地降低服务价格且对外提高物流配送服务水平，进而不断扩大物流配送中心的市场占有率；对于流通企业而言，物流配送中心成本下降，从而使产品总成本下降，在保证利润水平的前提下，大幅度降低产品价格，进而带来销售量的大幅度提高，使利润总水平大幅度提升。如此的良性循环，企业可以形成更多的资源用于进一步优化物流系统，实现企业物流管理的战略目标，提高企业的核心竞争力。

从宏观的角度来说，加强物流配送中心成本管理，是保持物价稳定的重要措施。物流配送中心成本是商品价格的重要组成部分，通过加强成本管理，使用于物流管理领域的人力、物力、财力的耗费不断下降，这将对商品价格产生积极的影响，使社会物价相对下降，从而起到平抑通货膨胀、相对提高国民购买力的作用。加强成本管理，是提高国家核心竞争力的重要手段。从全社会来看，物流配送中心成本管理的过程是优化和整合全社会商品流程的过程，在此过程中，全社会物流效率普遍提高，物流成本不断降低。这不仅意味着创造同等数量的财富所消耗的活劳动和物化劳动得到节约，而且也会增加国外投资者前来投资的吸引力，对提高国家核心竞争力具有重要意义。

资料卡

活劳动与物化劳动是物质资料生产中所用劳动的一对范畴。前者是指在物质资料生产过程中发挥作用的能动的劳动力，是劳动者加进生产过程的新的、流动状态的劳动。后者也称死劳动，又称过去劳动或对象化劳动，是指保存在一个产品或有用物中凝固状态的劳动，是劳动的静止形式。

9.3.6 物流配送中心成本管理的方法

1. 不同形态的成本管理方法

不同形态的成本管理方法是指将成本按照运费、保管费、商品材料费、本企业配送费、人员费、配送管理费、配送利息费等支付形态来进行分类。通过该成本管理方法，物流配送中心可以很清晰地掌握各类成本在物流配送中心整体成本中处于什么位置，各类成本中哪些成本偏高等问题。这样，物流配送中心既能充分认识到各项成本合理化的重要性，又能明确控制成本的重点是管理控制哪些成本。

该成本管理方法的具体做法是：在物流配送中心每月单位损益计算表中"销售费及一般管理费"的基础上，乘以一定的指数得出配送部门的费用。配送部门是分别按照"人员指数""台数指数""面积指数"和"时间指数"等计算各项成本的。

知识拓展

作业成本法的起源

作业成本法是基于不同形态的成本管理。作业成本法的产生，最早可以追溯到20世纪美国的杰出会计大师科勒。科勒在1952年编著的《会计师词典》中，首次提出了作业、作业账户、作业会计等概念。1971年，斯托布斯在《作业成本计算和投入产出会计》（*Activity Costing and Input-Output Accounting*）中对作业、成本、作业会计、作业投入产出系统等概念做了全面、系统的讨论。

2. 不同功能的成本管理方法

不同功能的成本管理方法是将成本按照包装、保管、装卸、信息、配送管理等功能进行分类，通过这种成本管理方法把握各功能所承担的成本，进而着眼于不同功能的改善，特别是计算出标准功能成本后，通过作业管理，能够正确设定合理化目标。该成本管理方法的具体做法是：在计算出不同形态成本的基础上，再按功能计算出各项成本。

3. 不同范围的成本管理方法

不同范围的成本管理方法是分析成本适用于哪些对象,以此作为控制成本的依据。例如,可将适用对象按商品类别、地域类别、客户类别、负责人等进行划分。当前先进企业的做法是,按分公司或营业点类别来把握成本,有利于各分公司或营业点进行成本与销售额、总利润的构成分析;按客户类别控制成本,有利于全面分析不同客户的需要,调整经营战略;按商品类别管理成本,有利于掌握不同商品群的成本状况,合理调配、管理商品。

9.3.7 物流配送中心成本控制

物流配送中心成本控制是指在配送活动的全过程中,对成本进行预测、计划、分析和核算,并对其进行严格的控制和管理,以达到预期的成本目标。要实现对物流配送中心的成本控制,主要包括以下内容。

1. 控制好采购成本

物流配送中心承担了采购职能,其成本控制的主要内容之一就是采购成本的控制。采购成本包括:购买价款、相关税费、运输费、装卸费、保险费及其他可归属于采购成本的费用。要实现采购成本控制,主要从以下三方面加强管理。

(1) 加强对市场采购信息的收集和分析。主要收集和分析的市场采购信息包括货源信息、流通渠道信息、价格信息、运输信息以及管理信息。

(2) 与供应商建立融洽的伙伴关系。物流配送中心不是一个独立的个体,需要与供应商进行联系与合作。与供应商建立融洽的关系,有利于合作的紧密和供应渠道的稳定,在价格上取得最大的优惠,从而降低采购成本。供应商类型及相关特性见表9-1。

表9-1 供应商的类型及相关特性

供应商类型		关系特征	质量	时间跨度	供应	合同	成本/价格
商业型供应商		运作联系	按采购企业要求,并由采购企业选择	一年以下	订单订货	按订单变化	市场价格
优先型供应商		运作联系	按采购企业要求	一年	年度协议+订单订货	年度协议	价格+折扣
			采购企业与供应商共同控制质量				
伙伴型供应商	供应伙伴	战术考虑	供应商保证	1~3年	客户定期向供应商提供物料需求计划	年度协议	价格+降价目标
			采购企业审核			质量协议	
	战略伙伴	战略考虑	供应商保证	1~5年	EDI系统	设计合同	公开价格与成本结构
			供应商早期介入产品设计及产品质量标准		系统对接	质量协议	不断改进,降低成本

（3）确定适宜的采购时机与合理的采购批量。采购时机与采购批量的合理确定，就是要使采购成本与储存成本最低。采购时机就是订货点，采购批量就是经济订货批量。

2. 确定合理的配送计划、配送路线和车辆配载

确定合理的配送计划的意义是避免发生临时配送、紧急配送或无计划配送带来的成本增加的现象。制定健全的分店配送申报制度或完善门店的 POS、EOS 系统，以便物流配送中心及时掌握各门店的存货情况，并及时安排配货计划。此外，配送路线合理与否，直接影响到配送的速度和成本。确定配送路线的主要方法有综合评价法、线性规划法、网络图法和节约里程法等。使用以上方法必须满足以下条件。

（1）满足门店的配送要求（如品种、规格、数量、时间等）。

（2）在物流配送中心配货能力范围内。

（3）配送路线、配送数量不超过车载容量。

（4）最大限度地节约配送时间。

此外，在确定配送路线的过程中要充分考虑车辆最大配载量，不同品种的商品在包装形态、储运性能、物流密度上差别较大，因此在车辆配载时应重视轻重商品的组合搭配，既要充分利用车辆的载重能力，又要充分利用车辆的有效容积。目前常用的车辆配载方法主要有两大类：一是大类组合法，将要配载的商品按体积和密度分成若干类别，从中选出密度最大和最小的两种，再利用二元一次方程计算配载；二是利用计算机，将商品的密度、体积及车辆的技术指标储存起来，当配载时输入将要配载的全部商品编号，由计算机输出配载方案。

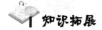

车辆配载 5 大原则

（1）根据运输工具的内径尺寸，计算出其最大容积量。

（2）测量所载货物的尺寸、重量，结合运输工具的尺寸，初步算出装载轻重货物的比例。

（3）装车时注意货物摆放顺序、堆码时的方向，是横摆还是竖放，要最大限度地利用车厢的空间。

（4）配载时不仅要考虑最大限度地利用车载量，还要根据货物的价值来进行价值搭配。

（5）以单位运输工具能获取最大利润为配载总原则。

本 章 小 结

物流配送中心运营管理系统是物流配送中心的重要子系统，其规划与设计是物流配送中心规划与设计的重要组成部分。因此，本章主要从构成运营管理系统的客户服务管理、配送合同管理、成本管理与控制等方面展开介绍。

在物流配送中心客户服务管理方面，首先明确物流配送中心客户服务的概念、特点；其次，以物流配送中心和其客户之间发生服务的时间为依据，从交易前、交易中和交易后三个维度详细说明客户服务的内容；第三，从抓大放小、大客户管理、客户关系管理、客户满意管理、巩固物流客户等五个方面设计了物流配送中心的客户服务策略。在物流配送中心配送

合同管理方面，首先分析配送合同订立依据、配送合同的形式；其次，详细说明所订立的配送合同应包括的主要内容；第三，详细规定配送合同当事人的权利与义务。在物流配送中心成本管理与控制方面，首先详细分析了物流配送中心成本的含义、分类、特征、影响因素、管理意义，在此基础上，提出解决物流配送中心成本管理的详细方法；其次，针对物流配送中心的采购成本与配送成本，提供了相应的成本控制策略。本章介绍的内容可为物流配送中心的客户服务管理、配送合同管理、成本管理与控制等子系统的规划与设计提供有效的参考和借鉴。

关键术语

运营管理系统	客户服务管理	交易前服务
交易中服务	交易后服务	客户关系管理
配送合同管理	物流成本	成本管理
成本控制		

习 题

1. 选择题

（1）物流配送中心客户服务的特点包括（　　）。
　　A．从属性　　　　　　　　B．替代性
　　C．波动性　　　　　　　　D．移动性与分散性

（2）从物流配送中心收到客户订单到把产品送到客户手中这段时间内，物流配送中心提供的相关服务属于（　　）。
　　A．交易前服务　　　　　　B．交易中服务
　　C．交易后服务　　　　　　D．以上全不对

（3）物流配送中心客户服务策略包括（　　）。
　　A．大客户管理的策略　　　B．客户关系管理的策略
　　C．客户满意管理的策略　　D．巩固物流客户的策略

（4）配送合同的主要内容包括（　　）。
　　A．配送合同的标的　　　　B．标的物
　　C．当事人的权利和义务　　D．争议处理

（5）按物流配送中心的费用支付形式分类，物流费用包括（　　）。
　　A．材料费　　　　　　　　B．人工费
　　C．维持费　　　　　　　　D．隐性费用

（6）影响物流配送中心成本的因素包括（　　）。
　　A．时间　　　　　　　　　B．距离
　　C．货物数量和重量　　　　D．货物种类及作业过程

2. 简答题

（1）用图形说明客户服务内容的构成要素。
（2）简要列举巩固物流客户的策略。
（3）简要说明配送合同当事人的权利和义务。
（4）简要说明物流配送中心成本管理的意义。
（5）简要说明物流配送中心成本管理的方法。

3. 判断题

（1）客户服务水平是衡量为客户创造时间和空间效用能力的尺度。（ ）
（2）在界定大客户时，"客户满意度"比"客户忠诚度"更重要。（ ）
（3）决定实施 CRM 的企业，首要的问题是购买一款合适的客户关系管理软件。（ ）
（4）合同订立经过要约和承诺过程，承诺生效，合同订立。（ ）
（5）不可抗力是《民法典》规定的免责条件，且《民法典》详细限定了不可抗力的具体内容。（ ）
（6）双方签署合同的时间不同时，以最先签署的时间为合同订立时间。（ ）
（7）物流管理成本是指物流计划、组织、领导、控制、协调等管理活动方面发生的费用。（ ）
（8）按物流配送中心成本的可见性分类，可分为固定成本和变动成本。（ ）

4. 思考题

（1）查阅相关文献、书籍或网络信息，了解如何培养客户忠诚度。
（2）查阅相关文献、书籍或网络信息，总结物流配送中心进行成本控制的策略。

 实际操作训练

实训项目 9-1：某物流配送中心客户服务管理情况调查。

实训目的：了解该物流配送中心客户服务管理的现状。

实训内容：确定需要调研的一个物流配送中心，并进行客户服务管理的现状调查，分析其所提供的客户服务内容，并分析其客户服务决策的过程。

实训要求：首先，学生可以以小组的方式开展调查工作，每 5 人一组；各组成员自行联系，并调查当地的一家物流配送中心；其次，详细调研该物流配送中心客户服务管理的情况，并分析客户服务管理过程中存在的问题，给出改进意见；最后，将上述内容形成一个完整的调查分析报告。

 案例分析

7-11 便利店的战略体系

7-11 便利店是全球连锁的零售商。7-11 便利店在发展过程中，一直坚持以区域集中化战略作为实现特许经营的基础策略之一。这一策略的具体操作方式是，在建店选址时，综合考虑生产厂家、批发商、物流配送中心、总部、加盟店和客户的整体结构，从而确定店面位置。然后依靠 7-11 便利店本身的知名度和经营实力，借助其他行业公司的物流配送中心来进行自己店面货物的采集配送。这种不完全属于自己公司的物流配送实现了共同集约配送，形成了共同配送方式。

7-11便利店以区域集中化战略和共同配送战略而闻名，同时还融合了不同温度带的运输战略和客户服务战略。那么，这些战略究竟是如何让7-11便利店实现发展的呢？

（1）区域集中化战略。7-11便利店在一定的区域内相对集中地开多家便利店，待这一地区的店铺达到一定数目后，再逐步扩展建店的策略。7-11便利店利用这种方法，不断增加建店区域内的店铺数量，使得店铺间距离缩短，同时，配送距离和时间也相应地缩短。这使得7-11便利店的配送更加高效化。

（2）共同配送战略。7-11便利店会根据不同地区和商品的划分，组织物流配送中心，由物流配送中心统一集货，再进行各个单店的货物配送。这种方式可以实现高频次、多品种、小批次的配送，有效为各个单店进行商品配送。7-11便利店建立这种在特许经营指导下进行管理的共配中心，有效地促进了7-11便利店在全球范围内的扩张。

（3）不同温度带的运输战略。7-11便利店在全球范围内建立了不同温度带的配送体系，它会对不同种类的商品设定不同的配送温度，然后采用与汽车生产厂家共同研发的专用运输车进行货物配送。

（4）客户服务战略。7-11便利店制定的客户服务目标是，在客户需要的时候为他们提供需要的商品。该战略具体表现为：①只有7-11便利店才可以买到客户所需要的独特商品；②为客户提供刚制作完成的新鲜商品；③为客户持续不断地供货。

资料来源：周野，2021．一本书读懂物流管理[M]．北京：中国华侨出版社．

问题：
（1）7-11便利店的战略有哪些？
（2）7-11便利店的战略体系之间是如何有效协作的？
（3）7-11便利店的客户服务战略包括哪些内容？
（4）7-11便利店的战略体系对我国物流配送中心的经营企业有哪些启示？

第10章 物流配送中心系统规划方案评价

【本章教学要点】

知识要点	掌握程度	相关知识
物流配送中心系统规划方案评价概述	掌握	系统规划方案评价的目的、原则、标准,系统规划方案综合评价的工作流程
物流配送中心系统规划方案评价指标	掌握	进出货作业指标,储存作业指标,盘点作业指标,订单处理作业指标,拣货作业指标,配送作业指标,采购作业指标,非作业面指标
物流配送中心系统规划方案评价方法	重点掌握	优缺点列举法,成本比较法,层次分析法,关联矩阵法,模糊综合评价法,优劣解距离法

【本章技能要点】

技能要点	掌握程度	应用方向
系统规划方案综合评价的工作流程	掌握	物流配送中心系统规划评价涉及内容多,利益诉求主体多,为了平衡多方利益,应采用科学合理的方法进行综合评价
物流配送中心系统规划方案评价指标	掌握	根据进出货作业、储存作业、盘点作业、订单处理作业、拣货作业、配送作业、采购作业及非作业面指标的评估顺序,提出其生产率指标、计算方法和用途,为方案评价提供指标依据
层次分析法	重点掌握	层次分析法是对复杂问题做出决策的一种方法,特别适用于那些难以完全用定量进行分析的复杂问题
关联矩阵法	重点掌握	常用的系统综合评论法,主要是用矩阵形式表示替代方案有关评价指标及其重要度与方案关于具体指标的价值评定量之间的关系
模糊综合评价法	重点掌握	模糊综合评价法是解决涉及模糊现象、不清晰因素的主要方法,是应用模糊集理论对被评价对象进行综合评价的一种方法
优劣解距离法	重点掌握	优劣解距离法是解决需同时考虑备选方案与最理想方案和最不理想方案之间的距离的综合评价方法

基于新型 TOPSIS 法的物流配送中心选址决策

不同的设计人员所设计的物流配送中心方案差异很大。即使是同一个设计人员,由于考虑的物流配送中心规划原则不同、选择的评价指标与评价方法不同,也经常会得到不同的规划设计方案。为了便于科学决策,通常也需要为决策者提供多个备选方案。这就涉及对各种规划设计方案进行评价与优选的问题。物流配送中心选址决策在削减公司运营费用方面起着重要的作用,正确合理地选址可以增加公司的利润,增强企业的服务质量。因此,物流配送中心选址决策是企业战略层面的决策问题,也是物流领域研究的热门课题。

物流配送中心的选址对地区的发展具有战略性的影响。物流配送中心评价指标体系应遵循经济性、战略性、协调性原则,并考虑到区域的经济发展、社会环境、自然环境等因素的影响。众多影响因素构建指标体系,既相互独立又彼此依存。因此,将影响因素分为交通条件、成本费用和其他因素等三组。指标体系做最详细的分层,将交通条件细分为路网建设、地区规划、地理条件等三个指标;将成本费用细分为土地成本、竞争程度、装卸搬运等三个指标;将其他因素细分为物流条件、环境保护等两个指标。利用灰色关联度改进的优劣解距离法建立物流配送中心选址模型,并结合多种方法计算,得出最优的选址方案。

资料改编自:王雅平,肖澳,2021. 新型 TOPSIS 法物流配送中心选址模型的构建[J]. 长江工程职业技术学院学报,38(4):68-72.

思考题:
(1) 物流配送中心选址决策的目的、原则分别是什么?
(2) 物流配送中心选址决策的指标体系包括哪些?
(3) 常用的物流配送中心系统规划方案的评价方法包括哪些?
(4) 对物流配送中心系统规划方案进行综合评价的工作流程有哪些?

10.1 物流配送中心系统规划方案评价概述

物流配送中心系统规划方案评价是从系统所涉及的技术、经济、社会及环境等因素出发,在充分进行市场调查和分析的基础上,对规划与设计的各种技术方案进行分析、论证,针对技术上的先进性、经济上的合理性、社会与环境上的可行性,进行综合评价、比较,选择最优规划方案。在物流配送中心规划与设计的各个阶段均涉及备选方案的评价和选择,如物流配送中心的地址选择,配送运输系统的方案选择等;因此,利用各种评价方法和技术解决物流配送中心规划与设计过程中各阶段所涉及的方案选择问题具有重要意义。

10.1.1 系统规划方案评价的目的

物流配送中心系统规划方案评价的目的主要有以下两个方面。

(1) 在明确物流配送中心系统目标的基础上,提出技术上先进、经济上合理、社会与环境上可行的多种方案之后,按照确定的评价指标体系,详细评价这些方案的优劣,从中选出一个可以付诸实施的最优方案。

（2）物流配送中心系统的后期评价也是必不可少的。通过对物流配送中心系统的后期评价，可以判断物流配送中心规划与设计方案是否达到了预定的各项性能指标，确定环境的变化对系统提出了哪些新的要求，能否在满足特定条件下实现物流配送中心系统的目标，以及系统如何改进等。通过对物流配送中心系统的后期评价便于决策者了解物流配送中心在运行过程中面临的问题，把握改善的方向，寻求主要的改善点。

10.1.2 系统规划方案评价的原则

对物流配送中心系统规划方案的评价应坚持以下原则。

1. 评价的客观性

评价必须客观地反映实际，使评价结果真实可靠。客观的评价才能更好地把握物流配送中心系统的现状，确定改进方向。同时，必须保证评价信息全面、可靠、正确，防止评价人员的主观倾向性，注意集中各方面专家的意见，并考虑评价人员组成的代表性。

2. 方案的可比性

在保证实现基本功能的基础上，备选方案要具有可比性，且要确保各个方案的每一项指标都能进行比较。个别方案功能突出、内容有新意，也只能说明其相关指标表现优异，不能代替其他指标。

3. 指标的系统性

由于物流配送中心系统的目标是多元的、多层次的，因此构建的评价指标体系也应该是一个多元的、多层次的有机整体，以系统地反映被评价对象的特征。

4. 指标的科学性

评价指标的选择要有科学依据，并能在数量和质量方面及空间和时间上充分反映方案的技术特征和使用品质。

5. 充分考虑"物流效益背反"现象

物流配送中心运营过程中的不同主体和不同活动之间可能在目标、运作上存在冲突，即"物流效益背反"现象。例如，运输和仓储两项作业在成本降低的目标上可能存在冲突等。因此，在系统评价时，应明确系统评价的目标，选择适当的评价指标进行整体评价。

10.1.3 系统规划方案评价的标准

为了对各种可靠的方案做出客观公正的评价，应该在提出备选方案之前就制定评价的标准。通常，物流配送中心系统评价的标准主要包括以下9个方面。

（1）经济性，包括初始投资、年运营费用、直接或间接的经济效益和投资回收期等。

（2）可靠性，包括单个环节的可靠性和整个系统的可靠性，设备故障率和排除故障的时间。

（3）灵活性和柔性，是指适应物品品种更改和需求量变化的能力，物流配送中心各部分与客户需求匹配的能力，调整物流功能的可能性等。

（4）安全性，包括物品的安全和人员的安全及正常运营和事故状态下的安全保障。

（5）劳动强度，是指需要劳动力的数量，以及作业状态可能引起的劳动者的疲劳程度。

（6）易操作性，是指操作简单且不易出错，只需要少量指令即可使整个物流配送中心有效运营。

（7）服务水平，是指物流配送中心对客户的要求做出快速响应的能力。

（8）环境保护，是指符合环境保护要求的能力。

（9）敏感性，是指对外界条件变动的敏感程度。

10.1.4 系统规划方案综合评价的工作流程

物流配送中心系统规划方案评价涉及的内容多，利益诉求主体多，为了平衡多方利益，应采用科学合理的步骤进行综合评价，其工作流程如图10-1所示。

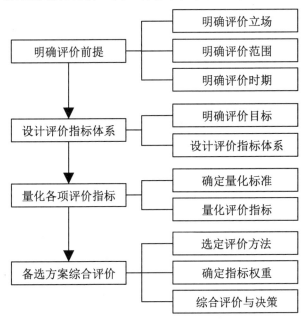

图 10-1 系统规划方案综合评价工作流程

1. 明确评价前提

（1）明确评价立场，即明确评价主体是物流配送中心使用者还是规划与设计者，或是二者兼而有之，或是其他受影响者。这直接影响评价目标的确定、评价指标的选择等工作。

（2）明确评价范围，即评价对象涉及哪些地区和部门。物流配送中心规划与设计从区域范围上讲，有全国性的、省和地区（市）级的、企业级的等几类，涉及交通、经济、统计、土地管理、环境保护等政府部门，以及物流配送中心运营的各相关部门。这些都需要在评价前确定下来，以便组织各方参与评价工作。

（3）明确评价时期，即评价处于物流配送中心的哪个时期。评价时期一般分为初期评价、中期评价、终期评价和追踪评价4个阶段。不同时期的评价目的和要求各不相同，其评价方法也不完全一样。

2. 设计评价指标体系

（1）明确评价目标，即把评价目标分为总目标和具体目标。总目标就是整体评价物流配送中心的备选方案，具体目标要根据系统方案的性质、范围、条件等确定。

(2)设计评价指标体系,即根据具体目标设立相应的评价指标,把评价目标具体化。

3. 量化各项评价指标

(1)确定量化标准,即对每项评价指标均做恰当说明,确定具体的量化方法。对可用货币、时间、材料等的衡量指标进行定量的分析评价;对社会、环境等的影响评价,先做定性分析,然后确定量化方法。

(2)量化评价指标,即根据各指标的量化标准对各评价指标进行评分。可采用直接定量、模糊定量或等级定量等方法,视具体指标的特点分别加以应用。

4. 备选方案综合评价

(1)选定综合评价方法,即根据各指标间的相互关系及对总目标的贡献确定各项指标的合并计算方法。下层指标值复合成上层指标值需借助一定的合并规则,常用的有加权规则、乘法规则、指数运算规则、取大规则、取小规则等。另外,也可以上述规则为基础进行某种组合和修正,选取合并规则时应考虑到指标的含义和相应的合并目的。

(2)确定指标权重,即根据各指标的重要性确定合并过程中相应的权重值,常用的方法有层次分析法、专家打分法等。

(3)综合评价与决策,即按选定的合并方法计算上层指标值。如果评价指标体系有多个层次,则逐层向上计算,直到得到第一层次指标值为止。并据此确定备选方案的优劣顺序,进行分析和决策。

10.2 物流配送中心系统规划方案评价指标

以下根据进出货作业、储存作业、盘点作业、订单处理作业、拣货作业、配送作业、采购作业及非作业面的评估等环节,给出相应的生产率指标、计算方法和用途。

10.2.1 进出货作业指标

进出货作业的评估指标包括8项,其指标评价要素、计算公式及指标用途见表10-1。

表10-1 进出货作业的评估指标

评价要素	指标项目	计算公式	指标用途
空间利用	站台使用率	站台使用率=$\dfrac{进出货车次装卸停留总时间}{站台数 \times 工作天数 \times 每日工作时数}$	观察站台的使用情况,是否因数量不足或规划不佳造成拥塞无效率的问题
	站台尖峰率	站台尖峰率=$\dfrac{尖峰车数}{站台数}$	
人员负担	每人时处理进货量	每人时处理进货量 =$\dfrac{进货量}{进货人员数 \times 每日进货时间 \times 工作天数}$	评价进出货人员的工作分摊及作业速率,以及目前的进出货时间是否合理

续表

评价要素	指标项目	计算公式	指标用途
设备利用	每人时处理出货量	每人时处理出货量 = $\dfrac{出货量}{出货人员数 \times 每日出货时间 \times 工作天数}$	
设备利用	每台进出货设备每天的装卸货量	每台进出货设备每天的装卸货量 = $\dfrac{出货量+进货量}{装卸设备 \times 工作天数}$	评价每台进出货设备每日的工作分摊
设备利用	每台进出货设备每小时的装卸货量	每台进出货设备每小时的装卸货量 = $\dfrac{出货量+进货量}{装卸设备 \times 工作天数 \times 每日进出货时数}$	分析每台进出货设备每小时的装卸货量
时间耗费	进货时间率	进货时间率 = $\dfrac{每日进货时间}{每日工作时数}$	分析进货工作量的大小
时间耗费	出货时间率	出货时间率 = $\dfrac{每日出货时间}{每日工作时数}$	分析出货工作量的大小

知识拓展

进出货作业

进货作业是把货物做成实体上的签收,从货车上将货物卸下,并核对该货物的数量及状态,然后将必要的信息做记录等;出货作业是将拣选、分类的货物完成出货检验后,根据各个车辆或配送路线将货物送至集货作业区域,而后装车准备配送。进出货作业最主要的动作是将货物由进货卡车卸至站台后检查入库,以及清点客户订购货物并由站台装上配送车辆。因此对于进出货而言,管理者主要想了解进出货人员的负担是否合理,进出货装卸设备利用率如何,站台空间的使用情况以及时间耗费情况。

10.2.2 储存作业指标

储存作业的评估指标包括10项,其指标评价要素、计算公式及用途见表10-2。

表10-2 储存作业的评估指标

评价要素	指标项目	计算公式	指标用途
设施空间利用度	储区面积率	储区面积率 = $\dfrac{储区面积}{物流配送中心建筑面积}$	评定物流配送中心空间利用率
设施空间利用度	可供保管面积率	可供保管面积率 = $\dfrac{可保管面积}{储区面积}$	判断储区内通道规划是否合理
设施空间利用度	储位容积使用率	储位容积使用率 = $\dfrac{存货总体积}{储位总容积}$	判断储位规划及使用的货架是否恰当
设施空间利用度	单位面积保管量	单位面积保管量 = $\dfrac{平均库存量}{可保管面积}$	判断储位规划及使用的货架是否恰当

续表

评价要素	指标项目	计算公式	指标用途
存货效益	平均每品项所占储位数	平均每品项所占储位数 = $\dfrac{货架储位数}{总品项数}$	判断储位管理策略是否应用得当
存货效益	库存周转率	库存周转率 = $\dfrac{出货量}{平均库存量}$ = $\dfrac{营业额}{平均库存金额}$	评价营运绩效、评定货品存量
存货效益	库存掌握程度	库存掌握程度 = $\dfrac{实际库存量}{标准库存量}$	设定物品标准库存的根据,可供存货控制参考
存货效益	季节品比率	季节品比率 = $\dfrac{本月季节品存量}{平均库存量}$	分析物品的季节性特征
成本花费	库存管理费率	库存管理费率 = $\dfrac{库存管理费用}{平均库存量}$	评定物流配送中心每单位存货的库存管理费用
呆废品情况	呆废品率	呆废品率 = $\dfrac{呆废品件数}{平均库存量}$ = $\dfrac{呆废品金额}{平均库存金额}$	测定物品耗损影响资金积压的状况

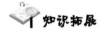

储存作业

储存作业的主要责任是把将要使用或者要出库的货物进行妥善保存,不仅要善用空间,也要注意存量的控制。由于国内目前的土地成本很高,因此对于储存作业的主要要求是空间的有效利用,存货在库量也要合理控制,以符合投资效益,不至造成资金积压。另外,对于库内存货的管理,是否可以用最低的成本获得妥善的保存,且不会导致过多的呆废品产出,也都是管理者关心的重点。

10.2.3 盘点作业指标

盘点作业的评估指标包括 3 项,其指标评价要素、每日标项目计算公式及指标用途见表 10-3。

表 10-3 盘点作业的评估指标

评价要素	指标项目	计算公式	指标用途
盘点品质	盘点数量误差率	盘点数量误差率 = $\dfrac{盘点误差量}{盘点总量}$	分析盘点误差发生的原因
盘点品质	盘点品项误差率	盘点品项误差率 = $\dfrac{盘点误差品项数}{盘点总品项数}$	分析盘点误差发生的原因
盘点品质	平均每件盘差品金额	平均每件盘差品金额 = $\dfrac{盘点误差金额}{盘点误差量}$	判断是否采取 ABC 分类和考察分类

知识拓展

盘点作业

对于存货,经常要定期或者不定期的进行检查,及早发现问题,以免造成日后出现更大的损失,这就是盘点作业的目的。因此,要以在盘点过程中所发现存货数量不符(在管理信息系统中记录有库存,但物流配送心中却无现品;或在管理信息系统中记录无库存,但物流配送中心却有现品)的情况作为主要评价方向。

10.2.4 订单处理作业指标

订单处理作业的评估指标包括13项,其指标评价要素、指标项目计算公式及指标用途见表10-4。

表10-4 订单处理作业的评估指标

评价要素	指标项目	计算公式	指标用途
订单效益	平均每日来单数	平均每日来单数 = $\dfrac{订单数量}{工作天数}$	研究拟定客户管理策略及分析业务发展状况
	平均客单数	平均客单数 = $\dfrac{订单数量}{下游客户数}$	
	平均每订单包含货品个数	平均每订单包含货品个数 = $\dfrac{出货量}{订单数量}$	
	平均客单价	平均客单价 = $\dfrac{营业额}{订单数量}$	
客户服务品质	订单延迟率	订单延迟率 = $\dfrac{延迟交货订单数}{订单数量}$	反映交货的延迟状况
	订单货件延迟率	订单货件延迟率 = $\dfrac{延迟交货量}{出货量}$	评估是否应实施客户重点管理
	立即缴交率	立即缴交率 = $\dfrac{未超过12h出货订单}{订单数量}$	分析接单至交货的处理时间及紧急接单的需求情况
	客户退货率	客户退货率 = $\dfrac{客户退货数}{出货量}$ = $\dfrac{客户退货金额}{营业额}$	检测公司货品销货、退货情况以便尽早谋求改善
	客户折让率	客户折让率 = $\dfrac{销货折让数}{出货量}$ = $\dfrac{销货折让金额}{营业额}$	检测客户满意度
	客户取消订单率	客户取消订单率 = $\dfrac{客户取消订单}{订单数量}$	—
	客户抱怨率	客户抱怨率 = $\dfrac{客户抱怨次数}{订单数量}$	
	缺货率	缺货率 = $\dfrac{接单缺货数}{出货量}$	分析存货控制决策是否合适
	短缺率	短缺率 = $\dfrac{出货品短缺数}{出货量}$	反映出货作业的精确度

订单处理作业

订单处理作业包括接单、客户信息确认、存货查询、单据处理等。订单处理是与客户接触最频繁的工作,管理者可由订单处理得知客户订货情况及客户对交货品质、服务品质的反馈。

10.2.5 拣货作业指标

拣货作业的评估指标包括 23 项,其指标评价要素、指标项目计算公式及指标用途见表 10-5。

表 10-5 拣货作业的评估指标

评价要素	指标项目	计算公式	指标用途
人员效率	每人时平均拣取能力	每人时拣取品项数 $= \dfrac{\text{订单总笔数}}{\text{拣取人员数} \times \text{每日拣货时数} \times \text{工作天数}}$ 每人时拣取次数 $= \dfrac{\text{拣货单位累计总件数}}{\text{拣取人员数} \times \text{每日拣货时数} \times \text{工作天数}}$ 每人时拣取体积数 $= \dfrac{\text{出货品体积数}}{\text{拣取人员数} \times \text{每日拣货时数} \times \text{工作天数}}$	评定拣取效率,确定隐藏在作业方法与管理方式中的问题
	拣取能力使用率	拣取能力使用率 $= \dfrac{\text{订单数量}}{\text{每日目标拣取订单数} \times \text{工作天数}}$	判断业绩是否与投入资源相配合
	每位拣货员责任品项数	每位拣货员负责品项数 $= \dfrac{\text{总品项数}}{\text{分区拣取区域数}}$	评定拣货员的工作负荷是否得当与效率是否正常
	拣取品项移动距离	拣取品项移动距离 $= \dfrac{\text{拣货行走移动距离}}{\text{订单总笔数}}$	检查拣货的路线规划是否高效及储区的布置是否得当
设备利用	拣货人员装备率	拣货人员装备率 $= \dfrac{\text{拣货设备成本}}{\text{拣货人员数}}$	观察公司对拣货作业的投资程度,以及检查现在有无相对贡献的产出
	拣货设备成本产出	拣货设备成本产出 $= \dfrac{\text{出货品体积数}}{\text{拣货设备成本}}$	
拣货策略	批量拣货时间	批量拣货时间 $= \dfrac{\text{每日拣货时数} \times \text{工作天数}}{\text{拣货分批次数}}$	评定每批次平均拣取效果,可作为现在分批策略是否适用的判断指标
	每批量包含订单数	每批量包含订单数 $= \dfrac{\text{订单数量}}{\text{拣货分批次数}}$	

续表

评价要素	指标项目	计算公式	指标用途
	每批量包含品项数	每批量包含品项数 = $\dfrac{各批次订单品项数之和}{拣货分批次数}$	评定每批次平均拣取效果,可作为现在分批策略是否适用的判断指标
	每批量拣取次数	每批量拣取次数 = $\dfrac{订单总出货次数}{拣货分批次数}$	
	每批量拣取体积数	每批量拣取体积数 = $\dfrac{出货品体积数}{拣货分批次数}$	
时间效率	拣货时间率	拣货时间率 = $\dfrac{每日拣货时数}{每天工作时数}$	评定拣货耗费时间是否合理
	单位时间处理订单数	单位时间处理订单数 = $\dfrac{订单数量}{每日拣货时数 \times 工作天数}$	观察拣货系统单位时间处理订单的能力
	单位时间拣取品项数	单位时间拣取品项数 = $\dfrac{订单数量 \times 每张订单平均品项数}{每日拣货时数 \times 工作天数}$	观察拣货系统单位时间处理的品项数
	单位时间拣取次数	单位时间拣取次数 = $\dfrac{拣货单位累计总件数}{每日拣货时数 \times 工作天数}$	观察拣货所付出劳动力的程度
	单位时间拣取体积数	单位时间拣取体积数 = $\dfrac{出货品体积数}{每日拣货时数 \times 工作天数}$	观察单位时间的物流体积拣取量
成本耗费	每订单投入拣货成本	每订单投入拣货成本 = $\dfrac{拣货投入成本}{订单数量}$	拣货成本与产出的拣货效益做比较,借以控制拣货成本,提高拣取的效益
	每订单笔数投入拣货成本	每订单笔数投入拣货成本 = $\dfrac{拣货投入成本}{订单总笔数}$	
	每拣取次数投入拣货成本	每拣取次数投入拣货成本 = $\dfrac{拣货投入成本}{拣货单位累计总件数}$	
	单位体积投入拣货成本	单位体积投入拣货成本 = $\dfrac{拣货投入成本}{出货品体积数}$	
拣货品质	拣误率	拣误率 = $\dfrac{拣取错误笔数}{订单总笔数}$	评定拣货作业的品质,以评价拣货员的细心程度或自动化设备的功能正确性

拣货作业

每张订单都至少包含一项及以上的物品,而将这些不同品种、数量的物品由物流配送中心取出集中在一起,即所谓的拣货作业。由于拣货作业除了少数自动化设备逐渐被开发应用,多数还是靠人工配合简单机械化设备的劳动密集作业,因此管理者对于拣货人员的负担及效率的评价特别重视。此外,拣货路线与拣货策略的运用是影响拣货作业时间的主要因素,拣货精确度是影响出货品质的重要环节。由于拣货作业是物流配送中心最复杂的作业,其消耗成本比例最高,因此拣货成本也是管理者关心的重点。

10.2.6 配送作业指标

配送作业的评估指标包括 25 项,其指标评价要素、指标项目计算公式及指标用途见表 10-6。

表 10-6 配送作业评估指标

评价要素	指标项目	计算公式	指标用途
人员负担	平均每人配送量	平均每人配送量 = $\dfrac{出货量}{配送人员数}$	评价配送人员的工作分摊(距离、质量、车次)及作用贡献度(配送量),以评定配送人员的能力负荷与作业绩效
	平均每人配送距离	平均每人配送距离 = $\dfrac{配送总距离}{配送人员数}$	
	平均每人配送质量	平均每人配送质量 = $\dfrac{配送总质量}{配送人员数}$	
	平均每人配送车次	平均每人配送车次 = $\dfrac{配送总车次}{配送人员数}$	
车辆负荷	平均每台车配送距离	平均每台车配送距离 = $\dfrac{配送总距离}{自车数量+外车数量}$	评价配送车辆的产能负荷,以判断是否应增减配送车数量
	平均每台车配送质量	平均每台车配送质量 = $\dfrac{配送总质量}{自车数量+外车数量}$	
	平均每台车配送吨公里数	平均每台车配送吨公里数 = $\dfrac{配送总距离 \times 配送总质量}{自车数量+外车数量}$	
	空车率	空车率 = $\dfrac{空车行走距离}{配送总距离}$	评定车辆的空间利用率
配送规划	配送车利用率	配送车利用率 = $\dfrac{配送总车次}{(自车数量+外车数量) \times 工作天数}$	评定配送车辆的产能负荷,判断配送车数是否合适
	容积利用率	容积利用率 = $\dfrac{出货品体积数}{车辆总体积数 \times 配送车利用率 \times 工作天数}$	分析发货车在容积和质量上规划的合理性
	平均每车次配送质量	平均每车次配送质量 = $\dfrac{配送总质量}{配送总车次}$	

续表

评价要素	指标项目	计算公式	指标用途
	平均每车次配送距离	平均每车次配送距离 = $\dfrac{配送总距离}{配送总车次}$	分析每次发车的距离规划是否符合经济效率
	平均每车次配送量	平均每车次配送量 = $\dfrac{配送总数量}{配送总车次}$	分析车辆利用情况
	平均每车次配送吨公里数	平均每车次配送吨公里数 = $\dfrac{配送总距离 \times 配送总质量}{配送总车次}$	
	外车比率	外车比率 = $\dfrac{外车数量}{自车数量 + 外车数量}$	评价外车数量
	配送平均速度	配送平均速度 = $\dfrac{配送总距离}{配送总时间}$	作为配送路线选择及配车驾驶员管理的依据
时间效益	配送时间比率	配送时间比率 = $\dfrac{配送总时间}{配送人员数 \times 工作天数 \times 正常班工作时数}$	观察配送时间的贡献度
	单位时间配送量	单位时间配送量 = $\dfrac{出货量}{配送总时间}$	
	单位时间生产率	单位时间生产率 = $\dfrac{营业额}{配送总时间}$	
配送成本	配送成本比率	配送成本比率 = $\dfrac{自车配送成本 + 外车配送成本}{物流总费用}$	衡量配送成本费用
	每吨重配送成本	每吨重配送成本 = $\dfrac{自车配送成本 + 外车配送成本}{配送总质量}$	
	每体积配送成本	每体积配送成本 = $\dfrac{自车配送成本 + 外车配送成本}{出货品体积数}$	
	每车次配送成本	每车次配送成本 = $\dfrac{自车配送成本 + 外车配送成本}{配送总车次}$	
	每公里配送成本	每公里配送成本 = $\dfrac{自车配送成本 + 外车配送成本}{配送总距离}$	
配送品质	配送延迟率	配送延迟率 = $\dfrac{配送延迟车次}{配送总车次}$	掌握配送品质

配送作业

配送是从物流配送中心将物品送达客户的活动。如何达到配送的高效率，需要依靠配送人员、配送车辆、每趟车最佳运行路线的合理规划才能实现。因此,人员、车辆、配送时间、规划方式都是管理者在配送方面考虑的重点。同时,因配送造成的费用支出和配送路途耽搁引起的交货延迟,也是必须重视的因素。

10.2.7 采购作业指标

采购作业的评估指标包括 5 项,其指标评价要素、指标项目计算公式及指标用途见表 10-7。

表 10-7 采购作业的评估指标

评价要素	指标项目	计算公式	指标用途
采购成本	出货品成本占营业额比率	出货品成本占营业额比率 $=\dfrac{\text{出货品采购成本}}{\text{营业额}}$	评定采购成本的合理性
	货品采购及管理总费用	货品采购及管理总费用=采购作业费用+库存管理费用(仓库租金、管理费、保险费、损耗费、资金费用等)	评定采购与库存政策的合理性
采购进货品项	进货数量误差率	进货数量误差率 $=\dfrac{\text{进货误差量}}{\text{进货量}}$	掌握进货准确度及有效度,以配合调整安排库存
	进货不良品率	进货不良品率 $=\dfrac{\text{进货不良品数量}}{\text{进货量}}$	
	进货延迟率	进货延迟率 $=\dfrac{\text{延迟进货数量}}{\text{进货量}}$	

采购作业

由于出货使在库量逐次减少,当在库量达到设定的临界值时,就需要马上采购补充货物。然而,应采用何种订购方式,是少量多次采购以减少资金,还是多量少次采购以降低货物购入成本及库存费用,要做最合理的选择。此外,在采购时还应考虑供应商的信用及其货物品质,以防进货发生延迟、短缺等。

10.2.8 非作业面指标

非作业面的评估指标包括 13 项,其指标评价要素、指标项目、计算公式和指标用途见表 10-8。

表 10-8 非作业面的评估指标

评价要素	指标项目	计算公式	指标用途
空间效益	物流配送中心面积收益	物流配送中心面积收益 $=\dfrac{\text{营业额}}{\text{建筑物总建筑面积}}$	评定物流配送中心每单位面积的营业收入
全体人员情况	人员生产量	人员生产量 $=\dfrac{\text{出货量}}{\text{公司总人数}}$	了解人员对公司的营运贡献是否合理
	人员生产率	人员生产率 $=\dfrac{\text{营业额}}{\text{公司总人数}}$	

续表

评价要素	指标项目	计算公式	指标用途
	直间工比率	直间工比率 = $\dfrac{\text{作业人员数目}}{\text{公司总人数} - \text{作业人员数目}}$	了解作业人员及管理人员的比率是否合理
	加班时数比率	加班时数比率 = $\dfrac{\text{本月加班总时数}}{\text{每天工作时数} \times \text{工作天数} \times \text{公司总人数}}$	了解加班是否合理
	新进人员比率	新进人员比率 = $\dfrac{\text{新进人员数目}}{\text{公司总人数}}$	测定离职率、新进员工与临时工比率过高是否为影响工作效率的主因,借以评定其合理性
	临时工比率	临时工比率 = $\dfrac{\text{临时人员数目}}{\text{公司总人数}}$	
	离职率	离职率 = $\dfrac{\text{离职人员数目}}{\text{公司总人数}}$	
资产装备投资效益	固定资产周转率	固定资产周转率 = $\dfrac{\text{年营业额}}{\text{固定资产总数}}$	评定固定资产的运作绩效
	劳动装备率	劳动装备率 = $\dfrac{\text{固定资产总额}}{\text{公司总人数}}$	评定公司积极投资程度
货品效益	产出与投入平衡	产出与投入平衡 = $\dfrac{\text{出货量}}{\text{进货量}}$	评定是否维持低库存量
时间效益	每天营运金额	每天营运金额 = $\dfrac{\text{年营业额}}{\text{工作天数}}$	评定公司营运作业的稳定性
营业收支状况	营业支出占营业额比率	营业支出占营业额比率 = $\dfrac{\text{年营业支出}}{\text{年营业额}}$	评定营业支出占营业额比率是否过高,测定营业成本费用负担对该期损益影响程度

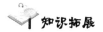

非作业面评估

虽然对物流配送中心作业的探讨能掌握物流配送中心内部的各个环节,但有时只评定单个作业,会忽略某些整体性信息,例如,从整个厂区空间的投入效用、全体人员的贡献、所有固定资产的使用成效、货物的进出情况及物流配送中心总营运支出等,都能看出物流配送中心整体营运的情况。因此,在整体评估部分,将从设施空间、人员、设备、货物、时间及总成本上来观察整体的效果。

10.3 物流配送中心系统规划方案评价方法

经过周详的物流配送中心规划与设计程序后,会产生几个可行的技术方案。规划与设计者应本着对各方案特性的了解,提供完整客观的方案评估报告,用以辅助决策者进行方案的选择。方案评价方法对技术方案的选择影响极为深远。下面就以常见的方案评价方法进行探讨，以有效提升方案评价的品质。

10.3.1 优缺点列举法

优缺点列举法是将每个方案的配置图、物流动线、搬运距离、扩充弹性等相关优缺点分别列举，互相比较。有时为了使本方法更趋准确，可对优点的重要性及缺点的严重性进一步讨论，甚至以数值表示。该方法简单且不太费时，但说服力不强，常用于概略方案的初期评价阶段。

10-3
拓展知识

10.3.2 成本比较法

最具实质评估参考价值的方案评价方法是以投入成本比较或经济效益分析等量化数据为主的评价方法。大多数的决策者都将其列为评估的重要部分。

投资者普遍关心的评价参数有：年度成本、净现值、投资回报率、投资回收期等。在大型物流配送中心的前期调研和可行性分析阶段，都要对以上参数进行计算和分析，以决定方案的可行性。

10.3.3 层次分析法

1. 层次分析法简介

层次分析法（Analytic Hierarchy Process，AHP）是 20 世纪 70 年代由著名运筹学家萨迪提出的。层次分析法是处理有限个备选方案的多目标决策问题最常用及重要的方法之一。它的基本思想是把复杂问题分解为若干层次，即把决策问题按目标层、准则层和方案层的顺序分解为不同层次的结构；然后在低层次通过两两比较得出各元素对上一层的权重，并逐层进行；最后利用加权求和的方法综合排序，以求出各方案对总目标的权重，权重最大者为最优方案。

2. 层次分析法的基本步骤

运用层次分析法进行分析与决策，大体上可分为 4 个步骤。

（1）系统层次结构的建立。

把复杂问题分解为由多个元素组成的层次结构。这种层次结构大体上可以分为 3 层。

① 最高层，又称目标层。该层次的元素只有一个，一般是问题的决策目标。

② 中间层，又称准则层。该层次包括了为实现目标所涉及的中间环节，它可以由若干层次组成，包括所需考虑的准则和子准则。

③ 最底层，又称方案层。这一层次包括了为实现目标可供选择的各种方案等。

典型的层次结构如图 10-2 所示。

在层次结构中，若某元素与下一层次中所有元素均有联系，则称该元素与下一层次存在着完全的层次关系；若某元素只与下一层次中的部分元素有联系，则称该元素与下一层次存在着不完全的层次关系。层次结构中的层次数与所研究问题的复杂程度及分析的需要有关。

物流配送中心系统规划方案评价 第10章

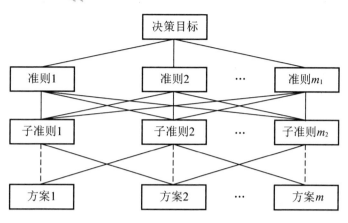

图 10-2 典型的层次结构

（2）构造判断矩阵。

构造判断矩阵是层次分析法中最关键的步骤，要求分析人员对元素间的重要性有定量的判断。首先构造总目标层与下一层次有联系的各元素的判断矩阵，然后从上而下建立以上一层次的某个元素为准则，并相对下一层次的元素有影响关系的层次结构，目的是在该准则下，按它们的相对重要程度赋予相应的权重。层次分析法通过元素之间的两两比较，判断其相对于上一层次的重要性，并按萨迪提出的 1-9 标度法对重要性程度赋值。萨迪 1-9 标度法的具体含义见表 10-9。

表 10-9 萨迪 1-9 标度法的具体含义

标　　度	含义（比较元素 i 和 j）
1	元素 i 和 j 一样重要
3	元素 i 比 j 稍微重要
5	元素 i 比 j 较强重要
7	元素 i 比 j 强烈重要
9	元素 i 比 j 绝对重要
2、4、6、8	两相邻判断元素的中间值
倒数	当比较元素为 j 和 i 时

对于 n 个元素来说，可得判断矩阵 $A=(a_{ij})_{n\times n}$。

显然，判断矩阵中的元素具有如下性质：

$$a_{ij}>0,\ a_{ij}=1/a_{ji},\ a_{ii}=1,\ i,j=1,2,\cdots,n \tag{10-1}$$

（3）层次单排序及一致性检验。

这一步要解决在某一准则下，各元素的排序权重的计算问题，并对判断矩阵进行一致性检验。

对于判断矩阵 A，解方程 $AW=\lambda_{\max}W$，解出最大特征根和特征向量，所得特征向量 W 经标准化后即是各元素在该准则下的排序权重。在精度要求不高的情况下，可采用近似的方法进行计算，如方根法、和积法等。

① 方根法。

第一步：计算判断矩阵 A 中每一行元素的乘积 $M_i = \Pi a_{ij}$；

第二步：计算 M_i 的 n 次方根，$\overline{W}_i = \sqrt[n]{M_i}$；

第三步：对向量 $\overline{W} = [\overline{W}_1, \overline{W}_2, \cdots, \overline{W}_n]^T$ 进行标准化，得排序权重向量 $W = [W_1, W_2, \cdots, W_n]^T$；

其中，$W_i = \dfrac{\overline{W}_i}{\sum\limits_{i=1}^{n} \overline{W}_i}$；

第四步：计算 $\lambda_{\max}$，$\lambda_{\max} = \sum\limits_{i=1}^{n} \dfrac{(AW)_i}{nW_i}$。

② 和积法。

第一步：将判断矩阵 A 每列数据进行标准化，得：$a'_{ij} = \dfrac{a_{ij}}{\sum\limits_{i=1}^{n} a_{ij}}$；

第二步：将标准化后的矩阵按行加总，得：$\overline{W}_i = \sum\limits_{j=1}^{n} a'_{ij}$；

第三步：对向量 $\overline{W} = [\overline{W}_1, \overline{W}_2, \cdots, \overline{W}_n]^T$ 进行标准化，得排序权重向量 $W = [W_1, W_2, \cdots, W_n]^T$；

其中，$W_i = \dfrac{\overline{W}_i}{\sum\limits_{i=1}^{n} \overline{W}_i}$；

第四步：计算 $\lambda_{\max}$，$\lambda_{\max} = \sum\limits_{i=1}^{n} \dfrac{(AW)_i}{nW_i}$。

为保持思维判断的一致性，避免出现元素 i 比元素 j 重要，元素 j 比元素 k 重要，元素 k 比元素 i 重要的逻辑错误，需要进行一致性检验。

首先，计算一致性指标 CI，$CI = (\lambda_{\max} - n)/(n-1)$。

其次，查找相应的平均随机一致性指标 RI，如表 10-10 所示。

表 10-10　平均随机一致性指标

矩阵阶数	1	2	3	4	5	6	7	8
RI	0	0	0.58	0.90	1.12	1.24	1.32	1.41
矩阵阶数	9	10	11	12	13	14	15	
RI	1.46	1.49	1.52	1.54	1.56	1.58	1.59	

最后，计算一致性指标 CR，$CR = CI/RI$。

当 $CR < 0.1$ 时，认为判断矩阵的一致性是可以接受的，否则应对判断矩阵进行适当修正。

（4）层次总排序及一致性检验。

为了得到层次结构中每一层次的所有元素相对于决策目标的相对重要性权重，需要把步骤（3）中计算的单排序结果进行适当组合，最终计算出最底层中各元素相对于决策目标的相对重要性权重，并进行整个层次结构的一致性检验。

层次总排序的计算方法如下。假设上一层次的所有元素 $A_1, A_2, \cdots, A_m$ 的总排序已完成，得到的相对于决策目标的权重为 $a_1, a_2, \cdots, a_m$，本层次共有 n 个元素 $B_1, B_2, \cdots, B_n$，且与上一层元素 $A_i(i=1,2,\cdots,m)$ 对应本层次元素 $B_1 \sim B_n$ 的权重为 $b_1^i, b_2^i, \cdots, b_n^i$（若 B_j 与 A_i 无关系，则 $b_j^i = 0$），则层次总排序的结果为：

$$\sum_{i=1}^{m} a_i \cdot b_1^i, \quad \sum_{i=1}^{m} a_i \cdot b_2^i, \quad \cdots, \quad \sum_{i=1}^{m} a_i \cdot b_n^i \tag{10-2}$$

由

$$\sum_{i=1}^{m} a_i = 1, \quad \sum_{j=1}^{n} b_j^i = 1 \tag{10-3}$$

得

$$\sum_{j=1}^{n} (\sum_{i=1}^{m} a_i \cdot b_j^i) = 1 \tag{10-4}$$

即都满足归一性。

为评价层次总排序的一致性，也需要计算类似的参数：

$$CI = \sum_{i=1}^{m} a_i CI_i, \quad RI = \sum_{i=1}^{m} a_i RI_i, \quad CR = \frac{CI}{RI} \tag{10-5}$$

若 $CR<0.1$，则认为层次总排序具有满意的一致性，可依次把结果再往下逐层求权。否则，需调整某些判断矩阵，通常先调整 CR_i 较大的判断矩阵。

【例 10-1】某物流配送中心需要采购一台设备，在采购设备时需要从功能、价格与可维护性 3 个角度进行评价，考虑应用层次分析法对 3 个不同品牌的设备进行综合分析评价和排序，从中选出能实现决策目标的最优设备，其采购层次结构如图 10-3 所示。以 A 表示决策目标（购买最优设备），准则层中 B_1 表示功能，B_2 表示价格，B_3 表示可维护性。C_1、C_2、C_3 表示备选的 3 种品牌的设备。

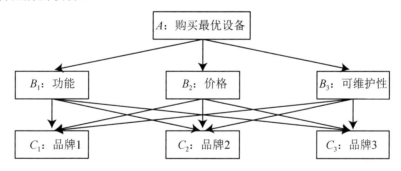

图 10-3 设备采购层次结构

解：

（1）构造判断矩阵。

根据图 10-3 所示的层次结构，将图 10-3 中各元素两两进行判断与比较，构造判断矩阵：判断矩阵 **A-B**（即相对于决策目标，准则层各元素相对重要性比较）如表 10-11 所示；判断矩阵 **B_1-C**（相对功能，各方案的相对重要性比较）如表 10-12 所示；判断矩阵 **B_2-C**（相对价格，各方案的相对重要性比较）如表 10-13 所示；判断矩阵 **B_3-C**（相对可维护性，各方案的相对重要性比较）如表 10-14 所示。

表 10-11　判断矩阵 A-B

A	B_1	B_2	B_3
B_1	1	1/3	2
B_2	3	1	5
B_3	1/2	1/5	1

表 10-12　判断矩阵 B_1-C

B_1	C_1	C_2	C_3
C_1	1	1/3	1/5
C_2	3	1	1/3
C_3	5	3	1

表 10-13　判断矩阵 B_2-C

B_2	C_1	C_2	C_3
C_1	1	2	7
C_2	1/2	1	5
C_3	1/7	1/5	1

表 10-14　判断矩阵 B_3-C

B_3	C_1	C_2	C_3
C_1	1	3	1/7
C_2	1/3	1	1/9
C_3	7	9	1

（2）层次单排序及一致性检验。

① 判断矩阵 A-B 的特征向量、特征根与一致性检验。计算判断矩阵 A-B 各行元素的乘积 M_i，并求其 n 次方根，如 $M_1 = 1 \times \frac{1}{3} \times 2 = \frac{2}{3}$，$\overline{W_1} = \sqrt[3]{M_1} \approx 0.874$。类似地有 $\overline{W_2} \approx \sqrt[3]{M_2} = 2.466$，$\overline{W_3} \approx \sqrt[3]{M_3} = 0.464$。对向量 $\overline{W} = [\overline{W_1}, \overline{W_2}, \cdots, \overline{W_n}]^T$ 进行标准化处理，有：

$$W_1 = \frac{\overline{W_1}}{\sum_{i=1}^{n} \overline{W_i}} = \frac{0.874}{0.874 + 2.466 + 0.464} \approx 0.230$$

类似地有：

$$W_2 = 0.648, W_3 = 0.122$$
$$W = [0.230, 0.648, 0.122]^T$$
$$AW = \begin{bmatrix} 1 & 1/3 & 2 \\ 3 & 1 & 5 \\ 1/2 & 1/5 & 1 \end{bmatrix} \begin{bmatrix} 0.230 \\ 0.648 \\ 0.122 \end{bmatrix} = \begin{bmatrix} 0.69 \\ 1.948 \\ 0.3666 \end{bmatrix}$$

$$(AW)_1 = 1 \times 0.230 + \frac{1}{3} \times 0.648 + 2 \times 0.122 = 0.69$$

类似地可以得到 $(AW)_2 = 1.948$，$(AW)_3 = 0.3666$。计算判断矩阵最大特征根

$$\lambda_{\max} = \sum_{i=1}^{n} \frac{(AW)_i}{nW_i} = \frac{0.69}{3 \times 0.230} + \frac{1.948}{3 \times 0.648} + \frac{0.3666}{3 \times 0.122} \approx 3.004$$

一致性验证有：$CI = \dfrac{\lambda_{\max} - n}{n-1} = \dfrac{3.004 - 3}{3-1} = 0.002$，查同阶平均随机一致性指标（见表 10-10）得 $RI = 0.58$，故 $CR = \dfrac{CI}{RI} = \dfrac{0.002}{0.58} \approx 0.003 < 0.1$。

② 判断矩阵 B_1-C 的特征根、特征向量与一致性检验。类似于①的计算过程，可得矩阵 B_1-C 的特征向量、特征根与一致性检验如下：

$$W = [0.105, 0.258, 0.637]^T，\lambda_{\max} = 3.039，CI_1 = 0.019，CR_1 = 0.033 < 0.1，通过检验$$

③ 判断矩阵 B_2-C 的特征根、特征向量与一致性检验。类似于①的计算过程，可得矩阵 B_2-C 的特征向量、特征根与一致性检验如下：

$$W = [0.592, 0.333, 0.075]^T，\lambda_{\max} = 3.014，CI_2 = 0.007，CR_2 = 0.012 < 0.1，通过检验$$

④ 判断矩阵 B_3-C 的特征向量、特征根与一致性检验。类似于①的计算过程，可得矩阵 B_3-C 的特征向量、特征根与一致性检验如下：

$$W = [0.149, 0.066, 0.785]^T，\lambda_{\max} = 3.08，CI_3 = 0.040，CR_3 = 0.069 < 0.1，通过检验$$

（3）层次总排序及一致性检验。

层次总排序如表 10-15 所示。

表 10-15　层次总排序

层　次	层　次			层次 C 总排序权重
	B_1	B_2	B_3	
	0.230	0.648	0.122	
C_1	0.105	0.592	0.149	0.426
C_2	0.258	0.333	0.066	0.283
C_3	0.637	0.075	0.785	0.291

层次总排序的一致性检验如下：

$$CR = \frac{CI}{RI} = \frac{\sum_{i=1}^{m} a_i CI_i}{\sum_{i=1}^{m} a_i RI_i} = \frac{0.230 \times 0.019 + 0.648 \times 0.007 + 0.122 \times 0.040}{0.230 \times 0.58 + 0.648 \times 0.58 + 0.122 \times 0.58} \approx 0.024 < 0.1$$

层次总排序通过一致性检验。

（4）结论。

由表 10-15 和一致性检验结果可以知：3 种品牌设备的优劣顺序为 C_1、C_3、C_2，品牌 1 明显优于其他两种品牌设备。

10.3.4 关联矩阵法

1. 关联矩阵法概述

关联矩阵法是常用的系统综合评论法,它主要是用矩阵的形式表示各备选方案有关评价指标及其重要度与方案关于具体指标的价值评定量之间的关系。设有:

$A_1, A_2, \cdots, A_m$ 是某评价对象的 m 个备选方案;

$X_1, X_2, \cdots, X_n$ 是各备选方案的 n 个评价指标;

$W_1, W_2, \cdots, W_n$ 是 n 个评价指标的权重;

$V_{i1}, V_{i2}, \cdots, V_{in}$ 是第 i 个备选方案 A_i($i=1, 2, \cdots, n$)的关于 X_j 指标($j=1, 2, \cdots, n$)的价值评定量。

则相应的关联矩阵表如表 10-16 所示。

表 10-16 关联矩阵表

A_i	X_j						V_i（加权和）
	X_1	X_2	$\cdots$	X_j	$\cdots$	X_n	
	W_j						
	W_1	W_2	$\cdots$	W_j	$\cdots$	W_n	
	V_{ij}						
A_1	V_{11}	V_{12}	$\cdots$	V_{1j}	$\cdots$	V_{1n}	$V_1 = \sum_{j=1}^{n} W_j \cdot V_{1j}$
A_2	V_{21}	V_{22}	$\cdots$	V_{2j}	$\cdots$	V_{2n}	$V_2 = \sum_{j=1}^{n} W_j \cdot V_{2j}$
$\vdots$	$\vdots$	$\vdots$	$\vdots$	$\vdots$	$\vdots$	$\vdots$	$\vdots$
A_m	V_{m1}	V_{m2}	$\cdots$	V_{mj}	$\cdots$	V_{mn}	$V_m = \sum_{j=1}^{n} W_j \cdot V_{mj}$

应用关联矩阵法的关键是确定各评价指标的相对重要性(W_j)以及根据评价主体给定的评价指标的评价尺度,确定方案关于评价指标的价值评定量(V_{ij})。目前,确定权重和评价尺度还没有普遍适用的方法,较为常用的有逐对比较法和古林法(KLEE 法)。其中,前者较为简便,后者在对各评价指标的相对重要性做出定量估计时更为有效。

2. 逐对比较法

逐对比较法的基本做法:对各备选方案的评价指标进行逐对比较,对相对重要的指标给予较高的得分,据此可得到各评价指标的权重 W_j;再根据评价主体综合的评价尺度,对各备选方案在不同的评价指标下一一进行评价,得到相应的评价值,进而求加权和得到综合评价值。

【例 10-2】综合评价为某物流配送中心选择开发管理信息系统制订的以下 3 种方案。

（1）方案 A_1:自行开发管理信息系统。

（2）方案 A_2:从专业软件商处直接引进新的管理信息系统。

（3）方案 A_3:在原有管理信息系统的基础上开发新的管理信息系统。

根据软件专家与物流专家的讨论结果,确定其评价指标有 5 项:系统可靠性、功能完备性、可维护性、人机友好性和投资费用。对上述 3 种方案，专家预测与评估其效果的结论见表 10-17。

表 10-17 各备选方案的效果评价

备选方案	评价指标				
	系统可靠性	功能完备性	可维护性	人机友好性	投资费用/百万元
A_1	5	6	5	好	1.5
A_2	8	10	10	一般	10
A_3	3	4	2	好	3

解：

（1）用逐对比较法求出各评价指标的权重，结果见表 10-18。表 10-18 中的系统可靠性与功能完备性相比，前者更为重要，得 1 分，后者得 0 分，依此类推。最后根据各评价项目的累计得分计算权重，见表 10-18 最后一列。

表 10-18 逐对比较法求出各评价指标的权重

评价指标	系统可靠性	功能完备性	可维护性	人机友好性	投资费用/百万元	累积得分	权重
系统可靠性	0	1	1	1	1	4	0.4
功能完备性	0	0	1	1	1	3	0.3
可维护性	0	0	0	1	0	1	0.1
人机友好性	0	0	0	0	0	0	0
投资费用/百万元	0	0	1	1	0	2	0.2

（2）由评价主体（一般为专家群体）确定评价尺度，见表 10-19，以便方案在不同指标下的实施结果能统一度量，便于求加权和。

表 10-19 确定评价尺度

评价指标	得分				
	5	4	3	2	1
系统可靠性	8 及以上	6～7	4～5	2～3	1 以下
功能完备性	8 及以上	6～7	4～5	2～3	1 以下
可维护性	8 及以上	6～7	4～5	2～3	1 以下
人机友好性	很好	好	一般	差	很差
投资费用/百万元	0～2	2.1～4	4.1～6	6.1～8	8 以上

(3)根据表10-19及表10-17得到各方案的评价指标的得分,如 A_1 的系统可靠性评价值是5,而此值在表10-19中的价值区间为4～5,所以其得分为3,其他值均类似。结合表10-18,对各备选方案的综合评价如下。

方案 A_1：

$$V_1=0.4\times3+0.3\times4+0.1\times3+0\times4+0.2\times5=3.7$$

方案 A_2：

$$V_2=0.4\times5+0.3\times5+0.1\times5+0\times3+0.2\times1=4.2$$

方案 A_3：

$$V_3=0.4\times2+0.3\times3+0.1\times2+0\times4+0.2\times4=2.7$$

以上计算可用关联矩阵来表示,见表10-20。

表10-20 关联矩阵举例

备选方案	系统可靠性 0.4	功能完备性 0.3	可维护性 0.1	人机友好性 0.0	投资费用 0.2	V_i
A_1	3	4	3	4	5	3.7
A_2	5	5	5	3	1	4.2
A_3	2	3	2	4	4	2.7

由表10-20可知,$V_2>V_1>V_3$,故选择方案 A_2,即从专业软件商处直接引进新的管理信息系统。

3. 古林法

下面基于上述例子来介绍古林法的计算步骤。

(1)决定评价指标的权重。

① 把评价指标以任意顺序排列起来。

② 从下至上对相邻的评价指标进行评价,并用数值表示其重要程度,然后填入表10-21中的 R_j 列。

表10-21 评价指标的权重

评价指标	R_j	K_j	W_j
系统可靠性	3	18	0.580
功能完备性	3	6	0.194
可维护性	0.5	2	0.065
投资费用	4	4	0.129
人机友好性	—	1	0.032
合计		31	1

③ 把 K_j 列最下面一个值设为1,接着进行基准化,即按从下至上的顺序乘以 R_j 的值,从而求出各个 K_j 值。

④ 把 K_j 归一化(使列合计值为1),即为权重 W_j。

本例的权重计算值见表10-21。

(2) 用各个评价指标对备选方案进行评价。

① 把评价方案以任意顺序排列起来。

② 计算方案 A_i 在指标 X_j 下的重要度 R_{ij}。方法是将备选方案的预计结果以比例计算出来，如表 10-22 中的 $R_{11} = \dfrac{X_{11}}{X_{21}} = \dfrac{5}{8} = 0.625$。

表 10-22 对备选方案按指标类别的评价

评价指标	方案	R_{ij}	K_{ij}	V_{ij}
系统可靠性	A_1	0.625	1.667	0.313
	A_2	2.667	2.667	0.5
	A_3	—	1	0.187
	合计		5.334	1
功能完备性	A_1	0.6	1.5	0.3
	A_2	2.5	2.5	0.5
	A_3	—	1	0.2
	合计		5	1
可维护性	A_1	0.5	2.5	0.295
	A_2	5	5	0.588
	A_3	—	1	0.118
	合计		8.5	1
人机友好性	A_1	1.333	1	0.364
	A_2	0.75	0.75	0.272
	A_3	—	1	0.364
	合计		2.75	1
投资费用	A_1	2.222	0.666	0.339
	A_2	0.3	0.3	0.153
	A_3	—	1	0.508
	合计		1.966	1

③ 把 K_{ij} 列中对应每个指标的最下面一个值设为 1，接着进行基准化，即按从下至上的顺序乘以 R_{ij} 的值，从而求出各个 K_{ij} 值。

④ 把 K_{ij} 归一化（使列合计值为 1），即为权重 W_{ij}。

备选方案综合得分见表 10-23。

表 10-23 备选方案综合得分

备选方案	系统可靠性 0.580	功能完备性 0.194	可维护性 0.065	人机友好性 0.032	投资费用 0.129	V_i
A_1	0.313	0.3	0.295	0.364	0.339	0.419 126
A_2	0.5	0.5	0.588	0.272	0.153	0.456 066
A_3	0.187	0.2	0.118	0.364	0.508	0.336 142

由表 10-23 可知，方案 A_2 所对应的综合评价值 V_2 最大，则故选择方案 A_2，即从专业软件商处直接引进新的管理信息系统。

10.3.5 模糊综合评价法

模糊综合评价法是解决涉及模糊现象、不清晰因素的主要方法，是应用模糊集理论对被评价对象进行综合评价的一种方法。模糊综合评价法的主要步骤如下。

（1）邀请有关专家组成评价小组。

（2）根据专家的经验或通过如层次分析法等方法，确定评价因素集 U 及其权重向量 P。

评价因素集 U 是评价因素（即评价指标）的集合。设有 n 个评价因素，且这 n 个因素均在同一个层次上，则评价因素集 U 为

$$U = \{U_1, U_2, \cdots, U_n\} \tag{10-6}$$

评价因素集也可以是一个多级（即具有两个或两个以上的层次）递阶结构的集合。

权重向量 P 是各个评价因素的相对重要性权值。对应于上述 n 个评价因素的权重向量为

$$P = \{P_1, P_2, \cdots, P_n\} \tag{10-7}$$

（3）确定评价尺度集 B。

评价尺度集是在评价打分时采用的评分等级。设有 m 个评分等级，则有

$$B = (b_1, b_2, \cdots, b_m) \tag{10-8}$$

（4）构造模糊评价矩阵 $\tilde{R}$。

模糊评价矩阵 $\tilde{R}$ 反映从评价因素 U 到评价尺度 B 之间的模糊评价关系，这种评价是一种模糊映射，它可以通过专家投票等方法获得。

$$\tilde{R} = \begin{bmatrix} r_{11} & r_{12} & \cdots & r_{1j} & \cdots & r_{1m} \\ r_{21} & r_{22} & \cdots & r_{2j} & \cdots & r_{2m} \\ \vdots & \vdots & & \vdots & & \vdots \\ r_{i1} & r_{i2} & \cdots & r_{ij} & \cdots & r_{im} \\ \vdots & \vdots & & \vdots & & \vdots \\ r_{n1} & r_{n2} & \cdots & r_{nj} & \cdots & r_{nm} \end{bmatrix} \tag{10-9}$$

式中，r_{ij} 表示第 i 个评价因素 U_i 的评价得分等级为 b_j 的专家票数百分比。

（5）计算各备选方案的综合评价向量 $\tilde{S}$，并对其归一化，得到向量 $\tilde{S}'$。

综合评价向量 $\tilde{S} = (S_1, S_2, \cdots, S_m)$ 是根据评价因素的权重 P 对 $\tilde{R}$ 加权后得到的各评价因素的综合向量评价，然后对综合评价向量 $\tilde{S}$ 进行归一化处理，得到向量 $\tilde{S}'$。向量 $\tilde{S}'$ 的含义是：备选方案的综合评价得分为各评价得分等级的专家票数百分比。

根据模糊集理论的综合评定概念，$\tilde{S}$ 的计算公式如下：

$$\tilde{S} = P \otimes \tilde{R} \tag{10-10}$$

式（10-10）的运算是一种模糊映射过程，应采用模糊关系的合成运算方法。模糊关系合成运算方法如下：设 $A = B \otimes C$ 为模糊关系的合成运算，B 与 C 为矩阵或向量，其算法与一般矩阵乘法规则相同，但要将计算式中的普通乘法运算换为取最小运算，记为 $\wedge$；将计算式中的普通加法运算换为取最大的运算，记为 $\vee$。对 $\tilde{S}$ 进行归一化处理：

$$\tilde{S}' = \left\{ \frac{S_i}{\sum_{i=1}^{m} S_i} \right\} \tag{10-11}$$

（6）计算各备选方案的综合评价得分 $\tilde{W}$。

综合评价得分为

$$\tilde{W} = \tilde{S}'\boldsymbol{B}^{\mathrm{T}} \tag{10-12}$$

按上述步骤可计算出所有备选方案的综合评价得分，根据得分的大小，即可对各备选方案进行优先顺序的排列，为决策者提供依据。

【例 10-3】某物流配送中心预计购买一台物流设备，现有两种物流设备可供选择。关于物流设备的评价因素有技术性、可靠性、可维护性、成本等 4 项，它们的相对重要性排序权值分别为 0.4、0.3、0.1、0.2。假设评价尺度有 100 分、80 分、60 分 3 个等级。试用模糊综合评价法确定应选哪种物流设备。

解：

由题意可以得到：评价因素集 $U=\{U_1, U_2, U_3, U_4\}$，其中，$U_i(i=1, 2, 3, 4)$ 分别表示技术性、可靠性、可维护性、成本 4 个评价因素；权重向量 $\boldsymbol{P}=(0.4, 0.3, 0.1, 0.2)$；评价尺度 $\boldsymbol{B}=(100, 80, 60)$。

通过专家投票方法得到两种物流设备的模糊评价矩阵如下。

第一种物流设备的模糊评价矩阵 $\tilde{\boldsymbol{R}}_1$ 为

$$\tilde{\boldsymbol{R}}_1 = \begin{bmatrix} 6/8 & 2/8 & 0 \\ 4/8 & 4/8 & 0 \\ 0 & 3/8 & 5/8 \\ 0 & 3/8 & 5/8 \end{bmatrix}$$

第二种物流设备的模糊评价矩阵 $\tilde{\boldsymbol{R}}_2$ 为

$$\tilde{\boldsymbol{R}}_2 = \begin{bmatrix} 5/8 & 3/8 & 0 \\ 0 & 7/8 & 1/8 \\ 3/8 & 5/8 & 0 \\ 4/8 & 4/8 & 0 \end{bmatrix}$$

（1）计算综合评价向量 $\tilde{S}$ 并将它归一化。

根据式（10-10）可以得到第一种物流设备的综合评价向量 $\tilde{S}_1$ 为

$$\tilde{S}_1 = \boldsymbol{P} \otimes \tilde{\boldsymbol{R}}_1 = \begin{bmatrix} 0.4 & 0.3 & 0.1 & 0.2 \end{bmatrix} \otimes \begin{bmatrix} 6/8 & 2/8 & 0 \\ 4/8 & 4/8 & 0 \\ 0 & 3/8 & 5/8 \\ 0 & 3/8 & 5/8 \end{bmatrix} = \begin{bmatrix} 0.4 & 0.3 & 0.2 \end{bmatrix}$$

利用式（10-11）进行归一化处理后得到：

$$\tilde{S}_1' = \begin{bmatrix} 4/9 & 3/9 & 2/9 \end{bmatrix}$$

同理，第二种物流设备的综合评价向量 $\tilde{S}_2$ 为

$$\tilde{S}_2 = P \otimes \tilde{R}_2 = [0.4 \quad 0.3 \quad 0.1 \quad 0.2] \otimes \begin{bmatrix} 5/8 & 3/8 & 0 \\ 0 & 7/8 & 1/8 \\ 3/8 & 5/8 & 0 \\ 4/8 & 4/8 & 0 \end{bmatrix} = [0.4 \quad 3/8 \quad 1/8]$$

利用式（10-11）进行归一化处理后得到：

$$\tilde{S}_2' = [4/9 \quad 5/12 \quad 5/36]$$

（2）计算各备选方案的综合评价得分 $\tilde{W}$。

由式（10-12）可以得到第一种物流设备的综合得分 $\tilde{W}_1$ 为

$$\tilde{W}_1 = \tilde{S}_1' B^{\mathrm{T}} = [4/9 \quad 3/9 \quad 2/9] \cdot \begin{bmatrix} 100 \\ 80 \\ 60 \end{bmatrix} = 84.44$$

同理，可以得到第二种物流设备的综合得分 $\tilde{W}_2$ 为

$$\tilde{W}_2 = \tilde{S}_2' B^{\mathrm{T}} = [4/9 \quad 5/12 \quad 5/36] \cdot \begin{bmatrix} 100 \\ 80 \\ 60 \end{bmatrix} = 86.11$$

因为 $\tilde{W}_2 > \tilde{W}_1$，所以应该选择第二种物流设备。

10.3.6 优劣解距离法

1. 优劣解距离法简介

优劣解距离法（Technique for Order Preference by Similarity to an Ideal Solution，TOPSIS）是一种逼近于理想解的排序法，是多目标决策问题的一种常用的方法。

优劣解距离法的基本思想是同时考虑备选方案与最理想方案和最不理想方案之间的距离，最优备选方案应该离最理想方案尽可能地近，离最不理想方案尽可能地远。

2. 优劣解距离法的基本步骤

利用优劣解距离法进行分析与决策，大体上可分为6个步骤。

（1）构造备选方案的评价矩阵 X。

若有 m 个备选方案，n 个评价指标，以 x_{ij} 表示第 i 个备选方案的第 j 个指标的评价值（$1 \leq i \leq m$，$1 \leq j \leq n$），则构造备选方案的评价矩阵 X。

$$X = \begin{bmatrix} x_{11} & x_{12} & \cdots & x_{1n} \\ x_{21} & x_{22} & \cdots & x_{2n} \\ \vdots & \vdots & \vdots & \vdots \\ x_{m1} & x_{m2} & \cdots & x_{mn} \end{bmatrix} \tag{10-13}$$

（2）评价矩阵 X 进行归一化处理，得到标准化评价矩阵 R。

由于评价矩阵 X 中的各个指标 f_j 的量纲、数量级可能不同，给备选方案的综合评价带来了一定的难度，甚至可能造成决策的失误。

评价指标归一化的目标就是要将原来的评价矩阵 $X=(x_{ij})_{m \times n}$ 经过归一化处理后得到无量纲且数量级相同的标准化评价矩阵 $R=(r_{ij})_{m \times n}$。

$$R = \begin{bmatrix} r_{11} & r_{12} & \cdots & r_{1n} \\ r_{21} & r_{22} & \cdots & r_{2n} \\ \vdots & \vdots & \vdots & \vdots \\ r_{m1} & r_{m2} & \cdots & r_{mn} \end{bmatrix} \tag{10-14}$$

此处借助向量归一化方法对评价矩阵 X 进行归一化处理，则标准化评价矩阵 R 中元素的数值可用式（10-15）表示。

$$r_{ij} = \frac{x_{ij}}{\sqrt{\sum_{i=1}^{m} x_{ij}^2}} \tag{10-15}$$

（3）标准化评价矩阵 R 加权处理，得到加权评价矩阵 V。

在对备选方案进行择优时，决策者会对评价指标的重要程度有不同的考量。若有权重向量 $W = [w_1, w_2, \cdots, w_n]$，则加权处理后得到的加权评价矩阵 V 如下。

$$V = \begin{bmatrix} w_1 r_{11} & w_2 r_{12} & \cdots & w_n r_{1n} \\ w_1 r_{21} & w_2 r_{22} & \cdots & w_n r_{2n} \\ \vdots & \vdots & \vdots & \vdots \\ w_1 r_{m1} & w_2 r_{m2} & \cdots & w_n r_{mn} \end{bmatrix} = \begin{bmatrix} v_{11} & v_{12} & \cdots & v_{1n} \\ v_{21} & v_{22} & \cdots & v_{2n} \\ \vdots & \vdots & \vdots & \vdots \\ v_{m1} & v_{m2} & \cdots & v_{mn} \end{bmatrix} \tag{10-16}$$

此处，可以借助层次分析法确定权重向量 W。

（4）确定最理想解和最不理想解。

利用加权评价矩阵 V 确定最理想解和最不理想解，最理想解 A^+ 和最不理想解 A^- 分别如式（10-17）、式（10-18）所示。

$$A^+ = [v_1^+, v_2^+, \cdots, v_n^+] = [(\max_i v_{ij} | j \in J_1), (\min_i v_{ij} | j \in J_2) | i = 1, 2 \cdots, m] \tag{10-17}$$

$$A^- = [v_1^-, v_2^-, \cdots, v_n^-] = [(\min_i v_{ij} | j \in J_1), (\max_i v_{ij} | j \in J_2) | i = 1, 2 \cdots, m] \tag{10-18}$$

式中，J_1 是效益型指标的集合，J_2 是成本型指标的集合。

效益型指标是越大越好的指标，如利润、产值、物品完好率、配送及时率、系统柔性等。成本型指标是越小越好的指标，如物流成本、货损率、客户投诉率等。

（5）计算各备选方案与最理想解、最不理想解的距离。

可利用合适的距离公式计算各备选方案的加权评价值与最理想解、最不理想解之间的距离。此处，借助 n 维欧氏距离计算各备选方案与最理想解、最不理想解的距离，分别如式（10-19）、式（10-20）所示。

$$L_i^+ = \sqrt{\sum_{j=1}^{n} (v_{ij} - v_j^+)^2} \tag{10-19}$$

$$L_i^- = \sqrt{\sum_{j=1}^{n} (v_{ij} - v_j^-)^2} \tag{10-20}$$

（6）计算各备选方案的综合评价值 Y_i，并选择最优方案。

各备选方案的综合评价值的计算公式如下。

$$Y_i = \frac{L_i^-}{L_i^+ + L_i^-} \tag{10-21}$$

根据各备选方案的综合评价值大小可以对各备选方案进行排序选优，选 Y_i 最大者作为最优方案。

【例10-4】某物流配送中心选择仓储外包服务的供应商问题。现有四家候选供应商。决策者根据自身的需要,考虑了6项评价指标,分别为客户满意度(f_1)、资产规模(f_2)、货物周转率(f_3)、收费标准(f_4)、人员素质(f_5)、行业经验(f_6)。经过详细调研以及专家评判,四家候选供应商在各项指标上的评价结果如表10-24所示,指标的权重向量$P=[0.22,\ 0.16,\ 0.26,\ 0.16,\ 0.10,\ 0.10]$。试用优劣解距离法确定应选哪个供应商。

表10-24 评价结果

候选供应商	评价指标					
	客户满意度(f_1)(%)	资产规模(f_2)/(万元)	货物周转率(f_3)/(次/年)	收费标准(f_4)(%)	人员素质(f_5)/(高-低)	行业经验(f_6)/(高-低)
S_1	80	1 500	20	5.5	一般(5)	很高(9)
S_2	100	2 700	18	6.5	低(3)	一般(5)
S_3	72	2 000	21	4.5	高(7)	高(7)
S_4	88	1 800	20	5.0	一般(5)	一般(5)

解:

(1) 构造评价矩阵 X。

由题目所给已知条件,可以构造评价矩阵 X 如下。

$$X = \begin{bmatrix} 80 & 1500 & 20 & 5.5 & 5 & 9 \\ 100 & 2700 & 18 & 6.5 & 3 & 5 \\ 72 & 2000 & 21 & 4.5 & 7 & 7 \\ 88 & 1800 & 20 & 5.0 & 5 & 5 \end{bmatrix}$$

(2) 计算标准化评价矩阵 R。

此处借助向量归一化方法对评价矩阵 X 进行归一化处理,利用式(10-15)计算得到标准化评价矩阵 R 如下。

$$R = \begin{bmatrix} 0.4671 & 0.3662 & 0.5056 & 0.5069 & 0.4811 & 0.6708 \\ 0.5839 & 0.6591 & 0.4550 & 0.5990 & 0.2887 & 0.3727 \\ 0.4204 & 0.4882 & 0.5308 & 0.4147 & 0.6736 & 0.5217 \\ 0.5139 & 0.4394 & 0.5056 & 0.4608 & 0.4811 & 0.3727 \end{bmatrix}$$

(3) 计算加权评价矩阵 V。

借助 $P=[p_1\ p_2\ p_3\ p_4\ p_5\ p_6]=[0.22\ 0.16\ 0.26\ 0.16\ 0.10\ 0.10]$,利用式(10-16)计算得到加权评价矩阵 V 如下。

$$V = \begin{bmatrix} 0.1028 & 0.0586 & 0.1315 & 0.0811 & 0.0481 & 0.0671 \\ 0.1285 & 0.1055 & 0.1183 & 0.0958 & 0.0289 & 0.0373 \\ 0.0925 & 0.0781 & 0.1380 & 0.0664 & 0.0674 & 0.0522 \\ 0.1131 & 0.0703 & 0.1315 & 0.0737 & 0.0481 & 0.0373 \end{bmatrix}$$

(4) 确定最理想解和最不理想解。

首先,确定效益型指标和成本型指标。效益型指标包括客户满意度(f_1)、资产规模(f_2)、货物周转率(f_3)、人员素质(f_5)、行业经验(f_6);成本型指标仅有收费标准(f_4)。

其次,以加权评价矩阵 V 为基础,利用式(10-17)、式(10-18)分别确定最理想解和最不理想解如下。

$$A^+ = [v_1^+, v_2^+, v_3^+, v_4^+, v_5^+, v_6^+] = [0.1285,\ 0.1055,\ 0.1380,\ 0.0664,\ 0.0674,\ 0.0671]$$

$$A^- = [v_1^-, v_2^-, v_3^-, v_4^-, v_5^-, v_6^-] = [0.0925,\ 0.0586,\ 0.1183,\ 0.0958,\ 0.0289,\ 0.0373]$$

(5)计算各候选供应商与最理想解、最不理想解的距离。

利用式(10-19)、式(10-20)计算各候选供应商与最理想解、最不理想解的距离,计算结果如下。

$$L^+ = [0.05906 \quad 0.06023 \quad 0.04758 \quad 0.05319]^T$$

$$L^- = [0.04189 \quad 0.05908 \quad 0.05781 \quad 0.03991]^T$$

(6)计算各候选供应商的综合评价值 Y_i,并选择最优方案。

利用式(10-21)计算各候选供应商的综合评价值 Y_i,计算结果如下。

$$Y_i = [0.4150 \quad 0.4952 \quad 0.5486 \quad 0.4286]^T$$

因为 $Y_3=0.5486$,是四个候选供应商的最大综合评价值,所以选择 S_3 为该物流配送中心的仓储外包服务的供应商。

本 章 小 结

物流配送中心规划与设计的各个阶段均涉及备选方案的评价和选择问题,如物流配送中心的地址决策、区域布局图选择、配送运输方案选择等。因此,利用各种评价方法解决物流配送中心规划与设计过程中各阶段所涉及的备选方案决策问题具有重要意义。本章主要介绍物流配送中心系统规划方案评价概述、评价指标、评价方法等基本内容。

首先,在明确物流配送中心系统方案评价目的、原则、标准的前提下,详细设计用于进行物流配送中心系统方案综合评价的工作流程,并分析该工作流程中各个环节的具体工作内容。其次,立足物流配送中心的进出货作业、储存作业、盘点作业、订单处理作业、拣货作业、配送作业、采购作业及非作业面等评估环节,设计用于评估各作业环节效率与效益的指标,详细分析各指标的具体计算公式,说明作业指标的实际用途,为物流配送中心系统方案评价提供指标参考。再次,结合评价指标,通过合适的评价方法来评估各备选方案的实际效果,为决策者进行技术方案选择提供决策支撑;本章主要介绍的评价方法包括优缺点列举法、成本比较法、层次分析法、关联矩阵法、模糊综合评价法、优劣解距离法等 6 个常用的方法。

本章需重点掌握物流配送中心系统方案综合评价工作流程、各作业环节的绩效评价指标以及层次分析法、关联矩阵法、模型综合评价法、优劣解距离法等综合评价方法。同时,为了有效地对各备选方案进行更智能化评价,需要重点拓展综合评价方法求解算法的设计能力。

关键术语

评价指标体系	评价方法	优缺点列举法
成本比较法	层次分析法	关联矩阵法
模糊综合评价法	优劣解距离法	

习 题

1. 选择题

（1）对物流配送中心系统的评价应坚持的原则包括（　　）。
  A．方案的可比性　　　　　B．指标的系统性
  C．指标的科学性　　　　　D．评价的主观性

（2）物流配送中心系统规划方案综合评价的工作流程包括（　　）。
  A．明确评价前提　　　　　B．设计评价指标体系
  C．量化各项评价指标　　　D．备选方案综合评价

（3）储存作业指标包括（　　）。
  A．储区面积率　　　　　　B．库存周转率
  C．单位面积保管量　　　　D．物流配送中心面积收益

（4）成本比较法的评价参数可以包括（　　）。
  A．年度成本　　　　　　　B．净现值
  C．投资回报率　　　　　　D．投资回收期

（5）关联矩阵法的分析步骤包括（　　）。
  A．确定指标体系　　　　　B．确定权重体系
  C．单项评价　　　　　　　D．综合评价

2. 简答题

（1）物流配送中心系统规划方案评价指标体系包括哪些方面的指标？
（2）物流配送中心系统规划方案评价方法主要包括哪些？
（3）简述层次分析法的基本步骤。
（4）简述模糊综合评价法的基本步骤。
（5）简述优劣解距离法的基本步骤。

3. 判断题

（1）物流配送中心系统规划方案绩效评价的主要目标是从系统所涉及的工程技术、经济因素、环境及社会等因素出发的。（　　）

（2）对物流配送中心系统进行综合评价，是为了从总体上寻求物流配送中心系统的薄弱环节，明确物流配送中心系统的改善方向。（　　）

（3）系统评价是一项复杂的工作，必须借助现代科学和技术发展的成果，采用科学的方法进行客观、公正的评价。（　　）

（4）物流系统运营过程中，一个典型的特点是存在"物流效益背反"现象，即系统的不同主体和不同活动之间可能在目标、运作上存在着冲突。（　　）

（5）成本比较法是定性的评价方法。（　　）

（6）层次分析法适用于单目标系统的评价。（　　）

（7）优劣解距离法适用于多目标系统的评价。（　　）

4. 计算题

某物流配送中心需要采购一台储存设备，在采购该储存设备时需要从价格、可靠性、可维护性和能耗 4 个角度进行评价，考虑应用层次分析法行综合分析评价和排序，从中选出能实现总目标的最优储存设备。以 A 表示系统的总目标，准则层中 B_1 表示价格，B_2 表示可靠性，B_3 表示可维护性，B_4 表示能耗，C_1、C_2、C_3 表示 3 种品牌的储存设备。

5. 思考题

成都市物流配送体系规划方案的评价技术路线如图 10-4 所示。由于物流配送体系的方案评价存在不确定性和模糊性，很难定量分析，同时物流配送系统评价指标体系具备多层次性。请思考可以用哪些评价方法进行评价。

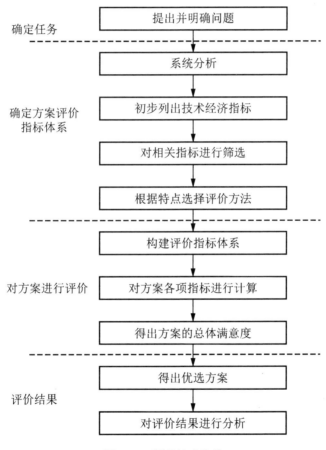

图 10-4 评价技术路线

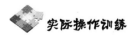

实训项目 10-1：物流配送中心系统规划方案评价方法的应用与比较。

实训目的：掌握物流配送中心系统规划方案不同评价方法的特点和场合，能利用相应工具对多因素综合评价方法进行求解，可以对应用不同评价方法得到的较优规划方案做出评价。

实训内容：选择不同的物流配送中心系统规划方案评价方法，完成最优方案的选择，并分析不同评价方法选择的最优方案的差别，比较不同评价方法应用的特点和场合。

实训要求： 首先，将学生进行分组，每5人一组；各组成员查阅相关材料，选择一个综合多种因素的物流配送中心系统规划方案评价的案例，同时案例中要有每个方案对应指标的相关数据；然后选择不同的评价方法（其中至少要用层次分析法和关联矩阵法，考虑实际情况可以再利用其他方法），完成最优方案的选择（在用多因素综合评价方法时，可利用相应工具完成求解）；最后分析不同评价方法选择的最优方案的差别，比较不同评价方法应用的特点和场合。每个小组将上述分析、设计和对比的内容形成一个完整的报告。

 案例分析

顺丰首次入围世界500强企业排行榜

2022年8月3日，《财富》杂志发布2022年世界500强排行榜。在邮政、快递领域，顺丰首次入围世界500强企业排行榜，以321亿美元的营收位列第441名，这也是我国民营快递企业首次进入世界500强。

顺丰首次入围世界500强企业排行榜并非易事。众所周知，顺丰在2021年业绩呈现"低开高走"的态势。一季度，顺丰出现了上市后的首次亏损，令市场一度担忧。但顺丰通过战略层、客户与产品层、成本层、运营层的多项行之有效的经营举措与管理优化，成功推动业绩逐季修复。在巩固国内竞争优势的同时，顺丰在资源布局、拓展海外市场、打造"第二增长曲线"上强势发力，于2021年完成了对嘉里物流股权的收购。截至2021年年末，顺丰航空作为国内最大的货运航司，自有货运飞机达到68架，覆盖53个国内站点，35个国际及地区站点，全球累计运营111条航线，5.78万次航班；而顺丰与政府共同建设的亚洲首个货运航空枢纽鄂州花湖机场也投入运营。

资料改编自：https://www.shangyexinzhi.com/article/5066239.html.[2023-3-24]

问题：

（1）《财富》杂志评选世界500强企业的主要评价指标是什么？

（2）顺丰入围世界500强企业的主要经营举措是什么？

（3）如何评价顺丰目前的企业发展战略？

参 考 文 献

《物流技术与应用》编辑部，2006. 中外物流运作案例集[M]. 北京：中国物资出版社.
陈虎，2011. 物流配送中心运作管理[M]. 北京：北京大学出版社.
陈子侠，2007. 基于 GIS 物流配送线路优化与仿真[M]. 北京：经济科学出版社.
程国全，王转，张庆华，2008. 物流技术与装备[M]. 北京：高等教育出版社.
崔介何，2015. 物流学概论[M]. 5 版. 北京：北京大学出版社.
范钦满，周桂良，2011. 物流装备与运用[M]. 北京：清华大学出版社.
冯耕中，李毅学，华国伟，2011. 物流配送中心规划与设计[M]. 2 版. 西安：西安交通大学出版社.
甘卫华，尹春建，曹文琴，2010. 现代物流基础[M]. 2 版. 北京：电子工业出版社.
高本河，缪立新，郑力，2004. 仓储与配送管理基础[M]. 深圳：海天出版社.
高举红，王术峰，2015. 物流系统规划与设计[M]. 2 版. 北京：北京交通大学出版社.
韩方方，吴卫华，颜晔栋，2021. 城市末端全链协同的快件物流资源共享平台研究[J]. 物流技术与应用，26（5）：142-147.
贾争现，刘利军，2011. 物流配送中心规划与管理[M]. 北京：机械工业出版社.
姜超峰，2002. 物流中心模式研究[J]. 中国储运（4）：13-19.
蒋长兵，吴承健，彭建良，2011. 运输与配送管理：理论与实务[M]. 北京：中国物资出版社.
蒋长兵，吴承健，彭建良，2011. 运输与配送管理：实验与案例[M]. 北京：中国物资出版社.
蒋长兵，吴承健，彭扬，2011. 运输与配送管理：建模与仿真[M]. 北京：中国物资出版社.
孔继利，2010. EIQ 分析法的实验教学模式研究[J]. 物流技术（11）：153-157.
孔继利，2011. 仓储系统设计的实验教学模式研究[J]. 物流技术，30（3）：146-149.
孔继利，2012. 企业物流管理[M]. 北京：北京大学出版社.
孔继利，2019. 物流配送中心规划与设计[M]. 2 版. 北京：北京大学出版社.
孔继利，顾苧，孙欣，等，2010. 系统聚类和重心法在多节点配送中心选址中的研究[J]. 物流技术，29（3）：83-85.
冷志杰，2009. 配送管理[M]. 重庆：重庆大学出版社.
李孟涛，徐健，2011. 物流常用数学工具实验教程：基于 Excel 的建模求解[M]. 北京：中国人民大学出版社.
刘北林，付玮琼，2009. 物流配送管理[M]. 北京：化学工业出版社.
刘彦平，2011. 仓储和配送管理[M]. 2 版. 北京：电子工业出版社.
汝宜红，宋伯慧，2010. 配送管理[M]. 2 版. 北京：机械工业出版社.
汪应洛，2016. 系统工程[M]. 5 版. 北京：机械工业出版社.
王成林，2012. 物流实训教程[M]. 北京：中国物资出版社.
王国文，2009. 仓储规划与运作[M]. 北京：中国物资出版社.
王淑娟，吴蔚，万立军，等，2011. 物流客户关系管理与服务[M]. 北京：清华大学出版社.
王欣兰，2015. 物流成本管理[M]. 2 版. 北京交通大学出版社.
王转，程国全，2003. 配送中心系统规划[M]. 北京：中国物资出版社.
徐海东，魏曦初，2010. 物流中心规划与运作管理[M]. 大连：大连理工大学出版社.
徐正林，刘昌祺，2009. 自动化立体仓库实用设计手册[M]. 北京：中国物资出版社.
杨华龙，2009. 物流实务全解[M]. 大连：东北财经大学出版社.
殷延海，2008. 配送中心规划与管理[M]. 北京：高等教育出版社.
张桂喜，马立平，2013. 预测与决策概论[M]. 3 版. 北京：首都经济贸易大学出版社.
张芮，2011. 配送中心规划设计[M]. 北京：中国物资出版社.

张芮, 2011. 配送中心运营管理[M]. 北京: 中国物资出版社.
张芮, 2011. 物流中心规划设计[M]. 杭州: 浙江工商大学出版社.
张宇, 2016. 智慧物流与供应链[M]. 北京: 电子工业出版社.
赵小柠, 2011. 物流中心规划与设计[M]. 成都: 西南交通大学出版社.
中国物流与采购联合会, 2009. 中国物流与采购信息化优秀案例集: 2009[M]. 北京: 中国物资出版社.
周凌云, 赵钢, 2014. 物流中心规划与设计[M]. 2版. 北京: 清华大学出版社.
周野, 2021. 一本书读懂物流管理[M]. 北京: 中国华侨出版社.
朱耀祥, 朱立强, 2004. 设施规划与物流[M]. 北京: 机械工业出版社.